Construir e Habitar

Richard Sennett

Construir e Habitar

Tradução de
CLÓVIS MARQUES

2ª edição

EDITORA RECORD
RIO DE JANEIRO • SÃO PAULO
2021

CIP-BRASIL. CATALOGAÇÃO NA PUBLICAÇÃO
SINDICATO NACIONAL DOS EDITORES DE LIVROS, RJ

S481c
2ª ed.
Sennett, Richard
Construir e habitar: ética para uma cidade aberta / Richard Sennett; tradução de Clóvis Marques. – 2ª ed. – Rio de Janeiro: Record, 2021.

Tradução de: Building and dwelling: ethics for the city
Inclui índice
ISBN 978-85-01-08392-0

1. Arquitetura. 2. Urbanismo – Sociologia urbana – Planejamento urbano – Política urbana. 3. Política social. I. Marques, Clóvis. II. Título.

18-49554

CDD: 306.76
CDU: 316.334.56

Meri Gleice Rodrigues de Souza – Bibliotecária – CRB-7/6439

Copyright © Richard Sennett, 2018

Título original em inglês: Building and dwelling: ethics for the city

Todas as medidas necessárias foram tomadas para entrar em contato com os detentores de direitos autorais. Eventuais erros ou omissões serão de bom grado corrigidos pelos editores em futuras edições.

Todos os direitos reservados. Proibida a reprodução, armazenamento ou transmissão de partes deste livro, através de quaisquer meios, sem prévia autorização por escrito.

Texto revisado segundo o novo Acordo Ortográfico da Língua Portuguesa.

Direitos exclusivos de publicação em língua portuguesa para o Brasil adquiridos pela
EDITORA RECORD LTDA.
Rua Argentina, 171 – 20921-380 – Rio de Janeiro, RJ – Tel.: (21) 2585-2000,
que se reserva a propriedade literária desta tradução.

Impresso no Brasil

ISBN 978-85-01-08392-0

Seja um leitor preferencial Record.
Cadastre-se em www.record.com.br
e receba informações sobre nossos
lançamentos e nossas promoções.

EDITORA AFILIADA

Atendimento e venda direta ao leitor:
sac@record.com.br

Para Ricky e Mika Burdett

Sumário

Agradecimentos   9

1. Introdução: Torta, aberta, modesta   11

Primeira Parte
As duas cidades

2. Alicerces instáveis   33
3. O divórcio entre *cité* e *ville*   79

Segunda Parte
A dificuldade de habitar

4. O anjo de Klee deixa a Europa   111
5. O peso dos outros   141
6. Tocqueville em Tecnópolis   167

Terceira Parte
Abrir a cidade

7. O urbanita competente	197
8. Cinco formas abertas	233
9. O vínculo pelo fazer	273

Quarta Parte
Uma ética da cidade

10. As sombras do tempo	299
Conclusão: Um dentre muitos	325
Notas	335
Índice	355

Agradecimentos

Alguns anos atrás, o Anjo da Morte me fez uma visita inicial de reconhecimento na forma de um derrame (tabaco). Quem cuidou de mim nessa época foram o médico Rom Naidoo e a fisioterapeuta Jayne Wedge; meu enteado Hilary Koob-Sassen atuou como sargento fiscalizador na prática dos exercícios; meus ajudantes nas caminhadas eram Dominic Parczuk, Ian Bostridge e Lucasta Miller. Num momento particularmente deprimente, Wolf Lepenies mostrou por que as estatísticas médicas não devem determinar nossa visão da vida.

Como se costuma fazer depois de uma doença grave, tratei de identificar o que realmente era importante para mim. Nessa retrospectiva, constatei minha especial satisfação com o programa de estudos urbanísticos que Richard Burdett e eu criamos na London School of Economics há quinze anos. O projeto que Ricky e eu lançamos procura vincular a maneira como as cidades são construídas à maneira como se vive nelas — que vem a ser o tema deste livro, e o motivo pelo qual é dedicado a Ricky e sua mulher, Mika.

John Lindsay, que me deu meu primeiro trabalho na juventude, tinha uma visão de Nova York como uma cidade aberta a todos, e se manteve firme nessa convicção em meio à violência racial e às tensões étnicas, numa cidade profundamente dividida economicamente, e fisicamente em decadência. O fato de ele não ser capaz de resolver esses problemas não torna equivocada sua visão; em *Construir e habitar*, tento entender de que modo ela pode ser levada adiante: como as cidades da nossa época podem se abrir.

Pelas nossas conversas tão úteis na criação deste livro, gostaria de agradecer à falecida Janet Abu-Lughod, ao falecido Stuart Hall, a Ash Amin, Kwame Anthony Appiah, Homi Bhabha, John Bingham-Hall, Craig Calhoun, Daniel Cohen, Diane Davis, Mitchell Duneier, Richard Foley, David Harvey, Eric Klinenberg, John Jungclaussen, Adam Kaasa, Monika Krause, Rahul Mehrotra, Carles Muro, Henk Ovink, Anne-Marie Slaughter e sobretudo a minha parceira de trinta anos, Saskia Sassen: crítica, *bonne vivante*, companheira de todas as horas. Graças a ela é que comecei a entender as dimensões éticas da vida urbana. Günter Gassner me ajudou a explorar o ambiente construído, assim como meus alunos na Faculdade de Pós-graduação em Design da Universidade de Harvard e no Departamento de Arquitetura da Universidade de Cambridge.

Por fim, quero agradecer aos que trabalharam na produção do livro, especialmente dois editores, Alexander Star e Stuart Proffitt, que se revelaram os mais cuidadosos leitores; um agente, o sempre vigilante e atencioso Cullen Stanley; e um ex-assistente, hoje meu colega e amigo, Dominick Bagnato, que me impediu de afundar esse tempo todo.

1. Introdução:
Torta, aberta, modesta

I. Torta

No início do cristianismo, "cidade" designava duas cidades: a Cidade de Deus e a Cidade do Homem. Santo Agostinho usava a cidade como metáfora do projeto de fé de Deus, mas o antigo leitor de Santo Agostinho que percorresse os becos e praças de mercado de Roma não podia ter ideia de como Deus agia como planejador urbano. Mesmo com o crescente desuso dessa metáfora cristã, persistiu a ideia de que "cidade" significava duas coisas diferentes: um lugar físico e uma mentalidade formada de percepções, comportamentos e crenças. A língua francesa foi a primeira a clarificar essa distinção, usando duas palavras diferentes: *ville* e *cité*.[1]

Inicialmente, os dois nomes designavam o grande e o pequeno: *ville* referia-se à cidade como um todo, ao passo que *cité* era um determinado lugar. Em algum momento do século XVI, *cité* passou a significar o modo de vida num bairro, os sentimentos de cada um em relação aos vizinhos e aos estranhos, e sua vinculação com o lugar. Essa antiga distinção já não existe hoje, pelo menos na França; *cité* atualmente quase sempre remete às áreas sinistras onde se amontoam os pobres nas periferias das cidades. Mas o antigo significado deve ser resgatado, pois corporifica uma distinção fundamental: o ambiente construído é uma coisa, a maneira como as pessoas nele habitam, outra. Hoje, em Nova York, os engarrafamentos nos túneis mal concebidos pertencem à *ville*, enquanto a corrida de ratos que leva muitos nova-iorquinos aos túneis ao amanhecer pertence à *cité*.

Além de se referir à antropologia da *cité*, "*cité*" também remete a um tipo de consciência. Proust configura com as percepções dos seus personagens sobre as lojas, os apartamentos, as ruas e os palácios em que habitam uma imagem de Paris como um todo, criando uma espécie de consciência de lugar coletiva. Isso contrasta com Balzac, que nos diz o que existe realmente na cidade, não importando o que pensem seus personagens. A consciência da *cité* também pode representar a maneira como se quer viver coletivamente, como nas sublevações em Paris no século XIX, quando os revoltosos expressavam suas aspirações de forma mais genérica do que eventuais exigências específicas sobre impostos mais baixos ou o preço do pão; eles queriam uma nova *cité*, ou seja, uma nova mentalidade política. Na verdade, *cité* está próxima de *citoyenneté*, cidadania.

A expressão inglesa "*built environment*", ambiente construído, não faz justiça à ideia da *ville*, se a palavra "ambiente" for tomada como a concha do caracol revestindo o organismo urbano vivo lá dentro. Os prédios raramente são fatos isolados. As formas urbanas têm sua própria dinâmica interna; por exemplo, na maneira como os prédios se relacionam uns com os outros, com os espaços abertos, as infraestruturas subterrâneas, a natureza. Na construção da Torre Eiffel, por exemplo, constatamos por documentos de planejamento da década de 1880 que foram investigados lugares da região leste de Paris muito distantes do local onde ela afinal foi erguida, na tentativa de avaliar seus efeitos de alcance urbanístico. Além disso, o financiamento da Torre Eiffel não explica por si só a sua concepção; a mesma quantidade prodigiosa de dinheiro podia ter sido gasta em outro tipo de monumento, como uma igreja triunfal, que era a preferência dos colegas conservadores de Eiffel. Uma vez decidida, contudo, a forma da torre não era tanto determinada pelas circunstâncias, envolvendo escolhas: estacas retas e não curvas teriam sido muito mais baratas, mas a visão de Eiffel não era moldada apenas pela eficiência. O que se aplica de modo mais genérico: o ambiente construído é mais que um reflexo da economia ou da política; para além dessas condições, as formas do ambiente construído são resultado de uma vontade.

Poderia parecer que *cité* e *ville* devessem combinar harmoniosamente: a maneira como se quer viver deveria ser expressa na maneira como as

INTRODUÇÃO: TORTA, ABERTA, MODESTA

cidades são construídas. Mas está aqui justamente um grande problema. A experiência numa cidade, como no quarto ou no campo de batalha, raramente é harmoniosa, mostrando-se com muito maior frequência cheia de contradições e arestas.

Num ensaio sobre a vida cosmopolita, Immanuel Kant observava em 1784 que "do pau torto da humanidade nunca se fez coisa reta". A cidade é torta porque é diversa, cheia de migrantes falando dezenas de línguas; porque suas desigualdades são gritantes, senhoras elegantes tomando chá a poucos quarteirões de exaustas faxineiras dos meios de transporte; por causa dos seus estresses, como na concentração de um excessivo número de jovens formandos em busca de um número pequeno demais de empregos... Será que a *ville* física é capaz de reparar essas dificuldades? Os projetos de ruas de pedestres podem contribuir para diminuir a crise habitacional? O emprego de vidros com baixo teor de sódio na construção tornará as pessoas mais tolerantes com os imigrantes? A cidade parece torta nessa assimetria entre a sua *cité* e a sua *ville*.[2]

Às vezes pode de fato ocorrer uma inadequação entre os valores do construtor e os do público. Essa inadequação acontece quando as pessoas rejeitam viver com vizinhos que não sejam como elas. Muitos europeus acham os imigrantes muçulmanos indigestos; extensas camadas da anglo- -América consideram que os imigrantes mexicanos deviam ser deportados; e de Jerusalém a Bombaim, aqueles que rezam para deuses diferentes têm dificuldade de viver no mesmo lugar. Um resultado dessa aversão social se manifesta nas comunidades isoladas que hoje constituem, em todo o mundo, a forma mais popular de empreendimento residencial. O urbanista deve ir de encontro à vontade das pessoas, recusar-se a construir comunidades isoladas; o preconceito deve ser negado, em nome da justiça. Mas não existe uma maneira clara e direta de fazer justiça em forma física — como eu pude constatar muito cedo, num trabalho de planejamento.

No início da década de 1960, pretendia-se construir uma nova escola numa zona operária de Boston. Ela comportaria integração racial ou seria segregada, como a maioria dos bairros operários da cidade na época? Se houvesse integração, nós, planejadores, teríamos de providenciar amplos espaços de estacionamento e espera para os ônibus que trouxessem crianças negras para a escola. Os pais brancos resistiam veladamente à integração, alegando que a comunidade precisava de mais espaços verdes, e não de estacionamentos. Cabe aos planejadores atender à comunidade, e não impor valores estranhos a ela. Que direito teriam pessoas como eu — formado em Harvard, munido de pastas com estatísticas sobre a segregação e plantas de impecável execução — de dizer aos motoristas de ônibus, às faxineiras e aos operários industriais do sul de Boston como deviam viver? É com satisfação que declaro que meus chefes se mantiveram firmes, não sucumbindo à culpa de classe. Ainda assim, a aspereza entre o vivido e o construído não pode ser resolvida apenas com manifestações de retidão ética da parte do planejador. No nosso caso, a ostentação do distintivo ético serviu apenas para piorar as coisas, pois o comportamento virtuoso gerou ainda mais ressentimento no público branco.

É este o problema ético nas cidades hoje em dia. O urbanismo deve representar a sociedade tal como é ou tentar mudá-la? Se Kant estiver certo, *ville* e *cité* jamais poderão se integrar harmoniosamente. Que se pode, então, fazer?

II. Aberta

Julguei ter encontrado uma resposta quando ensinava planejamento no MIT há vinte anos. O Media Lab ficava perto do meu escritório, e para a minha geração ele representava o epicentro da inovação em matéria de tecnologias digitais, traduzindo ideias inovadoras em resultados práticos. Criado por Nicholas Negroponte em 1985, estavam entre seus projetos um computador superbarato para crianças pobres, próteses médicas como o joelho de robótica e "centros urbanos digitais" para conectar moradores de áreas distantes às possibilidades da cidade. A ênfase em objetos construídos tornava o Media Lab um paraíso do artífice; essa gloriosa iniciativa provocou debates enfurecidos, mergulhos em infindáveis buscas tecnológicas e muito desperdício.

Seus desgrenhados pesquisadores, que pareciam nunca dormir, explicavam da seguinte maneira a diferença entre um projeto "de nível Microsoft" e um projeto "de nível MIT": o projeto Microsoft empacota o conhecimento existente, ao passo que o MIT o desembrulha. Um dos passatempos favoritos no Lab era manipular programas da Microsoft para que fracassassem ou abortassem. Com ou sem razão, os pesquisadores do Media Lab, em geral audaciosos e dados ao risco, tendiam a esnobar a ciência "normal" como algo trivial, e estavam sempre em busca da vanguarda; na visão deles, a Microsoft pensa "fechado" e o Media Lab pensa "aberto". E o "aberto" permite a inovação.

Em geral, os pesquisadores trabalham numa órbita bem conhecida quando promovem uma experiência para provar ou invalidar uma hipótese; a proposição original determina procedimentos e observações; o desenlace da experiência está na avaliação da correção ou incorreção da hipótese. Num outro tipo de experiência, os pesquisadores levam a sério reviravoltas imprevistas dos dados, o que pode levá-los a sair dos trilhos e pensar "fora da caixa". Analisam contradições e ambiguidades, detendo-se um pouco nessas dificuldades, em vez de tentar imediatamente resolvê-las ou descartá-las. O primeiro tipo de experiência é fechado, na medida em que responde a uma pergunta predeterminada: sim ou não. Os pesquisadores do segundo tipo de experiência trabalham mais abertamente, pois fazem perguntas que não podem ser respondidas dessa maneira.

Num espírito mais moderado que o do Media Lab, o físico Jerome Groopman, de Harvard, explicou o procedimento aberto em testes clínicos de novas drogas. Num "teste clínico adaptável", os termos do teste mudam com o desdobramento da experiência. O que não significa ir aonde os ventos levarem. Como as drogas experimentais podem ser perigosas, o pesquisador deve munir-se de grande cautela no mapeamento de terrenos desconhecidos — mas aquele que realiza uma experiência de teste clínico adaptável está mais interessado em entender coisas surpreendentes ou intrigantes do que em confirmar o que poderia ser previsto antecipadamente.[3]

Claro que num laboratório a aventura não pode estar separada do trabalho pesado de buscar e peneirar no modo sim ou não. Francis Crick, que revelou a estrutura em dupla hélice do ADN, observou que a descoberta decorreu do estudo de pequenas "anomalias" num trabalho de rotina no laboratório. O pesquisador precisa de orientação, o que é fornecido pelos procedimentos estabelecidos; só então pode ter início o trabalho autocrítico de explorar o resultado estranho, a consequência imprevista. O desafio consiste em explorar essas possibilidades.[4]

"Aberto" implica um sistema de adequação entre o estranho, o curioso, o possível. A matemática Melanie Mitchell definiu o sistema aberto como aquele em que "amplas redes de componentes sem controle central e com regras simples de operação dão origem a um comportamento coletivo complexo, ao processamento sofisticado de informações e à adaptação pelo aprendizado ou a evolução". Isso significa que a complexidade surge no decorrer da evolução; emerge pelo feedback e pelo peneiramento de informações, não existindo como num *telos* predeterminado e programado desde o início.[5]

O mesmo se aplica à ideia de como essas partes interagem num sistema aberto. "As equações lineares", observa o matemático Steven Strogatz, "podem ser partidas em pedaços. Cada pedaço pode ser analisado separadamente e solucionado, sendo afinal as respostas separadas recombinadas [...] Num sistema linear, o todo é exatamente igual à soma das partes." Ao passo que as partes de um sistema aberto e não linear não podem ser separadas dessa maneira; "o sistema inteiro deve ser examinado de uma só vez, como entidade coerente". É fácil entender sua ideia se pensarmos na interação química para formar um composto: ela se transforma numa substância completamente nova.[6]

Essas teses estavam fortemente alicerçadas no MIT. O Media Lab foi construído sobre as bases intelectuais do Electronic Systems Laboratory, fundado no MIT na década de 1940 por Norbert Wiener, provavelmente o maior analista de sistemas do século XX. Wiener atuou no auge de uma era em que grandes quantidades de informação podiam ser digeridas por máquinas; e explorou diferentes maneiras de organizar esse processo digestivo. Sentiu-se particularmente atraído pelo feedback elétrico, que é complexo, ambíguo ou de caráter contraditório, e não direto. Se uma "máquina de aprendizado", como dizia, pudesse falar, diria: "Eu não esperava que X, Y ou Z acontecessem. Agora terei de entender por que e como reprogramar." Isto resume o ambiente aberto, embora habitado por semicondutores, e não seres humanos.[7]

Como poderia o etos do laboratório aberto se relacionar com uma cidade? O arquiteto Robert Venturi declarou certa vez: "Gosto da complexidade e da contradição na arquitetura [...] Sou a favor da riqueza de significados, e não da clareza de significado." Embora o objetivo fosse atacar boa parte da arquitetura moderna por seus prédios funcionais e despojados, a verdade é que suas palavras iam mais fundo. Como se ele estivesse no Media Lab transposto para uma cidade: a cidade é um lugar complexo, o que significa que é cheio de contradições e ambiguidades. A complexidade enriquece a experiência; a clareza a empobrece.[8]

Meu amigo William Mitchell, um arquiteto que veio a assumir a direção do Media Lab, lançou essa ponte concretamente. *Bon vivant*, frequentador da noite em Cambridge, Massachusetts (naquela época, claro), ele declarava: "O teclado é o meu café." Seu livro *City of Bits* foi o primeiro sobre as cidades inteligentes; publicado em 1996, logo, antes da era dos dispositivos móveis, dos programas interativos da Web 2.0 e da nanotecnologia, o livro se abria para receber de braços abertos o que quer que o futuro tivesse a oferecer. Ele imaginava que a cidade inteligente seria um lugar complexo: partilha de informações conferindo aos cidadãos escolhas cada vez mais variadas e, portanto, sempre maior liberdade; os prédios físicos, as ruas, as escolas e os escritórios da *ville* seriam feitos de componentes em permanente mutação, podendo, portanto, evoluir, exatamente como o fluxo de informação. A cidade inteligente haveria de se tornar cada vez mais complexa na forma, e sua *cité*, sempre mais rica em seus significados.[9]

De certa maneira essa fantasia tecnológica nada tinha de novo. Aristóteles escreveu na *Política* que "uma cidade é formada por diferentes tipos de homens; pessoas semelhantes não podem dar vida a uma cidade". Somos mais fortes juntos que separados; assim, em tempos de guerra, Atenas abrigava toda uma variedade de tribos que fugiam do interior; recebia também exilados que acabavam ficando na cidade. Apesar da situação indefinidamente ambígua e sem solução, esses refugiados traziam para a cidade novas maneiras de pensar e novas habilidades. Aristóteles chamou a atenção para o fato de que o comércio é mais vigoroso numa cidade densamente populada do que numa aldeia, e nisto não estava sozinho; quase todos os autores antigos que escreveram sobre a cidade observavam que as economias diversificadas e complexas eram mais produtivas que as monoculturas. Aristóteles também tinha em mente as virtudes da complexidade na política; num meio diversificado, os homens (apenas eles, na época de Aristóteles) são obrigados a entender diferentes pontos de vista para governar a cidade. Globalmente, Aristóteles chama a convergência de gente diferente de *synoikismos*, palavra de que derivam as modernas "síntese" e "sinergia": como as equações de Strogatz, a cidade é um todo maior que a soma de suas partes.[10]

"Aberto" é uma palavra-chave na política moderna. Em 1945, o filósofo austríaco refugiado Karl Popper publicou *A sociedade aberta e seus inimigos*. Ele fazia uma pergunta de filósofo sobre como a Europa tinha mergulhado no totalitarismo: haveria no pensamento ocidental algo que levara a descartar o debate racional e baseado nos fatos entre diferentes grupos, em favor de mitos sedutores engendrados por ditadores, do tipo "somos um só" e "nós contra eles"? O tema do livro não perdeu a atualidade, embora *A sociedade aberta e seus inimigos* seja de certa forma um título enganoso, pois Popper analisava uma longa linhagem do pensamento político iliberal, e não o que acontece na sociedade do dia a dia. De qualquer maneira, o livro teve um enorme impacto nos que se dedicavam a essas atividades — especialmente seus colegas na London School of Economics, que na época concebiam o Estado previdenciário britânico, esperando traçar um plano que mantivesse sua burocracia frouxa e aberta, em vez de rígida e fechada. Um aluno de Popper, o financista George Soros, destinaria mais tarde enormes quantidades de dinheiro à criação na sociedade civil de instituições, como universidades, por exemplo, que refletissem os valores liberais do antigo mestre.

Poderia parecer que os valores liberais de uma sociedade aberta convêm a qualquer cidade que abrigue grande diversidade humana; a tolerância recíproca permite o convívio. Mais uma vez, contudo, uma sociedade aberta deve ser mais igualitária e democrática que a maioria das sociedades de hoje, com maior distribuição da riqueza e do poder por todo o organismo social, em vez da sua concentração no topo. Mas não há nada de particularmente urbano nessa aspiração; os fazendeiros e os habitantes das pequenas cidades merecem a mesma justiça. Ao pensar na ética urbana, queremos saber o que torna a ética urbana.

Por exemplo, a liberdade tem um valor particular na cidade. A máxima alemã *Stadtluft macht frei* ("o ar da cidade liberta") vem do fim da Idade Média; ela continha então a promessa de que os cidadãos podiam se libertar de uma posição fixa e herdada na hierarquia econômica e social, libertar-se da necessidade de servir apenas a um senhor. Não significava que os cidadãos fossem indivíduos isolados; poderia haver obrigações a cumprir em relação a uma guilda, a grupos de vizinhança, à Igreja, que, no entanto, podiam mudar ao longo da vida. Em sua *Autobiografia*, o artista ourives Benvenuto Cellini descreve o processo de metamorfose por que passou quando estava na casa dos vinte, depois de concluído seu aprendizado. Ele tirou vantagem das diferenças nas leis e hábitos das cidades italianas em que trabalhava, o que lhe permitiu adotar diferentes personas para se adequar a diferentes patrões; e se dedicava a uma variedade de empregos — trabalho com metal, versificação, trabalho como soldado — à medida que iam aparecendo. Sua vida foi mais aberta do que teria sido se tivesse permanecido numa aldeia, pois a cidade o libertou de um self único e fixo, para que se tornasse o que queria ser.

No MIT, tive oportunidade de ver *Stadtluft macht frei* tomar forma num grupo de jovens arquitetos de Xangai. Sua cidade simboliza a explosão urbana que ocorre hoje em todo o mundo em desenvolvimento, uma cidade que se expande economicamente de maneira precipitada, atraindo para sua órbita jovens de toda a China. Embora os integrantes do meu grupo de Xangai sempre voltassem para suas aldeias ou pequenas cidades no Ano-Novo, na cidade eles deixavam para trás seus hábitos e visões de mundo. Alguns dos jovens arquitetos do sexo masculino se declararam gays; as jovens arquitetas retardavam a gravidez ou se recusavam a ter filhos. Em ambos os sexos, era garantido com isto causar mágoa em casa. Quando introduzi meus protegidos ao *Stadtluft macht frei*, eles traduziram a frase para o mandarim como "usando chapéus diferentes". Em sua superficialidade, as palavras transmitem uma verdade profunda: quando a vida é aberta, pode ter muitas camadas. Como aconteceu com Cellini.

O MIT me fez pensar que todas essas variedades do "aberto" poderiam resolver o enigma da relação entre *cité* e *ville*. Em vez de tentar arrumá-la, uma cidade aberta trabalharia com suas complexidades, gerando por assim dizer uma molécula complexa de experiência. O papel do planejador e do arquiteto seria ao mesmo tempo estimular a complexidade e criar uma *ville* interativa e sinergética maior que a soma de suas partes, dentro da qual as pessoas seriam orientadas por bolsões de ordem. Em termos éticos, uma cidade aberta naturalmente toleraria as diferenças e promoveria a igualdade; mais especificamente, porém, ela libertaria da camisa de força do fixo e do familiar, criando um terreno para a experimentação e a expansão das experiências.

Idealismo? Claro. De tipo americano, enquadrado pela escola do pragmatismo filosófico, cujo conceito fundamental era que toda experiência deve ser experimental. Tenho para mim que os grandes nomes do pragmatismo — Charles Sanders Peirce, William James, John Dewey — haveriam de se sentir perfeitamente à vontade no Media Lab. Esses mesmos figurões resistiram à tentação de equiparar "pragmático" a "prático", exatamente aqueles homens práticos e sérios que dominaram os valores do país no fim do século XIX e no início do século XX, desprezando a ambiguidade e a contradição e celebrando a eficiência.

No meu cantinho do contexto pragmático, contudo, não era assim tão fácil descartar esses valores de seriedade. A maioria dos projetos urbanos custa uma fortuna. *Stadtluft macht frei* não informa ao planejador urbano qual deve ser a largura das ruas. Ele precisa prestar contas a pessoas que talvez não gostem de ser obrigadas a viver num capricho, ou numa experiência que se revele um interessante fracasso. Tanto Dewey quanto James nada tinham de ingênuos a esse respeito; sabiam que o pragmatismo precisava descobrir como evoluir da experiência para a prática. Quando se desmonta uma prática estabelecida, a desconstrução não nos diz o que fazer em seguida. James inclusive desconfiava que a predisposição experimental e aberta — tão crítica do mundo tal como se apresenta, tão convencida de que as coisas poderiam ser diferentes — denunciava na verdade um medo do compromisso; em suas palavras, o eterno experimentador sofre de "medo do irrevogável, que não raro gera um tipo de caráter incapaz de pronta e vigorosa determinação". Livre dessa neurose, aquele que realiza segue um caminho torto do possível ao factível.[11]

Foi de uma maneira particular que Mitchell se deu conta do problema pragmatista que consiste em saber como cristalizar uma prática aberta. Alguns anos depois da publicação de *City of Bits*, Mitchell, juntamente com o arquiteto Frank Gehry, patrocinou um projeto voltado para a concepção de um automóvel de alta tecnologia, sem motorista, no qual seria um prazer viajar, em vez de servir apenas como um contêiner mecânico; eles estavam em busca de uma fugidia meta que Mitchell chamou de "estética do movimento". Como eu lhe pedisse que esclarecesse essa expressão, ele respondeu "Ainda não sei" — uma resposta bem característica do Media Lab. Acompanhando de vez em quando o andamento do projeto, notei que a equipe mudava com frequência; quando perguntei por que os assistentes do laboratório mudavam tantas vezes, um gerente me explicou que muitas pessoas não entendiam direito o seu papel. "Ainda não sei" não dá aos outros a direção a seguir; o gerente do projeto comentou laconicamente (estávamos na presença de Mitchell) que o nível de frustração nessa experiência aberta era "inusitado". Além disso, os dois gênios em busca do indefinível não se esforçavam por esclarecer sua equipe; esperavam que os subordinados captassem a inspiração de maneira intuitiva e a levassem adiante. E assim a avançada experiência aberta cambaleava à beira do disfuncional.

Mitchell morreu de câncer em 2010 e não viu concretizada sua ideia, mas mesmo nos seus últimos anos de vida o mundo da tecnologia já estava em transição. Movia-se de uma condição aberta para outra fechada. Escreve Yochai Benkler: "O que caracterizou o primeiro quarto de século da internet foi um sistema integrado de sistemas abertos [...] resistindo à imposição do poder por parte de qualquer autoridade centralizada", ao passo que hoje "estamos evoluindo para uma internet que facilita o acúmulo de poder por um pequeno conjunto de influentes atores estatais e não estatais". Facebook, Google, Amazon, Intel, Apple são nomes que encarnam o problema hoje identificado por Benkler: a era fechada da internet consiste num pequeno número de monopólios, produzindo as máquinas e os programas voltados para a exploração maciça da informação. Uma vez adquirida, a programação monopolística se torna cada vez mais personalizada e controladora.[12]

Embora Karl Popper tenha morrido muito antes do início da era digital, seu fantasma poderia muito bem declarar: "Eu sabia." Assim como temia os Estados totalitários, Popper detestava os monopólios econômicos. Os dois fazem a mesma promessa sedutora: a vida pode tornar-se mais simples, mais clara e mais fácil para o usuário, como diríamos hoje a respeito da tecnologia, por exemplo, se as pessoas se submeterem a um regime que se encarregue da organização. Você saberá o que esperar, pois as regras da sua experiência serão esquematizadas para você. Mas o que ganhar em clareza você perderá em liberdade. Sua experiência vai-se tornar clara e fechada. Muito antes de Popper, o grande historiador suíço Jacob Burckhardt distinguiu a mesma ameaça ao advertir que a vida moderna seria controlada por "brutais fatores de simplificação", referindo-se com isto às simplicidades sedutoras do nacionalismo. Para Popper como para Burckhardt, as palavras-chave da experiência aberta — "complexo", "ambíguo", "incerto" — implicam resistência a um regime opressivo de poder.[13]

As cidades em que vivemos hoje são fechadas de maneiras que refletem o que aconteceu no mundo da tecnologia. Na imensa explosão urbana que ocorre atualmente no Sul Global — na China, na Índia, no Brasil, no México, nos países da África Central —, grandes empresas das finanças e da construção estão padronizando a *ville*; no momento em que o avião aterrissa, talvez não possamos distinguir Pequim de Nova York. Seja no Norte ou no Sul, o crescimento das cidades não gerou grandes experimentações na forma. O complexo comercial, o campus universitário, a torre residencial erguida num recanto de um parque não são formas favoráveis à experimentação, por serem autossuficientes, e não abertas a influências e interações externas.

Mas minha experiência em Boston me impede de ver o fechamento simplesmente como uma manifestação do Poder esmagando o Povo. O medo dos outros e a incapacidade de lidar com a complexidade são aspectos da *cité* que também fecham uma vida. As críticas de que a *cité* "não foi capaz de se abrir" são, portanto, ambivalentes, como também pude constatar em Boston: por um lado, temos o preconceito populista raivoso, mas por outro também pode se manifestar o sorriso condescendente, a atitude de suposta superioridade moral de uma elite. A *cité* fechada, assim, é tanto um problema de valores quanto de economia política.

III. Modesta

A palavra "fazer" é tão comum que em geral as pessoas não lhe dão muita importância. Nossos antepassados não eram assim tão blasés; os gregos ficavam maravilhados com a capacidade de criar até as coisas mais simples.

Na caixa de Pandora não havia apenas elixires exóticos, mas também facas, tapetes e potes; a contribuição humana à existência consistia em criar algo onde antes nada havia. Os gregos tinham uma capacidade de assombro que diminuiu em nossa época já mais enfastiada. Admiravam-se do simples fato de as coisas existirem — de um ceramista ser capaz de impedir que um pote quebrasse, ou de serem tão vibrantes as cores em que suas estátuas eram pintadas —, ao passo que nós admiramos coisas novas, como uma forma inédita de pote ou uma cor nunca vista antes.

Essa celebração do fazer conquistou um novo terreno no Renascimento. O *Stadtluft macht frei* aplicou a palavra "fazer" ao self. Em seu *Discurso sobre a dignidade do homem*, o filósofo renascentista Giovanni Pico della Mirandola afirmava que "o homem é um animal de natureza diversa, multiforme e destrutível"; nesse estado maleável, "é concedido a ele ter aquilo que escolher e ser aquilo que quiser". Não se trata de presunção infundada, mas, como dizia Montaigne no fim do Renascimento, do fato de que as pessoas constroem suas vidas em função de diferentes gostos, crenças ou encontros. Entrar em guerra contra o próprio pai pode ser uma experiência pessoal de alguém; mas a coragem de entrar em guerra, seja de que tipo for, se manifesta ou está ausente em qualquer um. Nos ensaios de Montaigne constatamos um nítido contraste entre personalidade, algo da criação da própria pessoa, e caráter, constituído por crenças e comportamentos comuns a todos. Ainda assim, o fato de o homem poder ser o criador de si mesmo não era para Pico apenas uma questão de personalidade; manifestava também o poder de Deus sobre o destino do homem; dotado de profunda fé religiosa, Pico passou a vida tentando conciliar as duas coisas.[14, 15]

Os filósofos do século XVIII tentaram aliviar essa tensão focalizando um aspecto do fazer: o impulso para realizar um trabalho de qualidade. Essa virtude daquele que faz era desde a época medieval considerada aceitável aos olhos de Deus, sendo o bom trabalho um sinal de serviço e compromisso com alguma coisa objetiva além do interesse egoísta. Agora os filósofos afirmam em termos seculares que os indivíduos se realizam quando, como trabalhadores, buscam criar obras de qualidade. Foi assim que o *Homo faber* se apresentou diante dos leitores da *Enciclopédia* de Denis Diderot, escrita entre 1751 e 1771, ilustrando volume após volume as maneiras como trabalhar bem, fosse cozinheiro, fazendeiro ou rei. A ênfase da *Enciclopédia* no trabalho prático de qualidade ia de encontro à imagem kantiana do pau humano torto, já que o trabalhador capaz é um ser cooperativo, ajustando suas relações com os outros no esforço comum de criar coisas bem-feitas.

Na era moderna, a crença no *Homo faber* veio a vacilar. O industrialismo obscureceu a imagem do trabalhador orgulhoso das suas habilidades, à medida que as máquinas passavam a ocupar o lugar da sua perícia e as condições de trabalho nas fábricas degradavam a configuração social do trabalho. No século passado, tanto o nazismo quanto o comunismo de Estado transformaram o Homem como Criador numa arma ideológica obscena; à entrada dos campos de concentração podia-se ler *Arbeit macht Frei* ("O trabalho liberta"). Hoje, embora esses horrores totalitários tenham ficado para trás, novas formas de trabalho eventual e de curto prazo, além dos progressos no trabalho robotizado, têm impedido que muita gente se sinta orgulhosa do próprio trabalho.

Para entender o papel do *Homo faber* na cidade, temos de encarar de outro modo a dignidade do trabalho. Longe de abraçar uma visão de mundo, o *Homo faber* na cidade se enobrece praticando de uma forma cujos termos são modestos: realizar uma pequena reforma na casa da maneira mais barata possível, ou plantar árvores ao longo de uma rua, ou simplesmente providenciar bancos para que os idosos possam sentar tranquilamente ao ar livre. Essa ética do fazer modesto por sua vez implica uma certa relação com a *cité*.

Ainda jovem urbanista, fui atraído para a ética do fazer modesto ao ler um livro de Bernard Rudofsky escrito na década de 1960, *Architecture Without Architects* [Arquitetura sem arquitetos]. Distante das questões candentes daquela longínqua época de pós-modernismo e teoria, Rudofsky documentava como os materiais, as formas e a localização do ambiente construído derivavam das práticas da vida cotidiana. À parte sua praça principal, Siena serve de exemplo para o ponto de vista de Rudofsky. Janelas, portas e decorações cobrindo basicamente volumes construídos semelhantes foram se acumulando de maneiras imprevisíveis ao longo de séculos, e essa acumulação ainda prossegue. Caminhar por uma rua de Siena — com as vitrines de lojas comerciais ao lado de portões medievais de madeira, ao lado de um McDonald's, ao lado de um convento — nos dá a forte sensação de um processo se desdobrando nesse lugar, o que o imbui de um caráter complexo e particular. Além disso, essas variações foram feitas em grande medida por moradores, criando e adaptando prédios com o passar do tempo; os dizeres da fachada de uma loja do McDonald's tiveram de ser adequados a uma associação de bairro, e a combinação acabou parecendo natural.

Rudofsky sustentava que a criação de lugares não precisava ostentar supostas pretensões artísticas, citando como exemplos os celeiros de elegantes formas elípticas encontrados nas matas da África Central ou as torres finamente trabalhadas erguidas no Irã para atrair pombos que as transformavam em verdadeiras fábricas de fertilizantes. E era isto exatamente o que ele queria dizer com arquitetura sem arquitetos: o primado da *cité*; o fazer decorrente do habitar. O desvelo com que os celeiros, as torres e as ruas cobertas de cal são cuidados demonstra que os habitantes se apropriaram desses lugares. Quando dizemos que nos sentimos em casa num bairro, acho que estamos nos referindo a esse tipo de ação: o ambiente físico parece decorrer da maneira como habitamos e de quem somos.[16]

Rudofsky recorreu inclusive a urbanistas experientes como Gordon Cullen, que tinha uma visão mais técnica de como as lições da experiência devem orientar a forma física. A título de exemplo, Cullen estudou as mudanças surgidas na construção no nível do solo em cidades erguidas junto a mares ou rios; espaços subterrâneos gradualmente vão sendo criados para carga e descarga, como nos cais de Paris, ou acima do nível do mar, no caso dos espaços suspensos construídos em Agde para proteção das enchentes, sendo a altura calibrada segundo a experiência, ano após ano. Em ambos os casos, o uso gradualmente estabeleceu uma escala visual precisa. O profissional deve observar essa escala decorrente da experiência, em vez de elevar espaços arbitrariamente ou escavá-los só porque as medidas parecem boas no papel.[17]

Existe ainda outra razão para Rudofsky e Cullen advertirem aquele que faz sobre a inovação arbitrária. Por definição, toda inovação padece de uma disparidade entre a maneira como as pessoas de fato fazem as coisas e a maneira como poderiam fazê-las. A abertura no tempo diz respeito à maneira como um objeto vai evoluir, como seu uso vai mudar; muitas vezes o processo não pode ser previsto antecipadamente. Veja-se, por exemplo, o bisturi usado em cirurgias, que surgiu no século XVI graças a um avanço na metalurgia que permitiu fabricar facas de corte mais afiado e duradouro. Seriam necessários, então, quase oitenta anos para que os médicos descobrissem como usar essas facas afiadas na medicina — por exemplo, segurar o objeto cortante com delicadeza, em vez de empunhá-lo vigorosamente, como uma espada cega. A lâmina e o cabo da faca foram se tornando mais finos, numa evolução irregular ao longo desses oitenta anos, aparecendo a cada década diferentes versões de cabos, sendo algumas adaptadas como ferramentas para novas práticas de abate de animais e, felizmente, saindo do terreno da cirurgia humana. No artesanato, com frequência uma ferramenta ou um material surge antes que se saiba o que fazer com ele, sendo seus diferentes usos descobertos apenas por experiências de tentativa e erro. O tempo inverte o mantra de que a forma deve obedecer à função; pelo contrário, a função segue a forma — não raro com lentidão.[18]

Do mesmo modo, é necessário tempo para que se aprenda a construir o ambiente. O senso comum considera que qualquer um sabe "intuitivamente" como se movimentar ou conferir sentido a uma construção ou um lugar, mas as construções arbitrariamente inovadoras podem abalar exatamente esses hábitos considerados firmemente estabelecidos. É uma questão que surge na concepção de escolas que incorporam progressos do aprendizado online. Uma sala de aula tradicional consiste em fileiras de assentos voltados para um professor à frente, ao passo que a nova sala de aula mais se parece com um agregado informal de postos de trabalho. Como no caso da faca de aço temperado, os professores não sabem imediatamente como se relacionar fisicamente com esses postos de trabalho — por exemplo, onde se posicionar para se impor à atenção de todos —, leva tempo para aprender a nova construção. Da mesma forma, se nossos projetos de integração racial tivessem dado certo, teria sido necessário aprender a adaptar as superfícies de concreto preparadas para receber os ônibus escolares, transformando-as em playgrounds quando os ônibus estivessem ausentes.

Jane Jacobs associava todos esses pontos de vista. A grande escritora e combatente não questionava o valor do planejamento urbano em si, mas afirmava que as formas urbanas surgem lenta e cumulativamente, seguindo as lições do uso e da experiência. A sua *bête noire* entre os *Homo faber,*

Robert Moses, o influente planejador da cidade de Nova York, construía exatamente da maneira oposta: grande, rápido e de modo arbitrário. Como ficará evidente ao longo destas páginas, eu vivi à sombra de Jane Jacobs na juventude. Aos poucos, fui saindo desse lugar.

Isto se deu em parte porque mudou o contexto da minha atividade prática. Como planejador, sempre tive uma atividade modesta; na verdade, lamento retrospectivamente não ter cedido à tentação pragmática, praticando mais e ensinando menos. Minha atividade nos Estados Unidos tinha bases locais e estava voltada para o fortalecimento das comunidades. No início da idade madura, comecei a dar consultoria para a ONU, primeiro para a Unesco, depois para o Programa de Desenvolvimento da ONU e por fim para a ONU-Habitat. No Sul Global, as cidades cresciam tanto e tão rapidamente que se tornava necessário um planejamento em grande escala; a perspectiva lenta, cautelosa e local não era um horizonte adequado para descobrir como proporcionar habitação, escolas e transporte de massa. Como poderia o urbanismo ser praticado em espírito modesto numa escala mais ampla? Eu não abandonei a visão ética em que me formara, mas ela precisava ser reinterpretada.

Houve ainda uma outra mudança de perspectiva de caráter pessoal. Anos atrás, eu sofri um grave derrame. Durante a recuperação, comecei a entender as construções e as relações espaciais de maneira diferente. Agora eu precisava me esforçar para estar em espaços complexos, enfrentando o problema de me manter ereto e caminhar reto, e também o curto-circuito neurológico que desorienta pessoas acometidas de derrame quando estão no meio de uma multidão. Curiosamente, o esforço físico necessário para me orientar expandiu meu senso do ambiente, em vez de localizá-lo no próximo passo a ser dado ou na pessoa diretamente à minha frente; passei a me sintonizar em escala mais ampla com os espaços ambíguos ou complexos pelos quais navegava; tornei-me um urbanita do tipo Venturi.

Essas duas mudanças me levaram a investigar como o *Homo faber* pode desempenhar um papel mais vigoroso na cidade. Um urbanismo mais vigoroso também precisa ser um urbanismo visceral, pois o lugar e o espaço ganham vida no corpo. Como tentarei demonstrar aqui, urbanismo proativo pode combinar com modéstia ética. Modesto não significa subserviente;

o urbanista deve ser um parceiro do urbanita, e não um criado — ambos em atitude crítica sobre a maneira como se vive e exercendo a autocrítica naquilo que constroem. Se for possível forjar essa relação entre *cité* e *ville*, a cidade poderá se abrir.

Um argumento contra este ponto de vista pode ser levantado. O respeito próprio daquele que faz reside em parte na sua pura e simples vontade. Todos os grandes construtores de cidades se orgulhavam do que faziam independentemente do desejo dos outros, ou mesmo indo de encontro a ele; expressões como "impossível", "nunca se viu isto", "entrou numa *ego trip*", "completamente fora de contexto" etc. representam alertas vermelhos, provocando um estado de ânimo ainda mais afirmativo. Um realizador que encare sua missão com humildade, como sugerem Gordon Cullen e Jane Jacobs, certamente reduzirá a tensão entre o fazer e o habitar. Mas assim estará evitando assumir riscos. Se a vontade imodesta, afirmativa e criativa é incandescente, será que um urbanismo mais sensível, cooperativo e autocrítico pode tornar-se igualmente enérgico?

Plano do livro — Este livro é o último de uma série de três explorando o lugar do *Homo faber* na sociedade. O primeiro volume estudava a artesania, em especial a relação nela envolvida entre a cabeça e as mãos. O segundo se detinha na cooperação necessária para a boa obra. Este livro traz o *Homo faber* para a cidade. A primeira parte deste estudo examina a evolução do urbanismo, a prática profissional da construção das cidades. No século XIX, os construtores de cidades tentaram estabelecer um vínculo entre o vivido e o construído; eram tecidos frágeis, que facilmente se dilaceravam. No século XX, a *cité* e a *ville* se distanciaram nas maneiras como os urbanistas pensavam as cidades e as construíam. O urbanismo tornou-se, internamente, uma comunidade isolada.[19]

O livro passa então a explorar como três grandes questões são afetadas por essa descontinuidade entre o vivido e o construído. Começo com a gigantesca expansão das cidades no Sul Global, nas quais voltaram a se manifestar os conflitos não resolvidos do Norte Global. Em termos sociais, as cidades de hoje são traumatizadas sociologicamente pela tese de Aristóteles de que uma *cité* deve ser composta de tipos diferentes de pessoas.

A cidade inteligente de Mitchell evoluiu do ponto de vista humano, sendo hoje um pesadelo ou uma promessa, na medida em que a tecnologia pode fechar ou abrir a *cité*.

Na terceira parte, descrevo como poderia ser uma cidade, se fosse mais aberta. Uma cidade aberta requer que aqueles que nela vivem desenvolvam a capacidade de lidar com a complexidade. Na *ville*, cinco formas abertas podem tornar os lugares urbanos complexos de uma maneira boa. Procurei então mostrar como os urbanistas podem colaborar com os urbanitas no uso dessas formas abertas.

A parte final do livro leva em conta o caráter essencialmente torto da cidade. Subjacente a suas fissuras sociais, tecnológicas e arquitetônicas, a ação do tempo desequilibra as relações entre o vivido e o construído — o que vem a ser uma tese antes prática que poética. A turbulência e as incertezas das alterações climáticas esclarecem rupturas que ocorrem em qualquer cidade na sua evolução. Essa turbulência me leva de volta, no fim do livro, à questão que desde o início me obcecava em Boston: a ética pode moldar o planejamento da cidade?

Primeira Parte

As duas cidades

2. Alicerces instáveis

I. O nascimento do urbanismo — Uma história de engenheiros

Em 1859, o arquiteto espanhol Ildefons Cerdà lavrou pela primeira vez em letras impressas as palavras "urbanismo" e "urbanista". Por que tão recentemente? Há milhares de anos os homens vivem em cidades. As palavras surgiram porque as condições da vida moderna exigiam uma compreensão própria das cidades.[1]

No começo do século XVIII, teve início um enorme movimento migratório para as grandes cidades da Europa, mobilizando sobretudo jovens pobres que demandavam principalmente Londres e Paris. Ao chegar, eles constatavam a escassa oferta de trabalho: em 1720, apenas cerca de 60% dos pobres de Londres trabalhavam em tempo integral. Nos Estados Unidos, muitos imigrantes passavam por Nova York e Filadélfia a caminho da fronteira, ao passo que na Grã-Bretanha e na França essas massas de desempregados permaneciam, como sangue coagulado. No início da Revolução Francesa, era amplamente reconhecida a necessidade de reformas, e certas propostas se voltavam para essas condições materiais, como no caso do movimento para a derrubada de favelas improvisadas. Mas as pessoas a que Cerdà se referia como "urbanistas" não tinham em mente a crise econômica. As questões de saúde pública os levaram a repensar a cidade; tratava-se de doenças que afetavam tanto ricos quanto pobres.

A peste sempre fora uma ameaça nas cidades: a Peste Negra dizimou um terço da população da Europa no fim da Idade Média. À medida que as primeiras cidades modernas se tornavam maiores e mais densas — e, portanto, mais cheias de excrementos e urina —, transformavam-se também em terreno fértil para a proliferação de ratos e doenças por eles geradas. Quando um recém-nascido chegava a sobreviver (um feito e tanto nessa época de obstetrícia primitiva), podia ter pela frente a morte por disenteria, causada pela água suja. O crescimento populacional também significava maior quantidade de casas; mais casas representavam mais chaminés poluindo o ar, um ar fétido que criava condições para a tuberculose.

Os primeiros urbanistas que tentaram enfrentar decididamente essas condições eram antes engenheiros que médicos. A engenharia civil não é uma atividade considerada particularmente glamorosa, mas os engenheiros tornaram-se figuras heroicas na geração de Cerdà, pois lidavam com as questões de saúde pública na cidade de maneira mais proativa que os médicos, que não tinham verdadeiramente ideias sobre como prevenir a tuberculose ou as causas da peste.

Fosse entre os cidadãos ou entre os especialistas em medicina, as práticas culturais a respeito da cólera se baseavam em profunda ignorância. Considerava-se equivocadamente que a doença era transmitida pelo ar, e não pela água; assim, durante a epidemia de 1832, muitos parisienses tentavam se proteger da praga que assolava a cidade cobrindo a boca com lenços brancos quando falavam com outras pessoas — e a cor branca parecia particularmente importante como escudo. O Palais-Royal, antigo mercado e depósito, foi transformado num hospital onde os doentes se alinhavam em fileiras apertadas debaixo do teto de vidro; o amontoado de corpos doentes provocava novo contágio caso alguém desse sinais de recuperação, mas tanto os médicos quanto os pacientes permaneciam firmes na convicção de que a luz do sol projetada nos moribundos tinha poderes desinfetantes, desesperado legado da velha crença na luz curativa de Deus.[2]

Os engenheiros civis se tornaram os artesãos da cidade moderna, buscando melhorar a qualidade da vida urbana mediante experiências técnicas. As ruas varridas pela peste os levaram a repensar a fabricação de materiais usados na construção. A pavimentação das ruas com pedras lisas, necessárias para limpar eficazmente os excrementos de cavalos, foi experimentada pela primeira vez na região das praças londrinas de Bloomsbury no século XVIII, mas só se generalizou a partir de aproximadamente 1800, quando se tornou possível a produção industrial de pedra talhada. Os engenheiros civis criaram um mercado para a pedra trabalhada na máquina. Imaginaram que se fosse fisicamente mais fácil limpar as ruas, as pessoas se tornariam mais conscientes nesse sentido e deixariam, por exemplo, de jogar lixo pelas janelas das casas (prática até então comum). Na verdade, os engenheiros presumiram que se fosse mudada a infraestrutura, práticas mais racionais de saúde pública seriam desenvolvidas: a *ville* pode alterar a *cité*.

Da mesma forma, invenções como o *pissoir*, o urinol, que entrou em uso em Paris em 1843, assinalaram um real progresso na saúde pública. O *pissoir* de múltiplo uso (chamado de "Alexandrino"), que surgiu na década de 1880, era uma tecnologia de saúde particularmente adequada para uma rua muito movimentada. Também aqui, a ideia era fornecer um mecanismo para uma prática saudável e assim induzir uma mudança de atitudes: até 1843, os homens exibiam o pau sem vergonha para urinar em público, e urinavam como cães nas paredes dos prédios ou na rua; com a chegada do *pissoir*, a urina podia ser canalizada por baixo da terra. Com isto, mudaram os valores da *cité*; aos poucos tornou-se vergonhoso se aliviar na frente de estranhos. De maneira ainda mais positiva, um efeito indireto da remoção dos excrementos e da urina das ruas foi que elas se tornaram mais utilizáveis como espaço social; o grande café ao ar livre dando para um bulevar foi o presente sanitário do engenheiro à civilização urbana.[3]

A engenharia das cidades saudáveis tinha sido antecipada por uma descoberta fundamental sobre o corpo humano feita três séculos antes de os engenheiros urbanistas começarem a trabalhar. Em 1628, William Harvey explicava, em *De motu cordis*, que o coração humano faz com que o sangue circule mecanicamente por artérias e veias, ao passo que anteriormente a medicina acreditava que o sangue circulava à medida que se aquecia. Um século depois, a descoberta de Harvey sobre o sistema circulatório tornou-se um modelo para o planejamento urbano; o urbanista francês Christian Patte valeu-se da imagem das artérias e veias para inventar o sistema de ruas de mão única que hoje conhecemos. Os planejadores do Iluminismo imaginaram que se a movimentação pela cidade viesse a ser bloqueada em algum ponto importante, o corpo coletivo estaria sujeito a uma crise de circulação como a que acomete o corpo individual num ataque cardíaco. As ruas de mão única inspiradas no modelo circulatório facilmente podiam ser implantadas em cidades pequenas de tráfego relativamente reduzido; em cidades grandes como Paris, onde a população e o tráfego aumentavam incessantemente ao longo do século XIX, tornou-se mais difícil planejar a fluidez do trânsito, exigindo intervenções mais sistêmicas na malha da cidade que a simples instalação de sinais indicando a via única.

Ainda assim, a engenharia da saúde pública acima e abaixo da terra foi uma grande realização do século XIX. Em 1892, em novo prefácio do livro que escreveu meio século antes sobre as mazelas da classe operária de Manchester, Friedrich Engels observava que "a reiterada ocorrência de cólera, tifo, varíola e outras epidemias mostrou ao burguês britânico a necessidade urgente de saneamento em suas cidades [...] os mais gritantes abusos [...] desapareceram ou se tornaram menos flagrantes". Uma história vitoriana de progresso, com certeza, mas muitas consequências da engenharia da cidade foram acidentais ou não intencionais: os engenheiros não pretendiam inventar os cafés de bulevar.[4]

Grande parte da construção de infraestruturas no século XIX era aberta, como o Media Lab no seu apogeu. Os engenheiros adivinhavam e descobriam acidentalmente, sem saber por antecipação os efeitos indiretos de suas invenções técnicas. Os engenheiros que trabalhavam para Joseph Bazalgette na construção dos esgotos de Londres nas décadas de 1850 e 1860, por exemplo, inventaram uma tecnologia como a das telas para filtragem de dejetos sólidos durante trabalhos de conexão de tubulações, experimentando vários modelos diferentes de filtros, sem saber desde logo que tamanho usar. Bazalgette sabia globalmente o que fazer: o mundo dos esgotos — o mundo de *Os miseráveis* — devia ser transformado numa rede de tubulações acompanhando o desenho das ruas acima. Ainda assim, ele tendia à incerteza. Em muitos casos Bazalgette construiu os esgotos com tubos de diâmetro maior que o necessário, afirmando que não era possível prever futuras necessidades.[5]

Esse processo experimental exigia que o engenheiro urbanista desenvolvesse novas ferramentas visuais. Antes da época de Cerdà e Bazalgette, as convenções do desenho e das imagens artísticas forneciam meios para se conceber como devia ser a cidade; no dizer de Donald Olsen, "a cidade era concebida como uma obra de arte". Até os engenheiros militares, pensando em como traçar uma cidade suscetível de ser defendida sob assédio, recorriam a padrões artísticos; numa planta em forma de estrela para a cidade italiana de Palmanova, por exemplo, os planejadores militares aplicaram sobre um terreno bravio e irregular a imagem da cidade num campo plano, com agradáveis jardins, fina decoração nas paredes e outros requintes. O traçado de plantas e cortes transversais é uma técnica clássica perfeitamente apropriada para dar ideia nítida de determinada construção; a caótica mistura de formas numa rua densa e desordenada requer meios diferentes de representação.

Hoje podemos visualizar essa complexidade graças às possibilidades de montagem dos traçados em computador, mas nossos antepassados só podiam vê-la na imaginação. E tampouco as representações clássicas podiam mostrar de que maneira os lampiões a gás, que surgiram nas ruas de Londres em 1807, afetariam seu aspecto noturno, assim como os arquitetos não eram capazes de descrever visualmente a velocidade do fluxo do tráfego. As infraestruturas então construídas debaixo da terra eram invisíveis. As representações tradicionais não ofereciam as técnicas de que o engenheiro urbanista precisava.

Por todos esses motivos, eles não praticavam uma ciência exata. Não aplicavam princípios estabelecidos a casos particulares, não havia diretivas gerais determinando as melhores práticas; os engenheiros prenunciavam o "teste clínico adaptável" descrito por Jerome Groopman aprendendo na prática. Um dos aspectos realmente admiráveis do caráter de Bazalgette era o fato de exalar confiança vitoriana sem alegar que soubesse exatamente o que estava fazendo, apenas acreditando que no fim das contas daria certo. De maneira genérica, isso se aplica aos engenheiros civis da cidade nessa época; seu conhecimento técnico era aberto.

Mas ele gerava algo parecido com a dificuldade encontrada por Mitchell ao tentar traduzir suas ideias para que outros pudessem entendê-las. Arquitetos urbanos renascentistas como Palladio se preocupavam com a imagem de seu trabalho. Contemplando sua igreja de San Giorgio do outro lado da água, a partir da Praça São Marcos, em Veneza, vemos que ela foi cuidadosamente dimensionada e localizada, que a obra constituía uma inserção na malha da cidade, mas ao mesmo tempo era de certa forma absorvida por ela: Palladio dá uma clara demonstração de complexidade. Os engenheiros se pautavam por outro tipo de intervenção; seu trabalho não era tão evidente e tangível. A população podia sentir as consequências, como uma rua sem cheiros desagradáveis, sem por isto deduzir os motivos. Essa complexidade é caracterizada pela ambiguidade. A construção de um sistema de esgotos requeria árdua pesquisa sobre os materiais usados nas tubulações, mas Bazalgette não era capaz de explicar a decisão de usar tubos de 1,8 ou 2,4 metros de largura, pois ele próprio não sabia. Uma falta de clareza que se equipara à incapacidade de Bill Mitchell de explicar a "estética do movimento" de maneira que seus assistentes no estúdio soubessem o que fazer na manhã seguinte.

A complexidade ambígua ligava os engenheiros urbanistas da *ville* aos escritores que faziam a crônica da *cité*.

II. A *cité* — difícil de ler

A dificuldade de ler a *cité* ficou evidente para o jovem Friedrich Engels quando, no início da década de 1840, ele foi a Manchester documentar as mazelas dos pobres. Era uma viagem estranha para aquele jovem de 24 anos. Filho de um comerciante alemão rico, Engels levava na cidade uma vida de elegante despreocupação, e no campo era um entusiástico caçador de raposas; apesar de impressionado com a inteligência de Karl Marx, o jovem Engels era, dos dois, o espírito mais ousado. Tanto na Grã-Bretanha quanto na França, havia nas "ordens inferiores" uma longa tradição de escrever sobre cenas da vida cotidiana, mas os reformistas radicais tendiam a escrever com distanciamento. Para conhecer a condição dos pobres que trabalhavam nas fábricas de Manchester, Engels viajou para a cidade, percorrendo as ruas, visitando bordéis, frequentando tabernas e até assistindo a serviços religiosos em igrejas não conformistas (embora as detestasse visceralmente).

O historiador E. P. Thompson observou que a suja e opressiva Manchester inspirou a Engels a criação de uma linguagem de classe, inventando a respeito dos pobres palavras e categorias que não existiam; ao descrever Manchester, ele cunhou as palavras "proletariado" e o seu oposto, "*lumpenproletariat*". Mas *A situação da classe trabalhadora na Inglaterra em 1844* não era apenas uma reportagem sobre os horrores lá constatados; o jovem caçador de raposas transformado em antropólogo começou a registrar aspectos da cidade que não se adequavam realmente à nova linguagem de classe, como a maneira como as crianças brincavam nas ruas, a velocidade em que as mulheres caminhavam por elas ou os prazeres cultivados nas tabernas.

Suas sensíveis antenas urbanas equiparavam Engels a certos romancistas da época, especialmente Balzac e Stendhal (pseudônimo de Marie-Henri Beyle). É verdade que esses corrosivos romancistas e o comunista embrionário tinham suas atenções voltadas para cidades diferentes. Ao contrário de um centro industrial como Manchester, ou, ainda mais próximo, Lyon, onde eram produzidos os tecidos e o vidro franceses, Paris produzia luxo fulgurante, corrupção financeira e governamental, burocracias pesadas e miséria em massa. Para dar conta dessa densa urbanidade, eram necessárias técnicas ficcionais inovadoras — exatamente como os engenheiros urbanistas precisavam de novas técnicas visuais.

Para evocar uma cidade de difícil leitura, romances como *Ilusões perdidas*, de Balzac, e *O vermelho e o negro*, de Stendhal, começam com uma história aparentemente simples: um jovem provinciano chega à cidade grande cheio de esperanças; a cidade vai decepcionar suas ambições ou torná-las autodestrutivas. Os romancistas então aprofundam essa história de duas maneiras. Primeiro, jogam com a ambição dos jovens heróis, compulsivamente movidos pela máxima *Stadtluft macht frei*. Em *O pai Goriot*, de Balzac, o jovem Rastignac ergue o punho, desafiador, para Paris — declarando: "*À nous deux, maintenant!*" ("Agora é entre nós dois") —, para em seguida descobrir, como Lucien Chardon em *Ilusões perdidas*, que o que não falta são outros egos erguendo o punho. Como um balão, os ambiciosos jovens protagonistas murcham. Stendhal mostra uma outra maneira como a cidade pode quebrar o ânimo da juventude. O jovem provinciano Julien Sorel, abusado pelo pai em *O vermelho e o negro*, é mais que um monstro de ambição; escapando para a cidade, Julien descobre em si mesmo um novo e incontrolável desejo sexual. Em Paris não existem sinais de "Pare!" morais; sem proibições externas, Sorel não é capaz de cuidar de si mesmo, e no fim seu excesso de desejo se revela fatal; ele também murcha.

Os romancistas urbanos do século XIX se deleitavam — não creio que a expressão seja forte demais — com a liquidação das esperanças dos jovens na cidade. Existem em Balzac passagens de requintada descrição das humilhações ou da indiferença enfrentadas por seu jovem no cio. Em Flaubert, o ritmo das frases se acentua e as imagens se tornam mais intensas — o romancista está empolgado! — quando seus jovens protagonistas de *A educação sentimental* são conduzidos a território catastrófico. Os romancistas geravam prazer estético no processo de esmagamento dos seus personagens.

Menos perversamente, outros romances não tão bem-sucedidos sobre a passagem à idade adulta compartilham com essas obras-primas o problema da *cité* que também é um problema para seus leitores: a realização que você busca virá de pessoas que ainda não conhece. Você precisa controlar estranhos de difícil leitura, por estarem encobertos.

A época desses romances foi uma época em que os habitantes do meio urbano já não se sentiam à vontade em falar espontaneamente com estranhos na rua. Hoje, tampouco o fazemos em geral, de modo que é difícil imaginar que não tenha sido sempre assim. Mas na Paris ou na Londres do meado do século XVIII, um estranho não hesitaria em abordá-lo na rua, fazendo perguntas e pegando no seu braço (entre homens) para reter sua atenção. Da mesma forma, num café, ao comprar sua bebida, a pessoa se sentava a uma longa mesa, na expectativa de passar algum tempo debatendo questões do momento com perfeitos estranhos. A Paris de Stendhal assinalou uma virada, quando as pessoas na rua ou num café passaram a partir do princípio de que tinham o direito de ser deixadas em paz, curtindo uma bebida e seus pensamentos. Em público, as pessoas agora queriam ser protegidas pelo silêncio, livres da intrusão de estranhos, o que ainda hoje é verdade: na cidade moderna, os estranhos se relacionam mais visualmente que verbalmente.

O século XIX foi uma época de roupas escuras — não com o contrastado vermelho-negro japonês usado para realçar a cor, mas uma massa de sombrio cinza-negro, configurando-se a multidão urbana como um mar de homens vestidos de negro e usando chapéus negros. Foi também a primeira época do prêt-à-porter, com roupas feitas por máquinas segundo modelos padronizados. O negro e o prêt-à-porter se combinaram num uniforme anônimo, protegendo os indivíduos de serem notados, de se destacarem — o equivalente, na moda, do sujeito deixado em paz com sua bebida e seus pensamentos no café. Também aqui havia um contraste com a Paris e a Londres do século XVIII, cujas ruas eram cheias de cores; a vestimenta na cidade do *ancien régime* assinalava não só o lugar na hierarquia social como também, mais particularmente, as profissões ou atividades (os açougueiros usavam cachecóis de listras vermelhas e brancas; os farmacêuticos sempre traziam um ramo de alecrim na lapela). Agora, o mar de uniformidade significava que era mais difícil ler um estranho apenas pelos seus trajes.

Tanto os protagonistas fictícios quanto os compradores dos romances de Balzac tentavam ler esse mundo público encoberto de uma maneira particular. Procuravam deduzir o caráter de um estranho esquadrinhando pequenos detalhes reveladores da vestimenta. Por exemplo, achava-se que os botões realmente suscetíveis de serem desabotoados na manga de um casaco indicavam que seu portador era um "cavalheiro", muito embora o casaco tivesse um corte quase exatamente igual ao dos usados pelos comerciantes e fosse igualmente preto. Ao longo dos romances da *Comédia humana*, Balzac nos convida a deduzir a história de uma família analisando as manchas num tapete ou a presença de pelos de gato numa almofada; o leitor evolui dos detalhes do ambiente para a exploração do caráter dos moradores. De modo mais genérico, o observador precisa entender o que Balzac chama de "fisionomia" das ruas, seu aspecto visível, como e por que os dados aparentes estão interligados — contendo esses fenômenos físicos perceptíveis chaves da vida dos estranhos que estão por trás das portas.

Como no caso de um artesão preocupado em acertar nas pequenas coisas, só uma análise precisa dos detalhes tornará a *cité* compreensível para o habitante do ambiente urbano. O quadro geral é grande, negro e homogêneo; o espaço mental da complexidade consiste em analisar pedacinhos da realidade. Aprender a "ler" a cidade dessa maneira pode capacitar o recém-chegado a sobreviver no mundo urbano. E, no entanto, poucos desses romances eram histórias de triunfo. A economia anárquica da cidade, sua instabilidade política, seu território em constante expansão, tudo isto tornava a "ciência da *cité*", como dizia Balzac, uma ciência com demasiada frequência enganadora. Você pode, por exemplo, ter lido de forma equivocada os botões na manga do estranho; ele não passa, na verdade, de um vigarista de alto coturno que pode pagar por um bom alfaiate, e o está passando para trás.

O referencial ético dos romancistas urbanos transcendia o contraste simplificado entre virtude da aldeia e vício da cidade. O que os interessava era mostrar que o caráter humano muda de estrutura na cidade moderna. Comparem-se, por exemplo, dois parisienses pérfidos, o Vautrin de Balzac e a execrável Marquesa de Merteuil em *As ligações perigosas*, escrito por Laclos no século anterior. Madame de Merteuil é um produto acabado de determinado ambiente, o salão aristocrático, ao passo que Vautrin — ladrão, chefe de polícia, sedutor de mulheres e meninos — é camaleônico, difícil de definir; ele aparece, desaparece e volta a aparecer; constantemente se transforma. Madame de Merteuil certamente tem muitos elementos em sua configuração, mas Vautrin é complexo de uma outra maneira: nada, nele, pode ser considerado certo e completo. O mesmo contraste verificado entre Laclos e Balzac poderia ser estabelecido entre Pushkin e Dostoievski: em Pushkin, as evocações da vida na corte são maravilhosamente harmoniosas e refinadas, ao passo que a Moscou evocada por Dostoievski contém descrições deliberadamente irregulares da transformação de seres humanos.

O caráter instável da vida urbana terá produzido aquela que é talvez a definição de maior ressonância da própria modernidade. Ela consta do *Manifesto comunista* escrito por Friedrich Engels e Karl Marx em 1848, ano de agitação revolucionária em toda a Europa: "Todas as relações fixas e congeladas, com sua carga de antigos e veneráveis preconceitos e opiniões, são abolidas, e todas as recém-formadas se tornam antiquadas antes mesmo de se ossificar. Tudo que é sólido se desmancha no ar..." A afirmação converge com a de Baudelaire alguns anos depois, em "O pintor da vida moderna", de que a modernidade consiste no "transitório, passageiro, contingente". A ideia de modernidade por eles evocada é resumida hoje na expressão "modernidade líquida", do filósofo Zygmunt Bauman. A modernidade líquida surgiu na maneira de escrever dos romancistas urbanos, na qual o caráter se torna instável, evocado por uma linguagem focada em detalhes e fragmentos.[6, 7, 8]

A frase pode parecer apenas um clichê — a vida moderna como inimiga da tradição —, se não levarmos em conta a tensão nela contida. Baudelaire reconheceu que algo estava errado na tentativa de enquadrar a arte moderna como puramente passageira e líquida; a arte também almeja a permanência, e na verdade o artista deve "destilar o eterno do transitório". Disto vamos encontrar um eco no laboratório, no jogo entre rotina e descoberta; igualmente, desejamos equilibrar mudança e estabilidade na vida cotidiana. Todos os construtores de cidades têm uma experiência própria dessa tensão, pelo simples e incontornável fato de que os prédios são objetos pesados. Embora possam não ser eternos, estarão ali por muito tempo. Como conciliá-los com as rápidas mudanças da vida moderna, com seu fluxo líquido e solvente de velhas formas econômicas, sociais ou religiosas? Como relacionar uma *ville* sólida com uma *cité* líquida?

No ano de 1848 a Europa foi varrida por uma onda revolucionária, das aldeias alemãs às grandes cidades francesas. Os privilégios hereditários tremeram nas bases — mas não ruíram. As condições de trabalho tampouco foram muito afetadas pelas revoluções; a emancipação dos trabalhadores proclamada por Marx e Engels no *Manifesto comunista*, escrito no mesmo ano, foi uma esperança extinta em poucos meses. Retrospectivamente, vemos que esse ano divisor de águas conferiu maior importância à sociedade civil em geral e à cidade em particular. Surgiu na década de 1850 uma grande geração de urbanistas que tentaram fazer com que a *ville* reagisse à *cité*. Eles procuraram resolver as ambiguidades da *cité* — mas de maneiras contrastantes.

III. A *ville*

Nessa geração, três figuras se destacam. Foram elas o próprio Cerdà, que concebeu uma estrutura de planejamento da malha urbana para Barcelona; o barão Haussmann, que refez Paris como uma rede para atender a uma cidade móvel; e Frederick Law Olmsted, que desenvolveu certos princípios para relacionar a forma construída ao ambiente natural, ao projetar o Central Park em Nova York. Até onde sei, esses três urbanistas tiveram pouco contato uns com os outros, talvez por serem tão diferentes os seus horizontes.

Como os engenheiros, os três eram visionários disfarçados de homens de negócios práticos. Ao contrário dos engenheiros, não tinham uma formação especializada. Napoleão III supostamente teria redigido a "declaração de intenções" inicial sobre a nova Paris no verso de um envelope (provavelmente não é verdade, mas não deixa de ser verossímil). O método de "análise urbana" do barão Haussmann consistia em obrigar seus agrimensores a escalar postes para ter uma perspectiva alta das ruas, desenhando o que viam enquanto se equilibravam, para então comparar as anotações na volta ao solo. Olmsted começou a vida como jornalista e se reinventou como arquiteto paisagista quase num passe de mágica; ao projetar o Central Park, era tão versado em plantas quanto os frequentadores. Cerdà de fato era arquiteto profissional, mas a vocação para o planejamento urbano foi um subproduto da sua militância política em 1848.[9]

Uma rede — Na primeira metade do século XIX, Paris era um inferno do ponto de vista da mobilidade; ruas tortuosas e irregulares configuravam a cidade depois de mil anos de história; antes de 1850, um percurso de carruagem do Campo de Marte ao Jardim das Plantas levava duas horas, mais do que a pé. O barão Haussmann endireitou a cidade em duas décadas. Uniu suas diferentes partes por um sistema de tráfego, traçando três redes — *réseaux* — de bulevares que atravessavam a cidade de norte a sul e de leste a oeste. Essa arrumação vinha carregada de implicações políticas.

Três revoluções — em 1789-94, 1830 e 1848 — tinham antecedido a nomeação de Haussmann por Napoleão III como diretor de planejamento na década de 1850. Os insurgentes das duas últimas revoltas tinham tomado conta das ruas tortuosas montando barricadas, impedindo o acesso de soldados ou da polícia. Erguer barricadas então era muito fácil. Jogavam-se na rua objetos leves, como cadeiras e caixas, e por cima vinham cofres e mesas mais pesados, sendo o conjunto encimado por uma carruagem ou outro objeto realmente muito pesado. Quando a barricada era atingida por uma bala de canhão, esses objetos pesados faziam com que a estrutura afundasse, em vez de se desintegrar; com isto, o acesso continuava impedido.

Traçando ruas retas, Haussmann tornava mais difícil erguer barricadas. Como aconteceu no atual Boulevard de Sébastopol, ele pedia aos engenheiros que calculassem comprimentos e larguras de tal maneira que, durante as insurreições, canhões pudessem ser puxados pelo bulevar por dois cavalos, atirando por cima e por trás das casas alinhadas dos dois lados da rua. Isso representava uma mudança na relação da engenharia civil com a engenharia militar. Tradicionalmente, a ênfase era fortalecer uma cidade ao redor do seu perímetro. As muralhas das cidades medievais eram assim construídas o mais grossas quanto fosse possível, para resistir às incursões inimigas.

No Renascimento, como se deu nas propostas de Vincenzo Scamozzi para Palmanova, as muralhas eram concebidas com mais cuidado, para impedir que as balas de canhão atiradas por cima atingissem alvos importantes no interior; ainda assim, os planejadores se empenhavam primeiro que tudo em assegurar a guarda do perímetro e de seus portões. Em contraste, o possível inimigo de Haussmann já estava dentro dos portões.

Mas reduzir seus planos ao mero atendimento de um Estado policial não contribuiria muito para explicar seu caráter específico. Uma vez defendida a cidade das revoluções, ele pretendia que os *réseaux* — grandes bulevares nos quais desaguavam ruas alimentadoras — atendessem a finalidades sociais mais positivas. Os parques do centro da cidade, principalmente as Tulherias, foram abertos aos parisienses; ele criou o Bois de Boulogne perto dos novos bairros burgueses na extremidade ocidental da cidade e o Bois des Buttes-Chaumont e o Bois de Vincennes para os trabalhadores que viviam a nordeste e sudeste do centro.

Uma vez criados os bulevares, Haussmann alinhou em suas calçadas construções voltadas para as novas classes médias de Paris; não era provável que esses cidadãos jogassem seus bens pela janela para montar barricadas. A morada haussmanniana era mista de uma forma que já existia no passado, mas foi executada irregularmente. O pátio podia abrigar lojas e oficinas atendendo ao *quartier*, o bairro; o andar imediatamente acima era ocupado pelos ricos, num abrupto contraste — até aqui, um padrão já existente. Haussmann organizou de maneira sistemática os andares superiores, de tal forma que, subindo as escadas, encontravam-se moradores respeitáveis mas menos abastados, ficando os criados escondidos no sótão. Apesar da imagem sedutora concebida pelo romancista popular Henri Murger em *La Bohème*, raramente havia artistas morando no sótão; eles viviam mais frequentemente em barracos em espaços periféricos como Montmartre. E as enormes massas de trabalhadores da cidade também eram escondidas por trás das casas dos bulevares, em bairros decadentes que permaneciam intocados. A ecologia econômica da nova cidade parecia roupa íntima suja por baixo de um vestido de baile.

Ainda assim, Haussmann era, segundo muitos relatos, uma figura autenticamente popular em toda a França, mesmo entre alguns membros da classe trabalhadora. Altamente imprudente, ele fez sua a máxima "pensar grande", tomando emprestadas enormes somas, com base em promessas que sabia não ser capaz de cumprir; levando Paris à falência depois de quinze anos de obras, ele foi derrubado em 1869 por contadores que lhe apresentaram as contas. Rapidamente os grandes cafés dos novos bulevares reagiram em alegre contraposição aos planos iniciais de Haussmann; tornaram-se estabelecimentos populares, e não exclusivos, para toda Paris.[10]

As multidões que invadiam os cafés haussmannianos dos bulevares não representavam as massas ameaçadoras antes temidas pela burguesia. No lugar das grandes mesas comuns das antigas tabernas e *rôtisseries*, pela altura de 1900 a maioria dos cafés tinha em seus espaços mesas circulares para uma ou duas pessoas, ou então, no caso de jantares sociais, três ou quatro. Como vimos, um dos aspectos da moderna vida urbana era o véu de silêncio lançado nos espaços públicos, protegendo os indivíduos de estranhos. A pequena mesa de café era o mobiliário dessa proteção; apenas pessoas conhecidas sentariam à mesa de alguém. ("Une table à vous seul ou vos intimes", anunciava o Café de la Paix.) Essa solidão no meio da massa tinha paralelo nas formas de transporte público: os bondes e ônibus postos em circulação por Haussmann nos *réseaux* de bulevares refletiam uma massa diversificada e compacta em que cada um ficava na sua, calado durante o deslocamento, ao passo que nas carruagens do *ancien régime* os passageiros se comportavam como nas tabernas, conversando durante todo o percurso.[11]

A Paris de Haussmann foi amplamente aprovada pela população não só porque os *réseaux* lhe permitiam funcionar melhor. Os bulevares tinham um lado espetacular que atraía gente, ainda que ocupando como espectadores, por assim dizer, assentos solitários. Como aconteceria mais tarde na construção da Torre Eiffel, o planejamento da *ville* não era apenas utilitário; na verdade, a exibição tomou o lugar da preocupação ética na vida das ruas.

Os arquitetos de Haussmann cobriram o exterior dos prédios dos bulevares com esmeradas ornamentações que, em torno das janelas, serviam para marcar os diferentes níveis de uma construção, em contraste com as maneiras como a opulência era concebida no século XVIII: naquela época, os ornamentos ficavam escondidos no interior de uma estrutura, permanecendo o exterior indiferente, senão severo. A arquitetura napoleônica nos bairros da margem direita que atraíam Balzac oscilava entre a ostentação interna e externa, servindo os dintéis entalhados e os portais para sugerir a riqueza lá dentro, mas com Haussmann a fachada externa do prédio transformou-se num acontecimento teatral em si mesmo.

A cidade traçada em forma de rede era um teatro de fachada vertical, combinação que se aglutinava num novo tipo de comércio: a gigantesca loja de departamentos situada no grande bulevar. Em certa medida, esse comércio dependia de uma forma de construção recém-criada: a janela envidraçada. Tendo sido até o fim da Idade Média um material tão caro que raramente era empregado, o vidro aos poucos ganhou uso mais generalizado, com pequenas lâminas que podiam ser facilmente instaladas. As primeiras vidraças grandes foram produzidas em escala industrial na década de 1840 na França e na Holanda, possibilitadas pela invenção de rolos pesados para o vidro fundido; resfriadas, as lâminas eram então encaixadas em molduras de ferro que as continham mais rigidamente que os tradicionais batentes de madeira.

Embutidas no piso térreo de um prédio, emolduradas por trás e dos lados como um cenário de teatro, as grandes vitrines criaram o ADN da loja de departamentos, exibindo os produtos vendidos no interior. Os *réseaux* de transporte permitiam que gente de todas as partes de Paris viesse às novas lojas de departamentos do centro da cidade, cujas grandes vitrines atraíam multidões que se detinham para contemplar. Esse teatro comercial não oferecia à venda cinquenta modelos de panela de cozinha; exibia apenas um ou dois, talvez misturando o item mais prosaico com uma porcelana valiosa da China, uma caixa de chá das colônias britânicas ou um gigantesco queijo parmesão da Itália. A ideia era motivar intrigando e surpreendendo, ganhando a panela um certo poder de atração pela associação a coisas inesperadas, o que a tirava da esfera da pura e simples utilidade. Essa mistura de associações é que Marx chamou de "fetichismo da mercadoria"; a grande vitrine numa loja de departamentos servia de lugar tangível do fetichismo da mercadoria. O teatro das coisas deixava para trás o simples reconhecimento do seu valor.

A loja de departamentos contrastava nessa ostentação teatral com a galeria. Uma galeria, na forma, é uma passagem com cobertura de vidro aberta na trama das grandes ruas, tendo no interior uma sucessão de pequenas lojas. Depois das Guerras Napoleônicas, começaram a surgir em Paris complexas redes desses vasos sanguíneos comerciais à prova de intempéries. Nas galerias havia sobretudo lojas especializadas em cujas vitrines eram oferecidos produtos selecionados, antes convidando ao prazer da posse que aos desordenados estímulos do teatro comercial. Com o tempo, as paredes e vias entre os prédios se tornaram mais lineares, fazendo-as hoje em dia parecer *réseaux,* ou bulevares internos, mas se trata de uma ilusão retrospectiva. Originalmente, muitas galerias foram criadas quando se procedeu à ligação de prédios já existentes por meio dos telhados de vidro com armação de ferro. O transporte público rápido e em larga escala pelos *réseaux* alimentava as lojas de departamentos; a galeria interna era alimentada pelos pedestres. Expandia-se mais lentamente, sempre em pequena escala. Haussmann não gostava das galerias justamente por esse aspecto de remendos improvisados, e não planejados. Para ele, uma rede moderna devia ser coerente e clara — muito embora a rede de transportes ligasse a população a uma cidade grande, complexa e não raro desnorteante.

Esse contraste entre a loja de departamentos e a galeria sintetiza o mais importante legado de Haussmann.

Lugar e espaço — De maneira geral, os seres humanos se movimentam num espaço e habitam num lugar. A cidade haussmanniana privilegiava mais o espaço que o lugar. Suas redes de transporte ligavam a população espacialmente, mas reduzindo sua experiência do lugar. O que determinava a diferença entre espaço e lugar era a velocidade em que se podia percorrer a cidade. O que fundamenta a distinção é a fisiologia humana. Quanto mais rapidamente nos movemos, menos consciência temos das particularidades do ambiente; dirigindo a 60 quilômetros por hora, se tivermos a atenção desviada por uma sedutora vitrine ou uma pedestre sexy, vamos acabar batendo. O aumento da velocidade orienta o corpo para a frente: é preciso olhar para a frente, controlando a visão periférica para levar em conta apenas o que contribui para o deslocamento rápido ou o impede. Ao caminhar, absorvemos muito mais informações visuais liminares do que quando nos movemos rapidamente num automóvel ou ônibus; estima-se que o cérebro processa 50% a 55% mais informações visuais laterais quando andamos do que num carro.[12]

O movimento em si mesmo não é um problema. Caminhando, a maioria de nós tem reações agradáveis semelhantes às de Edgard Degas, que escreveu a seu amigo Henri Rouart: "Não é ruim na cidade [...] A gente tem de estar constantemente olhando para tudo, barcos pequenos e grandes, gente passando agitada pela água e também por terra. O movimento das coisas e das pessoas distrai e até consola..." São os prazeres do *flâneur*; andar por aí proporciona o tipo de informação de primeira mão que permitiu a Engels conhecer Manchester. Os parisienses começaram a sentir o problema da velocidade viajando nos bondes de tração animal que se deslocavam com mais rapidez que as carruagens individuais, ou nos trens movidos a vapor que atendiam aos subúrbios. "Em que ponto [do bulevar hoje conhecido como de Sébastopol] nós estamos?", perguntava um guia da cidade na década de 1880; "o bonde anda muito rápido, e tudo parece igual." Era o início do problema do tráfego motorizado de épocas posteriores, que dissolve a consciência ambiental, privando os lugares de seu caráter à medida que percorremos velozes o espaço.[13]

Os parisienses também parecem ter sido acometidos de um novo tipo de ansiedade: não se moviam com a rapidez desejada; relatos de violência no trânsito se generalizaram na cidade no fim da década de 1870 e no início da seguinte. Na época em que a norma era o movimento lento no espaço urbano, era muito menor a ansiedade com momentos de obstrução; nas ruas tortuosas das velhas cidades, os engarrafamentos eram encarados como um fato da vida. Mas agora os engarrafamentos indicavam que algo dera errado: a cidade não funcionava. Uma mudança física no ambiente levou a uma reação visceral, e a sensação de impedimento evoluiu da ansiedade para a raiva. Como a exigência de não ser fisicamente tocado em público, o desejo de se movimentar livremente, não ficando preso no tráfego, é uma sensação que temos como perfeitamente natural, mas na verdade é uma construção histórica da nossa sensibilidade. Ficamos profundamente ansiosos, ao passo que nossos antepassados pré-modernos se mostravam mais tranquilos; consideravam natural o deslocamento lento por uma cidade, exatamente como encaravam aquilo que hoje chamaríamos de "comer devagar", sem ter a sensação de que a cidade tinha "parado".

A ênfase de Haussmann no livre e fácil deslocamento por uma rede de bulevares pôs a mobilidade no cerne daquilo que caracteriza uma "boa cidade". A ênfase no livre fluxo tornou-se, no século XX, o principal objetivo de planejadores de cidades grandes como Robert Moses, o construtor da rede de autoestradas de Nova York, para quem parecia óbvio que a mobilidade devia ser a principal preocupação do planejamento urbano. Assim também, no atual surto de crescimento urbano, como em Pequim, planejadores trabalhando à sombra de Haussmann destinam vastas somas de dinheiro às autoestradas. A experiência da velocidade na rua define uma certa versão da modernidade: rapidez é igual a liberdade, lentidão é igual a falta de liberdade. Poder deslocar-se para onde bem se quiser, sempre que se quiser, com a rapidez desejada: a fórmula reduz o sentimento de habitar num lugar, conhecendo-o visceralmente; estamos apenas passando. Neste sentido, o legado de Haussmann é perverso: a *ville* em rede apequenou a *cité*.

Malha — Ildefons Cerdà era um urbanista mais voltado para o ser humano, apesar da formação técnica. Em sua época, Barcelona abrigava uma forte classe profissional inspirada em ideias iluministas de progresso racional, em contraste com a escuridão espanhola e típica do reino dos Habsburgo que prevalecia fora das fronteiras da Catalunha. Como outras cidades portuárias do litoral do Mediterrâneo, ela era uma mistura cosmopolita de etnias e religiões. Cerdà combinou esses elementos numa espécie de socialismo cooperativo que florescia em partes da Europa ocidental no meado do século XIX, um socialismo que, segundo o velho modelo aristotélico, se voltava antes para a integração de grupos na cidade do que para a provocação de conflitos de classe como os que haviam fracassado em 1848.

A Barcelona da juventude de Cerdà era uma cidade tão insalubre quanto a Paris dos anos da peste na década de 1830. O isolamento dos doentes em quarentena tinha fracassado nas grandes cidades antes da década de 1850; no meado do século, já era evidente que a peste só podia ser enfrentada com saneamento para toda a população. Observa o moderno urbanista Joan Busquets, também de Barcelona: "Segundo Cerdà, essa ideia de uma cidade higiênica e funcional consistia em gerar condições de igualdade para todos os moradores." Tal proposta, para nós óbvia, não constava do seletivo desenvolvimento de Paris promovido por Haussmann, e engenheiros como Bazalgette em Londres tampouco pensavam no saneamento como ferramenta de combate à desigualdade.[14]

Como urbanista, Cerdà é lembrado hoje como o criador da grelha cerdiana, e para avaliar seu legado será necessário dizer algo globalmente sobre a "malha" da cidade, ou seja, os planos destinados a tecer a cidade como um todo coeso. Para entender os seus planos, precisamos desvendar essa alusão. Malha, textura, grão, nó: estas quatro palavras, derivadas da tecelagem, dão conta do caráter dos planos, tanto em larga escala quanto em determinados pontos e lugares do plano. "Malha" significa a urdidura e textura de um traçado, a forma-padrão criada pela junção de prédios, ruas e espaços abertos. "Grão" poderia ser encarado como a complexidade do padrão, a largura das ruas, a relação dos interiores com os exteriores, sendo a silhueta das construções contra o céu comparada à espessura e às cores das linhas. "Textura" pode às vezes ser usada no lugar de "grão", mas se refere mais particularmente à mistura de usos e à relação das atividades formais com as informais num plano. "Nós" é um termo cunhado por mim mesmo para designar lugares no plano. Na tecelagem, um nó serve para unir os fios de uma malha, mas nós grandes ou ásperos podem comprometer a lisura da superfície do tecido, gerando uma ênfase tátil. Também numa cidade, os nós são formados com todo tipo de coisas, desde um minúsculo parque até uma estátua ou fonte centralmente localizada — qualquer coisa que tenha um caráter próprio.

A malha urbana se manifesta de três formas. A primeira é a grelha ortogonal, como a que dava forma às antigas cidades romanas. Ao fundar uma cidade, os romanos estabeleciam no seu centro a principal encruzilhada de ângulos retos (o *decumanus* e o *cardo*), nela situando as principais instituições do novo centro urbano; em seguida, subdividiam cada quadrante da cidade da mesma forma ortogonal, criando mais centros locais com o cruzamento das ruas principais, e novamente bairros ainda menores com cruzamentos de ângulos retos. Este viria a ser o plano de grelha romana a ser adotado em cidades as mais variadas, de Londres a Jerusalém. Longe do Ocidente, os maias e depois os astecas usaram a mesma concepção. A grelha ortogonal podia fazer sentido para qualquer cultura capaz de tecer roupas.[15]

O segundo tipo de malha surge quando são unidos pátios, criando uma cidade celular. Também é uma forma conhecida em todo o mundo, e aparentemente desde os primórdios da urbanidade. Basicamente, os prédios são erguidos no interior de uma muralha; os pátios internos são o foco do desenvolvimento, e não as ruas externas. A malha celular tende a abrir espaço para muitas variações no processo de urdidura; as células do bairro de Nanluoguxiang, em Pequim, ou da velha cidade arábica de Sanaa compõem uma tapeçaria sarapintada de pátios de tamanhos e formas variadas no interior das muralhas. Em sua maioria, os pátios abrigam famílias, mas também podem conter espaços de caráter mais público — feiras e bazares, igrejas, mesquitas e sinagogas — que existem como reinos secretos, não sendo expostos em sua nudez.

O terceiro tipo de malha é a grelha constitutiva. Foi este o plano de Cerdà para Barcelona. Nele, aplica-se um sistema de blocos repetidos de igual tamanho, sem o eixo central encontrado na forma romana ortogonal. Cerdà supunha que seus blocos pudessem ser estendidos pela planície de Barcelona, envolvendo a cidade velha, abrindo seus limites. Sua ideia de sucessivo acréscimo de blocos começou a ser concretizada na década de 1860 no novo bairro de Eixample, ao longo do litoral mediterrâneo. Em vez de uma repetição monótona, encontramos no projeto que Cerdà traçou para Barcelona em 1859 diferentes pontos focais, espaços verdes que não se concentram em determinado lugar, sendo distribuídos por toda a cidade, como pérolas espalhadas numa malha uniforme.[16]

Hoje, o rápido crescimento da população urbana favorece a criação de grelhas constitutivas em cidades que enfrentam a questão da migração de massa, como a Cidade do México, pois é capaz de proporcionar habitação com rapidez. A grelha celular se desenvolve mais lentamente; uma grelha ortogonal segundo o modelo romano requer um nível de controle no planejamento que não se aplica em muitos *barrios* e outros assentamentos informais. Do ponto de vista da forma construída, o arranha-céu é uma grelha constitutiva vertical, cada piso repetindo os que estão abaixo e acima. Hoje em dia, a norma habitacional nas cidades chinesas criadas do nada é de dezoito a trinta e quatro andares, e a norma das construções comerciais tanto no Norte quanto no Sul Global é de quarenta a sessenta andares; em breve será muito mais compensador, do ponto de vista dos custos, construir prédios muito mais altos. No envoltório da grelha vertical, à medida que diminui cada vez mais o número de pilares de sustentação, a coluna de serviços, vale dizer, a que concentra os banheiros e elevadores, passa a ser o nódulo de cada andar.

Cada um desses tipos de grelha define determinado espaço de poder, ou de resistência ao poder. A grelha divisível representava a dominação romana, irradiando-se do centro o poder político, que se reproduzia em cada espaço subdividido. A grelha celular com frequência tem servido de espaço secreto para habitantes destituídos de poder, um espaço de difícil penetração para as autoridades — caso dos cristãos na antiga Jerusalém ou dos habitantes de Xangai no início da era Mao. A grelha constitutiva tem servido na era moderna como ferramenta do poder capitalista. Em projetos como o que foi traçado para Nova York em 1811, contemplando infindáveis quarteirões regulares acima de Greenwich Village, Lewis Mumford considerou que "se tratava o lote e o quarteirão individuais, a rua e a avenida, como unidades abstratas de compra e venda, sem respeito pelos usos históricos, as condições topográficas e as necessidades sociais".[17]

Duas dessas formas são favoráveis à vida social na *cité*, de maneira óbvia na malha dos pátios, com tantas atividades florescendo num espaço comum ao ar livre. A grelha de estilo romano também favorece a vida social, concentrando atividades nos cruzamentos das ruas. O problema é a grelha constitutiva. Como torná-la sociável? Do ponto de vista da malha, como torná-la nodosa?

É a questão que Cerdà tentou resolver em Barcelona. Os planos da sua grelha foram levados adiante em 1860, depois de rejeitada a proposta do arquiteto Antoni Rovira i Trias para uma lenta expansão da cidade em ondas de círculos concêntricos a partir do seu centro medieval. O projeto de Cerdà, embora inicialmente consistisse em apenas trinta e dois quarteirões, era muito mais grandioso, buscando o planejador incorporar as enormes extensões de terras vazias que ficavam além dos limites legais da cidade. "Ele esperava", observam os urbanistas Eric Firley e Caroline Stahl, "que essa oferta praticamente ilimitada baixasse o preço das terras, permitindo-lhe proporcionar aos pobres acomodações ao seu alcance."[18]

Cerdà contemplava um projeto habitacional misto segundo o que se convencionou chamar de "modelo holandês", no qual apartamentos destinados a diferentes classes sociais coexistem no mesmo prédio sem distinção visível: ao tocar a campainha do apartamento 4-Cité, não se tem ideia do grau de riqueza dos moradores; não haveria "entradas dos pobres" como as que caracterizam os esquemas habitacionais mistos hoje em dia em Nova

York — entrando os ricos pela frente, e os moradores pobres pelo lado ou pelos fundos. Em sua época, as ideias habitacionais de Cerdà contrastavam acentuadamente com o projeto haussmanniano, no qual se sabe que, quanto mais alto o andar, mais pobres serão os moradores.

Como pôde Cerdà traduzir essas intenções no planejamento da *ville*? Cada quarteirão da sua grelha consistia originalmente em dois grandes prédios em forma de caixa de sapato voltados um para o outro, com um grande espaço aberto entre eles; esses *intervalos* deviam ocupar pelo menos 50% do terreno de cada quarteirão, para intensa circulação de luz e ar. Com a evolução do plano, as duas caixas de sapato vieram a ser ligadas lateralmente, surgindo uma construção de quatro lados com um enorme pátio interior — o "quarteirão perimetral" do jargão do planejamento. Um quarteirão perimetral de quatro lados iguais é diferente de um pátio de palácio com um prédio principal dotado de braços laterais e um portão na frente. A troca do *intervalo* pelo perímetro foi imposta a Cerdà. Tanto espaço aberto para os pobres no seu plano original foi algo considerado um luxo impossível, como no caso de La Barceloneta, subúrbio operário nas imediações de Barcelona, no qual, pela altura de 1900, quase todos os lotes de terra eram ocupados por massa construída. A generosa previsão original de espaço feita por Cerdà afirmava, pelo contrário, o direito dos trabalhadores a ar, luz e espaço.

Cerdà mostrou-se sempre muito atento à infraestrutura aquática subterrânea sob as ruas da grelha, sintonizado com os avanços em matéria de saneamento apresentados na Grande Exposição do Palácio de Cristal em Londres em 1851, especialmente os eficientes vasos sanitários dotados de descarga concebidos pelo engenheiro-inventor George Jennings. Tentou então aplicar alguns desses princípios de disposição dos dejetos a sistemas subterrâneos de esgoto.[19]

No que diz respeito ao problema social da grelha constitutiva, as coisas seriam resolvidas antes pela evolução que pela intenção. Inicialmente, os *intervalos* se destinavam a ser os espaços de sociabilidade, ao passo que as ruas atenderiam aos veículos. Pensando nos veículos, Cerdà fez um pequeno corte diagonal nas bordas dos quarteirões, de tal maneira que as esquinas se tornaram arredondadas, fáceis e suaves na hora de fazer uma curva. Assim como um carpinteiro chanfra a perna de uma mesa para suavizar sua extremidade, Cerdà chanfrou sua grelha para atender às carruagens, que ganhavam velocidade. Esse aparar das extremidades pode parecer banal, mas se revelou de grande importância socialmente, pois a *cité* que surgiu na *ville* de Cerdà residia precisamente aí.

A mudança começou quando as extremidades de cada quarteirão foram cobertas na década de 1860. Agora havia uma massa contínua de construção ao redor dos quatro lados, cercando os *intervalos*. A função da esquina chanfrada mudou paralelamente a essa delimitação. A esquina chanfrada do quarteirão perimetral fazia surgir um local maravilhosamente acolhedor para que os moradores se reunissem. O espaço de forma octogonal antes atraía as pessoas que repelia os veículos: tráfego, estacionamento, convivência e bebidas se harmonizavam nas esquinas — o que ainda hoje prevalece em Barcelona.

Assim foi que o espaço se transformou num lugar. A diferença entre o café de bulevar nos moldes haussmannianos e um café localizado no espaço octogonal da grelha cerdiana era em parte uma questão de pura e simples escala; os cafés dos bulevares parisienses eram muito maiores, e sua clientela, menos local. A diferença de velocidade era tão importante quanto a de escala: à medida que eram tomadas de gente, as esquinas se transformavam em lugares onde era necessário diminuir a velocidade, não sendo mais espaços onde se podia aumentá-la. Acima de tudo, esses espaços de sociabilidade não eram espaços de espetáculo, no sentido haussmanniano; eram antes cenas de proximidade e vizinhança que pontos de encontro para estranhos vindos de toda a cidade.

Monocultura — O legado de Cerdà é sob muitos aspectos admirável: ele queria construir uma cidade para todos, servindo a grelha de espaço de igualdade e sociabilidade. Mas sua concepção da *ville* também encerrava um risco: a grelha constitutiva como monocultura. Esse perigo é evidente na agricultura: as monoculturas esgotam o solo e são sujeitas a pragas incontroláveis, ao passo que os cultivos biologicamente diversificados são mais saudáveis e resistentes. Essa lógica da biodiversidade também se aplica aos ambientes urbanos. Os planos que consistem na adição de partes sucessivas, destinadas a se reproduzir em escala cada vez mais ampla, revelam-se particularmente suscetíveis a males sociais e econômicos, pois quando um quarteirão começa a se degradar, não há motivos para que outros, de forma exatamente igual, não venham também a sucumbir.

A vulnerabilidade da concepção cerdiana se manifesta de maneira dramática nas propriedades comerciais: um conjunto de prédios uniformes, como no Canary Wharf londrino, fica sujeito a ciclos de expansão e queda, pois a desvalorização sofrida por um prédio se aplica às outras construções semelhantes. Como demonstrou a analista de sistemas habitacionais Anne Power, a monocultura tem consequências sociais, como se constata nos conjuntos britânicos de habitação social. Os problemas que têm início num prédio — um vizinho perturbador ou consumo de drogas entre crianças — rapidamente se generalizam, "como uma praga", pois não existem motivos para que qualquer outra parte do conjunto seja diferente, social ou fisicamente. Uma doença bem característica dos quarteirões perimetrais construídos para populações pobres segundo o modelo cerdiano é que os pátios podem acabar congestionados com acréscimos internos ou barracos de depósito, diminuindo a circulação de ar; num espaço assim, escuridão e umidade também representam um perigo. Um ambiente uniforme adoece com facilidade, como se tem constatado em conjuntos habitacionais perimetrais de Moscou, Viena ou Londres.[20]

A tragédia da obra visionária de Cerdà é que ele não queria que nada disso acontecesse; seu projeto pretendia igualar a *cité* igualando a *ville*. O remédio parece claro: a alternativa à monocultura no ambiente construído é uma colagem de diferentes tipos de construção, pessoas e atividades, podendo parecer visual e socialmente uma mistura confusa, mas se revelando a longo prazo mais resistente que um ambiente de espécie única. Para se pensar em termos de sistemas abertos é recomendado exatamente esse tipo de mistura; o todo então se torna maior que a soma das partes. Em outras palavras, a malha não se esgarça com tanta facilidade. Como então construir essa malha urbana mais forte? O terceiro gigante da primeira geração de urbanistas achava que uma resposta era apontada pela Natureza.

Paisagem — Quando Alexis de Tocqueville chegou pela primeira vez aos Estados Unidos, em 1831, qualquer estrangeiro habitualmente chegava a Nova York a bordo de um navio que entrava no porto pelo sul, o que subitamente proporcionava ao viajante uma visão da infinidade de mastros ao longo dos cais cheios de embarcações, e nos quais também se alinhavam escritórios, residências, igrejas e escolas. Esse cenário do Novo Mundo se parecia com um cenário europeu muito familiar de próspera confusão mercantil, como em Antuérpia ou no curso inferior do Tâmisa em Londres. Mas Tocqueville chegou a Nova York pelo norte, ao longo do litoral. Sua primeira visão de Manhattan no dia 11 de maio foi da bucólica zona setentrional, em 1831 ainda uma região agrícola subdesenvolvida com alguns vilarejos aqui e ali. Inicialmente, o que mais o entusiasmou ao se deparar com a cidade foi o súbito aparecimento de uma metrópole no meio de uma paisagem natural quase intocada. Ele sentiu o entusiasmo de um europeu que ao chegar aqui se imagina capaz de se estabelecer numa paisagem virgem — sendo a América algo novo e simples, e a Europa, bolorenta e complexa.

Passado esse surto de entusiasmo juvenil, Nova York começou a incomodá-lo. Ninguém parecia preocupado com o ambiente natural em si mesmo, e as construções da cidade eram encaradas com igual indiferença, saindo todos de escritórios, restaurantes e lojas sem lhes dar grande atenção ou sequer notar como eram feitas. Em sua viagem pela América, Tocqueville ficou impressionado com o caráter leve dos assentamentos: nada era feito para durar, nada era permanente. O motivo estava no fato de o "novo homem americano" ser excitado e compulsivo demais para se fixar; "seguir em frente" era a mentalidade da fronteira.

Embora fosse uma das cidades mais antigas dos Estados Unidos, Nova York era tratada pelos planejadores como se também fosse uma cidade da fronteira a ser expandida. Em 1811, eles de uma só vez impuseram a Manhattan uma grelha constitutiva — de Canal Street, limiar de um povoamento denso, até a Rua 155 —, e em 1868 propuseram uma segunda etapa que estenderia a grelha até a extremidade da ilha, e também em Brooklyn, a leste do velho porto. Os colonos da fronteira, fosse por medo ou preconceito, tratavam os indígenas como animais na paisagem, e não como outros seres humanos; na fronteira não havia nada civilizado, era um vazio a ser preenchido. Os planejadores não tinham como se adaptar à paisagem em Nova York, exatamente como acontecia no Illinois, muito embora, de um ponto de vista prático, alguma configuração mais flexível que o traçado de ruas numa grelha pudesse fazer uso mais adequado de uma colina ou se adaptar melhor aos caprichos do lençol aquífero de Manhattan. Inexoravelmente, o desenvolvimento de tipo grelha eliminava toda fazenda ou vilarejo encontrado em sua expansão.

O terceiro gigante da geração da década de 1850, o americano Frederick Law Olmsted, tentou enfrentar essa destrutividade afirmando o valor social da natureza na cidade. Como Haussmann, e ao contrário de Cerdà, ele não se escorava num ofício. Filho de uma família abastada da Nova Inglaterra, ele enveredou por estudos de agricultura e pela literatura, acabando na vida adulta profissional como jornalista. Uma virada importante da sua vida ocorreu quando, ainda jovem, Olmsted viajou para Liverpool e escreveu um livro sobre o que vira. Sua descrição de Liverpool faz eco à crítica de Manchester saída da pena de Engels, mas o jovem Olmsted tinha apenas a convicção de que algo precisava ser feito — sem saber o quê.

Liverpool fora um dos centros do comércio escravagista britânico — injustiça que já desaparecera à altura da sua visita —, mas a história da cidade serviu para aguçar sua consciência da escravidão racial no seu próprio país. Depois da sua visita, mas antes da guerra civil, ele fez uma viagem pelos estados escravagistas, escrevendo um relato ainda hoje emocionante. Para ele, a escravidão racial no Sul dera origem a uma terrível ironia: o chicote do senhor gerara estoica capacidade de resistência e formas secretas de apoio mútuo entre os escravizados, ao mesmo tempo surtindo efeitos degradantes e debilitantes nos brancos que açoitavam em vez de trabalhar.

Essa consciência racial levou Olmsted a pensar em parques e lugares onde as raças pudessem conviver — longe das plantações, numa cidade. Não se sabe ao certo por que Olmsted se julgou capacitado a conceber parques, de uma hora para outra se considerando um "jardineiro de paisagens", ou, como diríamos hoje, arquiteto paisagista. Era um caso típico de autorreinvenção, segundo o modelo de Pico della Mirandola. Como criador de parques urbanos, Olmsted seguia uma trilha multissecular de arquitetos-jardineiros europeus; como construções físicas, seus parques devem muito a um antecessor americano mais próximo, Andrew Jackson Downing, que na década de 1840 desenvolveu cemitérios no interior de cidades que, como o Cemitério de Mount Auburn, em Cambridge, Massachusetts, serviam de lugar de convívio para os vivos, tanto quanto de repouso para os mortos. Olmsted tinha, no entanto, uma concepção diferente dos usos mistos de um parque. Ele encarava esses parques racialmente mistos como lugares "gregários", e não "de vizinhança", sendo aqueles espaços amplos para os quais convergia gente de toda a cidade, ao passo que estes eram espaços pequenos atendendo apenas aos moradores locais e tendendo a ter uma identidade mais uniforme. O parque "gregário" também devia acolher cristãos e judeus, imigrantes irlandeses e alemães — todos eles americanos. Em outras palavras, a inclusão era mais possível num espaço impessoal de estranhos que num espaço mais íntimo de vizinhos. Neste sentido, Olmsted definiu uma ética social para a cidade. Mais vale juntar pessoas diferentes em espaços públicos impessoais que em pequenas comunidades. Esse ideal da inclusão no espaço público se tem revelado tão problemático que precisamos entender mais detalhadamente de que maneira Olmsted procurou manifestá-lo na concepção do Central Park.[21]

A construção do Central Park foi iniciada em 1858, e praticamente estava concluída, na sua forma original, em 1873. É uma obra conjunta de Olmsted e seu sócio Calvert Vaux: Olmsted, o amador, traçou a concepção geral e lidou com as questões políticas e o público, ao passo que Vaux, arquiteto, se voltava para a infraestrutura subterrânea de drenagem e, na superfície, para as pontes e construções. O parque é uma extensão de terra de 3,4 quilômetros quadrados, originalmente de argila pesada com afloramentos rochosos, situada ao norte da área construída de Nova York. Na época, o "central" do Central Park era pura fantasia, já que ficava longe da cidade. Desde o início do século XIX, negros livres e irlandeses tinham cultivado a terra, dando origem a povoados com igrejas e cemitérios. O projeto de Olmsted acabou com essa concreta vida rural integrada em nome de uma visionária vida urbana integrada.[22]

Olmsted deu início ao seu convite "gregário" nos limites do parque. O parque é orlado por cercas baixas (exceto na área do Zoológico, acrescida no século XX) e conta com muitas entradas. Os responsáveis pelo planejamento queriam grandes portais solenes, o que foi contestado por Olmsted: portões mais modestos passariam a mensagem de que "todos são bem-vindos, independentemente da posição ou da riqueza". Este detalhe aparentemente sem importância mostrava que a atitude de Olmsted em relação às massas urbanas era diametralmente oposta à de Haussmann: os novos parques de Paris contavam com portões robustos por causa da obsessão de Haussmann com o controle das multidões. Olmsted descartou o medo de que um parque assim gigantesco inevitavelmente carecesse de segurança à noite; desse modo, o Central Park seria aberto e de fácil acesso a qualquer hora. Quando já estava construído em 1872, surgiram nele muitos espaços especiais que não constavam dos planos iniciais, por exemplo, espaços das áreas a nordeste e sudoeste que podiam ser usados de maneira mais informal. Com o tempo, a programação de outros espaços tornou-se cada vez mais livre.[23, 24]

O parque tornou-se tão familiar, com sua paisagem natural parecendo ter estado sempre ali, que tanto nova-iorquinos quanto visitantes perderam de vista o quanto é artificial. Quatro mil homens trabalharam no transporte de 3,8 milhões de metros cúbicos de materiais para construir os morros e campos abertos que julgamos ter estado sempre lá. Seu mobiliário e os confortos que oferece são todos eles invenções: um coreto no meio de uma floresta plantada, um campo de esportes onde antes havia arbustos raquíticos. Caberia supor que um pântano pudesse simplesmente ser transformado num lago ou alguma outra paisagem aquática. Mas não. Os pântanos precisam ser drenados para ganhar alguma outra forma; o enorme reservatório na extremidade norte do parque foi alimentado externamente.

Para mim, o equipamento mais incrível são as pontes de Vaux. Elas são escavadas na terra, e assim o tráfego que permitem por todo o parque, de leste a oeste, não é visível na superfície. Vaux tinha uma concepção do transporte diferente da de Haussmann: este destinava ao nível da superfície o tráfego de velocidade, ao passo que Vaux o rebaixava, transformando as pontes em passarelas de pedestres. O esplêndido nas pontes propriamente é a agradável variedade de formas dos vãos; ao nos aproximarmos do Playmates Arch, temos a sensação de que seremos tragados para o Inferno, ao passo que o Inscope Arch, em forma de cúpula no nível do solo, convida as crianças a brincar subindo e descendo por cima do tráfego.

Mas as intenções de Olmsted se revelaram tão frágeis, como projeto de integração das diferenças sociais, quanto o caso de Eixample em Barcelona. Em questão de quarenta anos apenas, o perímetro do Central Park ao longo da Quinta Avenida era tomado por mansões de famílias ricas, enquanto no lado ocidental se sucediam prédios de apartamentos para a classe média alta. À medida que o parque era cercado pelos privilegiados, a condição social de seus frequentadores se tornava cada vez menos mista; as classes inferiores e os pobres não se deslocavam com frequência para desfrutar de seus prazeres, como esperava Olmsted, mas apenas mais raramente, em ocasiões especiais. O parque então começou a decair fisicamente. A "ossatura" infraestrutural de Vaux permaneceu em bom estado, mas os campos de esportes e os lagos se deterioraram, entregues ao abandono. Seriam necessários investimentos maciços na década de 1960 para livrar o parque da criminalidade e da decadência.[25]

Apesar disso, a ideia continuava sendo interessante: a inclusão social pode ser fisicamente planejada, ao contrário da crença de Rudofsky de que a *cité* tem primazia sobre a *ville*. E em minha opinião o que confere força a essa ideia é exatamente o caráter artificial do lugar.

Artifício — Autores de inspiração pastoral como Virgílio nos falam da paz que o mundo natural podia proporcionar aos cansados da luta pelo poder ou dos fardos da vida. De certa forma esse alívio parece óbvio: deixar de lado por um tempo as preocupações, mergulhando num mundo de jardins sempre floridos, caminhos destinados apenas ao devaneio, vistas e perspectivas que infalivelmente dão prazer. Deste ponto de vista, nada poderia parecer mais convidativo na Paris do século XVIII que a vasta Place Louis XV (Place de la Concorde). Apesar de situada exatamente no centro de Paris, ela se transformou numa selva urbana em que se podia passear despreocupadamente (numa época em que nada tinha da atual aparência). A Place Louis XV contrastava com os jardins reais construídos fora das cidades, como a Versalhes de Luís XIV ou o Palácio de Sans Souci de Frederico o Grande, ambos disciplinados por fileiras de árvores marchando com regularidade militar para horizontes a perder de vista: os reis mandavam na natureza. Na Place Louis XV, a natureza permanecia livre. Mas no início esses oásis urbanos se destinavam exclusivamente a uma elite. O Central Park, pelo menos na expectativa do seu criador, convidava as massas.

Tal como Engels, Olmsted sabia que eram duras as condições de vida da massa da população; seu parque se destinava a aliviar o caráter opressivo da cidade — mas seu erro foi pensar que as tensões raciais numa cidade podiam ser contornadas, ou pelo menos abrandadas, num espaço assim voltado para o cultivo dos prazeres. No parque, a mistura social ocorreria na busca do prazer, ao passo que lugares funcionais como as fábricas ou mesmo as ruas de comércio não seriam capazes de promover impulsos "gregários". O artifício inspira a sociabilidade, enquanto a realidade a anestesia. Não é um ideal irrealista; hoje em dia, é maior o contato inter-racial nos campos de esportes do Central Park ou entre aqueles que nele fazem piqueniques do que nos transportes urbanos ou nos espaços de trabalho na cidade. Olmsted esperava que seus traçados pudessem tornar o prazer sociável por meio de um tipo especial de ilusão.[26]

Olmsted encarava o parque como um teatro — o que em si mesmo nada tinha de novo. Como acontecia em Londres, por exemplo, no Vauxhall Garden e no Ranelagh Garden, os jardins urbanos do século XVIII abrigavam espetáculos de marionetes, fossas cercadas para exibição de ursos e outros tipos de divertimento; na época de Balzac, os jardins no interior do Palais Royal, no centro de Paris, apresentavam um espetáculo sexual de vinte e quatro horas de duração. Olmsted era mais puritano, entendendo que seu parque devia oferecer prazeres mais inocentes: o espetáculo teatral consistia no uso de meios naturais para gerar uma ilusão vívida: o parque como teatro da natureza.

Mais uma vez, Olmsted certamente não foi o primeiro paisagista a pensar na natureza e na ilusão como irmãs. No século XVIII, os jardins de traçado e florescimento livres eram chamados de "ingleses", parecendo oferecer a natureza em sua espontânea desordem. O "jardim sem limites", nas palavras de Robert Harbison, carece de "início ou fim evidentes [...] os limites são confusos de todos os lados". Esses jardins ingleses desordenados eram na verdade ilusões habilmente calculadas. A desordem era concebida mediante a mistura de espécies de flores de diferentes partes do mundo, a proximidade de flores de variados períodos de florescimento e uma criteriosa disposição de folhagens contrastantes como pano de fundo para as flores; essas técnicas de plantio expressavam o mesmo desejo de criar um ambiente de livre crescimento aparentemente desordenado e invariavelmente produtivo, no qual, no entanto, fosse possível passear até mesmo usando saias de anquinhas — por sorte, a natureza também providenciara caminhos serpenteantes de pedra britada.

Os criadores do jardim inglês não viam conflito entre o natural e o artificial. Na verdade, os artifícios podiam ser ilusões transparentes: por exemplo, haveria ovelhas pastando à distância, mas que nunca chegariam perto o suficiente para sujar as alamedas. Elas eram mantidas longe por obstáculos cavados no caminho. Os frequentadores tinham consciência desse artifício e disso extraíam prazer; inspecionar o chamado *ha-ha*, o obstáculo criado para os animais, fazia parte do passeio. Da mesma forma, as pontes de Vaux no Central Park são peças de artifício aparente, com o jogo entre o visível no nível do solo e o invisível abaixo dele inspirado no *ha-ha* britânico. Em suma, a ética da sociabilidade implica uma suspensão da realidade; e a suspensão é operada pelo teatro.

A High Line* é um equivalente moderno do trabalho paisagístico realizado por Olmsted e Vaux no Central Park. Na década de 1960, um sem-teto podia galgar o elevado da linha férrea desativada no West Side de Manhattan para tentar dormir; os gays procuravam o local para sexo anônimo; dia e noite, os trilhos serviam de bazar de drogas. "Todo mundo" sabia que a High Line teria de ser posta abaixo; uns poucos que não faziam parte do "todo mundo", especialmente a arquiteta Elizabeth Diller, pensavam diferente. Ela notou com interesse que ervas daninhas brotavam nas fendas dos trilhos. Trabalhando com os inovadores paisagistas James Corner e Piet Oudolf, ela visualizou: trilhos + ervas daninhas = um novo tipo de calçadão. E a ideia se revelou um grande sucesso. Hoje a High Line atrai grande número de moradores interessados em dar uma volta e turistas atraídos pela novidade do lugar.

Uma ligação com Olmsted está no caráter artificial do próprio plantio: nesse terreno tão inesperado, Piet Oudolf plantou espécies que não coabitam normalmente no solo. Em sua jardinagem se combinam ruderais, plantas de crescimento rápido que tendem a morrer jovens, vale dizer, em sua maioria, ervas daninhas, mas também flores anuais; concorrentes que tendem a expulsar outras plantas, mas cometem suicídio floral ao exaurir os nutrientes do solo, como fazem muitos tipos de capim; e plantas resistentes ao estresse como a *Crambe maritima*, que precisam de proteção para crescer, mas uma

---

* Parque linear de 2,3 quilômetros construído em 2009 numa antiga linha férrea elevada da cidade de Nova York. (*N. do T.*)

vez crescidas se saem bem em ambientes de baixo teor de nutrientes. O esquema de plantio na High Line, utilizando um sistema de canteiros em forma de tabuleiro, permite que os três tipos cresçam simultaneamente, dando ao visitante uma ilusão de biodiversidade "natural".[27]

Em Nova York e outras grandes cidades, parques e locais de recreio podem ser construídos em outros lugares inesperados, como sempre obedecendo à combinação de espaço artificial e de socialização criada por Olmsted. Na década de 1980, eu me envolvi num projeto dessa natureza: um parque construído sobre uma usina de tratamento de esgoto no Harlem, no West Side de Manhattan, à beira do rio Hudson. Não obstante nossos melhores esforços, durante alguns anos persistiu um forte cheiro do esgoto por baixo. Mas as crianças da comunidade precisavam de um lugar para brincar e se adaptaram ao cheiro até que conseguíssemos resolver o problema. No universo do urbanismo em geral, quando se fala de "naturalizar" uma situação, queremos dizer na verdade que uma construção arbitrária como esta acaba sendo aceita como parte da paisagem. "Naturalizar" significa que um artifício passa a ser aceito em seus próprios termos, dentro da mentalidade da *cité*.

Olmsted não pensava nos termos ecológicos que são os nossos hoje em dia, nos quais o objetivo é a junção imperceptível entre o que é natural e o que é feito pelo homem. Não existe uma integração harmoniosa entre o mundo plantado e esculpido do parque, com as alamedas arborizadas, as bacias de drenagem e as barragens da infraestrutura urbana. O Central Park de fato abriga um enorme reservatório, mas seu papel ecológico funcional revelou-se problemático — é necessário recorrer a purificação em escala muito onerosa para deixar em condições de uso a água suja. O reservatório faz um gesto de sentido prático, mas não é realmente disto que se trata no parque. Em vez de vermos Olmsted como um ecologista fracassado, faz mais sentido encará-lo ao mesmo tempo como um sociólogo desejoso de usar o solo e as plantas para aproximar as pessoas e um diretor de teatro do próprio mundo das plantas.

O domínio de uma ilusão — Os objetivos de harmonia racial de Frederick Law Olmsted repousavam no deslocamento das pessoas do trabalho para um espaço de lazer; ele esperava que o parque significasse a suspensão no mundo exterior da hostilidade sentida por ricos e pobres, negros e brancos.

Esse projeto veio a azedar na cidade moderna. Cada vez mais dependente do turismo, a economia do prazer/consumo veio a merecer maior atenção do urbanismo, mas o resultado disso não é a convivência na sociabilidade.

Pode parecer absurdo comparar o Central Park com a recauchutagem da Times Square em Nova York, mas as duas coisas na verdade estão ligadas no empenho de criar teatralidade. Lugar privilegiado das temporadas teatrais nova-iorquinas durante um século, a Times Square abrigava — até duas gerações atrás — uma intensa cultura das drogas em suas ruas e passagens, além de abastecer a indústria do sexo da cidade com hotéis baratos. Era uma zona de furtos e assaltos (mas não de violência mais grave; em Nova York, como no resto dos Estados Unidos, é antes no ambiente doméstico que nas ruas que prevalece a criminalidade violenta).

A reforma implicou a demolição de muitos prédios decrépitos numa área de dezoito quarteirões. Embora abrigassem trabalhadores do sexo e viciados em drogas, também havia nesses prédios pequenas oficinas espalhadas por seus imundos corredores: costureiras trabalhando em figurinos para os teatros ou cortando moldes a serem usados no bairro de confecção de roupas ao sul da Times Square. Nesses corredores, o cheiro de maconha podia misturar-se ao de madeira recém-cortada, pois na Times Square também prosperavam fábricas de mobiliário fino. O valor baixo do aluguel viabilizava essas oficinas urbanas. Antes da reforma, centenas de pequenos restaurantes e bares atendiam a esses trabalhadores; de propriedade de gregos e italianos, alguns mais pareciam o interior de uma geladeira, outros, empoeiradas cópias de plástico da "terra natal". Não tinham o menor interesse para qualquer turista, nem eram cotados no *New York Times*, embora fossem frequentados por muitos empregados do jornal na época em que ainda era impresso na Times Square.

No processo de recauchutagem, depois da derrubada das construções condenadas, surgiram sofisticados prédios de apartamentos e torres comerciais, e as oficinas se foram. As costureiras de figurinos migraram para Nova Jersey, os fabricantes de botões passaram a atender por correspondência e alguns dos mais antigos fabricantes de instrumentos musicais decidiram se aposentar, enquanto os mais jovens se transferiam para celeiros no interior. Hoje, a Times Square é território de turistas, com os serviços necessários para o atendimento do turismo de massa: entretenimento empacotado, redes de fast-food, hotéis padronizados. Nada necessariamente desprezível, com a ressalva de que poucos nova-iorquinos optam por se deslocar até esse centro de Nova York. Como a Trafalgar Square londrina, parece um lugar cheio de vida, que, no entanto, é um buraco negro para os moradores. Turistas e moradores não se misturam, e são poucos até os grupos de turismo guiado que chegam a se mesclar. Seus prazeres são organizados e contidos.

Ninguém pode responder pelo que acontece depois de sua morte. Mas Olmsted, admirável e até nobre em suas aspirações, inaugurou uma certa ênfase na remoção dos sinais e lugares do trabalho em seu planejamento dos espaços de socialização na cidade, equiparando sociabilidade e artifício de um modo que fez com que a própria cidade se tornasse uma espécie de teatro — na tradução comercial para o turismo, isto pode ter um efeito embotador no centro da cidade.

Toda essa grande geração de urbanistas tentou modelar a *ville* para mobilizar a cidade, embora de maneiras contrastantes: Haussmann queria tornar a cidade acessível, Cerdà, torná-la igual, Olmsted, fazê-la sociável. Cada um desses planos tinha suas limitações. As incisões feitas por Haussmann em Paris para criar suas redes privilegiavam o espaço em detrimento do lugar. A malha concebida por Cerdà em Barcelona privilegiava a monocultura. Olmsted privilegiava o prazer artificial para promover a integração social, mas não teve êxito. Pode parecer ridículo criticá-los por não terem conseguido resolver desde o início os gigantescos problemas apresentados pela cidade moderna. Mas o fato é que falta um elemento nos seus planos para a *ville*, elemento igualmente ausente nos esforços dos engenheiros civis. Esse elemento é um reflexo do material único de que é feita a *cité*: suas multidões. Como é que essa densa substância humana se relaciona com a forma urbana?

IV. A multidão

No fim do século XIX, dois escritores tentaram entender a densidade. Ambos se interessavam pela psicologia das multidões, mas de maneiras diametralmente opostas. Um deles explorou um tipo clássico de multidão, a turba desenfreada liberando suas paixões. O outro investigou a experiência de se sentir oprimido numa aglomeração, capaz de deixar uma pessoa tensa e retraída.

A turba — Gustave Le Bon era um monarquista confesso que tentou entender a excitação nas veias das turbas, como na época da primeira Revolução Francesa, quando as multidões percorriam as ruas em busca de partidários da monarquia a serem agredidos. Antes de Le Bon, a turba era vista pelos autores reacionários como um evidente horror, uma massa formada pelo zé-povinho e as ordens inferiores. Para Le Bon, a questão não era tão simples; uma mudança profunda podia se manifestar em pessoas de procedências mais variadas quando unificadas numa multidão, o que as levava a caçar em matilhas, como lobos.

Para ele, a chave estava em como as turbas se formam, sendo a sua percepção de que sempre que se reúne grande número de pessoas, elas são capazes, "juntas, de cometer crimes que jamais cometeriam sozinhas". Isto se deve em parte ao simples fato de que, na massa, as pessoas se tornam anônimas — não mais podem ser identificadas separadamente e, em particular, individualmente; a massa densa garante que o indivíduo não seja responsabilizado. Psicologicamente, à medida que aumenta o tamanho de um grupo, surge uma sensação euforizante de "nós", de liberação, de liberdade para fazer qualquer coisa; Le Bon afirma que a "grandiosidade" toma o lugar de um raciocínio mais centrado, nesse momento em que as pessoas descobrem uma nova energia comum. "Vamos pegar o rei; nada pode nos deter." Essa mobilização da energia da multidão é inseparável da criação do espetáculo: decapitar o rei ou simplesmente jogar pedras num aristocrata que esteja passando pela rua; o drama toma o lugar da razão.[28]

Essa análise da psicologia da multidão fez de Le Bon um dos fundadores da psicologia social, pois ele sustentava que no grupo existe um conjunto diferente de sentimentos e comportamentos em relação aos indivíduos que o compõem, encarados separadamente. Suas ideias sobre a multidão incontrolável seriam utilizadas por Sigmund Freud a partir mais ou menos de 1916, em seus escritos sobre a psicologia de grupo. A capacidade da turba de transformar os indivíduos — ou seja, de degradá-los em massa — tornou-se um tema candente na década do nazismo e do fascismo, os anos 1930. Elias Canetti tentou entender de que maneira essa transformação ocorria nos "bons alemães", e Ortega y Gasset analisou seus efeitos em espanhóis que normalmente mostravam tendências pacíficas.[29, 30, 31] A multidão suspende o discernimento moral.

O próprio Le Bon surgia como analista de uma *cité* bem sombria, mas embora as cidades, com suas multidões, pudessem parecer o lugar natural dessa transformação, ele não tinha nada de grande interesse a dizer a respeito delas. Praticamente qualquer espaço amplo servia, pensava: a entrada do Palácio de Versalhes durante a primeira Revolução Francesa, o pátio do Louvre durante a segunda, os corredores do Hôtel de Ville durante a Comuna. Uma análise levando mais em conta o espaço viria de Georg Simmel, contemporâneo de Le Bon, que deduziu uma psicologia completamente diferente da experiência de se sentir oprimido numa multidão, forçado e pressionado pelos outros.

Oprimido na multidão — Em 1903, oito anos depois da publicação de *A multidão*, de Le Bon, Georg Simmel escreveu um breve ensaio, "Die Großstädte und das Geistesleben", para uma exposição em Dresden. O ensaio costuma ser traduzido como "A metrópole e a vida do espírito". A palavra alemã "Geist" é próxima do que os franceses costumam chamar de mentalidade, no caso, a mentalidade de um lugar. A *Großstädte* que Simmel tinha em mente era Berlim, o que fazia de Dresden em 1903 uma estranha patrocinadora de sua investigação, pois se tratava de uma cidade pequena e pacata; como se poderia esperar, os notáveis locais não ficaram nada satisfeitos com o ensaio.[32]

Simmel voltou sua atenção para a sobrecarga sensorial que ocorre quando se formam massas de pessoas. Escreveu que a característica fundamental da *cité* numa cidade grande é "a intensificação da estimulação nervosa que resulta da rápida e ininterrupta mudança de estímulos externos e internos" — a modernidade líquida nas ruas. Ele está descrevendo a Potsdamer Platz em Berlim, a frenética encruzilhada da capital alemã; especificamente, descreve as multidões nas calçadas, massa mista e móvel de gente fazendo compras ou indo e vindo em suas ocupações diárias. Ali, bem no meio de Berlim, um gigantesco espaço foi preenchido com lojas de departamentos e amplos cafés, com a circulação de pessoas, o tráfego de ônibus de tração animal e carruagens particulares, os transportes públicos servindo à população cada vez maior e mais poliglota de Berlim, jovens do interior, estrangeiros desalojados e a florescente massa de soldados estacionados na cidade. Em calçadas como as da Potsdamer Platz, a sobrecarga sensorial ocorre ao "atravessar a rua". Ali, "o andamento e a multiplicidade da vida econômica, ocupacional e social" se aceleram.[33]

Haussmann e Olmsted buscavam de maneiras diferentes aumentar a intensidade da vida urbana. Simmel a temia. Excesso de estímulos provoca ansiedade: um carro buzina, seus olhos se voltam e você quase esbarra num idoso que avança hesitante. Instantes depois sua atenção é atraída por um sem-teto mendigando agachado, e que, vendo que você o viu, faz menção de se levantar. Você se sente oprimido por todas essas sensações, e assim, para se proteger, coloca uma tampa nas suas reações. "O tipo de homem metropolitano [...] desenvolve um órgão que o protege das ameaçadoras correntes e das discrepâncias do ambiente externo [...] Ele reage com a cabeça, e não com o coração." Você não fica paralisado quando a buzina toca; diante do mendigo que se levanta, você reage com total ausência de sinais, seguindo em frente, evitando contato visual. Absorve as impressões mas não se mostra vulnerável. Fica na sua.[34]

É a máscara de Simmel. A frase é minha, não dele; sua frase é assumir uma "atitude blasé", que não faz justiça a sua ideia, pois as pessoas não se mostram realmente indiferentes ao que as cerca, apenas se comportam como se fossem. A atitude blasé resulta num comportamento blasé: você vê alguma coisa acontecendo e vai em frente, não se envolve. Naturalmente, a atitude blasé pode se transformar num cartum, como na história famosa — e apócrifa — das pessoas que passavam por cima do corpo de um turista que sofrera um ataque cardíaco na Times Square. Além disso, um soldado poderia questionar se existe algo especificamente urbano no fato de alguém se mostrar blasé; debaixo de fogo inimigo, mesmo vendo companheiros morrendo ou gritando de dor, o soldado competente precisa manter a ordem no grupo demonstrando sangue-frio, não desmoronando à vista dos outros, não importando o que esteja sentindo.

A palavra "blasé" tampouco faz justiça ao que Simmel tinha em mente, pois ele pensava na ansiedade num contexto amplo. A máscara usada por alguém para se proteger mobiliza um certo tipo de racionalidade. A pessoa recua e pensa melhor, em vez de reagir impulsivamente. "A reação aos fenômenos metropolitanos é transferida para o órgão menos sensível [...] considera-se que a intelectualidade [...] preserva a vida subjetiva da força esmagadora [do que é externo]." A cidade grande concentra essas forças invasivas nas multidões; elas representam uma ameaça à vida interior. Sua densidade leva as pessoas a se fechar sobre si mesmas: apesar de excessivamente estimuladas, externamente elas pouco revelam.[35]

A biografia de Simmel é relevante no que diz respeito à mentalidade blasé que descreve. Ele era apenas conceitualmente judeu, pois seu pai se converteu ao catolicismo, e a mãe era luterana; na lei judaica, em virtude da mãe cristã, ele estava "perdido para o judaísmo". Mas não na Alemanha do Kaiser Guilherme. Embora Max Weber o estimulasse nas oportunidades acadêmicas, o antissemitismo reagiu e durante muito tempo ele não pôde obter um posto acadêmico permanente. Mas Simmel não enveredou pela autocomiseração, como tampouco deviam fazer outros judeus alemães, segundo sustentava. Os judeus precisam de uma máscara: ficar na sua, manter distância, não reagir visivelmente a estímulos dolorosos. O exterior continua machucando — tanto mais por ter de ser reprimida a dor. Simmel vê o dilema do judeu como emblemático do homem ou da mulher modernos. Ele escreve que "os problemas mais profundos da vida moderna decorrem do desejo do indivíduo de preservar a autonomia e a individualidade da sua vida diante [...] da cultura externa e da técnica da vida"; ante o risco de ser tipificado, o indivíduo precisa de uma máscara protetora para não se sentir tragado no "mecanismo social-tecnológico". A impessoalidade pode proteger o self.[36]

É uma visão majestosa e mesmo trágica da mentalidade de vida urbana. Mas não está muito explicitamente ligada à *ville* — às formas construídas que poderiam levar alguém a se sentir oprimido pela multidão. Para explicar essa ligação, precisamos deixar por um momento a visão grandiosa de Simmel para averiguar de que maneira o sentimento está relacionado a uma forma urbana específica: a calçada.

A calçada — Existem duas medidas do sentimento de opressão na multidão. Uma delas é a "densidade de passos", que conta o número de corpos que passam por determinado lugar; na minha experiência de planejamento, por exemplo, o número de pessoas que passam pela entrada de uma loja é mensurado por uma equipe a cada cinco minutos. A outra medida é a "densidade séssil", o número de pessoas confinadas em determinado lugar ou que optam por permanecer nele por período mais longo, como uma multidão num estádio de futebol ou num café. A densidade de passos não é um número estável. As ruas destinadas a procissões solenes só intermitentemente apresentam densidade populacional, sendo um bom exemplo a Rua Gorki em Moscou. Via mista e tumultuada no século XIX, em 1937 ela começou a ser transformada pelos urbanistas soviéticos num espaço para o espetáculo stalinista. Suas fachadas, enfeitadas com os pesados motivos clássicos da preferência do ditador, continham maciças multidões algumas poucas vezes por ano, e no resto do tempo a rua era uma moldura vazia. Simmel combinava esse tipo de utilização pontualmente intensiva ao uso constante.[37]

Mas ele trilhava um caminho mais seguro ao associar a intensificação do estímulo às calçadas. As ruas que confinam a densidade às calçadas são relativamente modernas. A calçada larga e elevada que marcou o urbanismo de Haussmann permitia que densas multidões de pedestres percorressem as ruas protegidas dos veículos que passavam em velocidade. Até o surgimento dos calçamentos produzidos industrialmente ou das pistas de macadame, eram poucos esses espaços de canalização dos pedestres; era mais habitual que a rua tomasse todo o espaço entre os prédios. Só no período moderno a calçada elevada tornou-se uma característica geral na malha das cidades europeias e americanas. Em parte, isto foi possível, na década de 1820, graças à manufatura industrial de dutos perfurados de ferro que permitiam a drenagem nas ruas, sendo as calçadas então construídas com leve inclinação, para que a água fluísse para a rua.[38]

A eficácia de uma calçada depende do que está por baixo dela. Os primeiros construtores de calçadas enterravam as tubulações diretamente no solo, mas a geração de Bazalgette se deu conta de que era necessário que a terra fosse escavada ao redor das cavidades de drenagem; ainda hoje a forma utilizada é a das tubulações no interior de túneis. Embora uma calçada tivesse e ainda tenha de ser mais elevada que o leito da pista, não pode ser muito alta, pois nesse caso surgem problemas de acessibilidade para os mais velhos e as crianças; na minha experiência, o princípio básico consiste em estabelecer a altura da calçada em 75% de um degrau residencial comum, ou seja, cerca de 16 centímetros.

A tradução de "denso" em "superlotado" decorre fisicamente dos efeitos compressivos das calçadas, em comparação com os movimentos mais livres da circulação nos espaços mais amorfos das ruas antigas. Curiosamente, o caráter estreito de uma calçada não combina bem com a sensação de compressão, pois muitas vezes uma calçada ampla terá maior índice de ocupação, podendo mais facilmente abrigar densidades sésseis. Sentir-se oprimido pela multidão numa calçada também varia de cultura para cultura. As densidades de calçada na Sexta Avenida de Nova York por volta do meio-dia são cerca de 80% maiores que as de Piccadilly, em Londres, o que pode fazer com que a rua londrina apresente fraco índice de ocupação para o visitante nova-iorquino, sendo ao mesmo tempo insuportavelmente apinhada para o londrino.[39]

O outro "fator *ville*" que determina a sensação de superlotação transmitida pelas ruas é o alinhamento da rua propriamente com os prédios. Se um prédio estiver afastado da beira da calçada, a pressão da contenção será aliviada; essa descompressão torna-se mais pronunciada quando diferentes estruturas apresentam variados graus de recuo. Se, pelo contrário, o paredão das construções nas calçadas for contínuo, como acontece na maior parte de Manhattan, a pressão da contenção aumenta; é como se a rua não tivesse escapamento. Um refinamento dessa distinção se manifesta quando são permitidos espaços entre os prédios, mas ainda assim os limites das construções são alinhados regularmente em relação à calçada ou à pista da rua — para usar outra metáfora, os dentes da rua são regulares. Na verdade, a regularidade da arcada dentária é uma velha aspiração do planejamento urbano; já em 1258 a lei romana determinava que todas as casas da Via Larga (hoje Via Cavour) e outras ruas recém-criadas fossem uniformemente alinhadas.[40]

Um terceiro elemento para que uma rua dê a sensação de superlotação tem mais a ver com o habitar que com o fazer. É a tendência das pessoas a se agrupar. O urbanista William H. Whyte constatou há duas gerações, ao estudar os espaços ao redor do Seagram Building, o arranha-céu erguido por Mies van der Rohe bem no centro de Nova York, que as pessoas preferiam se posicionar próximas umas das outras, em vez de se distanciar o máximo possível. Uma suposta ciência chamada "proxêmica" descreve as maneiras como as pessoas se agrupam. Em vez de estabelecer leis universais, a proxêmica enfatiza a especificidade cultural, como no caso da constatação, feita por um estudo, de que, durante a *passeggiata* que costumam fazer no fim do dia, os italianos preferem estar mais próximos uns dos outros que os noruegueses em suas perambulações depois do trabalho. As variações da proxêmica são uma questão de bom senso: seja italiana ou norueguesa, uma pessoa que estiver atrás de sexo numa boate certamente desejará estar mais próxima de estranhos do que ao fazer compras numa loja de departamentos.[41]

O urbanista bem-intencionado procurará satisfazer e mesmo estimular o desejo de proximidade. Por exemplo, proporcionando bancos e outras peças de mobiliário de rua em grupos, em vez de distribuí-los de forma mais regular porém isolada ao longo de uma rua; faz sentido que os bancos estejam próximos dos abrigos dos pontos de ônibus, e não longe. Quando trabalhei no projeto de um parque em Nova York, meu princípio básico era instalar bancos em quantidade suficiente para reunir num mesmo ponto seis famílias de tamanho italiano. Mas os agregados de socialização com mais frequência se formam sem premeditação dos planejadores. Na densa região das Ramblas, em Barcelona — um extenso calçadão ladeado por ruas —, as pessoas se juntam em autênticos agregados, em vez de tentarem se espalhar, embora o bulevar fosse originalmente concebido para espalhar.[42]

Simmel queria entender o outro lado da calçada, seu lado sombrio, antissocial. O romancista americano Theodore Dreiser invocou o tropo das "massas cegas" para se referir às multidões urbanas, sua frieza e indiferença. Simmel não tomou esse clichê ao pé da letra. Uma massa de indivíduos necessariamente vai despertar em alguém sensações negativas de estar sendo oprimido e comprimido; uma calçada é a forma física que promove a compressão. As pessoas então envergam uma máscara blasé para tentar descartar a sensação — mas por dentro continuam se remoendo.

Falando-se do ADN de uma cidade, poderia parecer que suas multidões formam um triângulo. Num dos lados está o comportamento de turba; de outro, o comportamento blasé; ao longo do terceiro, sentimentos de maior sociabilidade. As construções de Haussmann em Paris, pela lógica militar das ruas longas e largas para permitir a circulação de canhões, reagiam à multidão como turba; ironicamente, os bulevares vieram a se tornar, isto sim, lugares onde as pessoas se juntavam. Cerdà e Olmsted acreditavam na multidão sociável, reunida nas esquinas ou longe das ruas, em parques. Mas a imagem do triângulo não transmite a complexidade da multidão tal como explicada por Simmel: essa experiência da densidade nas ruas que volta os indivíduos para dentro de si mesmos, protegendo sua subjetividade.

V. Moderno mas não livre — Max Weber não está satisfeito

Como vimos, o provérbio medieval segundo o qual *Stadtluft macht frei* ainda hoje tem ressonância, quando as pessoas se consideram livres para se moldar na cidade. No fim do século XIX, Max Weber considerava que na verdade a cidade moderna não proporciona essa liberdade — nem aos indivíduos nem ao organismo coletivo dos cidadãos urbanos. Os textos de Max Weber sobre a cidade são uma parte do seu magnum opus, *Economia e sociedade*. A obra tem um alcance muito mais amplo que uma visão estreita da economia; é a ciência social equivalente ao ciclo do *Anel* de Wagner. Até onde sei, contudo, Max Weber nunca escreveu uma linha sobre Cerdà, Haussmann ou outros planejadores urbanos modernos. Ainda assim, o autor se mostrou ao longo da vida extremamente sensível ao lugar em que vivia; entre longos períodos de depressão, caminhava pelas ruas e acompanhava com apaixonado interesse a situação dos cidadãos.[43]

O desenvolvimento da Berlim de Weber se seguiu à modelagem de Londres e Paris. Berlim tinha os mesmos problemas de sujeira que as duas outras metrópoles: August Bebel recordava-se da "água usada das casas colhida na sarjeta e correndo junto à calçada, com um cheiro realmente apavorante. Não havia banheiros públicos [...] como metrópole, Berlim só sairia do estado de barbárie para a civilização depois de 1870". Tendo Bismarck declarado Berlim a capital do país, essa situação não podia continuar, e não continuou: um amplo sistema de esgotos foi instalado no fim da década de 1870, e a década de 1890 assinalaria os primórdios de um sistema de transportes públicos igualmente generalizado. Edifícios residenciais de tijolo e pedra brotaram maciçamente em terrenos antes ocupados aqui e ali por barracos e hortas. Essa transformação se deu com grande velocidade; o escritor Stefan Zweig lembrava-se de que "a Berlim de 1905 não era como a cidade que eu tinha conhecido em 1901 [...] transformara-se numa metrópole internacional, que por sua vez haveria de empalidecer diante da Berlim de 1910". Ainda assim, os espaços públicos monumentais serviam como cosmético disfarce do fato de que a maior parte da cidade era pobre.[44, 45]

Para Weber, essa capital, gigantesca e espetacular como se tornara, não era realmente uma cidade. Berlim não passava do espelho de um Estado: todos os grandes gestos traduzidos em avenidas e parques, os monumentos, as fachadas ornamentadas dos prédios, dramatizavam a nova nação. A cidade não tinha uma vida própria, pois não controlava o próprio destino. Em contraste, uma verdadeira cidade, para Weber, devia ser "dotada das seguintes características: 1) a fortificação; 2) o mercado; 3) um tribunal de justiça próprio, e, pelo menos parcialmente, uma justiça autônoma; 4) estruturas associativas entre diferentes grupos; 5) autonomia ou autogoverno pelo menos parcial [...] com a participação dos cidadãos". Em outras palavras, uma verdadeira cidade seria, como a antiga Atenas ou a Siena medieval, uma cidade-Estado.[46]

Uma maneira de tornar concretas as secas especificações de Weber é contemplar as muralhas ao redor das cidades medievais. Essas muralhas eram espessos empilhamentos de pedras com poucas entradas, como em Siena. Quando uma cidade era assediada por exército inimigo, os cidadãos do seu interior e os camponeses da parte externa se abrigavam por trás delas. Os portões das muralhas eram os pontos de cobrança de impostos da cidade, decidindo os guardas neles postados quem poderia comerciar no interior. Lá dentro, a cidade dotada de autogoverno não era um mercado livre; pelo contrário, a cidade regulava o preço do pão, das especiarias, dos tijolos e das peles. Por este motivo, acredita Weber, o mercado em geral era localizado no centro de uma cidade-Estado, para que os comerciantes pudessem ser facilmente observados e controlados. Acima de tudo, a cidade-Estado podia redigir e reformular e voltar a reformular suas leis, adaptando-as às circunstâncias que surgiam além das muralhas, como também às protagonizadas pela população interna. O exilado de Florença do ano passado podia tornar-se este ano cidadão de Siena, e novamente um exilado sem direitos no ano seguinte, dependendo das relações de Siena com Florença. Numa cidade-Estado, *Stadtluft macht frei* fazia sentido, pois a cidade podia dar liberdade ao cidadão — ou privá-lo dela.

Para Weber, a cidadania não é uma condição universal; direitos e poderes estão vinculados a um lugar. Quem não vive em determinado lugar não deveria ter direito de dizer o que acontece lá (ou seja, nos termos atuais, os poderes de investidores estrangeiros deviam ser severamente limitados). Em sentido inverso, todos os cidadãos deveriam desfrutar de direitos básicos, pois viviam no mesmo lugar — e essa lógica da cidade-Estado daria origem ao modelo dos passaportes nacionais e das carteiras de identidade.

Não parece muito difícil deduzir de que modo essa visão do passado haveria de se aplicar ao presente. O tipo ideal de cidade de Weber haveria de condenar a cidade moderna, por sua falta de controle. É óbvio, por exemplo, que os cidadãos não votaram pela criação da rede de bulevares em Paris, a malha em blocos em Barcelona ou a localização de um parque central nas imediações da Nova York então existente. Esses planos constituíam afirmações arbitrárias de poder, a primeira, facultada por um imperador, a segunda, por um comitê não eleito de notáveis, e a terceira, por uma comissão de planejamento que não submetera a possibilidade de um parque central a amplo debate. De maneira mais ampla, de acordo com Weber, as cidades modernas não são dotadas de autogoverno porque os Estados nacionais, os negócios internacionais e as onipresentes burocracias é que dominam. As cidades-Estado que ele admirava eram democracias nas quais os cidadãos tinham votado como um todo nos planos de modelagem da *ville*.

A versão da cidade-Estado defendida por Weber provoca urticária em certos historiadores. Se compararmos Veneza e Siena em 1500, por exemplo, a cidade dos canais exercia firme autocontrole, mas era uma oligarquia, ao passo que Siena representava uma experiência fracassada de autogoverno democrático, e a essa altura não passava de um brinquedinho nas mãos da vizinha Florença. Embora haja um forte elemento de idealização na imagem da cidade-Estado cultivada por Weber, o fato é que esse tipo de descrição ainda é útil para propósitos críticos. O método de Weber consiste em criar o que ele chama de "tipo ideal" de estruturas sociais como a Cidade, para em seguida explorar os motivos pelos quais a realidade diverge do modelo. Sim, a realidade é diferente, mas só notamos, retrucam Weber e os weberianos, porque temos uma imagem ideal e coerente da Cidade, do Livre Mercado ou do Cristianismo para avaliar seu grau de imperfeição. Aqui, nesse tipo ideal de cidade-Estado, haverá uma ligação imperceptível entre *ville* e *cité* (embora Weber não use estas palavras) porque a cidade-Estado gera formas físicas, como a muralha, que são adequadas exatamente à maneira como os cidadãos querem viver.

Weber estabeleceu os cinco elementos da sua cidade como estrutura racional e funcional de um lugar dotado de autocontrole. A *cité* como experiência subjetiva, carregada de angústia e emocionalismo, tal como na concepção de Simmel, está ausente dos seus cálculos. Essa insensibilidade musical, por assim dizer, do vasto projeto de Weber parece de fato tê-lo distanciado de Simmel. Eles tinham inicialmente o mesmo interesse pelo entendimento qualitativo da experiência (*Verstehen*), e ao longo de toda a vida Weber continuaria admirando Simmel como escritor. Mas *Economia e sociedade* começa com esta declaração: "Este trabalho se distancia do método de Simmel [...] ao estabelecer uma clara distinção entre 'significados' subjetivamente tencionados e objetivamente válidos." Neste sentido, em minha opinião, o sociólogo prestou um desserviço a si mesmo.[47]

O burocrata sentado à sua mesa, regulamentando a vida cotidiana por meio de regras frias e abstratas, rechaçou o sociólogo, parecendo a sua ausência de sentimentos confinar os outros a uma "jaula de ferro". Embora não simpatizasse muito com os extravagantes deleites dionisíacos celebrados por Nietzsche, Weber temia que a verdadeira marca da modernidade fosse uma vida aprisionada na rotina burocrática — um temor do excesso de ordem que o distanciava da imagem do moderno apresentada por Engels e Marx: "tudo que é sólido dissolve no ar". Sua ênfase no autodomínio não é um desejo de normas prefixadas; ele admirava em Siena a constante reelaboração das leis, a permanente mudança nos preços do pão e dos tijolos à medida que se alteravam as necessidades da comunidade. Para ele, o autogoverno é uma obra em permanente construção, e não um conjunto de regras fixas.

Talvez essa atitude também explique por que esse omnívoro mental não se interessava pelo planejamento urbano que ganhava tanta importância ao seu redor — um planejamento que afirmava a solidez, a fixidez, a permanência burocrática do Estado alemão, mas que também afirmava, de maneira geral, *o* plano e *a* forma de uma cidade moderna. Não podemos esperar que ele responda a essa crítica, pois só escrevia sobre o passado distante; mas podemos observar que sua relação dos elementos capazes de dar vida a uma cidade-Estado é aberta de uma forma que já não existe. A implícita crítica weberiana da cidade moderna é que suas condições não favorecem que a cidade seja um lugar capaz de autorrevisão e autogoverno, favorecendo, isto sim, os processos burocráticos em detrimento dos democráticos.

Avaliando-se retrospectivamente o nascimento do moderno urbanismo, essa crítica parece fora de propósito. As cidades que a Grande Geração tentou moldar nada tinham de lugares estáveis, como acontece na vida na jaula do burocrata. A Grande Geração quis impor diferentes formas de ordem à cidade, mas cada uma dessas formas era insuficiente para resolver os problemas enfrentados. A cidade em redes concebida por Haussmann não era capaz de controlar as multidões politizadas; a malha urbana de Cerdà não conseguiu concretizar a meta socialista de igualar a cidade; e os parques de Olmsted tampouco representaram a solução para uma cidade mais sociável. A Grande Geração experimentou com a cidade, deparando-se, como acontece com qualquer experiência aberta, com becos sem saída e derrotas, além de êxitos. Depois dela, no século XX, a decepção da derrota foi cedendo, à medida que o urbanismo se tornava menos ambicioso no empenho de estabelecer uma ligação entre o vivido e o construído.

3. O divórcio entre *cité* e *ville*

A Grande Geração queria estabelecer a ligação entre a *cité* e a *ville*. Seus herdeiros desistiram dessa luta; como num casamento que sai dos trilhos, o espaço foi tomado por um silêncio corrosivo; as dificuldades não eram enfrentadas. Pela altura da década de 1930, os dois terrenos estavam decididamente a caminho do divórcio. Nos divórcios em família, os problemas que os pais não são capazes de enfrentar passam para os filhos. No urbanismo, foi o que aconteceu depois da Segunda Guerra Mundial, tirando força dos debates sobre como abrir a cidade.

I. A separação entre as pessoas e o lugar — Chicago e Paris se ignoram

Chicago — Logo depois de Weber celebrar as cidades-Estado da Idade Média, um grupo de americanos tentou chegar a um entendimento mais pleno e positivo do habitar na cidade moderna. A Universidade de Chicago era um bom lugar para isto; desde sua fundação em 1890, ela seguia o modelo universitário alemão, como centro de pesquisa, e não o modelo inglês de clube para jovens cavalheiros civilizados. Embora estivesse situada na arborizada zona sul de Chicago, tendo sido construída para parecer uma instituição medieval, seus sociólogos quase imediatamente trataram de deixar o abrigo acadêmico. Ao norte e oeste da universidade, Chicago se tornara uma próspera e mista cidade moderna. Servia como centro de irradiação ferroviária para todos os Estados Unidos, abrigando uma variedade muito maior de indústrias que Manchester no século XIX. Nela os trabalhadores europeus encontraram refúgio até a década de 1920, quando declinou a emigração europeia; nessa década do pós-guerra, os afro-americanos começaram a migrar dos antigos estados confederados, racialmente paralisados. A Escola de Chicago queria saber como era morar num lugar tão complexo.

Seu fundador, Robert E. Park, trabalhou durante doze anos como combativo jornalista, e então passou a estudar com o filósofo e psicólogo William James em Harvard, obtendo sua pós-graduação em 1899. Posteriormente, foi estudar com Georg Simmel em Berlim, procurando unir a visão teórica das mentalidades à pesquisa empírica. Park era uma figura impressionante: ao voltar para seu país, ensinou durante sete anos numa escola técnica só para negros, o Instituto Tuskegee. Em 1914, voltou para Chicago, atraído pela energia da cidade.

Park não gostava da abordagem rápida e superficial do jornalismo; em sentido inverso, a sua Escola de Chicago adotou métodos de trabalho de campo da antropologia, vivendo em comunidades por períodos prolongados, sistematicamente inquirindo o que se passava na cabeça das pessoas. Os pesquisadores se inspiraram em trabalhos de W. I. Thomas e Florian Znaniecki sobre como imigrantes poloneses extremamente pobres combinavam o passado camponês com o presente de operários industriais, entrevistando-os intensivamente e levando a sério suas ideias. No início da Segunda Guerra Mundial, a Escola de Chicago procedeu a centenas de estudos dessa natureza, muitos dos quais infelizmente estão esquecidos até hoje nos arquivos.[1]

O livro *The Gold Coast and the Slum* [O Gold Coast e as favelas], de Harvey Warren Zorbaugh, exemplificava bem a maneira como a Escola encarava seu trabalho. O contexto eram as tensões entre ricos e pobres vivendo próximos na zona norte de Chicago; Zorbaugh centrou sua atenção nos pobres que viviam à sombra dos arranha-céus de Chicago, em pensões ou apartamentos apertados. A voz dos entrevistados constitui boa parte do seu texto; eles falam, por exemplo, das casas de penhor a que precisam recorrer para chegar ao fim do mês e do que uma família pobre pode empenhar. Zorbaugh ouve com atenção. Em comparação com Engels um século antes, ele é um *flâneur* muito mais sistemático, trabalhando de rua em rua, falando da questão dos penhores em cada uma delas. E também se revela uma presença mais neutra que Engels até o fim do livro: só então investe contra os políticos e instituições locais por abandonarem os pobres.[2]

Comunidade — Os urbanistas de Chicago eram exímios analistas da comunidade, mas se mostravam ambivalentes a seu respeito. Um dos motivos de não se sentirem à vontade está na história do conceito de "comunidade". A ideia remonta a Thomas Hobbes no século XVII. Até hoje conhecido por se referir à existência humana no estado natural como uma "guerra de todos contra todos" (*bellum omnium contra omnes*), ele não parece um padrinho muito óbvio das celebrações da comunidade. Mas observando o comportamento das crianças na aristocrática família Cavendish, para a qual trabalhava como tutor, ele concluiu que seus pupilos tinham um forte desejo de "concórdia", sentindo prazer na companhia um dos outros mesmo quando discutiam ou brigavam. A este prazer ele comparava a condição de "união", vínculo político mais sereno e contratual que continha a violência.

O contraste entre o impulso sociável da concórdia e a necessidade política de união estabelecido por Hobbes influenciou diretamente o sociólogo novecentista Ferdinand Tönnies; ele explicou essa distinção como uma distinção entre *Gemeinschaft* e *Gesellschaft*, em geral traduzida para o inglês como a diferença entre "comunidade" e "sociedade". Uma se refere aos encontros personalizados frente a frente, a outra, aos acertos impessoais e instrumentais. A expressão "vizinhança" transmite o sentimento contido em *Gemeinschaft*: amistoso ou hostil nas relações cotidianas com pessoas que não fazem parte da família imediata. Na sociedade, na *Gesellschaft*, as pessoas vestem a máscara de Simmel. Mostram-se distantes, blasés. Essa divisão tem forte carga política. Tal como entendida por Tönnies, a boa vizinhança nada tem a ver com "concórdia" no trabalho — o que não era propriamente uma boa notícia para os organizadores do trabalho — nem com a sociabilidade em espaços públicos impessoais, o que seria deprimente para um criador de parques como Olmsted. Tönnies fez a *cité* encolher: a vida é local.

Os homens da Escola de Chicago não gostavam dessa formulação por dois motivos. O primeiro era que Tönnies colocava a comunidade e o trabalho em caixas separadas; considerava que o mundo do trabalho encarnava tudo que era frio e sem sentimento no capitalismo moderno, e que só ao sair pelo portão da fábrica ou a porta do escritório as pessoas de fato ficavam vivas emocionalmente. Mas nossos urbanistas de Chicago constataram que a concórdia com os vizinhos muitas vezes se revelava mais precária que com os colegas de trabalho nas fábricas e abatedouros onde os homens trabalhavam. Em virtude dessa solidariedade, W. I. Thomas sustentava que a política de esquerda devia centrar-se na organização do trabalho, e não da comunidade. Thomas acabou se afastando da cidade de Chicago na década de 1920 precisamente por causa dessa política orientada para a cidade, e também por ter sido um dos primeiros pesquisadores das normas sexuais sociais nos Estados Unidos; refugiou-se na New School for Social Research em Nova York, onde seu trabalho prosseguiu na esteira de colegas de Chicago como Park, que tentaram protegê-lo sem conseguir.[3]

O segundo motivo da dificuldade de Tönnies com Chicago era o gênero. Ele encarava sem qualquer reserva a *Gemeinschaft* como um espaço feminino e a *Gesellschaft* como um espaço masculino — um dos motivos pelos quais Hitler se sentiu atraído por suas ideias. *Kinder, Küche* e *Kirche* (crianças, cozinha e igreja) era a trinca que, tanto para o sociólogo quanto para o ditador, estabelecia a comunidade como o universo da mulher. É verdade que Tönnies apenas espelhava os valores da sua época. Até em cidades como a Manchester de Engels, onde ambos os sexos do proletariado industrial tinham de trabalhar, a aspiração era que as mulheres pudessem parar, se as circunstâncias da família melhorassem. Da mesma maneira, como pude constatar num estudo sobre famílias na Chicago do século XIX, o primeiro sinal de mobilidade ascendente no proletariado era a desvinculação feminina do trabalho remunerado.[4]

Os homens da Escola de Chicago divergiam das convicções de Tönnies principalmente porque a Grande Depressão tinha reorientado as atitudes. Uma década antes de a Segunda Guerra Mundial levar grande quantidade de mulheres a trabalhar nas fábricas de guerra em Chicago, a Depressão tinha mudado a paisagem no mundo do trabalho. Os empregos industriais ocupados por homens corriam maior risco que os empregos femininos no setor de serviços: enfermeiras, garçonetes, datilógrafas, cuidadoras de crianças e professoras da escola primária. Charlotte Towle, a assistente social da Escola de Chicago, constatou que as mulheres que tentavam manter seus homens desempregados ou subempregados longe da bebida durante a Grande Depressão naturalmente enveredaram por uma crítica da pauperização capitalista — embora não usassem esses termos. Se Tönnies fez o horizonte ético da *cité* encolher ao tratá-lo em termos de gênero, os pesquisadores de Chicago constataram que as mulheres por eles observadas na Grande Depressão aumentavam seu nível de consciência.[5]

Fosse por motivos de trabalho ou gênero, os estudiosos de Chicago resistiram à romantização, evidente no pensamento de Tönnies, do local de trabalho como refúgio da sociedade, como se a vizinhança fosse uma ilha tropical num mar gelado. E, no entanto, como pesquisadores, voltavam sua atenção para comunidades locais. Por quê?

A Escola, influenciada pela ênfase de John Dewey no conhecimento baseado na experiência, criou um método a partir do relato da experiência pessoal: ficava para trás o narrador onisciente de Balzac, dizendo ao leitor como são as coisas, independentemente do que pensem seus personagens. Na década de 1920 e na de 1930, os antropólogos, liderados em especial por Claude Lévi-Strauss, exploraram a narrativa da experiência pessoal como forma de pensar a sociedade. Isso pôs em xeque a tendência das ciências sociais a tratar as histórias que cada um conta sobre a própria vida como relato cego, narrativa inocente carecendo de interpretação por parte de um cientista social especializado. O método da Escola consistia em focalizar primeiro experiências concretas e aparentemente insignificantes, e continuar seguindo a trilha à medida que a interpretação se expandia. Quando as pessoas tinham dificuldade de entender uma situação, o pesquisador aceitava que assim era objetivamente, e não decorrência da má consciência ou da falta de visão do objeto de estudo. Mas os estudiosos de Chicago tinham dificuldade quando se tratava de relacionar o que ouviam com sua própria política.

A indignação autoral explode no fim do estudo de Zorbaugh sobre a vida dos moradores da favela; ela indicava que a Escola não considerava seu papel como totalmente passivo. Os urbanistas de Chicago se afligiam quanto à maneira de se relacionar com seus objetos de estudo por este simples motivo. Embora os entrevistados fossem maltratados pelo mundo, as deduções interpretativas a partir dessas experiências muitas vezes eram menos ideológicas que a política progressiva dos entrevistadores. Certos membros da Escola (entre eles minha mãe) tentaram organizar células comunistas entre mulheres afro-americanas que tinham migrado do sul rural para Chicago, achando que por serem economicamente oprimidas estavam maduras para a organização. Robert Park, Charlotte Towle, Louis Wirth e outros veteranos da Escola de Chicago temiam essa evolução da erudição acadêmica para a política, preocupados com a eventualidade de que descaracterizasse a pesquisa. Mas esse receio não decorria apenas de uma prudência engravatada; o pesquisador de campo corria o risco de transformar os pobres numa das duas figuras caricaturais do desenho animado, a vítima miserável ou o rebelde heroico. Desde o início, antes da Primeira Guerra Mundial, Znaniecki sustentava que o pesquisador devia tentar entender de que maneira os oprimidos sobrevivem ao trauma, em vez de dar como favas contadas o fato de que a sociedade é traumatizante.

Se a relação profissional da Escola com a política era problemática, o legado de Chicago está no modo como adensou o significado de duas palavras: "experiência" e "local". Eles consideravam o operário siderúrgico como perfeitamente capaz de analisar sua própria experiência. Mostraram que, nessa busca do autoconhecimento, a localidade em que viviam não induzia uma mentalidade de ilhéu. Eram estas as convicções éticas da Escola.

Com sua ênfase no conhecimento complexo, os urbanistas de Chicago pareciam ter abarcado a cidade como um todo, suas formas físicas e sua população. Mas não foi o caso. Seu trabalho enfatizava a *cité*, mas negligenciava a *ville*. Eles imaginavam a forma da cidade em termos bidimensionais primitivos, sequer chegando a pensar as formas construídas tridimensionais. Para a Escola de Chicago, a palavra era mais importante que o olho.

Por exemplo, Park e seu colega Ernest Burgess criaram uma peculiar imagem bidimensional da cidade. Usaram um alvo de mira para traçar um mapa da cidade, separando riqueza, etnia e raça ou funções como bairros centrais de negócios, áreas fabris e zonas residenciais em faixas diferentes. O motivo do alvo de mira era sua convicção de que as diferenças sociais e econômicas se irradiam em faixas concêntricas a partir de um núcleo.

A imagem era equivocada. O círculo é uma forma constrita e minimalista, ao passo que, em termos de diferenças, as grandes cidades são constituídas de bolhas e romboides de formas estranhas que, juntos, compõem uma colagem de pobreza e riqueza, funções ou grupos sociais.

O procedimento Park-Burgess contrasta com o traçado de mapas que Charles Booth empreendera décadas antes em áreas pobres da parte oriental de Londres. Booth trabalhava de baixo para cima: rua a rua, casa por casa, ele mapeava a riqueza dos moradores, mostrando como um mapa de economia política pode ser complicado, sem configurar círculos simples, mas uma colagem. Mas Booth então se perguntou: seria tudo isto pura e simplesmente uma desordem? Caso contrário, como interagem os elementos dessa imagem complexa? A colagem de Booth convida à especulação sobre a imagem, o que não faz o círculo de Park-Burgess. Booth é reflexivo, mais que simbólico.

Dois dos três tipos de malha imaginados pela geração fundadora de urbanistas — a cruz ortogonal e os quarteirões constitutivos — eram tão redutores quanto o alvo de mira. A geração imediatamente posterior começou a questionar essa simplicidade e a transformar a malha. Pela altura de 1900, os planejadores tentaram reequilibrar o peso desigual entre a rua e o bulevar, para diversificar na Margem Esquerda de Paris, por exemplo, o fluxo do trânsito de carruagens ao longo do Bulevar St-Germain, nele acomodando maior tráfego de pedestres. Em Barcelona, os planejadores começaram a se empenhar na transformação das fachadas dos quarteirões perimetrais, que já se estendiam pela cidade, temendo a monotonia da forma cerdiana original.

Os urbanistas de Chicago, por outro lado, não se preocuparam muito em saber como, quando e onde o alvo de mira viria a se transformar numa bolha. Sua "teoria das zonas concêntricas" constringia forma e função, supondo que cada lugar da cidade tivesse um uso específico — habitação, indústria, comércio ou cultura. A estrita divisão do trabalho encontrada nas fábricas de automóveis de Henry Ford também lhes parecia caracterizar o espaço urbano. Essa visão mecanicista da *ville* era cultivada por homens e mulheres que nada tinham de uma visão mecanicista da *cité*.

A falta de interesse da Escola de Chicago pela forma construída e tridimensional é surpreendente. Nas primeiras décadas do século XX, Chicago transformou-se na capital mundial da arquitetura moderna; era a cidade de Louis Sullivan e Frank Lloyd Wright, assim como de Daniel Burnham, herdeiro da obra de Frederick Law Olmsted como paisagista. O Plano de Chicago traçado por Burnham em 1909 orientou os dirigentes da cidade a preservar os espaços abertos no gigantesco lago existente nos seus limites. No sentido inverso da preocupação de Haussmann com as fachadas, os arquitetos da Chicago do fim do século XIX se empenhavam em ligar o interior ao exterior. Todos esses eram motivos para notar o ambiente construído, mas a Escola de Chicago não notou; não foi capaz de ver os prédios como elemento relevante das suas investigações, nem de vincular seu rico senso da *cité* a uma paralela complexidade da *ville*. "A cidade não é apenas um mecanismo físico e uma construção artificial", escreveu Park. "Ela está envolvida no processo vital das pessoas que a formam; é um produto da natureza, e particularmente da natureza humana." A palavra "apenas" é reveladora nesse manifesto humanitário. Uma cidade, diz o lugar-comum, é a sua gente.[6]

A separação entre pessoas e lugares acabou se infiltrando na política da Escola de Chicago. Louis Wirth, seu integrante de orientação mais teórica, no ensaio "Urbanism as a Way of Life" [O urbanismo como modo de vida], escreveu que uma cidade é "uma mistura de povos e culturas, de modos de vida altamente diferenciados, entre os quais muitas vezes existe apenas a mais sucinta comunicação, a maior indiferença e a mais ampla tolerância, e eventualmente duros conflitos". A desconexão em relação à cidade física e a indiferença a ela serviam apenas para agravar o problema da desconexão social.[7]

O planejamento e a arquitetura em geral funcionam na base da proposição. Weber invocara o pensamento proposicional no ideal da cidade-Estado dotada de autogoverno, um lugar cujos cidadãos encaram as regras como propostas que podem ser mudadas ou aperfeiçoadas, e não impostas de forma fixa por forças externas. O pensamento proposicional é a versão do planejador para esse tipo de autogoverno. Como deveria ser feita uma escola? Numa oficina ou num estúdio, diferentes propostas são postas na mesa, analisadas, debatidas e escolhidas. Forças externas podem pôr a perder o resultado, mas o processo é intrinsecamente um exercício prático, que lida com a realidade existente pensando em maneiras de mudá-la.

A política da Escola de Chicago não levava a um pensamento proposicional desse tipo prático. Ao privilegiar a análise verbal, era como se eles tivessem amarrado uma das mãos nas costas: não podiam trabalhar em propostas concretas de lugares nos quais a "comunicação" fosse fortalecida, a "indiferença" fosse combatida, para usar os termos de Wirth; a política se tornava desencarnada. Eles não tinham a menor ideia de como poderia ser concebida uma boa escola, pois não tinham interesse na concepção.

Paris — A indiferença de Chicago pela cidade construída simbolizava metade do problema do casamento entre fazer e habitar. O outro parceiro mostrava igual indiferença, desvinculando *ville* e *cité*.

O símbolo desse desinteresse aparentemente absurdo pelo morar manifestou-se, na geração de Park, numa proposta do jovem Le Corbusier para transformar parte de Paris. Em 1925, ele publicou um plano de reforma do centro de Paris, propondo a completa destruição do bairro medieval do Marais. Uma vez arrasados os quarteirões, Le Corbusier propunha a construção de torres em forma de X num tabuleiro de xadrez, cada torre isolada em seu próprio espaço.

Na época, o Marais de fato era um lugar úmido e insalubre, complicada mistura de comerciantes judeus pobres, camponeses recém-chegados do Maciço Central da França e artesãos huguenotes há muito estabelecidos ali; todos eles encontravam abrigo em velhos palacetes renascentistas decadentes como o Hôtel Salé, abandonado por aristocratas que atravessaram o Sena no início do século XVIII para se instalar no atual 7º *arrondissement*. A vida nas ruínas era complicada; os camponeses não se davam bem com os judeus e protestantes estabelecidos há mais tempo, nem estes uns com os outros — e todos tinham de compartilhar instalações superlotadas e fétidas. Como no caso das pestes que deram origem à malha cerdiana, o Plan Voisin enfrentava esses problemas de saúde pública providenciando luz e ar ao redor de cada torre.

Ao contrário do que acontecia no plano original de Cerdà, os espaços de habitação e trabalho ficariam inteiramente acima do nível do solo, onde as ruas e rodovias seriam ocupadas por carros velozes e trens; as pessoas não caminhariam pelas ruas. Le Corbusier deu ao Plan Voisin o nome de um fabricante de aviões, André Voisin, admirado pelo arquiteto por seu arrojo tecnológico e que tinha desenhado para ele um automóvel aerodinâmico. Todas as torres dessa *hommage* têm a mesma altura, e poderiam ser repetidas infindavelmente, abarcando o Marais, toda a Margem Direita, ou melhor ainda, pensava Le Corbusier, toda Paris. Em matéria de malha constitutiva, impossível superar.

Em princípio, o Plan Voisin parece uma solução brilhante para o clássico problema urbanístico de levar luz e ar aos conjuntos habitacionais de massa. A torre em forma de X aparentemente é mais eficaz para a circulação de ar que o quarteirão perimetral, no qual o ar pode ficar preso no pátio interno. Le Corbusier sabia que, para que suas torres funcionassem, as janelas teriam de ser abertas para entrada e saída do ar, mas uma janela aberta num décimo andar é perigosa. Como fica evidente nos esboços, a exata concepção da janela aberta como um detalhe importante mereceu toda a sua atenção; a torre fechada dotada de ar-condicionado fazia sua primeira aparição, mas isto não pareceu interessante ao arquiteto; ele foi pioneiro na tecnologia de "construção passiva".

O arrojo do Plan Voisin repousa em grande medida nos materiais das torres, pois seriam construídas com concreto, utilizado como nunca antes. O concreto é basicamente um composto de pedra esmagada e pulverizada, acrescido de aglutinante de cimento à base de cal; acrescente-se água, e a mistura pode ser vertida em qualquer molde, em seguida endurecendo. Os romanos usavam cinza vulcânica e pozolana no seu cimento, o que contribuía para o endurecimento. Eles eram artesãos geniais; de aquedutos a templos, suas estruturas eram tão sólidas que muitas ainda não racharam. A arte romana da construção morreu na Idade Média, particularmente a capacidade de produzir um bom aglutinante à base de cal. No século XVII, retomada a utilização do concreto, lascas e rachaduras voltaram a preocupar. Era mais seguro erguer construções baixas de concreto do que as vigas e alicerces das torres, que continuavam sendo feitas com pedra cimentada (sendo o cimento menos resistente que o verdadeiro concreto romano).

A eventual solução do problema foi dupla: maior conhecimento químico da cal e introdução da barra de reforço, uma verga de aço no interior do concreto. No século XIX, o engenheiro François Coignet experimentou o reforço do concreto com uma barra, e seu compatriota Joseph Monier a patenteou em 1877. Cinquenta anos mais tarde, contudo, ainda não se sabia que peso uma fina coluna vertical de concreto reforçado seria capaz de suportar. O Prédio Woolworth de Nova York, construído por Cass Gilbert em 1913, com altura de 244 metros, é uma torre de engenharia cautelosa, erguida piso após piso com grande quantidade de estacas de sustentação. O Plan Voisin de Le Corbusier pretendia descartar a maior quantidade possível de estacas, apresentando-se cada piso como um espaço flutuando desimpedido no céu, e o concreto armado tanto das vigas quanto dos alicerces estirado aos seus limites estruturais.

Mas seria de desejar que Le Corbusier também tivesse mobilizado seu senso do ambiente ao redor. Ele fez uso extremado da perspectiva para desenhar as torres; a perspectiva do projeto é a de alguém que estivesse descendo de avião até o solo, de uma altura de cerca de 1.000 metros. Embora seja uma convenção arquitetônica olhar de cima para baixo um grande objeto construído para vê-lo como um todo, Le Corbusier também estirou essa convenção até seus limites, posicionando aquele que vê tão alto no céu que é impossível ver muitos detalhes dos seus prédios; o que se nota mais é a repetição mecânica dos Xs, formando uma floresta de torres.

Curiosamente, o Plan Voisin esclarece um aspecto da "modernidade líquida": o apagar do passado. Le Corbusier imaginou o novo *quartier* de concreto neutro ou pintado de branco. A cor se destinava a confrontar as maneiras como o tempo em geral se revela nos materiais físicos. As fachadas de prédios antigos e as pedras gastas do calçamento informam que o ambiente físico foi usado; habitar marca a forma. Le Corbusier gostava da ideia do concreto pintado de branco porque ele não manda essa mensagem; os prédios sempre poderão ser reformados e ter a aparência de novos, como se nunca tivessem sido habitados. Há uma certa lógica sedutora nesse tipo de emprego dos materiais: para levar sua própria vida, você precisa romper com o passado. Se as marcas do tempo nos materiais evocam lembranças, hábitos e crenças do passado, seria necessário apagá-las para viver no presente; seria necessário pintar a *ville* de branco. Branco quer dizer Novo; Branco quer dizer Agora.

Manifesto — A essa altura de sua carreira, Le Corbusier detestava a desordem da *cité*, aversão que ele concentrava na rua. Em 1929, ele declarou: "A rua nos esgota. E no fim das contas, temos de reconhecer que nos causa repulsa." Alguns anos depois do Plan Voisin, o acólito de Le Corbusier, o urbanista Sigfried Giedion, declarou: "A primeira coisa a fazer é abolir a *rue corridor*, com suas linhas rígidas de prédios e a mistura de tráfego, pedestres e casas." Ambos invectivavam o bulevar haussmanniano, tal como viera a evoluir. Foi por essa época que Le Corbusier cunhou a frase "A casa é uma máquina de morar"; ele tentava desenvolver a maneira mais eficiente de se morar e em seguida construí-la. Não importava muito que o "Novo do Agora" exigisse tanta destruição da experiência vivida: "o principal objetivo é o manifesto", declarou ele a respeito do seu Plano.[8]

Como manifesto, o Plan Voisin nega a *cité* em nome da *ville*. A liberadora ausência da *cité* foi consumada para Le Corbusier numa viagem a Nova York em 1935, celebrada no livro *Quando as catedrais eram brancas*. Os hábitos e costumes dos moradores de Nova York não tinham grande interesse; afinal, eram americanos. Ele olhou ao seu redor, mas praticamente não falou com ninguém. Mas a grelha constitutiva de Nova York parecia concretizar as intenções do Plan Voisin, a que agora ele se referia como um espaço "cartesiano": "As ruas se cruzam em ângulo reto e a mente é liberada."[9]

Em termos do urbanismo passado, o Plano divorcia a cidade funcional de todos os estímulos abarcados na expressão "teatralidade" — a excitação dos bulevares de Haussmann ou dos parques de Olmsted. Simmel afirmava que o comportamento funcional, racional e blasé protege do drama das ruas. Le Corbusier criou uma arquitetura que de fato podia proceder a esse trabalho de dessensibilização, uma arquitetura blasée, na qual o mecânico era "liberado" do visceral.

Mas Le Corbusier na verdade era uma pessoa mais complexa do que parece sugerir seu manifesto contra a *cité* pulsante. Atraído pelo comunismo de estilo russo, do qual haveria de se desiludir, ele procurou desenvolver uma versão mais social-democrata do Plan Voisin, e na década de 1930 cercou-se com este objetivo de um grupo de colegas. Mas o fato é que todos eles permaneceram cativos da essência do Plano: que uma cidade pudesse funcionar como uma máquina eficiente — que fosse possível endireitar o madeiro torto da *cité*. O trabalho desse grupo culminaria naquele que é talvez o mais influente documento de planejamento da época, a Carta de Atenas.

II. A ruptura se aprofunda — a Carta de Atenas

Em julho de 1933, membros desse grupo, o CIAM (Congrès Internationaux d'Architecture Moderne), montaram em Atenas uma exposição de ideias de planejamento desenvolvidas no estudo de trinta e três cidades do mundo e agrupadas em torno de quatro funções: vida, trabalho, recreação e circulação. O objetivo era criar uma síntese funcional. As principais figuras do CIAM então empreenderam um cruzeiro pelo Mediterrâneo, a bordo do *SS Patris*, para desenvolver os princípios de concepção de uma cidade assim.

O mar estava calmo; mas a massa territorial europeia, certamente não. Walter Gropius, o visionário arquiteto de fábricas e escolas, fundador da Bauhaus, uma importante escola de design, foi expulso pelos nazistas em 1933, assim como o arquiteto-historiador Sigfried Giedion. Le Corbusier, a essa altura o arquiteto mais destacado da Europa, lutava com suas simpatias radicais, desmoralizadas pela realidade da União Soviética de Stalin.

Eles embarcaram num navio porque queriam trabalhar juntos intensivamente, considerando que a concepção de cidades devia ser um projeto coletivo combinando diferentes tipos de especialização: o design gráfico, por exemplo, era para eles tão importante quanto as maquetes tridimensionais. Queriam racionalizar a cidade para que cada uma das quatro funções tivesse seu espaço próprio ou um prédio a ela associado. A forma devia representar literalmente a função; ou seja, olhando para uma estrutura, qualquer um devia ser capaz de entender imediatamente por que estava ali, e, tomando as estruturas como um todo, de que maneira a cidade funcionava. Foi este o tema mais amplamente desenvolvido por Le Corbusier em seu livro *A cidade radiante*. Ele e seus acólitos partiam do princípio — ainda que não explicitamente, pois se tratava de sofisticados homens do mundo, provavelmente todos versados em Nietzsche — de que simplificar a cidade assim contribuiria para torná-la melhor.[10]

O CIAM acreditava na evidência de um conjunto de ferramentas que o urbanista pode usar, desde que a forma de fato siga a função. Em termos habitacionais, a Carta segue o modelo estabelecido por Le Corbusier no Plan Voisin: "prédios de apartamentos altos separados por grandes distâncias liberam o solo para amplos espaços abertos". A recreação é concebida de maneira formal, e não informal: "os novos espaços abertos devem ser usados para finalidades bem definidas [como] clubes de jovens", em vez de simplesmente frequentados informalmente. Em termos de trabalho, a Carta enfatiza a diminuição "da distância entre locais de trabalho e moradia [...] a um mínimo", e não o tipo ou a qualidade do trabalho. A Carta prognostica a destruição do bulevar misto e a construção das autoestradas de finalidade única amplamente usadas hoje em dia, recomendando que "pistas de pedestres e pistas de automóveis sigam caminhos diferentes", sendo "as pistas de tráfego pesado isoladas por cinturões verdes".[11]

Muitas das diretrizes da Carta para uma cidade funcional, como a redução do tempo de deslocamento, não passam de uma questão de bom senso. Embora o modernismo do concreto branco de Le Corbusier seja inimigo dos prédios sujos gastos pela história — vale dizer, pela experiência humana —, certamente é correto que uma cidade não pode ser um museu da forma, cultivando-se a conservação histórica por si mesma. Mas o grande problema da Carta é a divisão entre suas boas ideias visuais e a pobreza de sua imaginação social, uma ruptura prefigurada no Plan Voisin. Ainda que a maioria dos excursionistas daquele navio tivesse fugido de regimes totalitários, a bordo havia sucumbido — ao celebrar a cidade funcional — a uma forma brutalmente simplificada de experiência.

Hoje, essa simplificação brutal se manifesta de maneira mais dramática em Brasília, a capital do Brasil, planejada com a colaboração de Lúcio Costa no fim da década de 1950. Pupilo de Le Corbusier, Costa aplicou os princípios da forma — clareza funcional para uma cidade de finalidade política; assim, cada forma devia representar determinada parte do processo político. Logo ficou claro que a forma dos prédios de Brasília pouco contribuía para promover a democracia por trás de suas paredes. Além disso, uma cidade mais ampla quase imediatamente começou a crescer ao redor da cidade planejada — uma cidade de gente pobre que gradualmente criava um lugar social e economicamente intenso, embora caótico. Diante dessa realidade, Costa aferrou-se aos ideais genéricos da Carta: "existe, já perfeitamente desenvolvido em seus elementos fundamentais [...], todo um novo tipo de conhecimento da construção, paradoxalmente ainda à espera da sociedade à qual deveria logicamente pertencer". A frase é puro Plan Voisin, ao afirmar que a moderna *cité* não foi capaz de acompanhar a *ville* modernizadora.[12]

Desde a época do antigo planejador urbano Hipódamo, admirado por Aristóteles, um certo tipo de planejamento urbano ignorava o terreno natural, mapeando a cidade como se não houvesse no caminho colinas, rios e bosques. Na construção de Chicago, por exemplo, os planejadores iniciais consideraram os ventos gelados que sopravam no Lago Michigan irrelevantes no estabelecimento da grelha geométrica da cidade, embora um planejamento menos implacável pudesse adotar ruas curvas e tortuosas como forma de proteção contra o frio.

O mesmo no caso do CIAM: eles buscavam planos genéricos para *a* cidade funcional. As propostas que desenvolveram a bordo não refletiam a diversidade de fato existente nos planos e formas construídas das trinta e três cidades levadas em conta em terra em Atenas. Na verdade, eles sustentavam que o urbanista não devia se preocupar com as características divergentes então prevalecentes em Paris, Istambul ou Pequim. A Carta é particularmente modernista ao declarar que "a reutilização de estilos de construção do passado em novas estruturas em áreas históricas, a pretexto estético, tem consequências desastrosas. A persistência ou introdução de tais hábitos, seja da forma que for, não deve ser tolerada". Com isto, eles pretendiam chocar as sensibilidades mais delicadas e românticas: no futuro, Paris, Istambul e Pequim deviam se assemelhar cada vez mais, convergindo na forma. E de fato é o que acontece nessas cidades hoje. A Carta se revelou profética.[13]

Depois que a embarcação da Carta atracou, como acontece após cruzeiros, os amigos que estavam a bordo tomaram cada um o seu caminho. Josep Lluís Sert enfatizou os aspectos pragmáticos da Carta em seu livro *Can our Cities Survive* [Poderão nossas cidades sobreviver?]. Arquitetos mais jovens que haviam sofrido a influência de Le Corbusier se distanciaram do seu formalismo; foi o caso do arquiteto holandês Aldo van Eyck na década de 1940, quando projetou uma série de maravilhosos parques para Amsterdã, focando no caráter e no contexto locais. Como costuma acontecer com outros artistas que não se esgotam tentando se explicar, no fim da vida o artista em Le Corbusier transcendeu o autor de manifestos. Como exemplo, temos a cidade indiana de Chandigarh, o grande ensaio urbano tardio de Le Corbusier na década de 1950: lá, a atenção do projetista aos pequenos detalhes, às vistas inesperadas e aos movimentos erráticos entre espaços complexos gerou um lugar, mais que uma máquina de viver. Outras criações tardias de Le Corbusier, como a igreja de Ronchamp, são estruturas ainda mais impressionantes que desafiam qualquer descrição fácil e funcionalista da sua forma.[14]

Mas foram as convicções do primeiro Le Corbusier, carentes de experiência, que vieram a impregnar o urbanismo cotidiano. A Carta serviu de guia de planejamento ao longo do século XX: tanto ela quanto o Plan Voisin influenciaram grandes projetos habitacionais, das Robert Taylor Homes na Chicago do pós-guerra à massa de torres de Xangai hoje; a destruição da vida de rua ao ar livre por parte de Le Corbusier prefigura o shopping center fechado. O Plano e a Carta presidem uma versão da "cidade inteligente", na qual a alta tecnologia tenta reduzir as confusões inerentes à vida num lugar complexo.

As consequências redutoras da funcionalidade ficaram evidentes numa conferência realizada na Universidade de Harvard em 1956, na qual muitos sobreviventes daquele cruzeiro transmitiram a ética funcionalista a uma geração americana mais jovem de engenheiros, arquitetos e homens do poder. Emigrado do fascismo, Josep Lluís Sert tornara-se agora diretor da faculdade de arquitetura de Harvard; Sigfried Giedion também ensinava lá; Le Corbusier, embora não estivesse presente, viria alguns anos depois a construir o maior prédio moderno da universidade, o Centro Carpenter de Artes Visuais. Os cartistas conviviam com americanos mais jovens como Victor Gruen, o pai do shopping center; Edmund Bacon, o guru do planejamento em Boston; figuras políticas como David L. Lawrence, que praticava em Pittsburgh projetos de desenvolvimento com base na construção sobre terreno arrasado. As boas intenções liberais davam o tom; era o século americano no seu auge, com todo o idealismo, a confiança e o pragmatismo do fazer típicos do Novo Mundo.

Na conferência, o urbanismo foi resumido em termos expressos por Dean Sert, "aquela forma de planejamento urbano que trata da forma física da cidade", retrospectivamente reformulados pelo urbanista Alex Krieger como "a mediação entre planos e projetos". Desse modo, o funcionalismo era reduzido a um profissionalismo — "trocas interdisciplinares" — envolvendo pessoas que falassem uma língua própria. Com a bênção de Harvard, a mediação e a combinação de disciplinas técnicas que se transformaram no urbanismo oficial centravam-se em fazer a *ville* funcionar como um problema voltado sobre si mesmo.[15, 16]

Duas vozes se levantaram contra a tendência prevalecente. Jane Jacobs, na época uma jovem colaboradora de revistas de arquitetura, compareceu ao evento e achou os dignitários presentes deprimentes em sua excessiva autoconfiança. Lewis Mumford foi o humanista da conferência, um grande historiador de cidades e um progressista militante. Declarou alto e bom som "a absoluta loucura de criar uma estrutura física ao preço de destruir a estrutura social íntima da vida de uma comunidade", que era na verdade o que os empreiteiros Gruen, Bacon e Lawrence estavam fazendo com todo empenho.[17]

Mumford e Jacobs buscaram uma alternativa ao urbanismo oficial, uma alternativa que incorporasse as complexidades vividas de uma cidade a sua forma construída. Mas poucos anos depois do encontro de Harvard, Mumford e Jacobs se indispuseram quanto à maneira de alcançar essa meta.

III. Como então abrir a cidade? — Lewis Mumford contesta Jane Jacobs

Jane Jacobs ficou famosa como militante de uma campanha contra Robert Moses, o ditatorial planejador de boa parte de Nova York no século XX, que queria transformar a Quinta Avenida numa autopista atravessando uma das mais queridas praças da cidade, a Washington Square. Ela convenceu a opinião pública de que era uma proposta criminosa, e os políticos da cidade acabaram cedendo. Um grande livro viria então explicar por que ela se mostrara tão convincente. Em *Morte e vida de grandes cidades* (1961), ela sustentava uma argumentação contra a concepção da cidade como um sistema puramente funcional; afirmava que os grandes planos-mestres inevitavelmente sufocam a comunidade; falava em defesa das vizinhanças mistas, da vida informal nas ruas e do controle local. Seus livros — e ela escreveu muitos outros, tomando rumos filosóficos no fim da vida — a situavam nitidamente na tradição etnográfica da Escola de Chicago. Em obras posteriores, ela se mostrou interessada nas complexas maneiras como as vizinhanças reagem umas às outras, o que dizem e o que não dizem. Como os membros da Escola de Chicago, viria a simpatizar com os motivos de cada um para não se envolver em política, embora nunca desistisse de estimular esse envolvimento. Ela se tornou uma heroína da minha geração.

E também colocou Lewis Mumford contra a parede. Ele a criticou em nome do socialismo, afirmando que para combater o poderio capitalista verticalizado é necessário opor-lhe uma equivalente força arrebatadora. Além disso, Mumford considerava que, para lutar, é preciso ver como seria uma visão alternativa da cidade, uma imagem que mostre por que se está lutando. Ele acreditava no planejamento. Embora Jacobs e Mumford fossem politicamente de esquerda, Mumford tendia para o socialismo fabiano, que enfatizava a normatividade na vida pública, ao passo que Jacobs era uma inconformista de fortes inclinações anarquistas. O debate entre os dois dizia respeito ao relativo equilíbrio entre o construído e o vivido, a *ville* e a *cité*. Mumford atribuía ao urbanista como planejador central muito maior virtude política que Jacobs.

Jane Jacobs encarnava a sua ideia de urbanismo, pelo menos tal como a conheci. (Apresentado por nosso editor comum, Jason Epstein, eu a encontrava eventualmente no período em que ela viveu em Nova York; curiosamente, nós tivemos mais encontros depois que ela se mudou para Toronto.) Em Nova York, eu a via quando ela soltava o verbo na White Horse Tavern em Greenwich Village, um antro boêmio das décadas de 1950 e 1960, sem o viés turístico de hoje. Era na época um lugar barulhento e enfumaçado com uma clientela mista de artistas, estivadores, trabalhadores da indústria da carne, gays e enfermeiras de um hospital próximo; a comida mal poderia ser considerada comestível, mas o clima social era atraente. Ali, Jacobs se pronunciava sobre arquitetos dos quais eu nunca tinha ouvido falar ou esmiuçava fofocas devastadoras sobre políticos locais, especialmente os chapinhas de Moses. Mas ao contrário do típico nova-iorquino perenemente autocentrado, ela era atenta e curiosa sobre os outros, querendo saber quem eram e o que faziam — fosse nesse bar ou nas várias cafeterias que percorria semanalmente. Os escritos de Jacobs deixam transparecer a mesma curiosidade pelo que os outros fazem demonstrada no contato pessoal; em suas páginas, triviais incidentes comunitários, ciumeiras mesquinhas de comerciantes ou a atenta observação de estranhos — o que ela chamava de "olhos na rua" — animam a vida da comunidade. Neste sentido, ela era uma herdeira direta da Escola de Chicago: seu objetivo era abrir a cidade, de baixo para cima.

Lewis Mumford (que eu conhecia melhor na época) não era um urbanita tranquilo e movido pela curiosidade; na verdade, considerando nossa cidade excessivamente corrupta do ponto de vista político e fisicamente decadente, fugira de Nova York para se estabelecer em Amenia, pequena cidade do norte do estado. Amargurado com Nova York, Mumford também se deixou consumir pela convicção de que não tivera o reconhecimento merecido, embora na década de 1950 fosse de fato um escritor famoso. Jane Jacobs era sua *bête noire* particular; para começar, ele tentou impedir a publicação do seu livro, depois publicou a respeito uma resenha condescendente na revista *New Yorker*, intitulada "Os remédios caseiros de mamãe Jacobs". Seu veneno era autodestrutivo, indispondo na época a maioria dos leitores, que em consequência não avaliavam seus pontos de vista pelos próprios méritos.

Por mais que Mumford não me agradasse pessoalmente (e era recíproco), ele merece ser ouvido hoje porque tentou abrir a cidade fazendo a *ville* de acordo com um plano socialista específico. Seu ideal era a "cidade-jardim" que seus mentores haviam construído na Grã-Bretanha, nos Estados Unidos e na Escandinávia; o objetivo era que fossem lugares onde a natureza e a construção coexistissem num bem concebido equilíbrio, como aconteceria no equilíbrio entre casa, fábrica, escola e loja; as cidades-jardim resolveriam a ruptura entre *ville* e *cité*, proporcionando boa vida a todos.

Jacobs — Certos observadores consideram que a ênfase de Jane Jacobs nas trocas casuais e informais da rua, ou em processos não regulamentados de desenvolvimento urbano, são exemplos de modernidade líquida. Em absoluto. Ela preconiza relações informais de crescimento lento; trata-se de rituais de vizinhança que se desenvolvem na conversa da lavanderia ou levando e trazendo os filhos da escola entra ano, sai ano. De maneira mais genérica, o tempo lento molda a forma como ela pensa a economia política. O que chama de "dinheiro cataclísmico" é o tipo de investimento feito por especuladores e empreiteiros em entendimento com arquitetos e planejadores como Robert Moses, devastando comunidades inteiras com grandes e súbitos projetos de transformação. Jacobs preconiza, pelo contrário, o "dinheiro gradual", em quantidade modesta, atendendo a necessidades cotidianas modestas: construir um playground, investir em equipamentos de rua ou árvores, um empréstimo para a mercearia local fazer uma reforma. De todas essas maneiras, seu urbanismo rompe com Paris — de Haussmann a Le Corbusier. Ela celebra os caminhos de desenvolvimento irregulares, não lineares, abertos. O tempo lento por sua vez determina um certo tipo de escala urbana. O pequeno é onde o lento acontece.

Como Tönnies, ela parece enfatizar que só as relações cara a cara numa rua, numa comunidade local, podem vincular as pessoas ao lugar onde vivem. Sua vizinhança ideal se cristalizou no West Village boêmio. Não era um lugar "legal", pelo menos na minha experiência. Morei durante algum tempo em cima do Dirty Dick's Foc'sle Bar, estabelecimento próximo do White Horse frequentado por estivadores durante o dia e travestis à noite: os estivadores provocavam os travestis quando os caminhos se cruzavam à noite ou pela manhã. Jimmy, o dono do bar, estava nas mãos da Máfia; pagava propinas a ela e à polícia do West Village, e quando não o fazia era espancado por uma das duas. Fisicamente, na época de Jacobs, o West Village andava decaído, com uma população visível de ratos nas ruas e muitos encanamentos quebrados e calçadas esburacadas — sem que as autoridades fizessem grande coisa a respeito. Não havia nada de romântico nessa precariedade.

Isto Jacobs sabia; ela não era uma romântica apegada ao acolhedor "nós". Mas apesar dos problemas, observou que as pessoas queriam morar no West Village, e se perguntava por que o bairro era atraente. Em certa medida, o *Stadtluft macht frei* se aplicava ao West Village por ser um lugar tolerante com os estranhos. Mas o provérbio também se aplicava a quem não era estranho. Os vizinhos preservavam sua liberdade na medida em que, apesar de se cumprimentarem na rua, de comentarem os preços nas lojas

O DIVÓRCIO ENTRE *CITÉ* E *VILLE*

ou a mais recente arbitrariedade do senhorio, mantinham certa distância, raramente chegando a se conhecer profundamente. Ela considerava bom esse tipo de relação; privilegiava o que poderia ser chamado de boas relações de vizinhança sem intimidade, diferindo do reacionário Tönnies ao propor uma comunidade de "temperatura amena".

Jacobs faz eco à Escola de Chicago ao não dar muita atenção à qualidade do ambiente construído. Dizia que "a cidade não é uma obra de arte", e com certeza os traçados de planejamento urbano do Village baseados em suas ideias parecem sem graça, em particular um bloco de residências muito simples e, para meu gosto, algo deprimentes. Mas para ela não era realmente importante: os moradores se acomodam, gradualmente experimentando e aceitando e se adaptando a essas estruturas em função de seus modos de vida. A forma surge da maneira como as pessoas habitam. Era a sua versão de "a forma é determinada pela função", significando "função", aqui, o conjunto de atividades informais, livres e flexíveis que ocorrem no contato pessoal.

Em termos políticos, Jacobs considerava o local como a escala mais indicada para certo tipo de prática democrática, com base na tradição americana da reunião cívica comunitária. No mundo antigo, Aristóteles considerava que o tamanho ideal de uma cidade seria aquele em que um grito numa extremidade pudesse ser ouvido na outra (o tamanho, então, de uma aldeia, segundo nossos critérios modernos), e que o espaço democrático é aquele em que todos possam ver e ouvir como os outros reagem a um discurso ou debate. A ideia que sobreviveu a essas medidas antigas é o primado da democracia direta, frente a frente no contato pessoal, e não da democracia representativa da delegação, que pode ser praticada em maior escala. Jacobs considerava que a democracia direta podia ser ampliada celularmente, sendo cada célula uma vizinhança em que todos tivessem por assim dizer conhecimento dos outros à distância de um grito. Dentre os três tipos de malha urbana, suas ideias mais se adequavam ao do pátio.[18]

Dessa medida de forma democrática decorre o aspecto mais provocador do seu urbanismo, dizendo respeito à ordem e à desordem. Poderia parecer que o crescimento lento e os rituais cotidianos da boa vizinhança estabilizassem uma comunidade. Mas não para Jacobs. Em *A economia das cidades* (1969), ela explorava o comércio e outras estruturas de troca que permitem o funcionamento de uma cidade complexa: é necessária uma densidade alta, e essa densidade também deve ser diversificada em função da população. Combinando-se os dois elementos, coisas inesperadas podem acontecer; a flecha do tempo já não voa reto. Como escreveu ela em *Morte e vida de grandes cidades*, "se a densidade e a diversidade criam vida, a vida que geram é desordenada". Em certa medida, ela pensava nas relações comerciais, como Aristóteles; muitos concorrentes em convívio haverão de competir, conspirar e prosperar — o que vem a ser a lógica dos atuais "centros de inovação", os *hubs* científicos e tecnológicos da nossa época. Ela também pensava na política, que mais vívida se mostra quando o debate é aberto e acirrado e as coisas acontecem. A cidade precisa funcionar informalmente para que esses benefícios se manifestem; as quatro funções pré-planejadas da Carta de Atenas não dão à cidade essa efervescente capacidade de improvisar e descobrir.[19]

O título por ela escolhido, *Morte e vida de grandes cidades*, tem certas ressonâncias. A psicanálise considera que estas palavras, "morte" e "vida", não são apenas figuras de linguagem. A partir da década de 1920, os escritos de Freud descrevem uma luta entre as forças da vida e da morte, Eros e Tânatos. Na família mítica de Tânatos, tal como imaginada na época clássica, a capacidade de causar a morte pode assumir várias formas. As Queres, as violentas irmãs de Tânatos, presidem ao massacre e à doença. O irmão gêmeo de Tânatos é Hipnos, personificação do sono, que traz a libertação da ansiedade e a suspensão das preocupações do estado de alerta — o deus do sono sem sonho. Ela queria despertar a cidade desse sono.

Outra maneira de dar conta das suas intenções é pensar no West Village, tal como o celebrava, como uma espécie de Media Lab transformado em espaço urbano, o auge do ambiente aberto. E o que se poderia dizer contra ele?

Mumford — Lewis Mumford reagiu a cada um dos postulados do "jacobismo", esperando, pelo contrário, que certas maneiras formais de construir a *ville* pudessem abrir a cidade. A ênfase de Jacobs em processos pequenos e lentos como estratégia política não lhe parecia remédio suficientemente forte para enfrentar os grandes empreiteiros e as construtoras. Greves espontâneas de trabalhadores à margem do controle dos sindicatos — as chamadas "greves selvagens" — são atos de protesto que fazem barulho, mas raramente promovem mudanças duradouras. O mesmo acontece com o urbanismo selvagem. É uma crítica injusta com Jane Jacobs; os protestos a partir da base por ela promovidos impediram Robert Moses de transformar o centro de Nova York numa autopista. Apesar disso, Mumford põe o dedo na ferida no que diz respeito à celebração da desordem no pensamento de Jacobs.

Para ele, Jacobs entra em contradição, pois se mostra obcecada com a criminalidade de rua, especialmente assaltos. Todo mundo tem uma história para contar; eram mesmo muito frequentes os crimes dessa natureza no West Village na época em que ela escrevia. A solução de Jacobs para os assaltos se traduz na frase "olhos na rua", referindo-se à vigilância por parte dos moradores dos prédios de poucos andares que permitem ver o que está acontecendo do lado de fora, interagindo com as pessoas que estão na rua e, em caso de necessidade, pedindo ajuda. O problema prático dos "olhos na rua" como preceito genérico está em saber até onde se pode de fato ver: não dá para ver além da virada da esquina ou na rua seguinte.

Mais que isto, a celebração, em Jacobs, da cidade dinâmica e não linear que vai surgindo depende de um permanente estado de espontaneidade. Como muita gente da Velha Esquerda confrontada com a efervescência anárquica da Nova Esquerda, Mumford via aí uma pura e simples impossibilidade, não passando a ideia de autocomplacência narcisista. Estivesse ele certo ou errado a nosso respeito, sua crítica mais contundente é esta: não é com uma permanente espontaneidade que se enfrentam questões de raça, classe, etnia ou religião; é necessária a sustentação de regras estáveis, frente aos impasses e derrotas inerentes à ação política radical. A aversão de Mumford à frouxa flexibilidade de Jacobs deu-lhe uma inabalável convicção. Contando com o tempo lento, com o que o acaso oferecer, sem uma imagem-guia, a vida nas cidades não pode melhorar. Para que as cidades se tornem mais justas, seus alicerces devem ser ordenados pelo planejamento. A *ville* precisa guiar a *cité*.

Mumford considerava ter visto pela primeira vez esse tipo de planejamento para a *ville* quando visitou a Inglaterra na juventude para trabalhar com Patrick Geddes, um socialista fabiano. Por trás de Geddes havia pensadores como Ebenezer Howard e Henry George; o livro utópico deste último,

Progresso e pobreza, publicado em 1879, exemplificava um socialismo não marxiano no qual trabalho e capital se reconciliam num abrangente plano--mestre. O que inspirava os seguidores de Howard e Geddes era a convicção de que a boa arquitetura deve desempenhar um papel de liderança na reforma social, enfrentando a anarquia e a negligência que marcavam as favelas industriais.

As expectativas utópicas de George se corporificam nas cidades-jardim de Howard. A ideia básica de uma cidade-jardim é ligar estreitamente espaços de trabalho, educação, moradia e lazer, cercando-os de um cinturão verde protetor. A "cidade" na verdade são cidades, no plural; ao atingir seu tamanho ideal, uma cidade-jardim deve lançar satélites, lugares menores que por sua vez alcançarão um tamanho ideal, gerando novos satélites. Em cada satélite, o tempo despendido nos deslocamentos entre as atividades coligadas é que determina o tamanho que alcançarão; essas cidades privilegiam o deslocamento dos pedestres e os transportes públicos. Comércio, lazer e escolas ficam perto de casa, mas o trabalho industrial é segregado, especialmente se a indústria for poluidora. A vida da *cité* deve ser coesa: trabalho, família e vida cívica estão sempre ligados espacialmente e, portanto, socialmente.

Esse ideal urbano tem sido concretizado mundo afora. A primeira e mais famosa cidade-jardim foi Letchworth, perto de Londres: a ideia de Howard foi posta em prática por Raymond Unwin e Barry Parker em 1904. Frederic Osborn, sócio de Howard, deu início a uma segunda cidade-jardim em 1919 em Welwyn, mais uma vez nas imediações de Londres. Posteriores exemplos americanos de destaque são Sunnyside, Queens e Radburn, na região de Nova York e Nova Jersey; Greendale, em Wisconsin; Greenbelt, Maryland; e Greenhills, Ohio. À parte o Reino Unido e os Estados Unidos, essa influência se manifestou em Svik, na Eslováquia, no Residencial San Felipe de Lima, no Peru, no Alto da Lapa e no Alto de Pinheiros em São Paulo, Brasil, e no outro lado do mundo, em Sunshine, perto de Melbourne, Austrália, assim como em Timbu, capital do Butão.

Neste sentido, o "jardim" das cidades-jardim é importante. A natureza devia ser aproveitada, em gigantescos terrenos de cultivo nos cinturões verdes — os planejadores da cidade-jardim foram os primeiros a pensar na agricultura urbana. Mais que isto, consideravam que, com o devido planejamento, a natureza e o ambiente construído podiam se harmonizar. No início da era moderna, os paisagistas estavam divididos em dois campos quanto à criação de um ambiente equilibrado. Um deles recorria à disciplina geométrica. No fim do século XVII, o surgimento de arados largos e semeadores de tambor permitiu o cultivo em longas fileiras regulares, combinando com as linhas retas dos jardins de Le Nôtre em Versalhes. Indo de encontro a essa geometria disciplinadora, os adeptos da rotação de culturas e do plantio em excesso cultivavam campos que pareciam instáveis ou anárquicos, mas cuja alternância era cuidadosamente controlada — assim como os criadores de jardins recreativos do século XVIII inventaram o jardim de estilo inglês, no qual, como vimos ao examinar o trabalho de Olmsted, a natureza parece bravia, mas na verdade é um ambiente estudado. Os planejadores da cidade-jardim queriam disciplinar a natureza como faziam os agricultores geométricos franceses. Os jardins de uma cidade-jardim refletiam a convicção de que, para ser sustentável, uma cidade devia ser ordenada, sendo seus cultivos cuidadosamente planejados, tal como os prédios. A sustentabilidade ocorre de cima para baixo, e não ao contrário.

Como Max Weber, Mumford reconhecia que a modernidade representa um profundo desafio para as cidades, mas ele procedia a um corte mais profundo que Weber. Mumford considerava o localismo uma forma de privação de poder. Os senhores ficam satisfeitos de deixar o povo desfrutar dos prazeres da vizinhança, ao mesmo tempo mantendo o controle global da cidade. Mumford queria que os cidadãos afirmassem seus próprios meios de ação, fazendo exigências radicais, dizendo como deveria ser globalmente a *ville*, em vez de se retirar para a vida local. Essa exigência de uma forma é o lado socialista da cidade-jardim ideal. Ainda assim, a cidadania numa cidade-jardim não encarna a liberdade que Weber imaginava numa cidade-Estado. Os habitantes da comunidade de Siena podiam moldar a forma da sua cidade, mas os cidadãos de Letchworth, não: o plano já está estabelecido.

Os lugares criados por Howard e Geddes em particular pareciam a Mumford uma receita da "cidade sustentável" — expressão, se não me engano, cunhada por Mumford. Embora não previsse a atual crise climática, Mumford previu a questão urbana que ela colocaria: as mudanças climáticas podem ser enfrentadas no nível da *cité*, por exemplo, dirigindo automóveis o menos possível e usando bicicletas sempre que possível? Ou será que uma solução realmente eficaz só pode ser encontrada no nível da *ville*, como no afastamento das usinas de energia das fontes de água dos limites da cidade? Ambas as coisas são importantes, naturalmente, mais qual seria mais? Mumford não tinha dúvida. Os grandes desafios ecológicos ou tecnológicos precisam ser enfrentados acima de tudo no nível da *ville*; as soluções locais, especialmente as de caráter voluntário, são pequenas demais.[20]

Além das cidades, Mumford era também um analista da tecnologia — na verdade, ele é o padrinho de um dos ramos do movimento da "cidade inteligente". Em 1934, quando publicou aquele que pode ser considerado seu melhor livro, *Técnicas e civilização*, ele já fora além da especulação sobre as formas de planejamento de uma cidade-jardim socialista; agora examinava de que maneira as tentativas de extrair uma forma do fluxo, tendo começado na grande revolução tecnológica do século XVII, acabaram influenciando a cultura da máquina do século XX. Na época de Newton, pelo menos era o que argumentava Mumford, o poder da tecnologia ampliou o controle da cidade; agora, a tecnologia se transformou numa força autossuficiente, deslocando as pessoas. Mumford conhecia um pouco Norbert Wiener e admirava a crítica da cibernética por ele feita em sua obra tardia; disse-me certa vez, nesse mesmo sentido, que o *Admirável mundo novo* de Aldous Huxley deveria ser a bíblia de todo urbanista. Na velhice, Mumford mergulhou em profundo pessimismo a esse respeito, considerando que a alta tecnologia não podia ser associada à política socialista.

Apesar disso, seus interesses técnicos o levaram a criticar o conceito de escala local desenvolvido por Jacobs. Não é possível construir uma infraestrutura, diz ele, pensando em termos de um contexto celular de baixo para cima; é preciso pensar o sistema como um todo integrado. Para tomar um exemplo atual: os engenheiros civis chineses tentam pensar em termos de escala ao enfrentar os problemas de congestionamento de tráfego numa nova cidade nas imediações de Xangai, calculando que, para 40 mil habitantes, precisarão de duas autoestradas de 10 quilômetros de comprimento e 36 metros de largura cada, e pista sem canteiro central, mas com acostamento. Essas grandes estradas precisam então de tributários de 2 quilômetros de comprimento e 13 metros de largura (dimensões de uma avenida de quatro pistas em duas mãos). Os tributários exigem capilares de meio quilômetro e duas pistas. O engenheiro precisa planejar assim, de cima para baixo, para lidar com os milhões de deslocamentos em veículos que circulam na nova cidade e proximidades.[21]

Esse tipo de cálculo é o calcanhar de Aquiles de Jane Jacobs. Ela não tem uma ideia clara sobre como extrapolar do local para o urbano. Não basta, como ela faz, chamar a cidade de uma "coleção de comunidades"; as infraestruturas, como estradas, energia ou água, precisam ser construídas numa escala que vá do todo para a parte. Como se sabe, a redução dos fluxos de tráfego pode arruinar boa parte da cidade moderna, o que tem acontecido. Mas a solução para uma organização equivocada em escala grande está numa melhor maneira de ver a cidade como um todo, em vez de tentar trabalhá-la pedacinho por pedacinho. O urbanismo do próprio Mumford buscava um modo democrático-socialista de pensar em larga escala. A questão da escala em termos políticos tem tudo a ver com hierarquias de valor, decidir quais as coisas mais importantes em relação ao menos importante: como administrar recursos escassos sem estabelecer essas hierarquias de valor? Como podemos estabelecer o que de fato é importante numa cidade?

O debate Mumford-Jacobs diz respeito a duas versões diferentes da cidade aberta. Para Mumford, "aberto" significa abrangente — uma visão abrangente, como na cidade-jardim, envolvendo todos os aspectos da vida dos habitantes. Jacobs se mostra mais "aberta" no sentido dos sistemas abertos modernos, preconizando uma cidade em que haja bolsões de ordem, uma cidade crescendo de maneira aberta e não linear. Mumford tem uma ideia mais fechada da *cité*, pois favorece o comportamento ordeiro e previsível, mas, contrariando suas próprias tendências, pensa de maneira aberta a tecnologia, imaginando uma cidade inteligente que constantemente evolui e se reformula. A ideia de *cité* em Jacobs vem da Escola de Chicago, com o foco nos encontros pessoais cotidianos, mas é também pura Nova York na aversão à cordialidade típica da cidade pequena. Sua política é mais aberta que a de Mumford, eu diria, porque ela enfatiza os processos de discussão, debate e resistência, ao passo que ele entrega aos cidadãos um plano de vida socialista.

Urbanismo, fraturado — No apanhado por demais breve da Primeira Parte, eu destaquei um aspecto específico do urbanismo: o fato de se ter tornado uma disciplina fraturada, dividida entre o conhecimento da construção e o da habitação. Certos ramos do conhecimento podem seguir um caminho progressivo, enriquecendo ao longo do tempo o manancial de fatos e ideias. Isto não ocorreu com o urbanismo. Em consequência, não existe hoje uma proposta convincente e globalmente aceita para saber como abrir uma cidade.

Na sua origem, o urbanismo moderno buscava a convergência da construção com a habitação, nas experiências de engenheiros que trabalhavam sobretudo debaixo da terra e nos planos da geração de 1850 que trabalhava na superfície. Talvez a relação torta entre construir e habitar seja por demais profunda, estrutural, para que esse empenho viesse a frutificar. Os esgotos de Bazalgette tornaram a cidade mais saudável, mas nem por isto fizeram as pessoas pensar de maneira mais racional sobre a tuberculose ou a peste, como esperava esse eminente vitoriano convencido da inevitabilidade do progresso. Cerdà era um socialista que acreditava que a malha da cidade em forma de grelha serviria ao objetivo de igualdade — um bom ambiente para todos —, mas a igualdade se degradou na monocultura. Em sua época, Olmsted era de fato um radical, acreditando que o entendimento racial podia ser alcançado deliberadamente — mas só num lugar isolado das condições cotidianas de convívio e trabalho. Não deixa de ser uma terrível ironia que o reacionário da Grande Geração, o barão Haussmann, tenha criado ruas e espaços públicos que vieram a funcionar bem do ponto de vista social, embora esse sucesso fosse de encontro às suas intenções. Os teóricos da *cité* não tinham uma expectativa otimista de que fosse possível fazer grande coisa: Simmel achava que a sobrecarga sensorial nos lugares públicos voltaria os indivíduos para dentro de si mesmos; Weber afirmava que, coletivamente, os cidadãos perderam a autonomia.

O século passado se distanciou do grande drama novecentista das tentativas de fazer conviver o vivido e o construído. É bem verdade que os urbanistas de Chicago que estudaram o mundo vivido da *cité* eram sofisticados — verbalmente, não visualmente. Os que sonhavam com a construção do moderno eram audaciosos, mas indiferentes às vozes da gente que viveria nos seus sonhos. A Carta de Atenas proposta por Le Corbusier era uma visão da cidade racional e funcional gerada em alto-mar *para* as pessoas, e não *por* elas. A ruptura entre Chicago e Paris desembocou num conflito entre nova-iorquinos para saber se é possível decidir que uma cidade seja aberta.

Certa vez, quando tentava entender a relação entre *cité* e *ville*, comentei com Jane Jacobs que ela acertava mais com a *cité* que Mumford, ao passo que ele acertava mais com a *ville*. Não foi na época em que a disputa entre os dois fervia em fogo brando em Nova York, mas posteriormente, depois dos anos da guerra no Vietnã, quando ela se mudara com a família para a gélida Toronto. Jane Jacobs era tempero forte em seu plácido refúgio canadense; e assim foi mesmo depois de ser reduzida à imobilidade física. Ficamos amigos do jeito nova-iorquino, vale dizer, discutíamos sempre que eu visitava Toronto. Talvez nossas discussões servissem para animá-la, evocando lembranças da velha torrente verbal incontrolável que animava suas incursões semanais. Mas dessa vez, lembro que ela resumiu a coisa sumariamente, perguntando-me: "Mas o que você faria?"

Segunda Parte

A dificuldade de habitar

4. O anjo de Klee deixa a Europa

Eu não tinha uma resposta para Jane Jacobs. Na verdade, embora discutisse com ela, ela parecia preencher minha imaginação e falar pelos meus sentimentos, como por muitos outros jovens urbanistas. Na década de 1980, eu levei o solavanco de que precisava para virar uma página. Cidades do mundo em desenvolvimento começavam então a crescer de maneira explosiva, e muito pouco eu sabia sobre esses lugares. Comecei a trabalhar com a Unesco e depois no programa de desenvolvimento da ONU; graças à London School of Economics, comecei a passar temporadas em Xangai, Bombaim e Delhi. Meus novos colegas, constatei então, achavam tão difícil vincular *ville* e *cité* quanto as pessoas do meio em que eu vivia — mas difícil nos termos deles.

I. A maneira informal de habitar — o Sr. Sudhir em Delhi

Nehru Place — No sudeste de Delhi, um grande mercado em forma de T foi erguido acima de um estacionamento subterrâneo. Nehru Place surgiu porque na década de 1970 Delhi não dispunha de prédios comerciais suficientes para abrigar os pequenos negócios que proliferavam na época. O organismo governamental de planejamento permitiu então o desenvolvimento da área abandonada que viria a constituir Nehru Place. Nos planos originais, vemos uma praça vazia acima do estacionamento, demarcada por prédios baixos de quatro andares destinados a escritórios de novas empresas, e não a lojas. Ainda hoje restam traços dessa intenção. Os prédios cúbicos alinhados nas laterais de Nehru Place são uma espécie de versão barata do Vale do Silício;

ali, start-ups do setor tecnológico ocupam salas apertadas ao lado de lojas de conserto de computadores e agências de viagens oferecendo preços de ocasião. Mas o espaço externo aberto veio a ser ocupado por estandes de venda. Neles é possível comprar smartphones, laptops e placas-mãe usadas, mas também saris e CDs de Bollywood, às vezes nos mesmos estandes. Multidões circulam por ali exalando a energia do consumo, e são multidões mistas. No multiplex, o mesmo filme de Bollywood foi cortado e montado de maneiras diferentes para as três línguas em que está sendo exibido. Ali pertinho há um gigantesco templo, e também prédios de escritórios mais novos e sofisticados.[1]

A convivência é informal ao longo de todo o dia nessa área descoberta. Ao contrário do que acontece no Vale do Silício, nos Estados Unidos, onde todo mundo faz questão de se vestir com desleixo, aqui os novos empreendedores tecnológicos exibem jeans de marca e mocassins caros. Mas não esnobam a agitação do mercado; uma excelente banca de comida, por exemplo, fica em frente à entrada de um conjunto de escritórios que abriga uma empresa que acaba de entrar para a bolsa. Em vez de almoçar em algum restaurante chique das imediações, a rapaziada em ascensão continua frequentando o estande, comendo em pratos de papel e trocando ideias tranquilamente com a dona da banca, de jeito maternal e meio cega.

À noite, os fantasmas da Índia aparecem, na forma de moradores de rua que ocupam as escadas ou se espalham embaixo das poucas árvores que oferecem algum abrigo. Certa noite, vi quando a polícia tentou afastar essa gente: à medida que os policiais avançavam, os miseráveis se reagrupavam por trás deles; depois que se foram, os moradores de rua se acomodaram de novo — como a polícia sabia perfeitamente que aconteceria.

Essa cena mista não chega propriamente a evocar o West Village de Jane Jacobs, pois Nehru Place, apesar da informalidade e da microescala de sua vida cotidiana, surgiu em decorrência de um planejamento em larga escala. Os planejadores gastaram muito dinheiro para dotar Nehru Place de uma eficiente estação de metrô, além de um simples e não menos eficiente terminal de ônibus. Ligeiramente elevado acima do solo e levemente inclinado, permitindo o escoamento da chuva e a drenagem da sujeira, o telhado do estacionamento, embora dificilmente pudesse ganhar algum prêmio de arquitetura, é um golpe de mestre em termos urbanísticos. Em cima dele, uma *cité* informal veio a ser enxertada numa *ville* planejada.

Seria equivocado imaginar, a este respeito, que os pobres só se apropriam de terras não construídas. Muitos lugares colonizados por gente pobre haviam sido anteriormente construídos com determinada finalidade: depósitos, fábricas e semelhantes; esses espaços perderam seu valor por algum motivo, foram abandonados e então reapropriados. Nehru Place é uma versão desse fenômeno da reapropriação; atividades imprevistas sobre uma cobertura transformada em laje foram acrescidas a uma estrutura cujo objetivo original era servir de estacionamento.

Ficam evidentes, aqui, quatro dimensões da informalidade que também marcam outras cidades de crescimento rápido (na linguagem da ONU, "emergentes"). Economicamente, os empreendedores não levam uma vida burocratizada; eles se marginalizaram em relação à economia legal da Índia, sufocada debaixo de uma burocracia plúmbea. As start-ups dos prédios de quatro andares são dinâmicas, mas tendentes ao fracasso. Do ponto de vista legal, os produtos agora vendidos na área descoberta são eufemisticamente chamados de "produtos cinzentos", o que na pior das hipóteses significa que foram roubados, ou, sem chegar a tanto, mas ainda de forma ilegal, desviados de fábricas ou depósitos, sem pagamento de impostos. Politicamente, como mostra o caso dos moradores de rua com a polícia, Nehru Place é informal na medida em que não é rigidamente controlado. Socialmente, é informal por causa da transitoriedade. Lojas e comerciantes, escritórios e trabalhadores aparecem e desaparecem; aquela banca onde você comprou no mês passado já não está mais ali; a vendedora de kebab meio cega e maternal parece ser, pelo menos na minha experiência, o único elemento permanente. O tempo informal é aberto.

Outras versões de Nehru Place podem ser encontradas numa feira do Oriente Médio ou num estacionamento de Lagos; costumavam manifestar-se nas praças de praticamente qualquer pequena cidade italiana. Em todas elas, vendedores e compradores regateiam produtos sem preço fixo. A indeterminação gera uma espécie de teatro econômico: o comerciante declara: "É o meu melhor preço!"; o comprador responde com algo do tipo: "Mas eu não quero vermelho; não tem branco?"; e o vendedor, esquecendo seu anterior "daqui não passo", retruca: "Não, mas no atacado tem vermelho." A loja parisiense de departamentos acabou com esse teatro econômico; em suas vitrines, os produtos eram dramatizados, mas os preços, fixos. Os produtos do mercado cinzento resgataram uma espécie de intensidade do trato pessoal na cidade.[2]

Foi o que eu acabei aprendendo em contato com a dura realidade em Nehru Place. Minha primeira visita, em 2007, não foi de pesquisa. (A London School of Economics realizava uma conferência em Bombaim nesse ano, e eu não queria que meu conhecimento da Índia ficasse limitado a um salão de conferências.) No dia anterior a minha visita, meu iPhone pifou e alguém me deu uma dica; um gênio dos consertos atendia numa banca junto à esquina sudoeste de Nehru Place. Encontrei o lugar, mas não o sujeito; ele tinha sido "transferido", informou-me uma jovem ali ao lado. Meu colega interpretou a peculiar informação como "ele não quis pagar propina". Se não dava para consertar o celular, talvez eu tivesse de encontrar um outro, o que ali não seria nenhuma despesa extravagante. Muitos produtos são baratos porque, como informou um dos vendedores ao meu intérprete-amigo, referindo-se a uma caixa de iPhones novos, todos vermelhos, "por acaso veio dar nas nossas mãos". Foi ele que ofereceu uma venda "por atacado", dos vermelhos, e nós topamos, sobre uma caixa de papelão virada de cabeça para baixo que servia como balcão de vendas.

Entrei numa furada: o telefone não funcionava. Voltei dois dias depois, encontrei o sujeito e exigi o dinheiro de volta; o amigo indiano que me acompanhava soltou uma verdadeira rajada de imprecações em hindi, e um novo telefone foi entregue. O vendedor de iPhones deu um sorriso, como se fosse um episódio perfeitamente normal do dia de trabalho. Não era nenhum jovem bem-apessoado, mas um sujeito barrigudo e careca exalando um perfume que provavelmente também "acontecera de cair em suas mãos". O que me tocou foi uma foto emoldurada de dois adolescentes exposta sobre a caixa de papelão.

Estava insuportavelmente quente, e eu pingava de suor; depois de me acalmar, o vendedor ofereceu chá, e o líquido quente de alguma forma aliviava o calor. Estávamos sentados dos dois lados da caixa, na qual se viam as marcas de pires de anteriores xícaras de chá; era evidente que a gentileza para acalmar clientes também fazia parte do negócio. Com ajuda do intérprete de pé por trás de mim, eu disse ao vendedor que era pesquisador, e ele respondeu: "Eu sou o Sr. Sudhir." "Sudhir" é um prenome, e o meu interlocutor, evidentemente achando que os americanos também fazem uso do prenome ao travar contato com estranhos, usou o seu, quem sabe acrescentando o "Sr." para indicar que queria ser tratado com respeito.

Depois de vender o outro iPhone vermelho a uma visitante holandesa, tratando de desviar o olhar de mim, o Sr. Sudhir retomou a conversa. Já tínhamos falado de netos, sempre algo que aproxima. E agora ele contava sua história: o Sr. Sudhir tinha frequentado a escola durante alguns anos mais que a norma local numa aldeia a 80 quilômetros dali, o que talvez o tivesse levado na adolescência a buscar a sorte em Delhi, da maneira como pudesse. Alguns contatos o tinham levado a Nehru Place, inicialmente no estacionamento subterrâneo onde atuava a maioria dos vendedores ilegais: "O estacionamento era um inferno", comentou o Sr. Sudhir. "Eu tinha de ficar de olho o tempo todo." Com o tempo, contudo, ele foi para a superfície, ocupando um ponto regular e se tornando conhecido de alguns poucos contatos importantes.

Enquanto conversávamos, eu me lembrava de outras vozes. Na década de 1980, eu tinha feito com o fotógrafo Angelo Hornak um estudo da Rua 14 em Nova York. Naquela distante época anterior à gentrificação, essa importante rua se assemelhava de certa forma a Nehru Place: na Rua 14 havia vendedores de toalhas, papel higiênico, malas e outras utilidades da vida cotidiana que "aconteceram de vir parar em nossas mãos". Os produtos eram oferecidos ali, fomos informados, porque havia "vazamentos" nas operações de frete e transporte do Aeroporto Internacional Kennedy de Nova York. Esse mercado cinzento da Rua 14 servia como espaço público da classe trabalhadora de Nova York, pois praticamente todas as linhas do metrô da cidade convergiam para ele. Nas calçadas, em frente às lojas, alinhavam-se caixas de papelão viradas como o balcão de negócios do Sr. Sudhir.

Eu estabeleci contato em especial com um grupo de migrantes africanos que montavam suas caixas de papelão entre a Sexta e a Sétima Avenidas. Eram indivíduos que simplesmente andavam por ali, ganhando alguns dólares por dia, dormindo do jeito que desse, em cantinhos de algum porão ou na rua mesmo, mas apesar de tudo cheios de orgulho. Meu sofrível francês serviu de cartão de introdução a histórias de longas e incertas jornadas de emigração da África Ocidental; de conflitos políticos ou tribais que tinham acabado com empregos, levado filhos à prisão, filhas à prostituição. A fuga para a América era carregada da culpa por abandonar o lar, e nem sequer tinha melhorado sua situação. Seu caminho de vida levava cada vez mais para baixo, e eles estavam deprimidos.

Os negócios duvidosos levaram o Sr. Sudhir na direção oposta. Para ele, o cúmulo da humilhação era apregoar objetos roubados nas profundezas do estacionamento subterrâneo de Nehru Place. Ele ascendeu, literal e socialmente, ao encontrar seu lugar no espaço aberto por cima do estacionamento. O fato de ter montado um negócio de produtos de origem duvidosa não comprometia sua aura de sólido chefe de família. Com seus clientes, o mercado oferecia uma chance de estabelecer "bases sólidas" sobre as quais os dois filhos pudessem se firmar ao assumir de vez o negócio.

O mesmo acontecia, fiquei sabendo, com sua casa. Ao longo do século XX, à medida que a revolução urbana ganhava força, a massa da gente pobre que acorria às cidades ocupava terrenos vazios aos quais não tinha direito legal; há uma estimativa de que 40% dos novos moradores das áreas urbanas no ano 2000 ocupavam terrenos ilegalmente, construindo barracos de blocos de concreto ou papelão. Os proprietários agora querem seus bens de volta; os governos encaram esses conjuntos de barracos, quando se tornam permanentes, como uma praga nas cidades. Ocupando ilegalmente seu local de moradia há quatorze anos, o Sr. Sudhir não vê as coisas dessa maneira. Ano após ano ele promoveu melhorias na casa; quer garantir essas melhorias tornando legal sua ocupação. "Meus filhos e eu recentemente construímos mais um quarto na casa", contou-me, orgulhoso, explicando que a ampliação era feita toda noite, acrescentando-se bloco de concreto após bloco de concreto. Uma perceptiva observadora desses assentamentos, Teresa Caldeira, afirma que esses projetos familiares de longo prazo se transformam num princípio disciplinador de como o dinheiro deve ser gasto ao longo dos anos. Além disso, o esforço coletivo é fonte de orgulho e autoestima da família. O Sr. Sudhir tem uma família a sustentar e uma dignidade a preservar.[3,4]

Sua situação é sociologicamente bem conhecida, embora moralmente desconfortável: uma combinação de valores familiares éticos com comportamento duvidoso. As duras condições de sobrevivência podem colocar gente pobre nessa posição; levada a um extremo de violência, é a história contada em *O poderoso chefão*, de Mario Puzo. Não posso dizer que minha simpatia pelo Sr. Sudhir como pai de família me fez aceitar o fato de ter sido passado para trás por ele. Ainda assim, não fiquei muito indignado; ele era movido pela necessidade, mais que pela ganância, e não era um vigarista convencido.

Nosso chá deveria ter sido um momento de pura confraternização, dois homens de idade avançada compartilhando os frutos de uma vida de luta. Mas, olhando ao nosso redor em Nehru Place, ele encerrou a conversa com este comentário: "Eu sei que vou ser expulso daqui." E era, devo enfatizar, antes a fala de um sobrevivente que de uma vítima. "Na nossa idade", disse-me ele, "não é fácil começar de novo. Mas eu estou de olho..." — e enumerou alguns outros lugares onde poderia voltar a montar seu negócio, ilegalmente.

Quais forças tentam expulsar esse admirável vigarista?

Crescimento formal — O poder nu precisa vestir-se para sobreviver; precisa se legitimar. A promessa de crescimento é uma maneira de fazê-lo; o crescimento abarca o progresso econômico, político e técnico. Os engenheiros civis, essas figuras heroicas do século XIX, acreditavam fervorosamente que assumir o controle das cidades era um feito moral. Na Índia, o colonialismo recorreu à ideia de progresso para justificar a sujeição dos indianos, que eram vistos como atrasados, como acontece em toda lógica colonial. Por trás do crescimento explosivo das cidades ainda se encontra a ideia de progresso, mas agora de uma forma sutil: ela se expressa na crença de que lugares como Delhi devem ser transformados em "cidades de categoria mundial". Quando Delhi foi sede dos Jogos da Comunidade Britânica em 2010, as autoridades justificaram certas mudanças drásticas afirmando que era o momento de modernizar, de compensar o atraso; os dirigentes proclamavam: "Delhi vai parecer Paris!" Paris está à frente, Delhi ficou para trás. "Compensar o atraso" é a ética do poder político e econômico nas cidades emergentes.[5]

De modo mais elementar, o crescimento se manifesta como puro aumento numérico. Esse tipo de crescimento é o que mais conhecemos porque é como contabilizamos lucro; mais dinheiro nas mãos no fim do ano é algo bom. Mas o crescimento de uma população não pode ser justificado dessa maneira. Na Cidade do México, em São Paulo, Lagos, Xangai e Delhi, seres humanos vão chegando em enxurrada, e não no crescimento lento e gradual que Jane Jacobs considerava bom para as cidades. O puro e simples tamanho dessas cidades inundadas de fato assinala uma ruptura em relação à Europa e à América do Norte. Os demógrafos das Nações Unidas contabilizam a atual população de Delhi, por exemplo, em cerca de 24 milhões; a maior cidade do mundo é Tóquio, com 37 milhões. Em 1950, em contraste, havia em todo o mundo apenas um punhado de cidades com mais de 8 milhões de habitantes; Londres e Nova York oscilam atualmente em pouco menos de 9 milhões. Mas a taxa de crescimento urbano, ao contrário dos números pura e simplesmente, não assinala nenhum abismo entre o Sul e o Norte Globais. Delhi cresce anualmente cerca de 3%; no século XIX, Nova York e Londres cresciam em velocidade semelhante. A diferença é que o motor urbano ocidental está esfriando; até 2050, Nova York e Londres possivelmente terão crescido mais 18%, ao passo que Delhi será pelo menos 100% maior.[6]

Outro dado de semelhança é a motivação para a chegada dessa torrente humana. Embora a metrópole certamente ofereça um brilho sedutor para alguns, a maioria das pessoas é empurrada para ela. Os irlandeses que vieram para as cidades americanas depois da fome da batata em 1846 não tinham alternativa senão deixar suas casas; o mesmo quanto aos judeus que fugiam dos pogroms no fim do século. Certas estatísticas indicam que, uma vez passado o trauma da Partição que separou a Índia do Paquistão, 65% dos indianos urbanos das gerações mais recentes são "migrantes involuntários" das fazendas e aldeias para cidades de mais de 1 milhão de habitantes; outras apresentam a atual onda de grilagem nos meios agrícola e da mineração no Brasil como decorrência de uma década de hemorragia de mais de 70% da população rural para as cidades. Além disso, a OCDE prevê que nas duas próximas décadas a maior parte dos moradores de aldeias terá de se transferir para cidades de mais de 2 milhões de habitantes para encontrar trabalho; as pequenas cidades já não têm como lhes dar sustento.[7]

Uma diferença a assinalar diz respeito ao que acontece quando a torrente humana chega a um lugar. A velha narrativa da migração consistia em deixar o país ou a aldeia, lançar uma cabeça de ponte na cidade e por lá ficar. Hoje, o padrão nas populações pobres é continuar se deslocando depois de se urbanizar. Mandando dinheiro de volta para casa, os migrantes modernos — particularmente no Oriente Médio e no Subcontinente asiático — encaram o lugar aonde vão dar como pouso de trabalho durante cinco ou dez anos, e não como um destino ao qual venham a se integrar efetivamente.

O tamanho de uma cidade parece inextricavelmente vinculado a sua densidade, vale dizer, o número de pessoas concentradas em determinado espaço. Com cerca de 25 mil pessoas por quilômetro quadrado, Delhi é o décimo quinto espaço urbano mais denso do planeta, mas aqui convém examinar melhor o que significa este número. Populações pequenas podem ser de alta densidade; a aldeia francesa de Le-Pré-Saint-Gervais tem maior densidade por metro quadrado que Delhi. Na verdade, muitas das cidades gigantescas de hoje estão diminuindo de densidade. A Cidade do México, por exemplo, tem enorme número de habitantes, mas não é densa, como pude constatar quando saí certa vez do seu centro para participar de uma reunião comunitária na periferia; seis horas depois, ainda estávamos a caminho no carro. Muitas cidades africanas também se caracterizam por se espraiarem em baixa densidade — o que em geral significa que tamanho e densidade devem ser encarados como variáveis independentes.[8]

Por que as cidades ficam grandes? No século XVIII, o economista Jean-Baptiste Say respondeu à pergunta na sua *loi des débouchés* (lei dos mercados), postulando que "o aumento da oferta gera sua própria demanda"; a ideia é que o aumento do abastecimento de leite, por exemplo, estimula o consumo, por ser o leite abundante e barato. Em cidades como Delhi, a lei de Say já não funciona tão bem: a multiplicação populacional gera uma demanda de serviços que a municipalidade não tem como atender.

Uma resposta mais completa ao "por que ficar grande?" aparece nos escritos de Adam Smith. Como escreve ele em *A riqueza das nações* (1776), os mercados maiores propiciam a divisão do trabalho na produção; um exemplo moderno está no fato de a grande demanda de automóveis baratos ter substituído as carrocerias artesanais antes da Primeira Guerra Mundial, tendo permitido ao longo da década de 1920 aperfeiçoar diferentes tarefas na linha de montagem. A analogia urbana, no caso da tese de Smith, estaria por sua vez no fato de que, se 10 mil pessoas forem direcionadas para uma área que até então abrigava 2 mil, as próprias casas serão construídas de acordo com a divisão do trabalho, com apartamentos de tamanho e formas diferentes, outros espaços destinados a fins especializados, como áreas de estacionamento subterrâneas, e assim por diante. Em outras palavras, tamanho gera complexidade.

Uma "megalópole" decorre desse modelo de crescimento, no qual a divisão do trabalho, das funções e formas se intensifica à medida que a cidade se expande. Em geral, a expansão se dá em termos geográficos ou regionais; Pequim tenta atualmente criar uma megalópole espraiando uma região urbana por centenas de quilômetros, com subcidades interligadas por uma rede eficiente de transportes. Ao contrário do confuso estiramento da Cidade do México, a ideia chinesa é que cada uma dessas subcidades se torne uma cidade em si mesma, desempenhando uma função especializada no contexto da Grande Pequim. O modelo americano neste sentido é a megalópole que se estende de Washington a Boston, desenvolvida no último século ao longo da costa oriental dos Estados Unidos, região urbana analisada depois da Segunda Guerra Mundial pelo geógrafo Jean Gottmann. Gottmann rejeitou os círculos concêntricos utilizados pelos urbanistas de Chicago, substituindo-os por um complicado diagrama de Venn de funções sobrepostas, num território que se estende por 650 quilômetros. Além disso, sustentava que é possível alcançar economia de escala com a combinação em determinada região de transportes, manufatura e serviços sociais.[9, 10]

Uma megalópole não é exatamente o que Saskia Sassen chama de "cidade global". Nas cidades globais, a proximidade entre cidades numa região metropolitana não importa muito. Na verdade, existe toda uma série de serviços financeiros, jurídicos e outros serviços especializados que são desempenhados pela economia global; essas "funções globais" são repartidas entre diferentes cidades, numa rede em que cada uma desempenha papel específico, não importando as distâncias entre elas. Digamos que você esteja para comprar mil toneladas de cobre, tornando-se assim um ator nesse setor do mercado global. O preço por tonelada pode ser negociado em Chicago, que tem um mercado especializado de *commodities*. O financiamento virá de bancos estabelecidos em Tóquio, que acumulam montanhas de dinheiro. A assessoria jurídica necessária pode vir de Londres, onde, em decorrência do passado imperial, existem especialistas com larga experiência de diferentes regimes jurídicos nacionais. Na prospecção do cobre, você poderá buscar ajuda em Dallas, onde, graças às indústrias petrolíferas locais, se concentram especialistas que sabem tudo sobre equipamentos de grande porte. Por fim, você pode precisar molhar a mão de funcionários em La Paz, Bolívia, e Joanesburgo, África do Sul, onde de fato está o cobre, à espera de que você chegue para extraí-lo. Juntas, Chicago, Tóquio, Londres, Dallas, La Paz e Joanesburgo funcionam como uma molécula de cidade global.[11]

O ANJO DE KLEE DEIXA A EUROPA

Existe uma enorme ligação física entre as cidades globais: o navio cargueiro que vai distribuir o seu cobre. Esses navios-contêiner exigem instalações de descarga e transporte numa escala que transcende os armazéns e docas da era industrial em cidades como Liverpool, Nova York e Xangai; estes, em escala menor e integrados à malha da cidade ao redor, são hoje em dia verdadeiras relíquias funcionais. As docas do rio Hudson em Nova York, por exemplo, ficavam a pequena distância a pé, com carrinhos de mão, das pequenas manufaturas que transformavam fardos de tecido egípcio em roupas americanas; hoje essas roupas, já fabricadas na China ou na Tailândia, são descarregadas em Nova Jersey, que praticamente não tem uma indústria de vestuário. A nova infraestrutura de portos gigantescos os desvincula do resto de uma região urbana, embora estejam integrados à economia global.

Em consequência da globalização, uma velha maneira de pensar a estrutura política tornou-se de certa forma superada. Essa maneira era análoga às bonecas matrioscas russas, cabendo os diferentes tamanhos uns dentro dos outros; as comunidades estavam contidas nas cidades, as cidades nas regiões, as regiões nas nações. As cidades globais não estão mais "contidas" em algum lugar; vão se desvinculando dos Estados-nação que as contêm. Os maiores parceiros de Londres em operações financeiras são Frankfurt e Nova York, e não o resto da nação britânica. E as cidades globais tampouco se tornaram cidades-Estado segundo o modelo weberiano. A cidade global representa uma rede internacional de dinheiro e poder, difícil de ser tratada localmente: em vez de confrontar Robert Moses, um ser humano tangível que vivia em Nova York, hoje Jane Jacobs talvez tivesse de mandar e-mails de protesto para um comitê de investimentos no Catar.

Todas essas forças convergem para ameaçar o Sr. Sudhir. Lugares locais informais se tornam alvos convidativos para os regimes globais. E são convidativos sob dois aspectos.

Digamos que você atue no mercado global de cobre e queira começar a investir em imóveis: terá de seguir um destes dois modelos. O primeiro é o de "oportunidades de investimento". O investidor de oportunidades está sempre em busca do negócio excepcional. Ele identifica um bom negócio local, mesmo vivendo fora da cidade: trabalha com equipes de olheiros altamente especializados e prestadoras de serviços; investe agressivamente para subtrair um setor aos operadores locais mais lentos ou agarrar oportunidades para as quais os locais, embotados pela familiaridade, estão desatentos; acima de tudo, ele tem bolsos mais cheios que os locais. Foi assim que empreiteiros canadenses da construção civil internacional se apropriaram inicialmente de vastos terrenos para construir o centro comercial de Canary Wharf em Londres. Os forasteiros juntaram dinheiro de bancos e investidores fora da Grã-Bretanha para aplicar nas docas abandonadas; além disso, os especialistas locais — astutos tubarões de ternos impecáveis contratados pelos canadenses — saíram em busca de imóveis cujos proprietários só tarde demais se deram conta de que tinham nas mãos algo de valor.

Os investidores de oportunidades buscam ganhar dinheiro com determinado aspecto dos sistemas abertos, nos quais um acontecimento de escala relativamente pequena pode desencadear uma mudança maciça no todo. Esse gatilho é o que chamamos na linguagem cotidiana de "ponto de virada". Num sistema fechado, pequenos eventos podem se acumular, mas não determinam uma virada; pelo contrário, exercem esse efeito cumulativo passo a passo de forma suave. O interesse econômico para os investidores de oportunidades é que os pontos de virada ampliam o valor, ao promover grandes saltos inesperados. Na High Line de Nova York, por exemplo, um investimento relativamente pequeno em sementes de plantas, equipamentos de rua, escoras de plataforma e cadeiras e bancos gerou valores infinitamente maiores em terrenos das cercanias, reformas e novos prédios. Num estilo de investimento aberto e de busca de oportunidades, como observa o capitalista de risco William Janeway, os investidores querem saber se determinado negócio pode desencadear outros negócios, e não se é lucrativo em si mesmo.[12]

Era mais fácil conseguir negócios excepcionais capazes de desencadear crescimento nas primeiras etapas da revolução urbana; uma geração atrás, não estava claro que as cidades fossem crescer tão rapidamente no sul ou se regenerar no norte. Hoje, já não são tão numerosos os proprietários de visão curta como os que venderam para os canadenses que criaram Canary Wharf. Assim foi que entrou em cena um modelo mais sofisticado de desenvolvimento.

Trata-se do "investimento no básico". Um plutocrata de Kuala Lumpur pode não ter como saber se um novo prédio em Delhi será um ponto de virada ou não; Kuala Lumpur sabe muito pouco a respeito da relação do prédio com os prédios vizinhos, a comunidade local ou a cidade como um todo. E o plutocrata não precisa se preocupar. (Não tenho nada contra Kuala Lumpur, estou apenas dando um exemplo.) Basicamente, o investimento no básico aplica dinheiro num conjunto de parâmetros, um conjunto de especificações. Decididas as especificações, o investidor sairá em busca de um lugar para construir. Esse tipo de procedimento se ajusta à globalização porque o número de metros quadrados envolvidos e a quantidade de materiais e horas de trabalho podem ser decididos e avaliados à distância. O investidor no básico vai tratar o lugar exatamente como o dinheiro; na verdade, em muitas transações imobiliárias sofisticadas, as especificações da construção determinam o valor do negócio, e não os prédios propriamente.[13]

Na última geração, o investimento no básico vem tendendo a tomar o lugar do investimento de oportunidades nas cidades, assim como as transações padronizadas tomaram a frente em Wall Street, em detrimento dos investimentos de "valor" praticados por financistas como Warren Buffett. O investimento no básico é mais fácil e menos arriscado que o investimento de oportunidades; negocia em termos de fácil quantificação. Além disso, o investimento no básico é adequado particularmente à prática do *"flipping"* — investir na criação e construção de um prédio para vendê-lo antes mesmo que esteja concluído. Enquanto o investidor de oportunidades pode identificar um prédio ou local subestimado, o investidor no básico ganha dinheiro com grandes intervenções, que são atraentes para os governos locais porque oferecem a possibilidade de recolher impostos altos.

O investimento no básico centra-se em projetos, e não em planos urbanos genéricos. Haussmann e Cerdà receberam dinheiro para tecer uma malha urbana, e não para cuidar de um único prédio, uma rua, um quarteirão ou um local público. Ainda na época da Carta de Atenas ou das cidades-jardim, os urbanistas sustentavam que o plano deve ter precedência sobre este ou aquele projeto; este argumento era sua principal arma contra os empreiteiros privados. Hoje a situação se inverteu; os planejadores é que atendem às necessidades dos projetos — basta lembrar que o mantra do urbanismo oficial em Harvard era "mediar" a relação entre planos e projetos, ao passo que hoje a realidade mostra um equilíbrio de poder dos mais desiguais.

A "cidade-polvo", expressão cunhada por Joan Clos, diretor da ONU-Habitat, aponta as consequências desse tipo de desenvolvimento. Novas rodovias se espraiam como tentáculos, articulando partes da cidade nas quais está sendo investido novo dinheiro, ligando, digamos, um shopping center a torres de escritórios e a novos prédios residenciais; essas ligações atravessam partes negligenciadas da cidade ou contornam favelas, bairros pobres e assentamentos improvisados. A cidade-polvo é uma exportação que tem suas origens na rede de bulevares criada por Haussmann para atravessar as favelas de Paris. Mas a cidade-polvo também representa algo novo. A rede de Haussmann não era um ajuntamento fragmentário de projetos isolados; ele queria realizar um plano global, e o encheu de ruas e prédios. O polvo urbano de Clos é um animal cujas cabeças crescem primeiro, só então sendo desenvolvidos os tentáculos que ligarão essas cabeças, núcleos ou centros de desenvolvimento. O urbanista Liu Thai Ker assinala que esse desenvolvimento desigual veio a ser globalmente disfarçado no jargão profissional com clichês como "conceito da cidade-constelação" ou modelo "policêntrico" de cidade — clichês que ocultam as necessidades coletivas da cidade como um todo.[14]

Recentemente, Nehru Place tornou-se alvo do interesse de investidores no básico na cidade-polvo — atraídos antes por suas especificações do que propriamente como um lugar. Um aspecto técnico dessas especificações explica o motivo da atratividade. O chamado coeficiente de ocupação do solo determina a quantidade de área construída em determinado terreno. Em geral, quanto maior o coeficiente, mais alto o prédio; para acrescentar andares a estruturas existentes, quase sempre é promovida uma alteração nas leis sobre o coeficiente. Em Delhi, as próprias autoridades alteraram a lei, elevando o coeficiente de 150% para 200% em grandes terrenos. Desse modo, a borda relativamente baixa dos prédios alinhados em Nehru Place pode tornar-se coisa do passado, contemplando as autoridades a possibilidade de alterar a histórica restrição a uma altura de 17,5 metros. Se a *ville* física assim aumentar o valor, o mundo da cobertura do estacionamento tem toda probabilidade de ser desalojado, e apagada a história do prédio.[15]

Por todos esses motivos, o crescimento formal da *ville* é inimigo do Sr. Sudhir. Embora o saiba, por que ele não fica deprimido com isto, como aconteceu com seus colegas da Union Square em Nova York? As chances do Golias global parecem descomunais diante desse tranquilo e idoso David.

Ainda que pareça difícil imaginar uma sociedade mais desigual que a Índia tradicional, com suas castas, o fato é que o desenvolvimento econômico está redesenhando o mapa da desigualdade. Esse mapa é mais matizado do que parece indicar a correlação entre crescimento e desigualdade estabelecida pelo economista Thomas Piketty. Como acontece em outros países, a elite indiana se apropriou de uma fatia bem grande da nova riqueza do país; a atenção de Piketty está voltada para o caráter desproporcional desse pedaço. Mas essa voracidade encobre uma outra história. Uma minoria considerável está se saindo melhor que nunca, evoluindo da pauperização para uma condição mais intermediária, o que pode significar habitação num espaço maior que o mínimo de 3 metros quadrados por pessoa estabelecido pela ONU, ou a posse de um cartão de crédito.

Na China, cerca de 300 milhões de chineses alcançaram essa situação na última geração à medida que se transferiam para cidades. Na Índia, um relatório do Banco Mundial em 2015 indicava que na década anterior cerca de 9% da população tinham avançado nessa direção; mulheres e jovens especialmente se beneficiaram de oportunidades urbanas. Surpreendentemente, os índices de mobilidade ascendente na Índia nesses termos são comparáveis aos dos Estados Unidos. Do lado negativo, um outro estudo do Banco Mundial mostrava que é problemático manter esse status acima da pobreza ao longo do tempo, sobretudo para os que trabalham fora do setor público — e neste sentido a precariedade na Índia é mais uma vez comparável à que se verifica nos EUA. Até mesmo uma leve piora nas condições econômicas representa uma ameaça de perda de emprego para essa camada; tanto na Índia urbana quanto nos Estados Unidos, essa faixa da população destina uma parte excessivamente importante da renda para a moradia, ou então luta todo mês para pagar juros da dívida no cartão de crédito. A situação da classe do Sr. Sudhir, assim, é antes incerta que fadada ao fracasso. Seus valores se estruturaram em torno dessa distinção.[16, 17]

A situação do Sr. Sudhir representa hoje uma forma de avaliar a afirmação de Pico della Mirandola, citada no início do livro, de que é o homem que se faz. As forças por trás da atual economia política urbana certamente são ameaçadoras, mas não inteiramente imobilizantes para um homem na base da pirâmide como o Sr. Sudhir. Ele pode saber perfeitamente que os empreiteiros ricos e seus paus-mandados políticos são indiferentes ao seu destino, mas não fica obcecado com isto. Para sobreviver, ele não pode se dar ao luxo de sucumbir a uma depressão incapacitante; não tem escolha senão acreditar que o homem é que se faz. Na verdade, em sua cidade emergente, muita gente como ele vem evoluindo da pobreza absoluta para uma situação mais ambígua. Isso se deve, para usar a metáfora de Joan Clos, ao mundo aquático que cerca o polvo urbano; na economia informal, esquecida pelo planejamento de grandes projetos efetuado de cima para baixo, ele vai abrindo caminho, juntamente com outros como ele, com muito pouca ajuda ou sem ajuda nenhuma do alto da pirâmide.

Enquanto suas circunstâncias permanecerem ambíguas, ele pode continuar acreditando em sua capacidade de lidar com elas. Os valores da família em que deposita sua fé podem ser considerados como *seus* valores. A ambiguidade, aqui, fundamenta uma ética pessoal. Isto acaso valeria também para aqueles que, seja no Norte ou no Sul Global, vivem em circunstâncias menos aquáticas?

Para encontrar uma resposta, pode ser interessante olhar de cima para baixo em outra cidade emergente. Mais perto de Delhi que Paris temos Xangai, cidade asiática que tem servido de modelo para a modernização. Em Xangai, podemos olhar com os olhos de um de seus planejadores. Ela de modo algum se mostrava triunfalista quanto aos seus próprios poderes; em vez disso, lamentava o que viera a destruir no processo de transformação de sua cidade numa cidade de categoria mundial.

II. "Eles ocupam mas não habitam" — Madame Q em Xangai

"Não havia batom na Mongólia", comentou comigo Madame Q (eu alterei seu nome) enquanto observávamos uma jovem arquiteta, uma dessas típicas jovens estilosas na casa dos vinte, preparar uma maquiagem sofisticada. A mãe de Madame Q era tradutora do inglês, e por isto veio a ser alvo da Revolução Cultural. Como no meado da década de 1960 todo conhecimento especializado era considerado burguês, contrário ao estabelecimento de vínculos, tal conhecimento devia ser expulso da cabeça de uma pessoa, e assim a mãe foi mandada para o norte para quebrar pedra. E não sobreviveu por muito tempo. Órfã e adotada por um casal sem filhos, sua filha desenvolveu uma capacitação mais adequada "ao povo", formando-se como engenheira civil, com especialização em materiais de construção.

Xangai entrara em decadência durante os anos da Revolução Cultural, especialmente no equipamento habitacional. No fim da década de 1970, quando Deng Xiaoping abriu mais espaço para a iniciativa individual, Madame Q, assim como muitos outros de sua geração, quis virar uma nova página na cidade, fazendo-a nova, grande e rápida. O conhecimento do concreto abriu-lhe as portas de escalões inferiores do governo municipal.

Eu conheci Madame Q num banquete em 2003. Ela aparece ao meu lado na terceira parte de uma série de filmes realizados por Alexander Kluge, *The Civilization of the City* [*A civilização da cidade*]; na tela, ela já dá sinais do devastador câncer que haveria de consumi-la em poucos anos. Para mim, ela teve uma vida trágica, uma juventude entristecida pela perda, a idade adulta abreviada pela doença, mas não era dada à autocomiseração. De fato considerava que sua vida profissional fora determinada por um grande erro. Quando a conheci, Madame Q começava a duvidar do que ela e seus colegas tinham feito; tratou então de procurar preservar o quanto pudesse do que restava da velha cidade.[18]

O governo se transforma em investidor no básico — Xangai foi a certa altura um importante entreposto comercial de trocas com o Ocidente, com franquias britânicas e francesas conferindo um aspecto europeizado a sua orla marítima, o Bund, onde se juntavam os estrangeiros. Por trás dessa casca imperial havia uma vasta cidade puramente chinesa que passou no início do século XX por um desenvolvimento industrial. Mao Tsé-tung brecou esse desenvolvimento, mas quando seu sucessor, Deng, voltou a abrir a China para o exterior, Xangai firmou-se inicialmente como centro da indústria básica; mas rapidamente viria a se metamorfosear em foco de manufaturas de alto nível, serviços financeiros e "indústrias criativas" nas áreas artística e de alta tecnologia.[19]

O renascimento requeria novos prédios, em especial no setor habitacional. Em 1992, o Partido Comunista de Xangai lançou seu Plano 365, para a demolição de 3,65 milhões de metros quadrados de moradias antigas; em 2000, 2,7 milhões de metros quadrados tinham sido demolidos, com a construção de 1 bilhão de metros quadrados de novas habitações e centenas de quilômetros de rodovias para interligá-las; o bairro financeiro de Pudong surgiu praticamente do nada. Esse frenesi de construção culminou nos 45 bilhões de dólares gastos pela cidade para uma total faxina antes da Expo 2010. Em consequência, nos primeiros anos do atual século, os empreendimentos urbanos da China como um todo consumiram 55% do concreto produzido no mundo e 36% do aço.[20, 21]

O Plan Voisin chegou a Xangai na forma de torres finas como agulhas, cada uma delas cercada de um pouco de espaço verde. Em 1990, havia 748 prédios em Xangai com mais de oito andares; em 2015, eles eram 36.050, em sua maioria separados dos vizinhos por espaços abertos. Um luxuoso exemplo atual desse estilo vernacular Paris-Xangai de arquitetura é Yanlord Garden, perto da beira-rio no bairro de Pudong; as torres mais baratas seguem o mesmo formato, cada prédio completo em si mesmo e separado como uma "torre no parque". O toque chinês está em que as torres são localizadas em função das regras de geomancia do feng shui.[22]

O agente dessas mudanças, o investidor no básico da cidade, tem sido o Partido Comunista de Xangai. Bastava que o partido desse sinal verde, e os empréstimos bancários e licenças de construção apareciam; sem sinal verde do partido, nada acontecia. Mas a era maoísta do ditador declarando suas preferências e mandando executá-las já acabara. Agora, comissões e reuniões ocorriam de modo impessoal, tudo se desdobrando nos bastidores; tudo decidido por entendimento tácito. Uma maneira meio tortuosa de proceder defensivamente era incumbir empresas privadas das demolições; dessa forma, se os moradores protestassem, ficaria parecendo que a culpa era da iniciativa privada, e não responsabilidade do partido. Essa combinação de poder exercido por trás do pano pelo partido comunista e ação da iniciativa privada revelou-se extraordinariamente eficaz. Uma vez grafitada num prédio a palavra *chai* ("demolição"), ele terá desaparecido em uma ou duas semanas, às vezes até no dia seguinte.[23]

A destruição urbana repentina é uma tradição chinesa que remonta ao século XII, quando as dinastias sistematicamente botavam abaixo palácios e prédios emblemáticos de regimes anteriores, erguendo novas construções para assinalar a mudança de regime. A novidade na era moderna é que o bota-abaixo se aplica a prédios de uso mais comum.

A febre especulativa em certas áreas da cidade saiu muito na frente das necessidades habitacionais; prédios e até florestas de novas torres continuam vazios ou são apenas parcialmente ocupados. Na verdade, algumas áreas de Xangai são assustadoras: caminha-se literalmente horas seguidas entre torres-fantasma nas quais nenhuma luz se acende à noite, onde não parece haver presença humana em momento algum. Mas os prédios vazios são apenas parte do problema de construir tanto com tanta rapidez. "Vamos levar menos tempo para chegar ao meu escritório do que ao seu em Londres", vangloriou-se Madame Q em dado momento, falando das novas autopistas, superlotadas mas fluindo bem. Mas em outra oportunidade percorremos uma autoestrada ultramoderna que levava a uma fábrica nos subúrbios da zona norte. Também esta rodovia fora magnificamente construída, com acostamentos e canteiros centrais muito bem planejados, mas se tornara uma estrada para lugar nenhum; a fábrica que estaria no fim da linha fora transferida para o Vietnã, onde os salários são mais baixos. Hoje existe em Xangai certo número dessas autoestradas esplendidamente traçadas para lugar nenhum, testemunhas do risco de uma relação fixa entre forma e função.

Embora tenha sido construída de maneira excessivamente rígida, a nova cidade de Xangai não deixa de ser impressionante. "Preste atenção, não há cheiro de fezes em lugar nenhum", disse certa vez Madame Q enquanto percorríamos um novo projeto habitacional. Apesar da pesada poluição do ar causada pelas usinas de energia que ainda queimam carvão, as modernas condições de saneamento acabaram com a imemorial ameaça da cólera em Xangai. Eu esperava uma qualidade muito baixa de construção das florestas de novas torres, mas estava enganado. Madame Q e seus colegas investiram de verdade em materiais básicos, e a mão de obra é excelente; esse cuidado também fica evidente na jardinagem externa, com as plantas plantadas e drenadas adequadamente.[24]

A teoria da "destruição criativa" costuma ser citada para se referir ao que aconteceu em lugares como Xangai. A expressão é do economista Joseph Schumpeter. O investimento no básico é um bom exemplo do que ele tinha em mente em seu livro *Capitalismo, socialismo e democracia*: um imóvel como Nehru Place é comprado, talvez posto abaixo completamente e construído de novo, ou então seus usuários são varridos pela gentrificação; cria-se algo novo e mais produtivo. "A destruição criativa", diz ele, "é o fato essencial do capitalismo. É no que consiste o capitalismo e o modo de ação de todo empreendimento capitalista." Na visão schumpeteriana, o Partido Comunista, ironicamente, seria o instrumento para pôr em ação esse fato capitalista essencial. Quando comentei com Madame Q, ela achou a fórmula grosseira; a cidade já tinha decaído anteriormente, de modo que nada havia de arbitrário na decisão de pô-la abaixo. (Em defesa de Schumpeter, devo dizer que ele se mostrava altamente crítico de movimentos que propunham acabar com alguma coisa apenas para colocar algo novo no lugar; muitas "inovações", sustentava, não são inovadoras nem produtivas.[25])

Na verdade, Madame Q não estava convencida de que boa parte do pensamento ocidental fizesse muito sentido nas cidades chinesas. Certa vez, dei-lhe um exemplar de *Morte e vida de grandes cidades americanas*, de Jane Jacobs, achando que aprovaria o livro. Mas não. A grande campeã americana das vizinhanças de pequenas dimensões, do crescimento lento e da política de baixo para cima era excessivamente "americana". Crescimento lento é bom para países ricos. Além disso, Madame Q achou Jane Jacobs ingênua na questão da espontaneidade, que para ela era sinônimo de bandos ameaçadores de Guardas Vermelhos durante a Revolução Cultural.

Lewis Mumford fazia mais sentido para ela. Como ele, Madame Q considerava que a cidade precisa ser tornada coesa pela integração de suas funções de uma maneira formal e ordenada. Mas a escala de uma cidade-jardim não podia ser assim tão facilmente exportada. Na concepção original de Ebenezer Howard, as cidades-jardim deviam conter cerca de 60 mil habitantes; um lugar com tão poucas pessoas não passaria de mero pontinho na paisagem de Xangai, ou em suas recentes cidades-satélite, onde a norma varia em torno de 3 a 4 milhões de pessoas: seriam necessárias mil cidades-jardim interligadas e funcionalmente relacionadas para transformar a região metropolitana de Xangai em 2050. Da mesma forma, o Plan Voisin original de Le Corbusier seria capaz de abrigar, nos meus cálculos por alto, de 40 mil a 45 mil pessoas no máximo. Um crescimento urbano como o da China expõe os limites dos dois planos quando se trata de criar coerência para uma megacidade.[26]

Dentre os três fundadores ocidentais, Frederick Law Olmsted, com sua crença no fator socialmente unificador dos espaços verdes, era o mais provocante para ela, por ser o mais perturbador. Os projetos paisagísticos da nova Xangai não serviram para juntar as pessoas; na verdade, a floresta de torres, concretização do Plan Voisin em escala gigantesca, gerou uma crise social. As consequências sociais do investimento no básico por parte do Estado tornaram-se tangíveis em forma de construções. Para abrir espaço para a floresta de torres, os planejadores de Xangai rabiscaram a temida palavra *chai* no típico assentamento informal da cidade, o shikumen.

O alvo — Os shikumen são formados por pátios frontais e traseiros fechados nas laterais, separados por um prédio; o acúmulo desses pátios duplos forma uma malha celular. A palavra "shikumen" refere-se à porta de entrada do pátio frontal; é emoldurada de pedra num meio arco, ou aro (significado literal da palavra). Uma sucessão de shikumen cria uma alameda ou aleia, chamada *lilong* ou *longtang*. No fim de cada alameda, outro portão; a junção de vários *longtangs* paralelamente permitirá criar, nas extremidades, os lados de uma rua. Uma maneira de imaginar a forma urbana como um todo é tomar a rua como uma artéria, os *longtangs* como seus capilares, os pátios fechados nas laterais como membranas das células sanguíneas e os prédios propriamente como o que é sólido no interior.

Embora a malha celular seja antiga e disseminada em todo o mundo, em termos locais ela pertence à moderna história de Xangai. A Rebelião de Taipé no meado do século XIX gerou grande afluência de populações pobres em busca de refúgio em Xangai — oportunidade que as construtoras locais não deixaram passar. Os shikumen foram construídos originalmente como habitações para uma única família, sendo destinados a proprietários de terras ou comerciantes deslocados. Depois de 1900, esse tipo de pátio começou a abrigar gente mais pobre que a primeira leva de residentes. Os pobres preferiam em grande medida levar a vida nos pátios do que no interior, em compartimentos superlotados — por exemplo, habitualmente cozinhando ao ar livre.

Pobreza e opressão geraram improvisação nos pátios. Alimentos e combustível eram compartilhados nas épocas de grande escassez, o que se refletia em índices mais baixos de fome que no campo. Embora na era Mao os comunistas tivessem montado um sistema de espionagem de vizinhança para fiscalizar os portões, exatamente como os proverbiais *concierges* franceses que relatavam qualquer coisa suspeita à polícia, o sistema não ia lá muito bem das pernas, pois até a época da Revolução Cultural os moradores dos shikumen sempre que possível evitavam prestar informações sobre os vizinhos.

No shikumen, a informalidade significava se virar coletivamente — um comunismo da sobrevivência praticado frente ao comunismo oficial. É verdade que a vida coletiva que marcava o shikumen podia ser encontrada em outras formas construídas. Alguns conjuntos habitacionais de prédios altos tinham sido construídos em épocas anteriores para determinadas empresas estatais; os moradores viviam numa espécie de cidade empresarial vertical, com banheiros e cozinhas comuns. Na década de 1990, contudo, a propriedade particular individual tornou-se a norma, e os banheiros e cozinhas compartilhados desapareceram. "Moradia" passara a significar um apartamento individual, e não um prédio coletivo. Foi para a vida coletiva local da cidade, encarnada sobretudo nos shikumen — mas também, já agora, nessas cidades empresariais verticais —, que se voltou a era pós-Deng.[27]

Confinados em seus apartamentos individuais, os moradores começaram a sofrer dos males do isolamento. Surgiram flagrantes sinais de desconexão social, por exemplo, na negligência em relação aos idosos; esse abandono dos avós assumiu tais proporções que recentemente o governo o declarou crime passível de punição. É crescente a incidência de delinquência entre adolescentes que se saem mal nas olimpíadas educativas oficiais — jovens que passam então a viver numa espécie de limbo urbano, perambulando pelos espaços abertos em torno dos prédios. A situação de isolamento em que as pessoas vivem levou ao aumento dos índices de depressão e mesmo de suicídios nesses novos e ordenados blocos de torres, temas tabus que finalmente começam a ser debatidos abertamente. Os sinais de desconexão entre gerações, crescente criminalidade juvenil e anomia adulta em Xangai são mais flagrantes nas famílias nativas da cidade que se viram desapossadas de sua vizinhança tradicional. Madame Q resume o problema sucintamente: "Eles ocupam mas não habitam." Uma *ville* de categoria mundial parece ter destruído sua *cité*.[28, 29, 30]

"Antes uma ilustração da vida que a vida propriamente" — Pouco antes de sua última quimioterapia, Madame Q e eu sentamos num bar para tomar um café expresso que orgulharia qualquer napolitano. Estávamos num *lilong* reformado em Xintiandi, zona sagrada para o partido desde que Mao lá realizou o Congresso do Partido Comunista num prédio de esquina. Inicialmente, eu compreendi mal Madame Q quando ela comentou: "Não é o que eu queria." Achei que se referia ao regime médico inútil e degradante que lhe era imposto. Mas ela se referia a Xangai.

A partir de 2004 aproximadamente, tanto os moradores quanto os planejadores começaram a pensar seriamente em alternativas ao modernismo encarnado pelas torres brancas. Em certa medida, esse impulso levou à reforma dos shikumen. O nosso bar era uma linda recriação. Artesãos e operários de talento tinham cortado madeiras e forjado conexões de ferro para fazer parecer que o velho prédio estava em seu estado original, embora o café oferecesse wi-fi. Outras reformas na área ocultaram sobrados ou apartamentos caros por trás de fachadas tradicionais de tijolo completamente restauradas. Os tradicionais trincos de ferro de muitos shikumen reformados contribuem para interessar compradores, mas as entradas na verdade são controladas eletronicamente; como em outros lugares, a reforma transformara objetos funcionais em presenças puramente simbólicas.

A reforma dos shikumen existentes significou a expulsão daqueles que outrora faziam dele uma *cité* viva. Os compradores desse movimento de gentrificação, gente na casa dos vinte tão interessada nos shikumen, considerados agora "descolados", queriam viver nessa aura simbólica, mas não no convívio dos seus antigos moradores, "gente de verdade". Os conhecidos pecados gêmeos da gentrificação e da expulsão foram debitados na conta do urbanista Richard Florida, cujo livro sobre as classes criativas tornou-se há vinte anos aproximadamente a bíblia de uma nova ideia da cidade. Numa cidade dinâmica, o domínio deve caber ao que é jovem, empreendedor e de mente orgânica, devendo desaparecer o que é velho, cansado e bem-comportado. A economia criativa deve ser ao mesmo tempo coletiva e informal, antes mesa compartilhada que escritório fechado — o que se traduz em termos urbanísticos na "zona de inovação", no "foco de criatividade", nas palavras de Florida. Em Xangai, isto define a força gravitacional da estrutura comunitária semelhante a uma concha do pátio de um shikumen.[31,32] Nehru Place também é um foco de criatividade, acomodado nas salas meio decadentes dos prédios que contornam o espaço aberto do mercado. Em seu estado relativamente não gentrificado, ainda não se manifestou o impulso para ligar o influxo das classes criativas à expulsão das demais; na verdade, boa parte do estímulo para a geração na casa dos vinte, ali, está no convívio com o exterior fora de moda. As longas filas na banca de *chapati* da velha senhora em Nehru Place contrastam com os interiores despojados e de iluminação sofisticada dentro dos shikumen de hoje, onde só se vê um tipo de pessoa.

O shikumen é uma simulação, uma cópia do que um dia houve ali; existe um outro tipo de simulação que importa um prédio construído em outro lugar. Naturalmente, não há nada de especificamente chinês nisso. O desenvolvimento urbano do litoral dos Estados Unidos transpõe a arquitetura colonial da Nova Inglaterra para um pântano na Flórida; a extensão urbana experimental de Poundbury, na Grã-Bretanha, patrocinada pelo bolso sem fundo do príncipe de Gales, recria uma aldeia inglesa tradicional; fachadas elizabetanas e georgianas foram aplicadas a estruturas com encanamento modernizado. De fato, é digno de nota que a empresa de arquitetura que supervisionou a reforma de Xintiandi tenha ganhado reputação reconstruindo fielmente o mercado setecentista de Faneuil Hall em Boston, que na verdade foi a certa altura o principal mercado de alimentos da cidade, mas hoje é onde se compram legumes orgânicos especiais ou pães artesanais.

Mas também existe algo especial em Xangai nesse movimento de compra de simulações de lugares onde alguém mais viveu em outra parte do mundo. É possível comprar um apartamento em Thames Town (Inglaterra vitoriana, com direito a cabines vermelhas de telefone; historicamente, uma perfeita mixórdia, mas e daí?); ou em Holland Village (um moinho de vento e casas estreitas de tijolo); ou logo ali perto em Anting German Town (Bauhaus doméstica). "É como o Disney World", declarou recentemente um empreiteiro de Xangai, referindo-se a projetos seus e de outros. O filme chinês *O mundo* mostra um parque temático de simulações de várias cidades do planeta, um lugar mantido em funcionamento por empregados infelizes e deprimidos por terem de montar e cuidar dessas ilusões.[33]

Como os produtos internacionais que inundam a cidade, essas simulações ambientais representam marcas conhecidas e aprovadas. Despertam sentimentos de viver num lugar bem estabelecido, e, por associação, conferem uma aura de enraizamento. Talvez as pessoas precisem mesmo dessas marcas conhecidas numa cidade onde tudo acontece num ritmo e numa escala que os moradores não conseguem entender, nem tampouco visitantes como eu. Talvez tenhamos em funcionamento aí uma regra geral: enquanto a economia política se precipita para a frente, o gosto arquitetônico olha para trás. É bem verdade que nem só os chineses buscam a tranquilização e o sentimento de confiança oferecidos pela simulação de uma marca conhecida; o enclave de Poundbury patrocinado pelo príncipe Charles é atualmente um lugar muito visado porque muita gente se sente atraída, como no caso da Downton Abbey fictícia, por uma versão romântica da "verdadeira" Inglaterra. Mas na China, ao contrário do que acontece na Grã-Bretanha, existe um movimento inexorável para a frente.

Em Xangai, Madame Q detestava as reapropriações comerciais do passado, em decorrência de um sentimento nacionalista quanto à "missão da China". Apesar do que sofreu nas mãos do regime, ela ainda era uma espécie de idealista — como os prisioneiros do gulag russo que se aferravam à convicção de que, "se Stalin soubesse", eles seriam libertados. A crença na "missão da China" fortaleceu-se na vida de Madame Q à medida que o ideal de uma China próspera se tornou realidade econômica. Em vista do passado chinês, ela não gostava de tapar o sol com peneira — mas também acreditava na China como líder.

Não deixa de ser irônico, assim, que seu último trabalho — ao qual só se entregava esporadicamente, com o avanço do câncer — tenha sido assessorar a restauração do Bund. Antes da Revolução Comunista em 1949, quando Xangai era uma importante ligação portuária e comercial da China com o resto do mundo, o Bund era seu epicentro: uma orla marítima onde se perfilavam prédios altos de retaguarda desordenada e suja, cheia de marinheiros hospedados em hotéis baratos; havia também uma grande colônia de estrangeiros em trânsito, sobretudo russos brancos fugindo dos bolcheviques; nas ruas traseiras, clubes de sexo barato e ópio. Perto do Bund havia mansões de europeus ricos que raramente se misturavam com os chineses que controlavam. Como preservar e reproduzir essa rica história?

Madame Q pensara em afixar em vários prédios do Bund placas explicativas contando sua história; essas placas informariam que "a família de fulano sofreu de tuberculose nesta casa por três gerações", ou então "neste prédio, empresas britânicas supervisionavam a importação de ópio para Xangai". Mas só é possível fazer a curadoria de um ambiente preservado nesses termos se as pessoas quiserem lembrar como o lugar de fato era. O projeto então fracassou; as torrentes de visitantes que passam por ali não querem ser lembradas de sofrimento.

Num dos seus romances, *Light Years*, o escritor James Salter comenta que uma família americana idealizada parece "antes uma ilustração da vida que a vida propriamente". As ilustrações a que Xangai recorreu são as respostas da cidade à perda das suas *cités*. No tipo de lugar em que se transformaram Xintiandi e o Bund, é a imagem esterilizada e simplificada que domina. Em vez de despertar a curiosidade sobre como era viver de certa maneira, a imagem impede a investigação. Mas a simulação esterilizada traz em si uma tristeza. É possível que Olmsted tenha tocado Madame Q em virtude das ilusões de sociabilidade que tentava criar nos seus parques. O que aconteceu em Xintiandi também é uma ilusão, evocando um modo de vida que era sociável e compartilhado, mas que se foi. Aí está um grande dilema para o urbanismo: como se ligar ao passado — um passado do qual se possa sentir falta — sem transformar a cidade num museu.[34]

Simulação versus vernáculo — "Autêntico" é um conceito vago na construção. O impulso para fazer uma nova estrutura parecer de outra época ou de outro lugar tem sido ligado no urbanismo ocidental a revivescências clássicas, como no caso da fachada da igreja de São Trófimo, construída no meado do século XII em Arles, França, como se fosse um templo romano. Esse tipo de resgate é mais perturbador visualmente que verbalmente; um poeta moderno usando uma sextina renascentista só despertaria no leitor mais cultivado a sensação de ser uma forma muito antiga de poema.

No trabalho de preservação, o problema da autenticidade está em até onde recuar para restaurar um objeto. A forma mais autêntica do objeto seria aquela em que foi originalmente concebido? Seria cabível discutir o momento a escolher: no trabalho no Bund, o debate consistia em saber se a referência seria a década de 1920 ou o ano de 1949, sendo aquele o período em que o Bund foi invadido por refugiados, e este o ano de fundação do Estado comunista chinês. Mas será que é preciso haver realmente um momento definidor? Atribuir uma identidade "autêntica" a um lugar significa negar o trabalho transformador do Tempo — como na Williamsburg colonial americana, ou no caso das cópias georgianas exatas feitas por Quinlan Terry na Grã-Bretanha.

São poucos hoje em dia os bons preservacionistas que se inclinam para esse tipo fixo de simulação. Pelo contrário, a tendência será escavar camada por camada o decorrer histórico de um lugar, ou as ataduras de um prédio, para remover tetos falsos ou pinturas sobrepostas e revelar o passado: a preservação tem como objetivo revelar as transformações do original. Na renovação do Neues Museum em Berlim, o arquiteto David Chipperfield seguiu essa lógica, deixando expostos os buracos de balas nas paredes do museu para transmitir sua história durante a Segunda Guerra Mundial. Se Xintiandi fosse "preservada" nesse espírito, os danos gerados pela pobreza não seriam apagados dos prédios; poderia haver um esforço no sentido de mostrar de que maneira estruturas originalmente destinadas a refugiados ricos em Xangai se degradaram, acabando por se transformar em favelas para os pobres — embora essa narrativa pudesse tornar os prédios menos desejáveis para os ricos da faixa dos vinte em busca de moradia. Da mesma forma, as estruturas do Bund da época imperial até a dos prostíbulos e casas de ópio e a destruição da Revolução Cultural seriam conservadas, para expor essas feridas.

Este é um urbanismo vernacular. Leva adiante no tempo a lógica da conservação pela narrativa, buscando maneiras de fazer com que novas formas nasçam das velhas, mas continuando a se relacionar com elas. O planejador poderia tentar preservar a altura dos prédios numa época anterior, mesmo se as fachadas se tornarem radicalmente diferentes do estado original. É verdade que as simulações fixas são muito mais populares que os desdobramentos vernaculares. Na verdade, a preservação histórica pode se transformar em melodrama, opondo David, que protege a herança, a Golias, que quer derrubar o passado e colocar no seu lugar aquelas caixas de aço e vidro sem alma. David não exige: "Construam algo melhor! Inovem!" Pelo contrário, ele triunfa quando nada muda. Por trás desse contraste há uma questão ética mais ampla.

III. O anjo de Klee deixa a Europa — Walter Benjamin em Moscou

Os contrastes entre Delhi e Xangai hoje em dia talvez sejam esclarecidos por um texto que não trata de nenhuma das duas cidades e foi escrito quase um século antes. Trata-se de um ensaio de Walter Benjamin intitulado "Teses sobre a filosofia da história", ponderações de um escritor sobre os desequilíbrios causados pelo crescimento, as formas de nostalgia que surgiram na destruição criativa e as energias estimuladas pela atividade informal — todos eles temas suscitados pelas visitas de Benjamin ao ambiente comunizante da cidade de Moscou na década de 1920 e por suas reflexões sobre uma pintura.

Em 1920, Paul Klee criou a imagem *Angelus Novus*, uma figura em nanquim de braços abertos. O escritor Gershom Scholem viu o desenho nesse mesmo ano, comprou-o e o pendurou em seu apartamento em Munique. Walter Benjamin o viu no apartamento de Scholem, comprou-o e o manteve consigo até se suicidar em 1940. Pouco antes de se matar durante tentativa de fugir para a Espanha (em Portbou, nos Pireneus, convencido de que os nazistas inevitavelmente haveriam de capturá-lo), Benjamin entregou o *Angelus Novus* ao escritor francês Georges Bataille, para que o mantivesse em segurança, e Bataille o escondeu num canto empoeirado da Biblioteca Nacional francesa. Alguns anos depois do fim da Segunda Guerra Mundial, a peça chegou às mãos de Theodor Adorno, que conseguiu devolvê-lo a Scholem, que então vivia em Jerusalém, e cuja viúva acabaria por cedê-la ao Museu de Israel, em 1987.[35]

É, portanto, um objeto de história conturbada. Enquanto esteve na sua posse, Benjamin achava que a imagem tratava dos conflitos da história. Qualquer pintor, naturalmente, poderia ficar horrorizado com a obrigação de simbolizar alguma coisa, mas o título adotado por Klee indica que também ele encarava sua imagem dessa maneira. Uma torturada figura semelhante a um pássaro paira sobre um monte de pedras e objetos quebrados; uma doentia tonalidade laranja amarelada flutua como uma nuvem através da figura, subindo para o céu; o Anjo está em agonia. Ao comentar a imagem de Klee, Benjamin começa por citar versos de um poema de seu amigo Scholem (a tradução inglesa é minha):

> Minha asa já vai voar
> Eu preferia voltar atrás
> Mas não teria chances
> De ficar no tempo mortal

Benjamin escreve então (como costumo ser moderado nas citações, peço aqui a indulgência do leitor):

O Anjo da História deve ser exatamente assim. O rosto do Anjo está voltado para o passado. Onde nós vemos aparentemente uma sucessão de acontecimentos, ele enxerga uma única catástrofe, incessantemente acumulando escombros e os dispersando aos seus pés. Ele gostaria de parar por um momento, para despertar os mortos e juntar os destroços. Mas uma tempestade vem do Paraíso e se prende em suas asas com tanta força que o Anjo não consegue mais fechá-las. A tempestade o projeta irresistivelmente no futuro, para o qual ele dá as costas, enquanto o amontoado de escombros à sua frente vai subindo até o céu [...] Essa tempestade é o que chamamos de Progresso.[36]

Compelido para a frente pelos ventos da mudança, o Anjo de Klee olha para trás. Em minha opinião, é uma imagem decorrente da experiência do próprio Benjamin em Moscou no inverno de 1926-27. Em carta a Scholem, ele escreveu que a Revolução é "uma força da natureza difícil de controlar". Mas lhe parecia que os russos tinham saudade da Era Prateada anterior à Revolução; acumulavam móveis antigos, escondiam ícones, ainda obcecados com o czar e sua família assassinada. Naquele inverno, todo mundo passava fome e frio; voltar-se para o passado não ajudaria a alimentá-los nem aquecê-los.[37]

Como devia se apresentar uma cidade comunista? A simulação surgiu em Moscou nessa época, exatamente como em Pequim hoje. A Moscou de Stalin começava a se assemelhar à Paris de Haussmann, com amplos bulevares onde se perfilavam prédios ornamentados como bolos de noiva e estações de metrô iluminadas por candelabros — o comunismo impelindo o povo para a frente, enquanto o Anjo, como construtor urbano, olhava para trás. Mas nem a ideologia nem o metrô com candelabros eram capazes de ocultar a economia informal graças à qual os moscovitas se alimentavam, se vestiam e se medicavam, em mercados ao ar livre como o bazar de Smolensk. Como Nehru Place, era um mercado negro tolerado pelas autoridades; na época do Natal, Benjamin o encontrou "tão cheio de cestos de guloseimas, decorações para as árvores e brinquedos que mal se consegue passar da rua para a calçada". Mas nas lojas legalizadas as prateleiras estavam vazias. No dia 3 de janeiro de 1927, Benjamin visitou uma fábrica modelo de cordas e faixas elásticas, cujos operários eram em sua maioria mulheres de meia--idade. Máquinas modernas podiam ser vistas ao lado dos operários entrelaçando as cordas manualmente; as máquinas estavam desligadas por falta de peças, e o trabalho prosseguia exatamente como um século antes. Mas a fábrica era cem vezes maior que as oficinas nas quais o ofício era praticado antigamente — uma grande caixa moderna, sendo o adjetivo "moderna" aqui uma categoria vazia.[38]

Na Moscou de Stalin, Benjamin viu que a realidade imitava a arte, indo a história adiante ao mesmo tempo em que olhava para trás. Hoje, o Anjo de Klee representa uma outra mudança de época, na qual a palavra "global" substitui "comunista". Em Delhi, os "escombros" por baixo da tempestade do Progresso são a população marginalizada, que, como o Sr. Sudhir, luta para se encaixar em lugares que não lhe pertencem. O poder lhe barra o caminho, mas ela conseguiu algo com sua marginalidade. Em Xangai, o Anjo fustigado pela tempestade do Progresso representa a maneira como certos urbanistas e cidadãos reagiram à transformação da cidade; insatisfeitos com o rumo tomado em Xangai, eles se voltam para trás, em busca do passado para conferir significado ao presente.

5. O peso dos outros

O Anjo de Klee é uma imagem de ambiguidade e confusão gerada pela passagem do tempo. Poderíamos figurar a ética na cidade de outra maneira, em termos de seu jeito de lidar com a diferença cultural. Uma cidade fechada é hostil a pessoas que por sua religião, sua raça, sua etnia ou sua sexualidade diferem da maioria, ao passo que uma cidade aberta as aceita. Essa imagem "ou preto ou branco" separa nitidamente o bom do mau, assim permitindo um julgamento definitivo, mas a realidade não é assim tão definida. A diferença pesa na cidade, confundindo tanto suas formas construídas quanto seus modos de vida.

I. Habitar — Estrangeiro, irmão, vizinho

O peso dos outros — Na noite de 5 de janeiro de 2015, um grupo chamado PEGIDA promoveu uma marcha de protesto em Dresden, a cidade dos patrões de Georg Simmel. Em alemão, PEGIDA significa "Europeus Patrióticos contra a Islamização do Ocidente". Os cartazes ostentados pelos manifestantes diziam "Pela preservação da nossa cultura" ou "Islã fora da Alemanha", e o slogan "Nós somos o povo" parafraseava um velho hino do fim do regime comunista na Alemanha. PEGIDA não se voltava contra os terroristas: o objetivo seria impedir a entrada de muçulmanos, por ser o seu modo de vida supostamente demasiado estranho aos valores ocidentais. Mas PEGIDA e organizações semelhantes na Dinamarca, na Suécia e na França negam que seu movimento contra os imigrantes tenha alguma coisa a ver com uma eventual volta das tropas de assalto e seus métodos. Um dos cartazes, carregado por um cidadão idoso muito bem-vestido, dizia: "Contra o fanatismo". Esses grupos consideram simplesmente que pessoas tão radicalmente diferentes não podem viver juntas; o peso da diferença é grande demais.[1]

PEGIDA representa a mentalidade fechada na sua mais pura forma, aquela que encara o Outro como um estranho. Mas na época essa pureza foi contestada. Da marcha em Dresden participaram 18 mil pessoas, mas em Colônia apareceram apenas 250; em Berlim, uma contramanifestação em nome da tolerância atraiu milhares. Menos de um ano depois, a Alemanha abriu suas portas a multidões de muçulmanos que fugiam da guerra civil na Síria. Houve cenas incríveis na estação ferroviária de Munique; famílias exaustas de refugiados se comprimiam contra as vidraças das janelas nos corredores de trens chegando da Europa Oriental, contemplando descrentes multidões sorridentes que as esperavam com pacotes de alimentos e roupas. Muitos desses pacotes foram simplesmente deixados nas plataformas, para serem levados por quem quisesse — atos de pura generosidade sem o habitual "seja grato, me agradeça" da caridade. Na estação ferroviária, o Outro era visto como um irmão; um momento de conexão fraterna. Um momento aberto.

Mas um ano depois o pêndulo voltou — não completamente até a posição do PEGIDA, mas até o medo de que essa enorme massa de estranhos necessitados não pudesse ser integrada na sociedade. Nos jornais estrangeiros, os relatos sobre PEGIDA e Munique enfatizavam o histórico alemão dessas viradas do pêndulo, invocando a crença nazista na pureza racial, a culpa indelével do Holocausto. Mas o caleidoscópio de reações a esses estranhos não tem nada de alemão, como pude constatar como observador da ONU na Suécia em centros de recepção a pessoas deslocadas, que tinham enfrentado duas décadas antes exatamente o mesmo problema de assimilação de refugiados.

Na década de 1990, os suecos abriram os braços a muitos refugiados da Bósnia-Herzegovina e da Croácia que fugiam da guerra na Iugoslávia; emitiram cerca de 50 mil vistos temporários de permanência no país. O país de acolhida tentou então reduzir gradualmente esse número, estabelecendo uma diferença entre refugiados involuntários e migrantes voluntários. Mas era um beco sem saída: podia-se considerar, por exemplo, que um fazendeiro adulto decidira fugir de uma aldeia por causa da ameaça de guerra — antes, entretanto, de qualquer ataque concreto —, ao passo que seus filhos, sem poder de escolha pessoal, podiam ser considerados refugiados. Essa distinção legal entre refugiados políticos e migrantes econômicos há muito carece de sentido na prática — como no caso dos judeus poloneses às portas dos Estados Unidos há um século, que, prevendo que seriam estuprados e mortos, decidiram fugir como migrantes, em vez de esperar pelo pior e assim "conquistar" a condição de refugiados.[2, 3]

O problema então evoluiu para a questão de saber onde os refugiados autorizados a ficar deviam ser estabelecidos na Suécia. Os choques de natureza cultural logo tiveram início. Um dos centros de acolhida fornecia alimentos frescos em abundância, com direito a saborosos cozidos, além de outros confortos, como roupas da moda para fazer as adolescentes refugiadas se sentirem melhor. Mas o cozido, sob equivocada suspeita de conter porco, ficou intocado; e os pais proibiram as filhas de usar as roupas da onda, consideradas indecentes. O erro do anfitrião foi imaginar que os refugiados desejariam o que nós desejamos.

Uma solução para esses conflitos poderia ter sido concentrar-se na integração no emprego, permitindo que os trabalhadores refugiados vivessem em casa à sua maneira. (Na verdade as leis da União Europeia comprometeram essa solução ao insistir em que os refugiados não podem trabalhar até que sua situação fique definida no país de acolhida, processo que pode levar meses, às vezes anos.) Mas para que os refugiados se integrassem no local de trabalho, teriam de aprender sueco. Como costuma acontecer com adultos no aprendizado de línguas estrangeiras, os refugiados adultos tiveram dificuldade de aprender sueco o suficiente para participar efetivamente de qualquer coisa que não fossem as tarefas mais humildes. Enquanto isso, seus filhos adolescentes aprendiam com rapidez, o que gerou certa ansiedade na comunidade dos refugiados, à medida que os adultos ouviam os filhos falar uma língua estrangeira com facilidade e rapidamente se adequar a uma cultura estrangeira. Quanto mais os filhos se integravam, mais desvinculados se sentiam dos sofrimentos e traumas que haviam conduzido os pais até ali — ou que muitos dos pais temiam, depois de assentados por algum tempo. A integração era ao mesmo tempo uma solução prática e uma perda vivencial.

Como habitar num lugar ao qual não se pertence? Em sentido inverso, num lugar assim, como deveriam os outros nos tratar?

Estrangeiro, irmão, vizinho — Estas três palavras definem o Outro de três maneiras. Elas são encontradas nos escritos de três filósofos intimamente ligados. O ponto de partida deles foi a fenomenologia, tal como exposta originalmente por Edmund Husserl no início do século XX, em teses focadas em como os seres humanos vivenciam o sentimento de estar presentes no mundo (*Existenz* é a palavra alemã genérica), em vez de entender o mundo como um reino independente deles. Husserl ensinou a filosofia da *Existenz* a Martin Heidegger, que alterou boa parte do que aprendeu. Heidegger por sua vez ensinou a Kakuzo Okakura e Emmanuel Levinas, ambos acabando por reformular as ideias do mestre. Heidegger vinculava a filosofia da *Existenz* à rejeição daqueles cuja existência difere; Okakura a associou a um ideal de fraternidade; e Levinas, ao problema do vizinho.

Heidegger usa a palavra *Dasein* para significar "habitar"; ela significa literalmente "estar ali" — uma palavra de longa história cujo significado ele aprofundou. Ao longo de sua carreira, Heidegger sempre se questionou sobre a dificuldade de habitar; o indivíduo deve lutar para se enraizar e assim combater a "ansiedade", a insegurança ontológica, que contamina a experiência humana com o avançar do tempo, comprometendo a vinculação de cada um aos lugares e aos outros. Nós, seres humanos, somos "atirados na terra", perambulando por lugares a que não pertencemos, lutando por nos encaixar. Essa descrição do *Dasein* se inspirava em Søren Kierkegaard, mas rejeitava Kierkegaard por buscar um refúgio em Deus. Em vez disso, a convicção de Heidegger é uma espécie de equivalente filosófico do *Navio fantasma* de Richard Wagner, cujo navio percorre infindavelmente os mares, em busca de um porto que possa considerar seu. Para lançar raízes, Heidegger há muito buscara afastar-se da cidade e encontrar um lugar para habitar no fundo da Floresta Negra. Ali, viria eventualmente a excluir outros que fossem estranhos, especialmente os judeus.[4]

O *Dasein* de Heidegger contrasta flagrantemente com o uso da palavra por seu aluno Kakuzo Okakura, que cunhou em 1919 a canhestra expressão *das-in-der-Welt-sein*. Okakura formulou suas ideias ao escrever em 1906 *O livro do chá*, inspirando-se em antigos mestres do chá como Sen no Rikyū. Ele explica que, embora a complexa cerimônia de preparo e bebida do chá seja rigorosamente preestabelecida, não há nada em que se aprofundar uma vez dominados os movimentos; ela é "carente de significado em si mesma", assim obrigando aquele que faz o chá a contemplar o que mais está acontecendo ou deixando de acontecer em sua vida. No fim das contas, aquele que faz o chá vai dar um passo atrás, sem sentir prazer nem dor, mas apenas que "eu sou". É também a lógica da ioga: uma disciplina para clarear a mente. Para Okakura, ela se aplica, numa escala mais social, aos mosteiros de cristãos que ele considerava a essência dos lugares reflexivos e fraternos. O retiro permite fugir do tumulto de uma cidade, para que as pessoas estejam juntas tranquilamente, "estranhos unidos pelo amor fraterno", o amor fraternal entre pessoas que não têm relações de sangue, como pregava Santo Agostinho em sua doutrina. Creio que Okakura teria entendido a cena na estação ferroviária de Munique como um exemplo do mesmo tipo de vínculo altruísta. Ele viria afinal a rejeitar o cristianismo, assim como a reclusão monástica, argumentando que o espírito de *das-in-der-Welt-sein* podia ser vivenciado em plena Tóquio. A ideia, no discípulo, do poder calmante do *Dasein* está a quilômetros de distância da luta titânica para assentar raízes imaginada por seu mestre.[5]

Um outro aluno de Heidegger, Emmanuel Levinas, tentou equacionar o problema do vizinho. A Segunda Guerra Mundial, à qual Levinas sobreviveu como prisioneiro de guerra, e o nazismo de Heidegger o distanciaram filosófica mas também pessoalmente do mestre. Nutrindo-se já agora do pensamento do teólogo judeu Martin Buber, Levinas tentou criar uma filosofia da ética baseada na interpretação do Velho Testamento e de seus comentadores judeus, e mais especificamente na incognoscibilidade de Deus, em vez de se centrar na filosofia heideggeriana da existência no mundo, tal como manifesta na palavra *Dasein*. Tive o privilégio de assistir a algumas sessões semanais de interpretação da Torá promovidas por Levinas, mas ficava intrigado: por que ele se detinha tanto nas dificuldades da tradução do hebraico para o francês? Com o tempo, dei-me conta de que era exatamente este o problema tratado em sua visão ética: palavras voltando-se umas para as outras, mas se deparando com um limite que não pode ser ultrapassado;

cada língua contém significados irredutíveis, impossíveis de traduzir. Assim é, de maneira mais ampla, também na vida. Na visão de Levinas, o Vizinho é uma figura ética voltada para os outros, mas em última instância incapaz de compreendê-los — mas que ainda assim não deve simplesmente dar as costas, indiferente, só porque não os entende. E numa escala ainda mais ampla, isto também se aplica à relação dos seres humanos com Deus — sendo o divino um reino além da capacidade de compreensão da nossa existência.

Essa ideia de um Vizinho — voltado para o Outro, envolvido com um Outro que não pode ser compreendido — pode parecer muito distante da ideia habitual de um vizinho, ou da vizinhança como lugar em que as pessoas acabam se entendendo pelo convívio cotidiano, um ambiente em que se sentem à vontade. E tampouco pode o Vizinho ser visto como um irmão no sentido cristão que atraía Okakura; a ética de Levinas é uma questão de assombro e mistério, mais que sentimento íntimo de companheirismo. Levinas encara o Vizinho como um Estranho.

Com o tempo, vim a colher em Levinas algo que não estava em sua intenção, e que na verdade não aprovaria: uma aplicação prática dessa visão ética. O Vizinho como Estranho tem a ver com o reino mundano da cidade. Ter consciência da presença de outros diferentes, encontrar-se com eles, dirigir-se a eles — tudo isto constitui a ética que civiliza. A indiferença aos estranhos, por serem incompreensivelmente estranhos, degrada o caráter ético da cidade.

A impureza ética está na vida de todos os seres humanos: creio que cada um de nós poderia "entender" a manifestação de PEGIDA ou aparecer na ferroviária de Munique. O mais difícil é praticar o espírito de vizinhança nos termos de Levinas.

II. Exclusão — As duas rejeições

Existem duas maneiras de rejeitar o outro estranho: fugir dele ou isolá-lo. Cada uma delas assume a forma de uma construção.

Heidegger foge da cidade — Encontrei com muita facilidade a cabana de Martin Heidegger. Era uma construção de madeira com quatro compartimentos na aldeia de Todtnauberg, nas imediações de Freiburg. O filósofo começou a construí-la em 1922, como refúgio onde pudesse trabalhar e pensar. A aldeia de Todtnauberg cresceu nos últimos noventa anos, de modo que a cabana não está mais isolada, e os habitantes, talvez intuindo uma oportunidade com o movimento turístico, ou simplesmente por uma questão de orgulho local, instalaram sinais indicando claramente o caminho para "a casa do filósofo".

A viagem até Todtnauberg é emocionante. A vista é de colinas e vales cobertos de pinheiros, e, como se está a tão grande altura, um céu imenso. A cabana é simples e sólida, lindamente situada entre a floresta e o campo. Não só a vista é grandiosa; como a casa está localizada numa depressão da colina, ela própria parece parte da paisagem. Em si mesma, a construção é basicamente quadrada, seis metros por sete, telhado inclinado; no interior, um longo espaço de estar, fazer as refeições e cozinhar numa das metades, e na outra o quarto e o escritório; na parte traseira, um banheiro primitivo e um espaço para secar madeira e roupas. No centro da casa, uma lareira de pedra. A construção é de enxaimel, coberta com telhas de madeira; parece ter sido erguida com poucas ferramentas. A austeridade da estrutura é amainada por cores primárias vivas, amarelo e branco, em que foram pintados o portal e as molduras das janelas. No interior, o mobiliário é simples e sólido como a construção.

A fuga da metrópole tem um pedigree que remonta a Virgílio. A fuga de Heidegger reflete em parte a busca romântica da solidão, numa linha que vai de Rousseau a Senancour, Caspar David Friedrich e Rilke. Poderia parecer que em Heidegger a fuga da cidade tenha sido induzida pela mesma busca de solidão que um século antes levou Thoreau aos bosques da região de Walden Pond no Massachusetts, e em 1913 conduziu Wittgenstein a uma cabana em Skjolden, na Noruega. Depois de breve período como reitor da Universidade de Freiburg em 1933, quando os nazistas chegaram ao poder, Heidegger explicaria no ano seguinte, num programa de rádio, por que não se dispunha a então trabalhar como professor em Berlim — só era capaz de pensar bem longe da cidade: "Numa escura noite de inverno, quando uma violenta tempestade de neve castiga a cabana, cobrindo e ocultando tudo, é este o momento perfeito para a filosofia." Ali, livre de distrações, o filósofo passava o tempo numa pequena casa contando apenas com o essencial: camas, uma mesa, livros. Ainda assim, eram surpreendentemente muitos os visitantes, em sua maioria estudantes, que filosofavam com o mestre caminhando pelo bosque ou conversando ao pé da lareira. Em fotos da década de 1930, vemos Frau Heidegger cozinhando no fogão para os filósofos reunidos em torno de uma mesa tosca de madeira, totalmente absortos na conversa.[6] Mas a fuga da cidade também foi para Heidegger uma fuga do Outro, especificamente dos outros judeus. A fuga da cidade e de suas complexidades humanas tornou-se cada vez mais importante para ele depois que passou a ser reitor da Universidade de Freiburg a convite dos nazistas. Ele cortou os laços com acólitos como Levinas e Hans Jonas — o que após a Segunda Guerra Mundial seria motivo de vergonha, servindo apenas para aumentar seu desejo de fuga. Depois de 1933, só arianos visitavam Todtnauberg; os alunos judeus de Heidegger não eram mais convidados ou já tinham fugido do país. Longe da cidade, Heidegger também podia evitar encontros dolorosos na rua com colegas que reprimira ou demitira da universidade quando reitor; o caso mais pessoal foi o de Edmund Husserl, judeu e seu próprio mentor, que foi proibido de usar a biblioteca.

Por este motivo, a cabana de Heidegger haveria de se tornar um símbolo maldito depois da guerra. Em 1967, o poeta Paul Celan, sobrevivente de um campo de trabalhos forçados, visitou Heidegger e escreveu posteriormente um poema, "Todtnauberg", que, apesar da admiração expressa pelo pensador, não permitia que o homem escapasse da própria história. "Que nome constava do livro de visitas / antes do meu?", pergunta ele; em outro poema, "Hüttenfenster" ("A janela da cabana"), ele divaga sobre judeus do leste europeu assassinados pelos nazistas. A escritora Elfriede Jelinek escreveu um drama intitulado *Totenauberg*, fazendo trocadilho com o nome da cidade, transformado em algo como "Montanha da morte".[7, 8, 9]

Há algo desconcertante na fuga de Heidegger da cidade. Na época, Freiburg era um lugar provinciano e tranquilo; as ruas da cidade universitária nunca tinham assistido a cenas estridentes como as de lugares maiores como Berlim. Walter Benjamin considerava estranho que Heidegger visse a cidade como lugar de trauma encarnando a modernidade estrangeira (vale dizer, judia) e hostil, dado o lugar modorrento em que vivia; esta incongruência é um dos motivos pelos quais Benjamin descartava a filosofia de Heidegger como uma forma de "surrealismo". Mas talvez a fuga de Freiburg não seja tão inexplicável assim; para Heidegger, o madeiro humano torto de Kant vivia lá.[10]

Para rejeitar, simplifique — Por tudo isto, a cabana me intrigou pela maneira como o objeto físico que é se relaciona com sua política. A ideia filosófica da cabana está expressa num dos mais belos ensaios curtos de Heidegger, "Construir habitar pensar". A ausência de vírgulas indica que os três conceitos constituem uma única experiência: o homem deve estar integrado à natureza, num lugar que tenha construído sem muito artifício, uma casa dedicada ao pensamento. No ensaio, Heidegger evoca "a unidade simples" de uma fazenda na Floresta Negra, referindo-se à perícia do construtor, que "surgiu do habitar, ainda [usando] suas ferramentas e equipamentos como coisas"; as diferentes gerações ali reunidas sob o mesmo teto compartilham um "senso da própria jornada através do tempo".[11]

Com certeza podemos dizer que uma cabana quadrada construída com ferramentas manuais poderia ser feita por qualquer um, sendo apreciada por qualquer família. Não é preciso ser nazista para querer um tempo no bosque. Mas existe aqui uma ligação entre lugar e política que poderia ser expressa da seguinte maneira: para excluir, simplifique.

A expressão tem ressonância para os urbanistas, como criadores de lugares. A exclusão não é apenas uma questão de manter longe judeus ou outros Outros, envolve também a simplificação da aparência e da construção de um lugar para que seja adequado a um tipo de pessoa, mas não a outros. Formas e usos mistos pedem usuários mistos, ao passo que, num ambiente despojado, quanto mais a forma se torna simples, clara e definida, mais estabelece quem pode estar ali e quem não pode. No extremo, uma cabana; no extremo, exclusivamente arianos.

Poderíamos dizer que, numa fuga heideggeriana, não importa realmente quem seja o Outro. Judeus na época, muçulmanos hoje. A fuga decorre do sentimento de que a presença do Outro — mesmo num lugar tranquilo como Freiburg — impede que alguém se enraíze. Em termos psicanalíticos, a pessoa em fuga quer construir o ego eliminando a dissonância. É apenas aquele sentimento de vulnerabilidade que Simmel descreveu para os cidadãos de Dresden, outro lugar sossegado. Em cidades assim, a densidade da multidão nunca é grande o suficiente para representar uma ameaça, nem existe um número mágico além do qual os estrangeiros se transformam pessoalmente num peso insuportável. O que acontece, isto sim, é que a imaginação constrói uma ruptura a partir dos fatos da diferença, da aparência de uma pessoa, da maneira como fala, se veste, come e até cheira. Ausentes esses sinais perceptíveis da diferença, o Outro que não chama a atenção deve estar escondendo alguma coisa — o judeu com suas negociatas para ganhar dinheiro, o muçulmano com sua fúria terrorista secreta. Se você for como Heidegger, não será capaz de lidar com a própria fantasia; na verdade, a ameaça que sente será tanto maior quanto menores forem os indícios concretos. Nenhum judeu jamais fizera mal algum a ele.

Em suma, a cabana associa exclusão de pessoas e simplificação da forma. Neste sentido, representa um risco muito grande: ao construir formas claras, diretas e simples, o *Homo faber* pratica a exclusão social. Além disso, a fuga da cidade para a Natureza pode ocultar uma rejeição dos outros. Heidegger queria escapar à responsabilidade pelos seus atos fugindo da cidade e adotando a vida simples do campo; seu maior lapso ético é o subterfúgio.

* * *

Veneza constrói um gueto — A exclusão torna-se mais complicada quando os desprezados são necessários. Na maioria das cidades existem elementos "estrangeiros" que são necessários ao seu funcionamento, desde a limpeza dos banheiros ao atendimento nos bancos. Numa cidade, os atos de exclusão têm mais peso em função do lugar, dos seus espaços e prédios, do que numa cabana; não dá para fugir fisicamente a Eles. Foi o caso dos judeus na Veneza renascentista. Necessários à cidade, eles deram origem com sua presença ao gueto, em sua forma clássica.

Em 1492, Fernando e Isabel, rei e rainha da Espanha, provocaram um verdadeiro terremoto na Europa ao expulsar tanto judeus quanto muçulmanos do seu país. Durante séculos, diversas confissões religiosas tinham coexistido na Espanha, primeiro sob o islã, depois sob o cristianismo. Do ponto de vista desses soberanos ardorosamente cristãos, sensíveis a uma certa falta de fervor em alguns dos seus súditos, o país só poderia tornar-se uma sociedade cristã mais forte se abrigasse apenas cristãos. Muitos fugiram para Veneza, onde, em 1512, as autoridades também queriam excluir os imigrantes judeus. Entretanto, como médicos, vendedores ou pequenos agiotas, os judeus desempenhavam papéis que os cristãos não podiam ou não queriam desempenhar. Graças em parte ao seu acesso à avançada medicina árabe trazida à Espanha pelos muçulmanos, os judeus sefarditas que viviam nesse país eram muito melhores que os médicos cristãos locais, habituados a usar feitiços e orações como ferramentas. Da mesma forma, os venezianos recorriam a operadores judeus para o comércio com o Leste (que na época se estendia pela Rota da Seda até a China). Em sua maioria, contudo, os judeus eram muito pobres e sem qualificação; preenchiam os nichos da economia informal como hoje o Sr. Sudhir, vendendo produtos baratos ou usados por baixo do radar das autoridades venezianas. O que as autoridades buscavam era um lugar onde isolar esse grupo particularmente degradado, ao mesmo tempo fazendo uso dele.[12]

Hoje é fácil imaginar que os judeus sempre viveram na Europa nas condições de isolamento do espaço do gueto. A partir do Concílio de Latrão de 1179, a Europa cristã tentou impedir que os judeus vivessem em meio aos cristãos. Roma exemplificava bem o problema da aplicação dos editos do Concílio de Latrão. Desde o início da Idade Média a cidade tinha o que hoje seria chamado de um gueto, assim como, em outras partes da Europa, cidades como Frankfurt; algumas ruas do bairro judeu de Roma podiam ter portões, mas na época medieval a malha urbana era por demais desordenada para que os judeus ficassem completamente isolados. Além disso, na maioria das outras cidades europeias os judeus não viviam em comunidades muito coesas, mas em pequenas células dispersas; em parte, era simplesmente uma questão de segurança, pois só a discrição e o anonimato lhes permitiam se proteger da perseguição.

Em Veneza, o caráter físico da cidade possibilitava um isolamento mais completo. Os canais da cidade são as suas ruas, separando agregados de prédios num vasto arquipélago de ilhas. Na constituição do gueto judeu, os dirigentes da cidade simplesmente recorreram à ecologia insular da cidade para criar um espaço de segregação. Mais tarde, essas muralhas formadas pela água sugeririam por sua vez ao papa Paulo IV, em Roma, o uso de muralhas de pedra no interior da cidade para segregar; o papa Sisto V viria posteriormente a ampliar e regularizar as muralhas originais do gueto romano. Com base nesse emparedamento da diferença social, um novo princípio do traçado urbano europeu — o espaço do gueto — se cristalizou como forma urbana moderna.

Originalmente, "gueto" significava "fundição" em italiano (de *gettare*, verter). O Ghetto Vecchio e o Ghetto Nuovo eram os velhos bairros de fundição da zona oeste de Veneza, longe do centro oficial da cidade, cujas funções manufatureiras se tinham transferido pela altura de 1500 para o Arsenal, na direção leste. O gueto de Veneza era formado na verdade por três lugares então organizados para a segregação: o Gueto Novo usado em 1516-17, o Gueto Velho em 1541 e um terceiro espaço próximo uma geração depois. O Ghetto Nuovo era um terreno romboide cercado de água por todos os lados; os prédios tinham um muro ao redor, com um espaço aberto no centro. O Ghetto Nuovo se distinguia entre as ilhas da cidade por estar ligado ao resto da malha urbana por duas pontes apenas. Fechando-se essas duas pontes, o Ghetto Nuovo podia ser isolado.

Durante o dia, as pontes levadiças eram baixadas pela manhã, e alguns judeus entravam na cidade, sobretudo na zona do Rialto, onde circulavam em meio à multidão; os cristãos entravam no gueto para tomar dinheiro emprestado, vender alimentos e fazer negócios. Ao cair da noite, todos os judeus eram obrigados a estar no gueto, e os cristãos, fora dele; e as pontes levadiças voltavam a ser erguidas. Além disso, as janelas dos prédios do gueto dando para o exterior eram fechadas toda noite, e as sacadas, retiradas, para que a muralha do gueto ficasse parecendo a muralha de um castelo cercado por um fosso. As portas e janelas eram muito bem fechadas, para que não passassem nem os raios da luz interior — os judeus literalmente desapareciam.

Esses procedimentos contrastavam com os adotados no gueto romano que o papa Paulo IV começou a construir em 1555. O gueto de Paulo juntou os judeus num único lugar, para que os padres cristãos pudessem convertê--los sistematicamente, casa por casa, sem deixar qualquer possibilidade de que um judeu fugisse à palavra de Cristo. Neste sentido, o gueto romano foi um redondo fracasso, pois apenas vinte judeus aproximadamente, numa população de 4 mil habitantes, sucumbiram anualmente à conversão pela concentração no espaço. O gueto veneziano não visava à conversão; o isolamento da comunidade judaica assinalava a irremediável diferença de serem judeus.

A exclusão do tipo veneziano era aparentemente fácil. Exigia apenas um espaço que pudesse ser totalmente isolado e vedado. O elemento essencial da forma construída é a muralha que isola. A água fazia as vezes da muralha isolante ao redor dos judeus insulares naquela época, exatamente como hoje a cerca "de segurança" feita de aço constitui o gueto dos palestinos. Mas a exclusão de um Outro que apesar de tudo é necessário na cidade faz com que esse tipo de construção não seja assim tão objetivo; a muralha pode permitir que o Outro prospere internamente, embora a cultura dominante queira mantê-lo em condições de mera sobrevivência.

Os judeus desfrutavam de segurança física dentro das muralhas do gueto, desde que ali permanecessem. Em 1534, por exemplo, o espaço isolado os protegeu quando foram objeto de uma onda de ataques na Quaresma; as pontes foram levantadas, as janelas, fechadas, como de hábito, a polícia circulava de barco em torno das ilhas para que os fanáticos cristãos não chegassem a eles. A cidade também concedia alguns outros direitos, como o de comprar alimentos a preços oficiais (baixos), apenas dentro do gueto. Eles conquistaram direitos ligados ao lugar — como os configurados hoje em dia no passaporte de alguém. No lugar da posse de direitos humanos básicos como pessoa, os direitos ligados ao lugar dependem do local onde uma pessoa vive. É a ideia weberiana, descrita no Capítulo 2: a cidade-Estado definindo o cidadão. Mas a cidade-Estado de Veneza só concedia direitos e privilégios aos oprimidos se literalmente ficassem "no seu lugar", vale dizer, se aceitassem sua marginalidade.

Irmãos por trás de muralhas? — Os judeus aprenderam uma vida de resistência no gueto de Veneza, que se transformou numa *cité*, além de uma *ville*. No fim da Idade Média, por exemplo, orações e estudos religiosos judaicos ocorriam pela manhã, mas no gueto veneziano era este o período em que eles eram autorizados a sair. Assim foi que os judeus se tornaram grandes consumidores de café — que começava a circular abundantemente no século XVI —, como estímulo para permanecer despertos à noite, passando as horas de oração e estudo a ser aquelas em que eram encarcerados juntos.

Em troca da permanência dos judeus no gueto, o Estado lhes permitiu construir sinagogas. A sinagoga, que na Idade Média consistia na reunião de uma congregação em casa, ou em algum prédio sem características distintas, veio a ser no gueto um prédio protegido pelo Estado; com o tempo, as sinagogas passaram a ser visitadas pelos venezianos por curiosidade — uma versão renascentista da visita turística a favelas. Internamente, o prédio da sinagoga tornou-se a instituição pública definidora na comunidade. Logo, "a" sinagoga seriam várias sinagogas, representando diferentes grupos confessionais — sefarditas, asquenazes e até uma sinagoga para dezenove judeus chineses que viviam em Veneza no meado do século XVI.

O espaço comum e apertado da *cité* do gueto era notável porque os próprios judeus eram "povos", e não *um* povo. As correntes do judaísmo renascentista se entrelaçavam com materiais sociais muito diferentes: os judeus asquenazes não falavam a mesma língua que os judeus sefarditas, nem tinham a mesma cultura, e eram grandes as diferenças doutrinárias entre eles. Os judeus levantinos, por sua vez, eram formados por várias seitas cismáticas. Uma vez confinados num gueto, obrigados a viver no mesmo espaço, eles tinham de aprender a se misturar e conviver.

Em certa medida, isto significava falar como "judeus" ao mundo exterior, cooperando para proteger os próprios interesses, mesmo continuando a discordar entre eles. No gueto de Veneza, como também no de Roma pouco depois, os judeus formaram organizações fraternas que se reuniam nas sinagogas, mas para tratar de questões puramente seculares ligadas ao gueto. Nessas organizações, as divergências religiosas entre os diferentes grupos de judeus eram minimizadas, e mesmo evitadas quando muito explosivas, pois eles formavam um povo sob a mesma ameaça comum.

A ideia de que os oprimidos se unem em solidariedade é ingênua, e o fato, raro. Opressão não gera integração. Pelo contrário, a solidariedade é uma ficção necessária a ser transmitida ao poder dominante: somos fortes porque unidos. Os oprimidos precisam aprender a agir como se isto fosse verdade, para encenar a ficção, torná-la verossímil, caso contrário o opressor vai explorar suas divergências, dividir para reinar. No gueto, como acontece em outros grupos sob quarentena, a máscara acabou caindo: no caso, não se desenvolveu grande terreno intermediário entre o sefardita e o asquenaze, nem entre as confissões sefarditas.

Foi este o problema que Levinas analisou teologicamente. Considerados como vizinhos, os sefarditas e os asquenazes não precisam, segundo ele, encontrar um terreno comum; a sua "boa vizinhança" está em respeitar o fato de que isto não é possível. Seu companheiro de fé Martin Buber tinha descrito a presença tanto do Outro sagrado quanto do secular na vida das pessoas como uma relação "Eu-Tu"; Deus não está em outro lugar, mas aqui mesmo, agora, bem perto, sem filtros. Ao contrário de Buber, Levinas considerava que o elemento mais importante na expressão "Eu-Tu" é o hífen. Deus, naturalmente, está aqui — mas também ausente da nossa experiência, pois a verdade religiosa está além do alcance da crença. Se, teologicamente, o hífen representa a condição de vizinho, do mesmo modo representa a condição de vizinho entre homens e mulheres — ao mesmo tempo adjacentes e separados.[13]

Durante mais de 3 mil anos os judeus tinham sobrevivido em pequenas células misturadas a povos estranhos e opressivos, apoiados em sua fé onde quer que vivessem. Agora, "ser judeu" tornava-se uma identidade espacial compartilhada, embora o judaísmo continuasse a dividir os judeus do ponto de vista religioso. As circunstâncias da separação no gueto impuseram aos judeus venezianos uma ficção necessária: a ficção de falar com uma só voz. O espaço do gueto lhes impôs hábitos compartilhados, mas o fato de habitarem juntos também os levou, na linha de pensamento de Levinas, a pensar em si mesmos como vizinhos.

Do ponto de vista dos opressores, cabana e gueto representam duas maneiras de rejeitar. O espaço simplificado representado num dos extremos pela cabana de Heidegger não tem lugar para nada que não seja uma existência despojada: não há complexidade de formas construídas, paralelamente ao etos social de que não há espaço para estrangeiros num lugar. Excluir para simplificar. O gueto é um espaço complexo destinando a fazer uso prático do Outro ao mesmo tempo afastando socialmente sua presença: para excluir, conter.

Essa equiparação de extremos é importante porque o *Homo faber* pode se transformar involuntariamente num opressor. Os exilados do navio da Carta de Atenas não pensavam construir um espaço nazista — eram em sua maioria vítimas do nazismo. Mas sentiram a atração da simplificação e redução da forma ao que há de mais essencial, como no famoso clichê modernista do "menos é mais". Reduzir ao estrito necessário numa habitação física convida a reduzir ao estrito necessário a vida dos que nela habitam. Creio, portanto, que não é mero acidente o Plan Voisin de Le Corbusier ter-se tornado o protótipo de projetos habitacionais e imóveis sociais como Cabrini-Green em Chicago ou muitas das *cités* construídas fora do Périphérique de Paris: lugares onde se concentram negros ou muçulmanos numa forma de habitação básica e desoladora.

As autoridades cristãs de Veneza justificavam o isolamento dos judeus em guetos em nome da segurança deles próprios, já que os judeus eram vistos como seres física e moralmente impuros — acreditava-se que transmitiam sífilis na urina e peste na respiração, além de serem assassinos de Cristo que usavam meninos cristãos em sacrifícios de sangue. Os venezianos precisavam ser protegidos deles, pensavam. Mas nem de longe se tratava de um desejo de segurança "inocente" — se se pode usar esta palavra —, pois durante o dia cristãos e judeus conviviam em proximidade na cidade. Da mesma forma, a ameaça de violência representada pelas criadas e jardineiros não é o motivo de a burguesia de Delhi construir atualmente condomínios cercados, pois esses corpos subalternos estão presentes diariamente, trabalhando aquém dos portões.

III. Comparar — A classe de perto

A resposta para a rejeição do Outro poderia ser aparentemente derrubar as muralhas, aproximando aquele que difere. Esta feliz proposta não tem muito de sociológico, pois nem todas as diferenças são iguais. Hoje em dia as diferenças de classe não são vivenciadas da mesma maneira que as diferenças culturais de raça, religião ou etnia. Quando pessoas de classes diferentes convivem de perto, comparações odiosas são feitas; as desigualdades doem pessoalmente. Os motivos disto parecem levar-nos longe do pensar a cidade — mas hoje as comparações odiosas têm um cenário urbano.

Comparações odiosas — A classe tornou-se personalizada, e as diferenças de classe, uma causa de odiosas comparações pessoais, em decorrência de uma nova ideia do ser que trabalha: a meritocracia. Ao contrário do privilégio herdado, a ideia meritocrática é que o lugar ocupado por alguém na sociedade deve depender do grau em que se tenha saído bem no trabalho. Em particular — se todos tiverem a sua chance —, o desempenho de cada um vai justificar o que vier a conseguir na corrida de ratos da vida: a meritocracia combina a crença num início igual à legitimidade de um resultado desigual.

As origens da meritocracia remontam ao meado do século XVII, quando Samuel Pepys e outros reformadores navais britânicos sustentavam que os oficiais da marinha deviam ser designados e promovidos com base exclusivamente na capacidade, e não na compra ou herança de um posto. No século XVIII, os escritores reunidos por Denis Diderot para criar a *Enciclopédia*, o grande compêndio de artes e ofícios, expandiram a ideia da meritocracia, argumentando que todos os tipos de ofícios e habilidades deviam ser incluídos no ideal das "carreiras abertas ao talento". Era também o que estava contido na famosa frase de Napoleão: "Todo soldado carrega na mochila o bastão de um marechal da França." Os enciclopedistas elevaram a condição do trabalho manual na sociedade civil, considerando que a habilidade necessária para se tornar um bom cozinheiro de modo algum seria inferior à habilidade de um diplomata ou político. Era uma visão equalizadora, na medida em que acreditavam ser a maioria das pessoas capaz de realizar um bom trabalho, desde que sejam treinadas adequadamente e tenham desde o início as devidas oportunidades. Para esses radicais do trabalho no século XVIII, a meritocracia estava aberta a todos.

Mas a crença no mérito individual tomou um rumo estranho. Embora as condições do capitalismo industrial pouco contribuíssem para equalizar o ponto de partida para os jovens — em muitos lugares, tornou-se mais difícil encontrar um ponto de apoio econômico —, os resultados desiguais eram justificados como decorrência do talento, da energia ou alguma outra qualidade pessoal, e não pelas circunstâncias a cujo respeito os indivíduos pouco podiam fazer. Isso tem persistido até nossos dias. Como nos locais de trabalho dos adultos, também nas escolas a meritocracia dá origem a uma busca altamente personalizada do talento: com demasiada frequência, os professores podem negligenciar em sala de aula dezenove alunos, em busca do indivíduo que se destaque; tal como nos locais de trabalho, a recompensa só chega para aquele que se destaca, que é excepcional, restando poucas recompensas ou nenhuma para os trabalhadores mais comuns que fazem um trabalho decente ou prestam serviço há muito tempo.[14]

Como se pôde constatar em toda uma série de pesquisas, são os perdedores desse esquema que mais personalizam a classe. Nas escolas, como demonstrou Paul Willis, os dezenove adolescentes deixados para trás se sentem pessoalmente atingidos pelo que se destaca, reagindo à sua promoção com um misto de agressão e vergonha. Quando Jonathan Cobb e eu entrevistamos homens desempregados da classe trabalhadora há cerca de quarenta anos, constatamos que tinham o sentimento de que, se tivessem feito escolhas mais inteligentes na escola, poderiam ter evitado o desemprego, muito embora o fato objetivo fosse que as usinas de aço nas quais trabalhavam tinham falido ou sido transferidas para a China. Na mão de obra qualificada de colarinho branco, como pude constatar uma geração depois, entrevistando engenheiros da IBM que não eram promovidos, os empregados muitas vezes falavam de ter feito escolhas erradas na carreira ou tolamente ter acreditado que trabalhar com afinco poderia lhes render uma recompensa na IBM. Em termos racionais, a pessoa pode saber que as condições lhe são adversas, mas ainda assim permanece implícito aquele sentimento personalizado.[15, 16]

A personalização da classe é uma versão da velha ideia do *Stadtluft macht frei*: onde você está indica o que fez da vida num lugar livre de limites herdados ou tradicionais. Na *Educação sentimental* de Flaubert, para tomarmos um grande exemplo literário, nada, em princípio, impede a ascensão de Frédéric Moreau na cidade; não é a história de um pobretão que enriquece, mas de uma pessoa capaz de ascender em virtude do dinheiro e da educação. O que não acontece; Flaubert, com o prazer de um cirurgião sádico, passa por cima das suas desculpas circunstanciais, revelando que Frédéric se desmoraliza precisamente por causa das comparações íntimas com outros, usando os mais ínfimos detalhes de comportamento, vestuário e crenças. Não é um protagonista atraente, e nós sentimos em parte o prazer de Flaubert em mapear sua queda, mas o que realmente ressoa é o fato de Frédéric não ser capaz de renegar emocionalmente o seu fracasso.

Qual a relação da *ville* com essa personalização do ponto em que alguém se situa na sociedade? O clássico gueto lança luz sobre essa questão moderna. Examinando-se antigas imagens de Paris, chama a atenção a presença, mesmo nos mais suntuosos *hôtels particuliers*, de barracos nos pátios abrigando os ferreiros ou carpinteiros que ali prestavam serviço; nos prédios mais burgueses construídos por Haussmann, os pátios são circundados junto à rua por vendedores de tecidos, merceeiros e floristas atendendo à vizinhança. No interior das casas, eram necessários muitos criados para cozinhar, lavar e limpar; esses criados representavam a maior fatia da classe trabalhadora em Paris e Londres até a Primeira Guerra Mundial. Mas se todas essas classes conviviam de perto fisicamente, a classe em si mesma não era personalizada. Patrão e criado viviam lado a lado sem que lhes passasse pela cabeça estabelecer comparações pessoais entre eles. A classe era um fenômeno objetivo, algo a cujo respeito o criado pouco poderia fazer. *Stadtluft macht frei* não se aplicava a essa relação.

O último século alterou a estrutura de classe urbana de modo surpreendente. Por um lado, a classe trabalhadora urbana se diversificou: o serviço doméstico deixou de constituir uma fatia tão grande. No início do século XIX, a manufatura se localizava em terrenos baratos do campo ou em cidades pequenas; um século depois, as grandes indústrias migravam para cidades maiores, tornando-se a localização perto de complexas redes de transporte ferroviário, rodoviário e portuário mais lucrativa que o isolamento barato. O setor de serviços urbanos também começou a crescer depois da década de 1880, à medida que os escritórios pequenos cediam lugar aos grandes, e esses empregos rotineiros de colarinho branco deram origem à mobilidade ascendente dos trabalhadores do sexo masculino e à entrada no mercado de mulheres com capacitação como secretárias.

Com a maior complexidade das estruturas de classe, contudo, a cidade também passou a funcionar como uma centrífuga, separando as classes no espaço. Surgiu uma forma moderna dos guetos. Os subúrbios da classe trabalhadora apareceram nas grandes cidades já na década de 1880, tornando-se cada vez maiores à medida que se desenvolviam as redes de transporte. O mapa Park-Burgess da ecologia de Chicago faria mais sentido se o mapa circular mostrasse, nas faixas externas de riqueza, bolhas em que funcionários, encanadores e artesãos especializados construíssem suas casas em arborizadas ilhas urbanas. Na cidade central, os bairros da classe trabalhadora no último século haveriam de se tornar cada vez mais homogêneos, do ponto de vista de classe; os mapas de Spitalfields, no leste de Londres, traçados por Charles Booth no fim do século XIX mostram uma base econômica muito mais diversificada que os levantamentos realizados meio século depois. Em Paris, verificou-se na primeira metade do século XX uma alteração semelhante nos *arrondissements* da região nordeste, áreas que eram predominantemente de classe trabalhadora e passaram a sê-lo de maneira homogênea.

O que chamamos de "gentrificação" é muito mais que a colonização de bairros interessantes por artistas e gente na crista da onda, seguidos pelo povo dos meios de comunicação e atraindo milionários digitais ainda com espinhas na cara mas capazes de expulsar com seu dinheiro tanto os nativos quanto os primeiros pioneiros. A gentrificação é, mais essencialmente, um processo pelo qual os 70-75% da base da pirâmide na população urbana se tornam vulneráveis à expulsão por parte do quarto que ocupa o topo numa cidade, seja pelo aumento dos aluguéis ou pela indução dos proprietários pobres a venderem seus imóveis. Cabe notar que certos nativos se aferram "teimosamente", para empregar a expressão usada recentemente por uma revista de negócios, decididos a permanecer onde nasceram ou simplesmente a reter um bem que se valoriza. Mas um número suficiente é forçado a sair ou decide fazê-lo, desaparecendo quase sempre do centro da cidade em direção aos bairros mais afastados e baratos das imediações. Como resultado, esse processo de gentrificação reforça a equação da diferença de classe e da separação física.[17]

Assim é que hoje em dia a experiência de classe numa cidade associa a vivência pessoal de proximidade com a desigualdade a uma experiência física cada vez mais distante e segregada. Os urbanistas falam da "morte da distância" para se referir aos efeitos da informática, por meio dos dispositivos móveis; as pessoas estão permanentemente conectadas, sempre relacionadas. A classe passa a ser vivenciada como uma espécie de "morte da distância" na *cité*, embora a *ville* comece a ser mais formada por guetos de classe.

IV. Mistura — A máscara da civilidade

O lugar onde eu moro em Londres parece se enquadrar no icônico tipo de vizinhança mista celebrado por Jane Jacobs. É onde fica Saffron Hill, outrora cenário de pobreza abjeta em *A casa soturna*, de Dickens, mais tarde rua de depósitos e escritórios da colônia italiana. Há cerca de quinze anos, a rua de repente começou a interessar casais gays, ou solteiros de qualquer orientação sexual trabalhando no centro financeiro ali perto, além de alguns nova-iorquinos extraviados. Atraídos pelos espaços industriais recentemente transformados em *lofts*, minha mulher e eu fomos dos primeiros transmissores do Vírus da Gentrificação.

Alguns fatores renitentes, contudo, se interpõem no caminho de ainda maior gentrificação da vizinhança. A rua seguinte a Saffron Hill é o centro diamantífero da Grã-Bretanha, Hatton Garden, cheio de judeus hassídicos cortando e negociando com pedras nos prédios ao longo da rua, vendendo no varejo a hordas de jovens casais ingleses que parecem meio desconfiados de comprar de sujeitos que usam chapéu de feltro e ternos pretos mal cortados, falando iídiche entre eles e um polonês de beira de cais com os brutamontes de empresas privadas de segurança que montam guarda nas lojas. Uma rua adiante, Leather Lane, abriga um dos mais antigos mercados a céu aberto do centro de Londres, vendendo bolsas baratas, roupa íntima, artigos de limpeza e comidas étnicas a verdadeiras multidões na hora do almoço — o que me lembrou os mercados abertos de Delhi. Coroando os destroços do sonho de gentrificação, temos Bourne Estate, um conjunto habitacional do outro lado de Leather Lane. Embora os prédios mais antigos do conjunto estejam decadentes, a propriedade é bem cuidada pelos moradores, mistura de ingleses idosos da classe trabalhadora, famílias de indianos de meia-idade e um grupo diversificado de gente mais jovem do mundo islâmico.[18]

Comunidades como essa em que eu vivo vão tocando as coisas sem que a diversidade chegue a constituir problema, até que algo venha perturbar a vida cotidiana. Foi o que aconteceu no nosso caso quando um grande depósito de joias foi assaltado em Hatton Garden. A polícia levou algumas semanas para deter os assaltantes, surpreendentemente homens de mais idade, mas até então os boatos imperavam na comunidade, chegando à superfície as tensões étnicas. Procurados por jornalistas, moradores se manifestavam sobre quem seriam os autores do roubo, e uma resposta frequente, não raro sem rodeios, era: "alguém da área". Longe das câmeras, no espaço seguro do café kosher de Leather Lane, alguns dos negociantes de diamantes comentavam que a polícia multiétnica não se importava com o roubo de "bens judeus". De maneira não menos irracional, uma discussão num café halal levantava a suspeita de que "os judeus" tivessem montado o golpe para receber dinheiro do seguro. A boataria inflava o preconceito: um empregado da lavanderia, muçulmano devoto, disse-me ter ficado sabendo que "os judeus" iam botar a culpa do roubo no seu sobrinho, perguntando se eu não indicava um bom advogado. Antes do assalto, eu eventualmente ouvia comentários antissemitas no café halal, mas eram apenas isto: comentários eventuais. Até então, eu me limitava a dar de ombros; mas agora me sentia ofendido.

Quando a boataria lhes confere outra dimensão, pequenos acontecimentos como o assalto de Hatton Garden podem provocar confrontos violentos em comunidades mistas. Neste sentido, existem casos clássicos como os pogroms desencadeados na Polônia pela morte de uma criança católica, atribuída aos poderes mágicos dos judeus, com suas bestiais cerimônias religiosas; e, na Índia, casos envolvendo boatos sobre abate criminoso de vacas por parte de muçulmanos do Paquistão, agravados pela suposta contaminação proposital de carne halal por hindus. Esses surtos de violência desmentem a bem-intencionada crença de que conhecer melhor os vizinhos estabiliza as relações comunitárias; em cidades as mais diferentes, como Izmir, Delhi, Los Angeles, onde grupos diferentes convivem há anos, ou mesmo há gerações, um pequeno acontecimento inflado por boatos pode fazer de repente com que as pessoas mal tolerem ver umas às outras.

Uma solução radical que costuma ser apresentada ante esses surtos é o argumento das "boas cercas" articulado pelo sociólogo Robert Putnam. Com base num amplo levantamento de atitudes, ele concluiu que as pessoas reagem positivamente aos que são diferentes se viverem longe. O convívio frente a frente numa comunidade mista às vezes pode ser como esfregar sal numa ferida aberta. Suas constatações ressoam com um verso do poema "Mending Wall" de Robert Frost: "Boas cercas fazem bons vizinhos." Putnam apenas observa, sem propor, assim como o poema de Frost (na opinião do crítico Thomas Oles) assume uma atitude irônica contra o tipo de sabedoria do senso comum que parece abraçar. Mas ainda assim o que se sugere é que aumentar a distância geográfica entre grupos diferentes tem maior probabilidade de torná-los tolerantes do que misturá-los.[19, 20]

Meus vizinhos encararam a coisa de outra maneira. Recorreram a gestos leves e superficiais de cortesia que tornavam mais suave o contato entre diferentes grupos; gestos que depois da ruptura se tornaram inflados e exagerados. Numa loja de jornais e revistas de dois indianos, por sua vez experientes diplomatas no trato com clientes diversificados, os vendedores de diamantes, em geral falando iídiche ou hebraico no celular, faziam questão de se mostrar ostensivamente polidos com mães muçulmanas vindas do conjunto habitacional ("por favor, a senhora primeiro") e cheios de gracinhas com os bebês ("tão grande para sete meses"). A comunidade islâmica também se esforçava; por insistência do imã local, as bandeiras palestinas que tremulavam nas janelas dos apartamentos do conjunto desapareceram. Os resmungos em iídiche para cumprimentar e o ressurgimento das bandeiras palestinas indicaram que a crise tinha passado.

Os pequenos gestos de cortesia exemplificam o preceito de que "a superficialidade não faz mal nenhum" sustentado por Jane Jacobs. A gente pergunta como vai o vizinho sem querer realmente saber; estamos apenas mandando um sinal de reconhecimento. Esses pequenos gestos também são primos da máscara blasé de Simmel, na medida em que são impessoais e insípidos. Para curar uma ferida, restabelecer uma conexão social, cada um oculta o que realmente sente a respeito do outro.

O pano de fundo, aqui, antecede a invocação kantiana do cosmopolita como aquele que é capaz de se colocar acima das divergências humanas que resultam no "madeiro torto da humanidade". O significado francês original de *cosmopolite* se aplicava aos diplomatas louvados por serem capazes de se mover com facilidade de um lugar a outro, de uma cultura a outra; no século XVII, por exemplo, o bispo Bossuet se referia ao viajado embaixador sueco na França como "un vrai cosmopolite". Sir Henry Wotton, embaixador britânico em Veneza no início do século XVII, era considerado um homem capaz de mentir bem pelo bem do seu país. Fora desse terreno profissional, o cosmopolitismo assinalava uma distinção de classe: o camponês e o trabalhador manual pareciam ter uma estreita visão de mundo local, ao passo que, refinados, o cavalheiro e a dama de classe alta eram por assim dizer mais viajados mentalmente.

No fim do século XVIII a palavra "cosmopolita" foi democratizada. Os americanos têm a experiência dessa mudança na pessoa de Benjamin Franklin, que era conhecido, tanto no país quanto no exterior, como representante dos Estados Unidos na França, como uma pessoa simples e direta que se dava bem com todo mundo. "Não investigue muito profundamente a vida da sua vizinha, para que ela não investigue muito profundamente a sua", recomenda um manual para moças do Massachusetts. Um manual para rapazes escrito na mesma época, no início do século XIX, aconselha: "Não é másculo fofocar."[21]

Sentir-se à vontade na companhia de estranhos há muito era algo associado a viver numa cidade; em francês arcaico, a palavra *urbain* significa ao mesmo tempo vida numa cidade e polidez com visitantes de outra cidade. Numa moderna comunidade mista como a nossa, esses usos são combinados na máscara da civilidade: superficialidade, embuste, impessoalidade. Esta trinca é a alternativa ao distanciamento heideggeriano dos outros, ao isolamento e confinamento dos outros, ou a comparações de caráter pessoal que machucam e fantasias chocantes sobre o poder maligno do Outro. Eu diria então que meus vizinhos estavam certos ao envergar a máscara da civilidade — pelo menos até que os ladrões fossem apanhados. Mas é certo que os comportamentos que associam superficialidade, embuste e impessoalidade não podem ser considerados corretos num sentido ético. Como confiar em alguém que se limita a usar a máscara da civilidade?

O filósofo Russell Hardin observa que a confiança implica um salto "além da certeza" quanto ao que esperar de outra pessoa ou grupo; encaramos o comportamento do outro em confiança, como se costuma dizer. A confiança verbal, como na expressão "palavra de honra", significa que não é necessário explicitar claramente as coisas. A confiança implícita é aberta, ainda que não cega; saímos em busca do que Hardin chama de "confiabilidade", buscamos o tom de voz ou o gesto da mão que podem ser considerados de uma pessoa "confiável"; "ele parecia o 'tipo de pessoa' que merece confiança".[22]

A confiança tem caráter diferente do que se apresenta no modelo de Hardin quando estamos nos referindo a uma comunidade mista que usa a máscara. Em vez de buscar os traços de caráter que, no outro, indiquem que merece confiança, confiamos que ele não chamará a atenção para as diferenças que nos separam. Imaginemos a seguinte conversa na banca de jornais do indiano: "Falando como negociante judeu de diamantes, eu diria que é um bebê bem grande para sete meses", vindo então a resposta: "Falando como uma mãe refugiada de Lahore, posso garantir que a maioria dos bebês muçulmanos é deste tamanho." Um diálogo absurdo, pois a informação pessoal é irrelevante; além disso, esse diálogo não contribuiria para aumentar a confiança *mútua* — pelo contrário, enfatizaria a existência de diferenças. Ao passo que um sorriso satisfeito, um carinho no nariz do bebê servem para fazer a ponte.

O que significa, de maneira mais genérica, que as comunidades mistas só funcionam bem enquanto a consciência do Outro não for trazida a primeiro plano. Se algo levar a que seja assim destacada, o peso dos outros é sentido de perto, podendo surgir a desconfiança. Silêncio gera confiança. O ritual superficial é uma forma de reaproximar uma comunidade que chegou à beira da situação do gatilho.

Tentei neste capítulo olhar por trás das crenças que parecem trivializar o entendimento da diferença. Como na cabana de Heidegger, a exclusão pode decorrer de um profundo desejo de unificar e simplificar a vida. Na cidade, um emparedamento como o que se criou em torno do gueto de Veneza não foi capaz de reduzir os judeus a uma elementar condição de sobrevivência, mas gerou entre os próprios excluídos um tipo de boa vizinhança que não serviu para uni-los. Nos termos classistas de hoje, as comparações odiosas do convívio próximo coexistem com uma *ville* transformada em gueto. Numa comunidade mista, os rituais do bom convívio sacrificam a verdade em nome da confiança.

Infelizmente, existe uma maneira simples e perversa de tornar leve o peso dos outros.

6. Tocqueville em Tecnópolis

Uma solução no sentido de tornar leve o peso dos outros consiste em tornar a vida fácil para todo mundo, graças à tecnologia moderna. A tecnologia resolverá o que a sociologia não resolve, ordenando e abrandando as relações. Bill Mitchell, do Media Lab, foi um dos primeiros a acreditar nesta solução, convencido de que a cidade inteligente podia endireitar as relações sociais. Desde que ele escreveu *City of Bits*, "a" cidade inteligente tornou-se na verdade dois tipos de cidades. Numa delas, a tecnologia avançada determina como as pessoas devem usar os espaços que habitam; a *ville* dita as regras para a *cité*. Na outra, a alta tecnologia coordena mas não apaga atividades mais desordenadas na *cité*. A cidade inteligente prescritiva é ruim para a mente; ela embota os cidadãos. A cidade inteligente coordenadora estimula mentalmente, envolvendo seus habitantes em problemas complexos e diferenças humanas. O contraste se encaixa no nosso contexto mais amplo: a cidade inteligente prescritiva é fechada; a cidade inteligente coordenadora é aberta.

Para explorar esse contraste, precisamos primeiro voltar à Era do Gelo da tecnologia, a década de 1830.

I. Um novo tipo de indivíduo — Tocqueville e o distanciamento

Pode parecer estranho escolher Alexis de Tocqueville, o escritor e estadista do século XIX, como guia dos riscos da cidade inteligente, embora ele fosse profético em questões de hoje como os meios de comunicação da "pós-verdade" e o populismo. Sua capacidade de prever a moderna organização política decorreu de uma viagem aos Estados Unidos que fez na juventude, em 1831. A Revolução Francesa da década de 1790 quase tinha levado à guilhotina os seus pais, pequenos aristocratas de província. O surto revolucionário de 1830 na França o levou a temer que as multidões assassinas aparecessem de novo. Além disso, ele estava cansado da Europa, e assim montou com seu amigo Gustave de Beaumont uma viagem de pesquisa às prisões americanas, para se ausentar pelo menos temporariamente. Além de visitar prisões, ele teve a sua cota de aventuras, cavalgando pelas imensidões selvagens, frequentando *saloons*, bisbilhotando reuniões cívicas comunitárias.

Mas o primeiro volume de *A democracia na América*, publicado em 1835, ainda mostra o jovem escritor obcecado com o passado, as paixões destrutivas da turba, como seriam posteriormente analisadas por Le Bon. O livro de Tocqueville descrevia a transformação da multidão-turba da geração dos seus pais na "tirania da maioria" da sua. Como a turba das ruas, a maioria, uma vez democraticamente instalada nas funções de Estado, não se limita a governar moderadamente a minoria; é tomada por uma paixão de universalização da própria vontade, de tal maneira que os 51% não dão atenção à voz dos 49%. Era este o cordão umbilical político que ligava os Estados Unidos democráticos à Europa revolucionária.

Cinco anos depois, Tocqueville mudou de foco. No segundo volume de *A democracia na América*, publicado em 1840, ele cotejava os Estados Unidos com o seu país da sua época, uma França que ele via como uma sociedade burguesa obcecada com dinheiro — o meio do qual sairia Haussmann. Passada uma década do reinado de Luís Filipe, o país lhe parecia amolecido. Conforto e complacência eram a norma; ninguém se interessava mais por grandes compromissos. Ao escrever seu segundo volume sobre a vida americana, ele tinha em mente esse descompromisso em casa. A multidão como turba deu lugar a uma nova imagem de uma massa de indivíduos, desvinculados da sociedade como um todo, interessados apenas no conforto e voltados sobre si mesmos.

Foi o seu momento bola de cristal, no que diz respeito ao uso da tecnologia hoje em dia. Em sua percepção, a palavra-chave é "individualismo"; na verdade, foi cunhada por ele, que assim a evoca:

Cada pessoa, retirada no seu próprio mundo, se comporta como se fosse estranha ao destino de todas as outras. Para ela, os filhos e os amigos representam toda a espécie humana. Quanto às transações com seus concidadãos, ela pode se misturar a eles, mas não os vê; toca-os, mas não os sente; existe apenas nela própria e para si própria. E se nesses termos persiste em sua mente um senso de família, já não persiste nenhum senso de sociedade.[1]

Esse tipo de indivíduo voltado sobre si mesmo quer levar uma vida fácil e confortável, em contraste com o individualismo rude dos pioneiros americanos. O indivíduo rude sai por aí de mochila, enquanto o indivíduo descrito por Tocqueville prefere visitas guiadas. Deparando-se numa cidade estrangeira com a alternativa entre um Starbucks e um café local, o novo homem de Tocqueville ruma para o Starbucks; não precisa fazer o esforço de descobrir e escolher num arquipélago de cafés de estilo local. O mesmo quanto aos estranhos; "ele se mistura [...] mas não os sente". A norma é a familiaridade.

Tocqueville chama as relações entre indivíduos distanciados de "igualdade de condições". A expressão não significa exatamente o que pode parecer. Tocqueville não tinha ilusões de que os níveis de renda viriam a se tornar mais equiparados no futuro americano, ou de que a democracia nivelaria o jogo de poder. Com a expressão "igualdade de condições" ele tentava dizer que as pessoas viriam a querer as mesmas coisas — os mesmos bens de consumo, a mesma educação, o mesmo padrão de moradia —, apesar de terem acesso muito desigual a elas. A igualdade de condições foi nada lisonjeiramente qualificada de "massificação do gosto do consumidor" pelo sociólogo Theodor Adorno; Tocqueville estendeu a massificação aos códigos de comportamento.

As duas expressões, "individualismo" e "igualdade de condições", marcam Tocqueville como um sombrio profeta da tecnologia — embora, que eu saiba, jamais tenha escrito uma palavra sobre máquinas. Suas ideias explicam por que o dispositivo móvel e a tela podem ser considerados máquinas individualizadoras, e por que os programas padronizados que rodam em telas móveis e de computadores geram igualdade de condições nas comunicações. Essa percepção pode ser levada adiante: suas explicações do individualismo e da igualdade de condições explicam, juntas, por que as cidades inteligentes podem se tornar fechadas. O problema em tudo isto é o que chamamos de tecnologia "fácil para o usuário". Ela torna passivo.

II. Um novo tipo de gueto — Um Googleplex

Em virtude da minha ligação com o MIT, tive ao longo dos anos contatos eventuais com vários desenvolvedores de software, testando a versão beta de certos programas: a ideia é que, se eu sou capaz de usá-los, qualquer um é. Tive uma breve e não muito feliz experiência com a Google, testando um programa para a cooperação online entre usuários. A propaganda dos feitos sensacionais da Google sempre me deixou desconfiado; ainda assim, eu quis dar uma espiada no seu covil. Como a empresa tem uma obsessão com a proteção dos seus segredos, é difícil entrar em sua sede; graças a um ex-aluno que estava deixando a empresa em Nova York, eu tive a oportunidade de visitar as instalações.[2]

Na cidade, mas não dela — O Googleplex em Nova York é um prédio totalmente reformado. Uma velha construção que antes abrigava os escritórios da Administração Portuária de Nova York foi deixada só na casca e completamente refeita, para dar lugar à atividade criativa que transformou a Google num gigante industrial. O Googleplex de Nova York enfrentou certos desafios, devido à sua localização. Localizado logo acima de Greenwich Village, ele tem do outro lado da rua um lembrete do Outro, tal como costumava ser em Nova York: uma série de bares, puteiros e apartamentos baratos ao longo da Oitava Avenida. O Googleplex também abriga, no térreo do antigo prédio da Administração Portuária, certas atividades que não podem ser vinculadas à reforma interior. Há uma grande clínica de saúde que atende a todo o West Village, e não apenas aos empregados da Google sofrendo de colapso psicótico causado por estresse. Também se encontram, no térreo, bancos de varejo dando para a rua e até vestígios das pequenas indústrias que outrora se concentravam nessa parte da cidade, por causa dos aluguéis baratos.

Com o tempo, a Google pretende criar uma estrutura completamente nova, traçada pelos badalados arquitetos Bjarke Ingels e Thomas Heatherwick, e que terá como característica urbanística mais notável um terraço ajardinado com telhado de vidro, servindo esse "espaço público" para eximir os googlistas de toda e qualquer exposição ao ambiente físico circundante. Mas por enquanto a rua ainda forma uma espécie de envelope de sujeira.

O interior foi concebido para ser autossuficiente. Como se sabe, dentro de qualquer Googleplex os empregados dispõem de qualquer coisa que possam desejar: mandar a roupa para a lavanderia, ir a uma consulta médica, fazer ginástica, dormir em caso de trabalhar até tarde e até ver um filme se quiserem relaxar — realmente um ambiente de trabalho de muitos recursos. Isso não se deve a nenhuma bondade dos empregadores; a disponibilidade de serviços vinte e quatro horas por dia é o principal meio de fazer com que os empregados fiquem focados na vida lá dentro, minimizando distrações fora da empresa. Espalhados pelo planeta, do Vale do Silício a Munique, todos os Googleplex são comunidades fechadas destinadas a extrair mão de obra de gente na faixa dos vinte que em geral não se vincula a nada; depois que tiverem cônjuges, parceiros ou filhos, essas pessoas não vão querer passar tanto tempo no local. Para elas, a Google fornece — exatamente como no Vale do Silício — grandes ônibus brancos que as levam e trazem do escritório, assim prolongando as horas de trabalho, graças a conexões de internet absolutamente confiáveis. Essa fórmula do Googleplex decorre das clássicas cidades empresariais da era industrial, como Pullman, no Illinois, EUA, e Port Sunlight na Grã-Bretanha, ambas construídas na década de 1880; como elas, o Googleplex fecha um cerco apertado entre trabalhar e habitar.

Os googlistas são como bebês-modelo das "classes criativas". A expressão, inventada por Richard Florida, abrange atualmente, segundo o Escritório de Estatísticas do Trabalho dos EUA, sobretudo gente que trabalha em publicidade, serviços de mídia e start-ups tecnológicas fora do âmbito universitário; o número de artistas independentes, músicos e poetas é relativamente insignificante: as classes criativas são antes formadas por distribuidores, intermediários e homens de marcas que por *Homo faber*. Rondadas pelos investidores, festejadas por políticos como a resposta à estagnação urbana, as classes criativas constituem uma elite que não faz grande coisa pela massa. Muito pelo contrário. Como assinalou Nathan Heller, em 2014, uma empresa tradicional como Citibank empregava cerca de 250 mil pessoas, ao passo que Facebook, mais valorizada na bolsa, empregava cerca de 6 mil.[3]

Numa cidade grande, a ideia da cidade-empresa por trás dos Googleplex se traduz numa ilha dentro da cidade, que, no entanto, tem consideráveis efeitos no território ao seu redor. Como se sabe, googlistas e equivalentes contribuem para aumentar os preços de casas e apartamentos em Manhattan — exatamente como em seu outro epicentro, a região de San Francisco —, chegando esta tendência hoje (2017) a 16% por ano nas áreas que elegem. Construções como o Googleplex servem de atrativo para lojas de roupas, restaurantes, comércio gourmet sofisticado e afins que também aumentam os aluguéis comerciais, o que por sua vez força a saída de estabelecimentos locais, baratos ou suspeitos como os da Oitava Avenida. Ironicamente, tratando-se de um grupo que celebra a criatividade, a aparência de um bar ou ponto de encontro da classe criativa é invariavelmente inconfundível: máquina de café expresso, mesa Parsons, luminárias Lightolier X-50...

O Googleplex também é um ícone do privilégio de uma forma mais personalizada. Vinte anos antes da minha visita ao Googleplex nova-iorquino, eu tinha entrevistado jovens no Vale do Silício para um livro sobre o trabalho com alta tecnologia na nova economia. Naquela época primitiva, as start-ups de tecnologia tinham um odor característico, misturando pizza de salame velha, Diet Coke e meias suadas; a fragrância era resfriada mas não dissipada em salas com ar-condicionado em que ninguém se dava ao trabalho de abrir as janelas. Não existem ruas apinhadas de gente no Vale do Silício, mas as start-ups de tecnologia eram pequenas, e, exatamente como acontece em Nehru Place, os candidatos a gênios passavam um bocado de tempo conversando com colegas de outras empresas, espiando o que a concorrência estava fazendo e ocasionalmente cooperando e conspirando. O eventual fracasso de uma start-up gerava a necessidade de olhar ao redor e do lado de fora. Na época, como hoje, os índices de fracasso eram altos; nos Estados Unidos, apenas cerca de 7% das start-ups de tecnologia duram mais de dois anos. Na época, como hoje, era improvável conseguir emprego mandando o currículo por e-mail; era preciso encarar as pessoas frente a frente.[4]

Essa cultura tecnológica se baseava na premissa de que o mundo é um lugar de abundância, de modo que um mero tropeço não vai ser fatal. Como vimos na Introdução, contudo, a economia política da tecnologia mudou drasticamente, evoluindo de um estado aberto, tipo Oeste Selvagem, para uma situação mais fechada. Nos últimos anos, à medida que o monopólio se tornava o fato dominante da vida no mundo tecnológico, empresas como Google, Apple e Cisco Systems passaram a comprar rapidamente, para muitas vezes fechá-las em seguida, start-ups que poderiam tornar-se concorrentes. O capitalismo monopolista é sem dúvida um ambiente irônico para a arquitetura dos Googleplex, pois esses prédios se destinam a estimular a livre troca de ideias no seu interior, embora a empresa acabe lá fora com o livre mercado.

O que faz do Googleplex um ambiente tocquevilliano é o seu interior atraente, a sua intimidade — o Googleplex na cidade, mas não dela. Este contraste me pareceu evidente assim que entramos. Saímos depois de passar pela academia de ginástica e a lavanderia, provando o sushi (muito bom), vendo as pessoas de cara enfiada nas suas telas (já era bem tarde da noite, mas muitos ainda estavam trabalhando). Na rua, um garoto de programa me mandou um olhar insistente; o som de aparelhos de rádio e TV vinha, alto, dos apartamentos acima dos bares da Oitava Avenida que ficam abertos a noite inteira; meu ex-aluno e eu pegamos um sanduíche num café barato frequentado por motoristas de táxi, sempre cheios de assunto. Agora estávamos na cidade.

* * *

Criatividade distanciada — Os prédios inspirados nos Googleplex se destinam a atender a indústrias criativas. A questão que levantam é saber se um ambiente voltado sobre si mesmo de fato estimula a criatividade.

Achava-se que, derrubando as paredes internas de um prédio, o arquiteto de escritórios também está removendo os "silos" mentais nos quais os empregados podem acabar se isolando. Mas o espaço aberto por si mesmo não permite a troca criativa; arquitetos de escritórios como Frank Duffy criticam o conceito do escritório de planta aberta contendo um mar de mesas nas quais qualquer um pode sentar a qualquer momento. Nesse ambiente neutro, as pessoas tendem a se calar, olhando para suas telas em vez de trocar comentários informais. Uma planta aberta precisa ser mobiliada com cuidado, para estimulá-las; é necessário dar mais personalidade ao espaço; ele precisa se tornar o que Duffy chama de "escritório-paisagem".[5,6]

O Googleplex é uma versão especial da paisagem de escritório. O traçado gera em certa medida espaços sociais informais nos quais as pessoas podem se encontrar com facilidade, trocar ideias tomando um café e pensar juntas; de maneira mais provocativa, o escritório-paisagem suscita esses encontros criativos em lugares inesperados. Na Google, como em muitas outras empresas de alta tecnologia, os cafés e as salas de ginástica tomaram o lugar do tradicional bebedouro como ponto informal de trocas; os espaços sociais são integrados às áreas de intensa circulação, em vez de serem removidos para uma zona social separada. Localizar os banheiros perto de um amontoado de carrinhos de comida, estações de trabalho e sofás é uma ideia interessante, embora distante das práticas habituais de design, pois depois de se aliviar é provável mesmo que uma pessoa se sinta fisicamente relaxada. A deliberada inclusão da informalidade no design gerou um espaço de trabalho inteiramente estranho ao escritório patrão. A mistura de mesas de bilhar, carrinhos de comida, sofás convidativos e estações de trabalho faz os Googleplex parecerem repúblicas estudantis de luxo. Na verdade, a fórmula da Google para a construção de um escritório estimulante do ponto de vista criativo toma forma em torno da ideia de um campus; John Meachem, o arquiteto-guru responsável pela arquitetura na Google, encara os Googleplex como uma universidade "de estrutura informal".[7]

"Não dá para programar a inovação", declarou David Radcliffe, um dos planejadores do espaço na Google; desse modo, a estratégia no escritório-paisagem consiste em propiciar "colisões fortuitas da força de trabalho". No novo campus que a Google está construindo em Mountain View, Califórnia, nove prédios são retângulos, cada um deles com uma curva no meio, em vez de formarem uma caixa de sapato reta; a ideia é que nessas curvas venham a ocorrer as "colisões fortuitas da força de trabalho". Em prédios isolados como os da Nova York de hoje e do futuro, corredores de curvas inesperadas também carreiam os empregados para cruzamentos onde possam ocorrer as colisões fortuitas.[8]

Tudo isso parece remeter a Jane Jacobs. Na verdade, o Googleplex de Nova York fica logo adiante das ruas de Greenwich Village sobre as quais ela escreveu; à primeira vista, parece habitado pelas mesmas colisões pulsantes, espontâneas e fortuitas que ela celebrava do lado de fora. A diferença, em minha opinião, está no clima infantilizado de cercadinho de bebês encontrado no seu interior, tão diferente da rua meio turva lá fora ou das desordens de que Jacobs tratava. Pintou bloqueio? Jogue pingue-pongue; sempre há saborosos sushis por perto; use as salas de repouso quando estiver cansado; um médico está à disposição vinte e quatro horas por dia. O local de trabalho se assemelha ao ambiente de total apoio apregoado pelas escolas particulares mais caras. Agora o escritório caro e que oferece apoio serve de modelo para o design exterior em "zonas de inovação", como se, quanto mais acolhedoras forem, mais criativas serão as pessoas.

O Googleplex ignora um aspecto fundamental do trabalho criativo: os encontros com a resistência. Naturalmente, todo trabalho mais exigente requer um esforço para superar obstáculos, mas um escritório, tanto quanto qualquer laboratório ou estúdio artístico, deve permitir que as pessoas lidem com dificuldades. Escritórios divertidos com muitas distrações e rotas de fuga não ajudam necessariamente a superar bloqueios. Em contraste, havia no Media Lab do MIT os mais variados tipos de refúgios e abrigos por trás de proteções de papelão; parecia uma enorme bagunça, ainda por cima inóspita, mas como ambiente de trabalho deixava claro que a coisa ali era séria. Não havia distrações aconchegantes para aliviar ninguém. Do ponto de vista da *ville* como um todo, o Media Lab mais parece os bairros de start-ups antes de passarem a ser chamados de "zonas de inovação". Não é apenas uma questão de estilo. Um espaço bagunçado, cheio de restos de pizza e, nos idos da minha juventude, guimbas de cigarro manda uma mensagem de envolvimento criativo que não percebemos em ambientes acolhedores e certinhos repletos de fontes de prazer.

John Dewey considerava as resistências e obstáculos como estímulos para a criatividade; em *Arte como experiência*, ele observa: "Sem tensões internas, ocorreria uma fluida precipitação para um alvo imediato; nada haveria que pudesse ser chamado de desenvolvimento e realização. A existência de resistências define o lugar da inteligência na produção de um objeto de belas-artes." Assim na arte, assim também na vida: a resistência nos leva a pensar. Naturalmente, ninguém quer provocar nem inventar dificuldades; os estímulos que proporcionam são espontâneos, vêm de fora, invadindo a zona do trabalho controlado, para então ser enfrentados. O problema no Googleplex é que o interior foi isolado, transformado num mundo completo e autossuficiente; os testes de realidade externa e as resistências são deliberadamente excluídos.

Como tentarei demonstrar agora, toda forma de pensamento, e não apenas a criatividade, é prejudicada quando se minimiza a resistência tecnologicamente.[9,10] Essa cognição reduzida por sua vez afeta o caráter de um tipo de cidade inteligente.

III. Tecnologia livre de fricção — O que o "fácil para o usuário" custa mentalmente aos usuários

Bill Gates cunhou a expressão "livre de fricção" para se referir à tecnologia que facilita as coisas para o usuário. O design livre de fricção deveria ser visto como a encarnação do segundo aspecto da profecia de Tocqueville, a "igualdade de condições", que vem a ser a aparência do gosto massificado, no caso, os termos em que todos querem consumir tecnologia: facilmente disponível e suscetível de ser usada por todos.

Num dispositivo mecânico, o engenheiro certamente quer minimizar as fricções e resistências que desgastam a máquina. O terreno digital do "livre de fricção" difere do imperativo mecânico de redução do desgaste. A expressão se aplica em particular a tecnologias de fácil uso, mas cujo funcionamento é em grande medida inacessível ao usuário, como no caso dos automóveis de operação dominada pela computadorização, com entranhas excessivamente complexas para o motorista comum: você está usando algo que não entende.[11]

O guru de programação Peter Merholz explica melhor essa mentalidade falando da maneira como os criadores deveriam se relacionar com os consumidores; o designer deveria buscar ativamente ocultar ao usuário a complexidade da tecnologia. Ex-diretor do centro de pesquisas do Xerox PARC, John Seely Brown exorta os colegas a "tirar a tecnologia do caminho" para os usuários e fazer com que a experiência pareça "fluida". O fundador do Facebook, Mark Zuckerberg, transforma essa exortação numa fórmula social, através do slogan "partilha sem fricção"; seu programa destina-se a diminuir o árduo e frustrante esforço de fazer amizade ou conseguir um encontro amoroso. De modo geral, o que é livre de fricção se torna fácil para o usuário quando este não precisa pensar no "por quê?" O lado contraproducente desse etos é que se torna difícil esmiuçar criticamente a tecnologia; o usuário sabe se a tecnologia está cumprindo o que anuncia, mas, em se tratando de entender *por que* ela faz o que faz, ele é antes impedido que ajudado pelos especialistas. Vamos encontrar algo contrastante na plataforma aberta Linux, sendo o seu núcleo (o ADN do programa) muito mais transparente, mas também muito mais exigente. Para usá-la bem, é necessário conhecer muito mais os princípios da programação do que no uso de produtos mais voltados para o mercado de massa.[12]

Os programas livres de fricção encerram paradoxos técnicos. O mais evidente é a tendência para o excesso de recursos, uma quantidade cada vez maior de penduricalhos para que cada um faça qualquer coisa que queira simplesmente apertando um botão; existe uma resposta programada para todo problema. O excesso de recursos pode ser constatado em programas de processamento de texto como o Microsoft Word, em que a enorme quantidade de alternativas pode acabar atrapalhando o processo da escrita. Num terreno de trabalho mais técnico, o excesso de recursos se manifesta nos programas de CAD (*computer-aided design*, ou design com ajuda do computador) destinados a abarcar todas as alternativas, desde o esboço inicial até a especificação de materiais; neste caso, os programas inibem o foco visual ao oferecer excessiva quantidade de possibilidades a serem focadas.

Na verdade, o uso sem compreensão é um dilema imemorial. Os antigos usavam alho na medicina sem entender nada de suas propriedades químicas. Na época de Stradivarius, os violinistas tocavam seus instrumentos sem saber por que soavam tão bem; hoje, as propriedades sonoras desses instrumentos ainda permanecem um mistério. O etos do livre de fricção tenta deixar de lado esses enigmas técnicos. Empenha-se em tornar as ferramentas técnicas de fácil uso, ao mesmo tempo em que se tornam capazes de fazer qualquer coisa. Nenhuma exigência será feita ao usuário. Esse atrativo é exatamente o que Tocqueville temia: o clamor da complexidade calado pelo conforto. Mas no mundo da tecnologia, o usuário paga um alto preço mental por sucumbir a essa conversa de vendedor.

Fricção e cognição — Muitos críticos da tecnologia lamentam os efeitos embotadores do excesso de tempo passado online. Entre eles, a psicóloga Sherry Turkle observou jovens obcecados com jogos de computador. As disputas da garotada em campos de jogos de verdade para saber quem está jogando limpo ou quais devem ser as regras não ocorrem quando estão sentados diante de um computador; elas são absorvidas no contexto de regras predeterminadas para fazer com que o jogo siga em frente. Nicholas Carr considera que a multiplicidade de tarefas diante de uma tela incapacita as pessoas cognitivamente, abreviando a atenção e levando a evitar situações que só possam ser entendidas com o prolongamento do foco. Ambos estão dizendo que certas experiências com a tecnologia incapacitam a cognição de tipo prolongado e questionador. A cultura do computador livre de fricção pode ser um narcótico que diminui o estímulo físico, servindo para reprimir em particular estímulos perturbadores: se não gostar do que está vendo, aperte Apagar, vá para uma outra janela.[13, 14, 15]

Precisamos refinar essa crítica, pois não é toda e qualquer tecnologia que tem efeito perverso no cérebro. A ideia de Merholz de ocultar a complexidade ao usuário, para que a experiência seja fluida e fácil, ocorre de uma maneira em particular: diminuindo os "efeitos de geração". A expressão se refere ao esforço de analisar informações incompletas, contraditórias ou difíceis — informações de caráter aberto. Alguns estudos evidenciam que esse esforço faz com que a informação seja mais bem retida e por mais tempo do que se for completa, clara e de fácil acesso. Os efeitos de geração também ajudam a editar mentalmente, descartando sobrecargas como o excesso de recursos.

Norman Slamecka começou a estudar os efeitos de geração na década de 1970, observando como funciona a recordação de palavras e frases, sendo essa memória maior se a pessoa precisar preencher espaços deixados parcialmente vazios por informações que faltem. Na nossa época, Christof van Nimwegen estudou os efeitos de geração concebendo um videogame chamado *Missionários e canibais*, com a perseguição dos devotos pelos famintos através de florestas, savanas e rios. Van Nimwegen forneceu aos participantes um software imperfeito e defeituoso ou um programa perfeitamente fluido, livre de problemas. Constatou que os que usavam o software capenga se tornaram melhores no jogo que aqueles que dispunham do programa impecável, aprendendo melhor quais jogadas seriam mais importantes e quais dariam em becos sem saída.[16, 17]

Os modernos pesquisadores da cognição se valem de uma descoberta que remonta ao filósofo Charles Sanders Peirce, que escrevia na virada do século XX. Ele deu o nome de "sequestro" a um processo que "pressupõe algo diferente do que observamos diretamente e muitas vezes algo que seria impossível para nós observar diretamente". O "sequestro" é conhecimento do tipo "e se?". Um exemplo no projeto de automóvel do Media Lab foi a pergunta feita certo dia por um dos técnicos: "E se eu freasse puxando o volante para cima, em vez de pisar num pedal?" Outras pessoas argumentaram que isto não funcionaria, pois o corpo está programado fisiologicamente para empurrar, e não puxar, quando quer parar. "E daí?", insistiu o técnico, "não estou falando do meu corpo como é, mas como pode ser treinado a ser." O sequestro, no caso, é algo que se dá no reino do contrafactual. Peirce achava que ele desempenha um papel não só crítico como imaginativo. Não podemos conhecer o valor de nada se não procedermos a um isolamento mental, desvirtuando o caráter programado da realidade. A crença religiosa poderia ter servido a Peirce como exemplo desse teste de realidade, como aconteceu com seu colega William James. E se Deus não existir? Não é possível ser um crente religioso realmente comprometido sem passar pela vivência da dúvida contrafactual.[18]

No terreno da tecnologia, quando algo é de fácil uso, não nos inclinamos a perguntar: e se fosse diferente? Tentado certa vez a recorrer ao "corretor gramatical" do meu programa de processamento de texto, fiquei espantado de ver como ele capturava instantaneamente as particularidades do meu jeito de construir frases, mas sem sugerir soluções imaginosas nem inabituais para solucionar os erros — no Microsoft Word, o "corretor gramatical" não funciona de um jeito divertido, no espírito do "e se?". Este déficit poderia parecer compensado pela enorme quantidade de recursos de edição e formatação do programa: é possível fazer qualquer coisa com algumas clicadas, desde montar um poema até organizar o roteiro de um filme ou incorporar tabelas, imagens e texto. Mas o próprio menu é que é o problema, oferecendo formas predeterminadas para cada função — só se pode escolher o que consta dele. Isso contrasta com programas mais antigos de DOS como o WordPerfect 5.1, ferramenta de texto mais difícil de operar, pois tinha relativamente poucas características definidas. Apesar disso, era uma ferramenta de uso satisfatório, pois não inibia a experimentação de construção de sentenças ou formatação de texto. Seu corretor de ortografia pateticamente limitado permitia usar palavras inesperadas sem a menor restrição — James Joyce teria detestado Microsoft Word e adotado WordPerfect 5.1. O mesmo contraste se manifestou no Media Lab. Para os seus usuários, experiências formatadas com facilidade segundo testes de hipótese na base do Sim/Não são experiências de segunda categoria; as experiências de primeira categoria ocorrem em termos de incógnitas, possibilidades e "e se?".

Esse contraste entre claro-fácil e ambíguo-e se? é explicado pelos efeitos de geração estudados por Norman Slamecka e seus colegas. O conhecimento incompleto leva a perguntas do tipo e se?, pois aquele que questiona tratou a realidade como algo indeterminado; cabe a você conferir-lhe sentido. Um outro caminho de estudos da cognição — lidar com contradições — chegou à mesma conclusão. Trata-se de um trabalho de Leon Festinger, o psicólogo que desenvolveu o moderno entendimento da "dissonância cognitiva".

A expressão se refere a uma situação em que ocorrem regras contraditórias de comportamento, ou regras confusas. Qual será a reação? Festinger era um homem de laboratório experimental, usando animais — ele preferia pombos —, mas sempre pensando na aplicação das suas descobertas aos seres humanos. Mas reconhecia que a dissonância cognitiva, condição que ele gerou nos pombos, é uma condição dolorosa que as pessoas criam para si mesmas.

Um exemplo clássico disto é a fábula de Esopo "A raposa e as uvas". A raposa vê um cacho de uvas lá no alto, impossível de alcançar; decide então considerar que não são boas, pois provavelmente estão estragadas — embora não tenha como sabê-lo. A fábula está na origem da nossa maneira de pensar "uvas estragadas"; a frustração de não conseguir as coisas do jeito que queremos justificada com este pensamento: "Eu não queria mesmo." Mas na verdade a raposa continua querendo; se as uvas caíssem no chão, haveria de devorá-las. Uma das formas de sair deste dilema, escreve Festinger, é "tentar reduzir a dissonância e alcançar a consonância". Esta mentalidade pode significar que, "na presença da dissonância, além de tentar reduzi-la, a pessoa evitará ativamente situações e informações que tenham probabilidade de aumentá-la". É o lado negativo da dissonância cognitiva: o indivíduo evita suas complexidades sempre que possível. A raposa quer muito as uvas, mas com o tempo passa a mentir para si mesma sobre esse desejo: "No fundo eu não gosto de uvas." Qualquer ex-fumante poderá se reconhecer aqui.[19, 20]

Também existe uma maneira positiva de reagir a experiências frustrantes ou contraditórias. Conhecendo meu interesse por ambientes complexos, Festinger me levou certa vez a um laboratório cheio de pombos engaiolados tentando contornar obstáculos que ocultavam o abastecimento de água ou entender depósitos de ração que os responsáveis pela experiência tinham contorcido absurdamente. Certos pombos ficavam simplesmente desorientados — exatamente como eu sei que ficaria se estivesse engaiolado. Mas outros se comportavam de modo diferente, tornando-se mais alertas no confronto com circunstâncias dissonantes. Segundo Festinger, sua capacidade de atenção não era apenas visual: esses pombos ouviam melhor sons fracos e seu faro se tornou mais aguçado; sua memória também melhorou.

Ainda segundo Festinger, o motivo é que esses pássaros tinham desenvolvido a capacidade de focar na própria dissonância. Eles exploravam a resistência, assim desenvolvendo o que ele chamou de "atenção focal". Ele analisou então de que modo essa atenção funciona mesmo quando o alimento ou a segurança dos animais não estão diretamente sob ameaça, mas seu ambiente foi alterado de maneira inquietante. Em várias experiências, constatou-se no seu laboratório que essas alterações ambientais aumentavam os níveis de ansiedade (medidos pelos batimentos cardíacos e os índices hormonais), mas ainda assim os pombos mais obstinados continuavam explorando, às vezes bicando determinado impedimento para testá-lo — embora estivessem ansiosos, também estavam estimulados, curiosos. Sobretudo, Festinger constatou que esses pombos se tornavam mais inteligentes que os outros, que se mostravam desmotivados.[21]

Festinger observou certa vez que "damos mais importância às coisas que nos esforçamos por entender". Ele considerava que os seres humanos, como outros animais, se tornam mais alertas do ponto de vista cognitivo quando enfrentam realidades complicadas, em vez de se afastar delas, como na fábula de Esopo, ou entre os indivíduos observados por Tocqueville, ou quando se está online. Fiquei me perguntando como o preceito de Festinger poderia se aplicar às cidades.

As experiências sobre as quais se construiu a teoria de Festinger dizem respeito a contrários claros e imediatamente perceptíveis: o pombo pressiona uma alavanca de abastecimento de água e, no entanto, se depara com grãos de ração. Mas era a ambiguidade, e não uma contradição clara, que se impunha nas ruas da Paris de Balzac, da Chicago de Park, da Nova York de Jacobs e da Delhi do Sr. Sudhir. Em todos esses lugares, a vida na rua era fluida na superfície, com multidões de estranhos indo e vindo, uma experiência de imagens fortuitas e poucas trocas profundas e renovadoras. Mas a aplicação da atenção focal permitia detectar bolsões de ordem nesse fluxo. Embora a rua fosse um mar de roupas negras, o parisiense de Balzac tentava deduzir dos detalhes do vestuário de um estranho a que classe pertencia; na Chicago de Park, Zorbaugh descobriu que o contato visual momentâneo indicava se alguém era amigo ou inimigo; em Nova York, os "olhos na rua" escaneavam o Village em busca daqueles que parecessem suscetíveis de causar problemas ou cometer crimes; o Sr. Sudhir estava constantemente de olho em possíveis clientes, no que os concorrentes estavam tramando e (como vim a saber mais tarde) nos policiais à paisana que pudesse subornar. O sociólogo Elijah Anderson chama essas tentativas de deduzir ordem da fluidez de "código da rua" — apreendendo, em termos de sistemas abertos, os "bolsões de ordem".[22]

Já o etos da ausência de fricção suspende nossa atenção focal às particularidades de um lugar específico e complexo, mesmo no nível mais trivial, como no caso de escolher um Starbucks em vez de buscar um café local diferente. Num nível mais grave, os estereótipos do Outro — como negro ou muçulmano — são livres de fricção; distinguir a particularidade de um homem negro ou de uma mulher muçulmana que não se enquadra no estereótipo dá trabalho, mental e emocionalmente. E para que uma experiência seja livre de fricção, precisa ser afastada do clamor dos interesses contraditórios — os interesses de outras pessoas, ou talvez, pior ainda, interesses contraditórios em si mesmo. Como na fábula de Esopo, ou no caso do novo indivíduo de Tocqueville, as complexidades e diferenças que não combinam facilmente com nossos desejos são reprimidas, ignoradas ou envoltas em mentira. O resultado é uma perda cognitiva.

O objetivo cognitivo do trabalho de laboratório de Festinger era descobrir as condições que, numa gaiola, estimulam o desejo do animal de focar na complexidade, em vez de se desinteressar dela. O mesmo numa cidade. Como poderia a alta tecnologia nos tornar mais inteligentes ou nos empobrecer?

IV. As duas cidades inteligentes — prescrever ou coordenar

Existem dois tipos de cidade inteligente, fechada e aberta. A cidade inteligente fechada nos empobrece, a cidade inteligente aberta nos torna mais inteligentes.

Prescrever — A cidade inteligente fechada é um Googleplex ampliado, cheio de indivíduos tocquevillianos, nutrida por tecnologia fácil para o usuário, que obnubila os cidadãos. Nessa distopia, como escrevem os planejadores holandeses Maarten Hajer e Ton Dassen, "as tecnologias urbanas tornarão as cidades mais seguras, mas limpas e acima de tudo mais eficazes [...] As cidades inteligentes vão 'perceber' os comportamentos por meio de maciço acúmulo de dados de informática e usar esse feedback para gerir a dinâmica urbana e aperfeiçoar os serviços". Para eles, como para o especialista em tecnologia Adam Greenfield, esse tipo de cidade inteligente na verdade é movido pela política de controle centralizado que prescreve de que maneira as pessoas devem viver; esse pesadelo tecnológico é dramatizado no romance de Dave Eggers sobre o Google, *O círculo*. Como é que se parece na realidade?[23, 24, 25]

Uma hora de carro a sudoeste de Seul, a cidade inteligente de Songdo está sendo construída do zero, em terras aterradas no mar. Em 2012, abrigava cerca de 30 mil pessoas, mas a expectativa era que viesse a triplicar em cinco anos. Como em Xangai, a velocidade do desenvolvimento não tem paralelo; para cada nova casa construída na vigorosa região do Cinturão do Sol nos Estados Unidos, dezoito casas são erguidas em novas cidades na China e na Coreia do Sul. Na superfície, Songdo parece uma versão arborizada e ondulada do Plan Voisin; suas torres são cercadas de parques, como em Xangai, embora essa nova paisagem seja mais suave, verdejante e extensa.

Originalmente, escreve Anthony Townsend, Songdo foi concebida como "uma arma a ser usada nas guerras comerciais"; a ideia era "convencer multinacionais a estabelecer suas bases de operação asiáticas em Songdo [...] com impostos mais baixos e menos regulação". A tecnologia entrou na dança, afirma Greenfield, quando se mobilizaram recursos de alta tecnologia para tornar a cidade mais atraente. Empresas como Cisco e Software AG se candidataram, e o resultado foi que o ambiente se tornou ainda mais tecnologicamente regulado, apesar da oferta de mercados menos regulados.[26, 27]

O centro de controle da cidade inteligente de Songdo é um lugar de calma assustadora. É conhecido como "cabine de comando", representando a aspiração dos planejadores de Songdo de criar um modelo para outros lugares, um modelo baseado na pilotagem de uma cidade como se fosse um avião. A cabine esteve presente desde o início. Uma série de telas gigantes mostra o que está acontecendo na qualidade do ar da cidade, no uso da energia elétrica, nos fluxos de tráfego; sentados em cadeiras giratórias, de olho nas telas, os técnicos eventualmente anotam algo, fazendo alguma correção, mas sem falar muito. Não há necessidade. As fórmulas que fazem funcionar as máquinas que fazem funcionar a cidade funcionam bem; os técnicos me acompanharam na visita com discreto orgulho.

O jeito suave de Songdo deixa claro que o verde, os pequenos lagos, a grelha ondulada, tudo foi calculado em função da eficiência e da economia ambientais. Apontando para um mapa na cabine de comando, um técnico quantificou para mim a exata absorção de CO_2 ocorrendo em determinado parque — um cálculo absolutamente fantástico para mim, que cresci usando regras de cálculo. Ocorre um fluxo de direção única do centro de comando central para o sensor ou smartphone; o sensor ou o smartphone, ou seu detentor, envia informação, mas o centro de controle interpreta seu significado e decide como o agente deve atuar. É como Google Maps e outros programas conhecidos funcionam, mas o alcance do controle em Songdo é muito maior. Um grande empregador sabe onde seus empregados se encontram fiscalizando o uso dos smartphones. Em manifestações menos "Big Brother" do uso de tecnologia, como a orquestração dos sinais de trânsito, toda uma cidade — bem menor, é verdade — opera atualmente no comando da cabine — ou, mais precisamente, sob as ordens dos conjuntos maciços de dados de informática, algoritmos de interpretação e acompanhamento de máquinas em exposição visual na sala. Essa cabine de comando e controle encarna o modelo prescritivo de cidade inteligente.

A cidade inteligente irmã de Songdo, Masdar, fica perto de Abu Dhabi, que a financia. Masdar destina-se a ser uma espécie de subúrbio inteligente, sendo seus 40 mil moradores complementados por 50 mil trabalhadores que vêm diariamente de Abu Dhabi. Os Emirados Árabes Unidos, enormes consumidores de energia, estão preocupados com o encolhimento da sua cobertura ecológica. Como em Songdo, os urbanistas estão empenhados em abrir caminho para outros. Em Masdar, tal como planejada por Norman Foster, um uso da energia relativamente livre de fricção deriva de fontes renováveis como a solar; em planejadorês, o plano consiste na "aplicação de um traçado urbano sinergicamente eficaz por meio de elementos de traçado passivo", permitindo uma economia de 70% em comparação com a vizinha Abu Dhabi. Para que essas boas coisas aconteçam, tratou-se de "intensificar e reintegrar tecnologias sustentáveis avançadas", o que só é possível por meio da computação de dados maciços. Masdar ficou conhecida pelas experiências com veículos sem motorista. Seus prédios, traçados por Foster, são de muito maior qualidade que os de Songdo — e muito mais caros.[28, 29]

Eu estivera em Songdo no início da construção; posteriormente, tendo sofrido um derrame, enviei uma equipe de jovens e animados pesquisadores para ver como a cidade se desenvolvera. Nos primeiros dias, eles ficaram impressionados: "Para os engenheiros", informava um deles, "é um espaço construído em grande medida em torno de uma fantasia de generalizada computação. É encarado como um espaço maquinal no qual a lógica algorítmica, os habitantes humanos e muitas caixas-pretas geram redes de entrelaçamentos." Mas logo eles se mostraram dubitativos: "Homogênea, fortemente controlada e centralizada, Songdo não apresenta nenhum dos indicadores de diversidade ou democracia louvados pela [...] pólis [...] Este espaço é um pesadelo para muitos urbanistas e uma fantasia para muitas corporações de informática." No fim da visita, Songdo já lhes parecia uma "cidade fantasma", "árida", "inerte". Sua insatisfação não tinha muito a ver com a ausência de boates, drogas ou bebidas; talvez infelizmente, meus pesquisadores são moralmente intacáveis. E longe também de serem avessos aos avanços tecnológicos, são exatamente o tipo de pessoas sofisticadas que deveriam se sentir atraídas pela propaganda dessa cidade do futuro.

O que os deixou indignados, vim então a me dar conta, foi o fato de Songdo não ser nada inteligente. A cidade funcionava de uma maneira entorpecedora; meus preparados assistentes se sentiram insultados em sua própria inteligência. Efeitos de geração, sequestros e atenção focada não desempenhavam papel algum na sua concepção; pelo contrário, o que prevalecia era o fácil para o usuário. Poderia parecer que cidades inteligentes do tipo Songdo também devessem compartilhar uma disposição googliana para a abertura às descobertas fortuitas — mas não, de modo algum. A prescrição destina-se a prever a bom tempo como a cidade vai funcionar, assim estabelecendo com precisão o seu funcionamento no espaço e na forma construída. Cidades inteligentes como Songdo têm medo do acaso. Como disse um dos meus assistentes, a cidade inteligente "apequena" a experiência do lugar.

Em certa medida, essa suspensão do senso de lugar deve algo a Le Corbusier. O Plan Voisin era um manifesto da era mecânica, e nele forma e função se coadunavam estreitamente. Publicado em 1934, *Técnica e civilização*, de Lewis Mumford, advertia para os riscos da tecnologia desalmada ao estilo Le Corbusier; ainda assim, sua versão da cidade inteligente também era um lugar em que forma e função se fundiam de maneira perfeitamente mecânica — tudo tem seu lugar e sua lógica, todos os elementos do viver são estabelecidos com precisão no estrito traçado radial. As cidades inteligentes de hoje trazem a coadunação forma-função para a era digital, com o objetivo de gerar ambientes autossustentáveis.

Uma adequação muito rígida entre forma e função é receita certa de obsolescência tecnológica. À medida que as coisas passarem a ser feitas de maneiras diferentes, a forma fixa não servirá mais, ou então uma nova ferramenta virá tornar obsoletas as velhas capacitações. Essa advertência contra a rigidez do engate forma-função se aplica às experiências de cidades inteligentes, como constatou Norman Foster ao conceber painéis de conexão de aparelhos eletrônicos para seus novos automóveis. Desde a época em que começou a trabalhar no projeto com os colegas, o automóvel autônomo eletrônico tinha evoluído; agora, comportava quatro ou cinco passageiros, e não mais uma ou duas pessoas apenas, como se imaginava nos primeiros protótipos. Os painéis de conexão tornaram-se pequenos demais. Numa coadunação eficaz, presume-se que a concepção seja capaz de prever toda e qualquer circunstância em que o objeto venha a ser usado, como o ambiente vai influir, como as pessoas farão uso. Como nas estradas de Xangai que não dão em lugar nenhum, os cálculos podem se revelar errados.

A eficiência tecnológica não resulta necessariamente em sucesso financeiro. Em Songdo, muitas torres estão apagadas, pois a recessão desestimulou eventuais compradores. Nos Emirados, o estouro da bolha financeira deixou temporariamente na gaveta a experiência de luxo de Masdar; Suzanne Goldenberg refere-se a ela como "a primeira cidade fantasma verde do mundo". Abaixo do solo, assim, boa parte do kit de alta tecnologia não transmite nada. Um vídeo da cabine de comando que me foi enviado mostrava esse desequilíbrio do desenvolvimento numa das telas, na forma de bolsões escuros em meio a reluzentes áreas de atividade. A situação econômica de Songdo também aparece na forma de manchas escuras nas telas de computador. As cidades prescritivas construídas do zero de fato são bens de luxo; o custo de sua construção antes aumenta que diminui. A questão óbvia em termos de planejamento é saber por que um país como a Índia — com tanta gente sem água potável, saneamento adequado, clínicas de saúde etc. — haveria de seguir essa trilha ruinosa, planejando cem cidades inteligentes novinhas em folha.[30]

A questão fundamental no que diz respeito às cidades inteligentes é saber por que têm um efeito entorpecedor nos que nelas vivem. Em parte isto se deve ao fato de ser tão fácil viver nelas, como constataram meus pesquisadores. Elas são fáceis para o usuário. Além disso, o próprio planejamento não é experimental, mas estático, na medida em que busca sempre um equilíbrio homeostático entre seus componentes; a alternativa "e se?", a possibilidade intrigante que leva a um beco sem saída, não é buscada porque a ecologia seria perturbada e desequilibrada — como se a cidade tivesse um ataque cardíaco tecnológico. Desta forma, a cidade inteligente prescritiva privilegia a solução de problemas em detrimento da detecção de problemas. Na boa ciência, o pesquisador quer conhecer os efeitos colaterais de uma nova droga; na boa carpintaria, o profissional procura prever os problemas que surgirão ao envernizar um armário, depois de descobrir como juntar duas madeiras de texturas diferentes. A solução de problemas e a detecção de problemas estão ligadas — desde que se seja curioso. Mas o modelo prescritivo embota a curiosidade; nesse tipo de cidade inteligente, não é necessário sê-lo.

A cidade inteligente embotadora tem uma dimensão ética. Tal como atualmente configurados, por exemplo, os softwares de mapas, em sua maioria, mostram o caminho mais rápido e direto do ponto A ao ponto B, e quase sempre resolvem esse problema encaminhando o viajante para autoestradas. Problema resolvido? A autoestrada indicada para ir de A a B pode evitar uma rua mais lenta onde existe uma fábrica desativada, um mercado cheio de vida ou uma miserável favela. Na autoestrada, estamos fazendo uma viagem, mas não aprendemos muito sobre os outros. Estamos antes nos deslocando no espaço do que vivenciando um lugar. A prescrição nos diz qual é o caminho mais eficiente; ninguém precisa tentar imaginar como seria se fosse diferente nem qual é o caminho que pode oferecer experiências mais ricas.

Naturalmente, boa parte da vida cotidiana precisa mesmo ser equacionada em termos de eficiência. É uma questão de equilíbrio: a cidade prescritiva se desequilibra ao divorciar o funcionamento do questionamento. Norbert Wiener previu esse risco: na velhice, veio a temer que o fruto do seu engenho se revelasse um monstro — os dados maciços de computação (foi Wiener quem cunhou a expressão inglesa "*big data*"), controlados pelo "Big Brother", podem reduzir a vida de cada um a pedacinhos digitais de necessidades e desejos atendidos por uns poucos monopólios. A tecnologia como Big Brother talvez se tenha transformado num clichê, mas Wiener receava algo ainda mais profundo: usando máquinas, as pessoas deixariam de aprender. Ficariam embotadas. A cidade inteligente prescritiva é o lugar desse embotamento.[31]

Mas será que precisa sê-lo?

Coordenar — O uso da tecnologia para coordenar em vez de controlar as atividades redunda numa cidade inteligente muito diferente; a tecnologia é mais barata e foca nas pessoas tal como são, com todas as suas precariedades kantianas, e não em como deveriam ser. E a tecnologia coordenativa desenvolve a inteligência humana.

Essas virtudes são alcançadas organizando-se as redes de determinada maneira. Uma rede fechada geralmente se define como de acesso limitado, ao passo que uma rede aberta inclui todos; esta linha divisória ocorre online, por exemplo, quando um jornal estabelece um limite de uso além do qual o usuário terá de pagar para ler. No mundo da cidade inteligente, a diferença entre redes abertas e fechadas é uma questão de feedback. Numa rede urbana fechada, os sensores leem o comportamento dos cidadãos, seja na velocidade ou no consumo de energia, queiram eles ser lidos ou não; o feedback é involuntário. Numa rede urbana aberta, individualmente ou em grupos, os cidadãos têm mais controle do feedback. A cidade inteligente coordenativa honra as limitações em seus próprios dados, em seguida processando e relacionando essa informação a outros grupos.

Um dos primeiros exemplos de rede urbana aberta ocorreu em Porto Alegre, no Brasil, onde se originou o orçamento participativo — distribuição dos recursos econômicos de baixo para cima implantada pelo prefeito Olívio Dutra em 1989. O processo começou com assembleias de bairro meio informais nas quais se debatia como gastar o dinheiro em escolas, clínicas de saúde e infraestrutura local. Nesse nível, o acesso era totalmente aberto. Os conflitos entre bairros eram tratados por representantes eleitos que tinham de se reportar de volta aos seus bairros. O sistema funcionou durante cerca de vinte anos, até que foi de certa forma sufocado pelo poder de cima para baixo, mas ainda mais pela enorme quantidade de pessoas que queriam ser incluídas no processo, com o crescimento da cidade. No Brasil, com o surgimento das megacidades, as negociações entre grupos muito grandes de localidades começaram a perder coerência e a se estender interminavelmente ao longo do ano. Além disso, a enorme onda de migrantes que criam uma megacidade muitas vezes não era integrada às organizações e assembleias necessárias ao orçamento participativo.

Entra em cena então a cidade inteligente, por meio do smartphone e da coleta de dados maciços de informática. Enormes quantidades de "entradas", vale dizer, votos em permanente mutação, podem ser processadas, na medida em que as mudanças na distribuição de recursos em muitas comunidades são calculadas em tempo real. Em vez de prescrever, a computação maciça permite agora coordenar a participação na escala de uma megacidade. Os cidadãos se comunicam online, embora não o façam mais frente a frente. Uma espécie de sala de bate-papo em tempo real funciona no nível local para reunir os pontos de vista, com propostas e reações surgindo online. Este feedback é o que os representantes eleitos devem expor em reuniões com outras comunidades, na divisão das benesses — tal como se apresentam em comunidades relativamente pobres. O orçamento que daí resulta é o orçamento oficial, embora a câmara de vereadores possa sugerir mudanças, mas não exigi-las. Algo parecido com este sistema vigora atualmente em mais de 250 cidades brasileiras.[32, 33]

Uma das críticas de Lewis Mumford a Jane Jacobs era que não se pode fazer uma cidade crescer em escala, em sua *ville*, mediante ações locais na cidade. A experiência brasileira foi uma maneira de contornar o problema: o Banco Mundial constatou que as localidades tendem a gastar dinheiro em infraestrutura, especialmente saneamento, rede elétrica e instalações de saúde; esses projetos sólidos permitem aos bairros compartilhar recursos, como clínicas de saúde, ou se integrar à cidade, nos sistemas de eletrificação e água. A *cité* orçamentária focou sua atenção na grande *ville*. Fica parecendo que aqui, longe de Berlim, Max Weber — se ainda fosse vivo — teria encontrado uma cidade-Estado na qual os cidadãos controlam o próprio destino.[34]

Tal como no estabelecimento dos orçamentos, também a concepção concreta da cidade inteligente pode seguir uma forma aberta e coordenativa. O jogo de computador *SimCity* era uma versão inicial voltada para a geração de *villes* urbanas por meio da alta tecnologia interativa. O projeto ForCity em Lyon, na França, utiliza sofisticados modelos de 3-D para mostrar como seria um futuro urbano, recorrendo a dados maciços de computação para construir imagens detalhadas da futura malha urbana. Embora exijam alimentação com dados especializados, os modelos do ForCity são capazes de traduzir comandos bem diretos como "Mostre três possíveis larguras de uma rua com população X, densidade de passos Y e densidade séssil Z." Deste modo, cidadãos e planejadores podem praticar o raciocínio de sequestro, fazendo perguntas do tipo "e se?" e comparando possíveis respostas. A diferença entre este procedimento e a modelagem pré-computador apresentada numa reunião da comunidade é que anteriormente, sempre que se queria alterar um aspecto específico de determinado plano, os planejadores tinham de deixar a sala, recalcular e traçar de novo seus planos, para então convocar uma outra reunião. Agora, eles podem permanecer na sala, pois as máquinas são capazes de computar as mudanças rapidamente.[35]

Em ambos os casos, o emprego da tecnologia ajuda a escolher; no design urbano, a tecnologia avançada permite gerar as formas sobre as quais terão de ser feitas escolhas. Na cidade inteligente de tipo prescritivo, os dados já vêm empacotados e simplificados para facilitar a vida do usuário, de tal modo que o consumidor tem pequeno poder de decisão sobre sua produção. O traçado urbano mais aberto procura preparar os dados para que os próprios usuários possam enxergar alternativas e tomar decisões.

Hoje, os sistemas são capazes de se organizar, analisar e reagir a condições alteradas. Há uma diferença entre sistemas fechados e abertos na maneira como se estudam. Tomemos por exemplo um circuito fechado de televisão: num circuito fechado de feedback, há elementos de autocorreção nos ângulos de tomada, no foco e no zoom das câmeras, mas os responsáveis pela gestão desse sistema fechado não pensam "Vou parar de espionar" se virem dois amantes se beijando. Já num sistema aberto, o operador, por uma questão de tato, senão de constrangimento, desligaria as câmeras. Em esferas menos poéticas, os sistemas abertos lidam com riscos ao levar em conta "ruídos", vale dizer, feedback de informações que não servem para manter a harmonia e o equilíbrio, que não se encaixam; o fluxo desse tipo de informação é guardado na memória do sistema. Certos softwares de código aberto computam ruídos, e o mesmo fazem certas versões da "cidade inteligente", como no caso da modelagem dos sistemas de tráfego no Rio, ao passo que outras "cidades inteligentes" não o fazem. Estas são fechadas, como acontece em Songdo, na medida em que são programadas para descartar dados que não sejam adequados a algoritmos predeterminados. Os algoritmos de Songdo se corrigem, mas não são autocríticos.

No modelo prescritivo, a tecnologia organiza digitalmente a cidade como um sistema total. O urbanismo então executa o sistema fisicamente; e o urbanita terá em seguida de observar as regras, destinadas a ser fáceis para o usuário. Os sistemas de prescrição são herméticos, ao passo que os sistemas de coordenação são hermenêuticos — o que significa que, na cidade inteligente prescritiva, os complexos cálculos necessários para o seu funcionamento não são vistos pelos moradores, exatamente como quer Peter Merholz, ao passo que na cidade inteligente coordenativa os habitantes precisam se envolver com os dados, interpretando-os (a hermenêutica) e agindo de acordo com eles, para melhor e para pior — pois uma cidade inteligente cooperativa pode cometer erros.

Tudo isto vem a formar um contraste político: a cidade inteligente prescritiva é intrinsecamente autoritária, enquanto a cidade inteligente coordenativa é democrática. A deliberação democrática não significa grande coisa em Songdo, simplesmente porque desde o traçado do plano já não havia grande margem de manobra para interpretações. Já em Curitiba os moradores de fato têm escolha.

Voltando aonde começamos, eu associo Tocqueville a um escritor de inclinações diferentes. Trata-se de Robert Musil, cujo grande romance *O homem sem qualidades* dissecava a Viena dos Habsburgo como um lugar mítico, embora, em sua corrupção e estupidez, dificilmente um lugar mágico. E eu associo os dois porque tanto o etnógrafo quanto o romancista se envolviam excepcionalmente com as questões cotidianas da experiência; ambos eram de Chicago em seu temperamento. Musil e Tocqueville também se equiparam como profetas. No caso de Musil, a capacidade de prever decorre em parte de sua formação como talentoso engenheiro. No início do romance, um momento decisivo ocorre quando ele compara Viena em declínio a um futuro dominado pelo "obsessivo sonho acordado" de uma "cidade superamericana" na qual a tecnologia significaria "trens suspensos, trens no solo, trens no subsolo, pessoas mandadas por correio através de tubos especiais e correntes de carros correndo horizontalmente, enquanto elevadores expressos transportam massas de gente verticalmente", uma tecnópolis cujos algoritmos se baseiam em "exaustivos estudos de laboratório". Nessa cidade do futuro, "perguntas e respostas se sincronizam como engrenagens em entrosamento; cada um tem apenas certas tarefas predeterminadas a realizar..." — uma caricatura da Carta de Atenas. Mas essa tecnópolis só funciona se cada um "não hesitar nem refletir demais".[36]

É uma versão a cidade inteligente embotadora, um lugar que só funciona bem se não se pensar muito a respeito. O romance de Musil investiga sua natureza, como costuma acontecer nos romances, em termos de caráter. Foca a atenção num protagonista sem nome que é uma pessoa líquida — maleável, dócil, adaptável; superficialmente sociável, mas por baixo não muito envolvida na vida ao seu redor; essa combinação define um homem sem qualidades. Ele é irmão do indivíduo de Tocqueville. Em contraste, uma pessoa com qualidades (em alemão, dotada de *Eigenschaften*) se envolve mais com a vida; seu caráter se desenvolveu na vivência de obstáculos, dúvidas, remorso. É o mundo de pessoas que, nas palavras de Musil, de fato "hesitaram" ou "refletiram demais". Sua compreensão da vida é profunda simplesmente porque ela não foi feliz nem tranquila. No desenrolar do longo romance, o homem sem qualidades teme cada vez mais que a vida esteja passando ao largo, que a qualidade de sua experiência seja "leve", que sua fácil compreensão da realidade seja por demais rarefeita.

Como então fazer com que a cidade se abra, para que a experiência se torne mais densa?

Terceira Parte

Abrir a cidade

7. O urbanita competente

Descrevemos na Segunda Parte três maneiras como uma cidade pode empobrecer a experiência dos habitantes: crescimento de alta velocidade no modelo de Xangai; esquivar-se dos que diferem; os efeitos embotadores da tecnologia mal-empregada. Estes problemas urgentes também aguçam a pergunta que me fez Jane Jacobs: "O que você faria, então?" Nesta Terceira Parte, eu vou responder — mas com uma importante ressalva.

Questões como esquivar-se dos que são diferentes não têm uma "solução", no sentido de haver algum remédio social que possa ser tomado para curar a doença. O medo dos outros representa na verdade uma doença crônica que precisa ser administrada. Assim como os sintomas de uma doença crônica podem ser neutralizados, o corpo cívico pode também desfrutar de longos períodos de saúde vigorosa — como acontece quando pessoas diferentes são capazes de conviver. Ainda assim, o corpo coletivo nunca fica totalmente livre do risco de recaída.

Neste capítulo, eu investigo algumas maneiras pelas quais os urbanitas podem se relacionar melhor com a *cité*. No capítulo seguinte, exploro as formas que podem ajudá-los neste sentido na *ville*. Por fim, apresento certas maneiras de promover a convergência entre *cité* e *ville*. Como se verá, minhas respostas à pergunta "O que você faria?" são guiadas pela decisão de tratar a cidade saudável como um sistema aberto.

I. Descolados na cidade — Tocar, ouvir, cheirar um lugar

Como minha mulher passou a vida em aviões, a logística de uma viagem a Medellín, na Colômbia, se revelou fácil. Se não for a negócios, por que ir a Medellín? Disseram-me que a cidade, que tinha ficado famosa por causa da guerra do tráfico de drogas, hoje ostentava incríveis exemplos de arquitetura cívica. Especialmente no bairro de Santo Domingo, onde existe um centro comunitário-biblioteca consistindo em três elegantes blocos negros modernistas concebidos por Giancarlo Mazzanti em 2007. A biblioteca, chamada Parque Biblioteca Espanha, fica no alto de uma colina coberta de barracos abrigando dezenas de milhares de pessoas pobres, em sua maioria refugiados da guerra civil nas zonas rurais da Colômbia, decorrendo essa violência rural de batalhas de forças do governo contra supostos revolucionários das Forças Armadas Revolucionárias da Colômbia, as Farc, batalhas que finalmente parecem ter chegado ao fim. A biblioteca, uma joia arquitetônica, é de fácil acesso graças a um enorme teleférico que vai até o alto da montanha; de concepção francesa, seus carros reduziram de horas a minutos o tempo que os moradores levam para ir da favela ao trabalho no centro da cidade.

O prefeito de Medellín na época, Sergio Fajardo, construíra esta e outras bibliotecas nas favelas, sabendo que as construções destinadas aos pobres geralmente são feias e puramente funcionais, incapazes de suscitar orgulho. Para que os moradores "se apropriem" de suas comunidades, é preciso construir algo que valha a pena possuir. Assim foi que ele gastou dinheiro com grandes arquitetos na construção de bibliotecas destinadas a pessoas que estão aprendendo a ler, em vez de encomendar um novo teatro de ópera com todos os recursos de última geração. Foi um bom prefeito.

Em frente à Playa de España, um menininho desnutrido pegou minha mão e outro, a mão da minha mulher. Eles foram nossos guias "oficiais", usando camisetas que proclamavam precisamente este fato; já haviam feito esta visita guiada muitas vezes antes, ganhando um dinheirinho e praticando seu inglês. Quando Saskia falou fluentemente em espanhol, eles ficaram meio chateados; nós éramos os gringos, eles, os locais, uma diferença que estabelecia bem claramente o seu status. Os meninos — 8, 10 anos, muito limpinhos, mas mirrados — também se apresentavam como nossos protetores; conduzindo-me à rampa que levava à biblioteca, um deles disse: "Você está seguro enquanto estiver comigo."

O privilégio protege o Googleplex da cidade, ao passo que esses jovens da favela precisam saber mais do meio em que vivem; a insegurança e a carência são grandes demais para que eles tirem o ambiente de letra. Mas ainda assim, esses meninos continuam sendo meninos: foram tranquilamente subornados pelos sorvetes oferecidos por Saskia para que eu pudesse sentar para descansar, e se mostravam aberta e brutalmente calculistas, como qualquer criança: "*Señor*, mais quinze minutos são mais um dólar."

Em Santo Domingo, os homens ficam à toa pelas ruas porque estão desempregados, jogando conversa fora porque não têm mais o que fazer; os mercados estão cheios de frutas e legumes feios e manchados, velhos e murchos demais para serem postos à venda em algum outro lugar. Mas a comunidade, apesar de instável e às vezes perigosa, não é nenhum teatro de miséria. Embora os telhados muitas vezes sejam de latão ondulado enferrujado, e as paredes, de blocos de concreto nu, as ruas em frente às construções são sempre mantidas muito limpas. A "honestidade" de uma casa ou bar também é assinalada por jardineiras nas janelas; viela após viela, beco após beco, vemos esses adornos bem cuidados, quase sempre com gerânios e amores-perfeitos. Como em muitas outras comunidades, todos improvisam constantemente para compensar o que falta — por exemplo, fazendo conexões ilegais na rede elétrica. Com essa capacidade de se virar é que nossos guias se mostravam particularmente sintonizados; num longo relato sobre as fontes de venda de água engarrafada mais barata naquele momento, e indiferente ao meu desinteresse pela conversa, o pequeno guia ficou totalmente absorto pelos malabarismos necessários para enfrentar a vida.

Embora talvez não servisse muito para nos proteger dos adolescentes e jovens adultos que estavam de olho nos nossos smartphones, a confiança ostentada pelos nossos protetores se justificava. Eles conheciam cada ruela e atalho da comunidade, e ficavam felizes de constatar que nos interessávamos pelas imediações da biblioteca, como vimos ao permanecer com eles depois da visita oficial. Qualquer policial ficaria orgulhoso da exaustiva descrição que fizeram das ruas perigosas e seguras por ali.

Segurando a mão do meu guia de 8 anos, eu sentia sua leve contração de advertência e acautelamento sempre que virávamos uma esquina. Numa posterior visita noturna à comunidade, percebi que nas esquinas meus protetores retardavam o passo ligeiramente e examinavam as luzes acesas nas casas. Se a casa de algum amigo que tivessem acabado de encontrar estivesse apagada, meus protetores diminuíam o passo e paravam: por que a família não estaria em casa, se estava na hora do jantar? Certa vez, perguntei se havia algo errado; "não", respondeu o guia de 10 anos de idade, "mas poderia haver".

Mostrar-se safo na rua é indispensável. Na comunidade, um olhar que se prolongue um instante que seja pode ser considerado agressivo, levando a uma briga. Para saber como se comportar no momento, é preciso passar por várias experiências de contato visual, até ser capaz de distinguir se o olhar de alguém é hostil ou acolhedor. Uma vez consolidado, o tempo de reação de cada um torna-se instintivo e rápido; deixar transparecer a preocupação de como se comportar é receita certa de problemas.

Em Santo Domingo, a garotada está constantemente checando e atualizando as táticas de sobrevivência, pois as favelas de Medellín são ambientes em rápida transformação, com uma população constantemente renovada de imigrantes de diferentes partes do país. Como observa o militante dos direitos humanos Tom Feiling, a violência de certa maneira diminuiu desde 2010, pois a economia das drogas se transferiu para as cidades do litoral da Colômbia; a construção do teleférico em Santo Domingo tornou ainda mais seguro o transporte para o trabalho no centro da cidade, acabando com a necessidade de percorrer quilômetros de ruas problemáticas. O local, portanto, flui. Isso significa que nada pode ser tido como certo em terra — e a terra, por aqui, ainda é um lugar de pequenos furtos e assaltos, e não propriamente de uma guerra das drogas. Os garotinhos poderiam ser considerados marinheiros que aprenderam a navegar num clima instável e não raro pesado.[1]

Conhecimento corporificado — Ser safo nas ruas tem a ver com o conceito de conhecimento encarnado — um conceito muito genérico que adquire uma forma concreta particular nas cidades.

A gente não pensa conscientemente na maioria dos nossos atos — nem poderia ser de outra maneira. Imagine só dar uma caminhada pensando: "Agora levantar a perna esquerda, e agora a direita, e de novo a esquerda, e agora..." Assim que aprendemos a andar na primeira infância, enraizamos esse comportamento num hábito que não precisa ser pensado; ele entra para o terreno do conhecimento tácito. Algo semelhante acontece quando desenvolvemos, por exemplo, a capacidade de martelar um prego: o artesão aprende a segurar o cabo do martelo, a força a ser empregada, considerando seu próprio peso. Uma vez adquirido, esse comportamento entra para o terreno tácito, como algo que a pessoa sabe fazer sem pensar explicitamente no que está fazendo. Mas este é apenas o primeiro passo do conhecimento corporificado.

O conhecimento tácito, e não explícito, não era um conceito estranho ao psicólogo William James e ao filósofo Henri Bergson, pioneiros dos "estudos da consciência" que contestavam o rígido dualismo cartesiano que separa a mente do corpo. Para explicar o processo pelo qual nos investimos em nossas sensações físicas, James desenvolveu o conceito de "fluxo de consciência"; e a ênfase em sua expressão é na palavra "fluxo". Um fluxo flui: pensar, sentir e habitar nunca é estático. James criticava os psicólogos que o haviam antecedido por falarem de "condições" e "estados" mentais como se fossem blocos sólidos ou imagens fixas de ser. Mesmo na contemplação de um quadro pendurado na parede de um museu, diz James, a consciência está "em fluxo", pois a atenção do indivíduo se desloca constantemente, vagando e saltando para lembranças de outros quadros.[2]

Um fluxo de consciência pressupõe consciência do contexto — onde estamos, quem está em nossa companhia, o que nós ou eles estamos fazendo quando temos determinado pensamento, sentimento ou sensação. Essa consciência do contexto é o que corporifica um pensamento: uma questão de sentir as circunstâncias físicas nas quais pensamos; o "pensamento" se enche de associações sensíveis. Só ao mudarem essas circunstâncias a consciência entra em fluxo; ela não se manifesta independentemente, por si própria, como achava Descartes.

Bergson não encara a consciência exatamente desta maneira. No famoso episódio em que Proust saboreava uma madeleine, uma lembrança do passado é ativada por uma sensação física momentânea — um bolinho desencadeia um vasto projeto de recuperação consciente de um território muito distante da experiência. A ideia bergsoniana da *durée* costuma ser associada a essa "consciência do bolinho", mas é exatamente o contrário. A *durée* tem a ver com a consciência do presente, viver plenamente no aqui e agora; difere do sentir, como na frase do romancista L. P. Hartley de que "o passado é um outro país". Bergson não se preocupa tanto, como James, com o contexto e o cenário da consciência, e sim com a consciência em si mesma. Mas se interessa em como a experiência das contradições nos leva a sentir "estou aqui agora" de um modo que as constatações habituais não são capazes. Está nas suas ideias a origem da convicção de Leon Festinger de que "damos mais importância às coisas que nos esforçamos por entender".

Cada um à sua maneira, James e Bergson são filósofos do safar-se nas ruas. E ambos colocam o mesmo problema: o que sacode a nossa consciência? Isto acontece quando o conhecimento tácito já não basta para lidar com a realidade. Tem início uma segunda fase.

Alguma coisa não está muito certa: uma luz apagada quando deveria estar acesa. O contexto já não pode ser dado como certo. Ou então se ouve tocar de repente uma estranha campainha: não é melhor parar? Na carpintaria, o artesão não pensa conscientemente no peso do antebraço, até que um insuspeitado nódulo na madeira o obriga a avaliar a necessária força a ser exercida. Na cirurgia, da mesma forma, um corte rotineiro no tecido terá de ser recalibrado se o cirurgião se deparar com um gânglio inesperadamente denso. Em ambos os casos, o artífice está focado na problemática. O hábito é trazido à consciência: o comportamento entrou no terreno do explícito, no qual é mais ativa a autoconsciência.

No fim das contas, a estranha campainha era de uma carrocinha de sorvete, uma novidade em Medellín; uma vez captada e recorporificada no comportamento tácito, a reação impensada não será mais exatamente como antes: o som desta campainha específica é um chamando ao prazer, vamos então a ele. Esse processo tácito-explícito-tácito significa que o repertório do comportamento em mobilidade se ampliou antes de uma forma visceral que autoconsciente: podemos nos comportar de uma nova maneira sem precisar ficar nos questionando sobre o que estamos fazendo. Assim como o artífice testou uma nova maneira de segurar o martelo, a pessoa que se safa nas ruas refletiu; ambos tratam então de reinscrever o comportamento no universo tácito. É a terceira fase do safar-se nas ruas.

Os meninos de Medellín farejando possíveis perigos podem ser comparados a uma gestão de risco descrita por Sara Fregonese em Beirute durante os longos e violentos anos de guerra civil no fim do século XX. Lá, era comum botar bandeiras do lado de fora das casas para identificar quem vivia no interior; quando um tiroteio era ouvido em ruas próximas, as bandeiras desapareciam, para que as milícias nada soubessem dos moradores daquela rua ao passar por ali. Os safos no ambiente urbano interpretavam uma pista mais que evidente — o som de tiros — e reagiam tomando uma medida perfeitamente clara. Na comunidade, as pistas eram menos dramáticas, exigindo mais interpretação.[3]

O safar-se urbano desse tipo foca nos pequenos detalhes. Como vimos, para Balzac, interpretar o caráter de uma pessoa significava analisar detalhes — por exemplo, deduzindo se um indivíduo seria um cavalheiro ou não pelo exame dos botões da sua manga. Os garotos aplicam essa interpretação do caráter a uma finalidade muito mais urgente. Eles não aquilatam a importância de um fato estabelecendo uma relação entre o detalhe e o todo que o cerca, como neste caso: "Está tudo tranquilo, mas e daí? Todo mundo na rua se conhece, são bons vizinhos, e de qualquer maneira faltou eletricidade na semana passada." Esta seria uma avaliação de contexto. Já aqui, o detalhe provoca, qualquer que seja o contexto; exige ser entendido em si mesmo.

Em psicologia, uma leitura de pistas como esta é chamada de "efeito holofote", denominação derivada de *The Principles of Psychology* [Os princípios da psicologia], publicado por William James em 1890. Sua versão "holofote" da atenção sustenta que o cérebro joga luz sobre um objeto, um problema ou uma pessoa que assume caráter central para lidar com ele, deixando de lado objetos, problemas ou pessoas que não pareçam centrais para o problema em foco. Ele escreveu que "a concentração da consciência [...] implica afastar-se de certas coisas para lidar eficazmente com outras". Falamos uma linguagem jamesiana quando dizemos que estamos "focando" num problema.[4]

O holofote proporciona uma certa ordem ao fluxo de consciência. A gente não se limita, por assim dizer, a simplesmente ir com o fluxo, notando — vale dizer, colocando o holofote — o obstáculo inesperado ou a pedra que se apresenta no caminho da consciência. Na visão de James, projetamos o holofote quando as expectativas normais são contrariadas. Ele considerava que o próprio fluxo de consciência era instável, e não constante, eventualmente secando, outras vezes transbordando, não raro desviando do caminho reto de deduções do tipo se isto, então aquilo. A concepção do fluxo de consciência em James poderia então ser mais apropriadamente comparada a caminhar pelos becos de uma favela do que a nadar numa corrente.

A concepção do efeito holofote em James contrasta diametralmente com a "apercepção", venerável ideia derivada de Leibniz, na qual um problema difícil ou perigoso é esclarecido ao ser inserido num contexto cada vez mais amplo. Leibniz desfoca; James foca. Na vida social cotidiana, o efeito holofote confere determinada estrutura a breves conversas nas ruas de Santo Domingo, e a conversas mais longas nos seus bares. Eu achava que o meu péssimo espanhol explicava certas mudanças de assunto meio abruptas; havia uma lógica que eu não conseguia seguir. Mas Saskia me corrigiu; havia sempre um fluxo de palavreado meio inconsequente, e de repente um holofote verbal era projetado num detalhe perturbador, como o som de um tiro parecendo ter sido disparado de uma arma estranha; outros talvez não tratassem imediatamente desse fato assim iluminado pelo holofote, mas ele seria notado, arquivado e retomado mais adiante na conversa ou em outra conversa. O som focado não é específico de Medellín; um efeito holofote do mesmo tipo ocorre no Mitre, o meu pub habitual em Clerkenwell; depois do assalto à joalheria, as conversas de sempre passaram a ser apimentadas por súbitas e significativas erupções projetando o holofote nos "muçulmanos".

O conhecimento corporificado tem um outro aspecto. Dizer que "captamos algo" significa que fizemos fisicamente o gesto de apreensão. No banal gesto físico de pegar um copo, a mão assume uma forma arredondada, própria para segurar o objeto, antes de efetivamente tocar sua superfície; o corpo já se prepara para segurar antes de saber se o que vai segurar está gelado ou fervendo. O nome técnico de movimentos nos quais o corpo prevê e age se antecipando aos dados sensoriais é "preensão". A preensão significa agir por antecipação.

Os recém-nascidos começam a praticar a preensão já na segunda semana de vida, tentando alcançar brinquedinhos à sua frente. Nos cinco primeiros meses de vida, os braços do bebê desenvolvem a capacidade neuromuscu-

O URBANITA COMPETENTE

lar de se mover independentemente em direção ao que os olhos veem; nos cinco meses seguintes, as mãos desenvolvem a capacidade neuromuscular de assumir diferentes posições para segurar. No fim do primeiro ano, nas palavras de Frank Wilson, "a mão está pronta para uma vida inteira de explorações físicas".[5]

A preensão representa uma guinada no processo de raciocínio por sequestro descrito no capítulo anterior. Ela traz uma resposta para a pergunta "e se?". O corpo imagina por antecipação como seria fazer algo. Na verdade, pode ser ruim prever como é algo antes de passar pela experiência. No caso dos manifestantes do PEGIDA, a imaginação mais desvairada determinava sua previsão de como são os muçulmanos, antes de qualquer contato com um muçulmano; da mesma forma, uma geração anterior de cristãos imaginava que os judeus enterravam crianças vivas, sem jamais ter visto algo assim acontecer. A preensão, contudo, pode assumir uma forma mais benigna, expandindo nossa compreensão do ambiente físico.

A preensão permite avaliar o tamanho e as dimensões do espaço urbano quando olhamos diretamente à frente, e não para os lados. Ao nos movermos na direção de uma pessoa ou de um prédio, começamos a fazer contato antecipadamente para entender o que estamos vendo; é o equivalente de pensar que o corpo está quente ou frio antes de tocá-lo. Em Medellín, as crianças exercem a preensão calculando o que têm pela frente antes de virar uma esquina e adaptando o corpo: relaxam se sentem cheiro de comida, sabendo que a Sra. Santos está em casa cozinhando, ou retardam o passo e andam com mais cuidado se não sentirem cheiro nenhum nem ouvirem nada.

Os limites do safo urbano — O antropólogo Clifford Geertz desenvolveu uma certa ideia do conhecimento local. Em contraste com anteriores gerações de antropólogos, que tinham como objetivo descrever visões de mundo e o entendimento cosmológico, Geertz considerava que esses altissonantes conceitos se desenvolveram, se é que se desenvolveram, de baixo para cima; a maneira como as pessoas lidam com questões imediatas pode vir gradualmente a se expressar na maneira como encaram "a vida" em geral. Os rituais que orientam cada um também têm início de uma forma especificamente localizada, sustentava Geertz, não surgindo do nada. Por isso ele se sentia intrigado pela arqueologia, embora nunca a tivesse praticado: parecia-lhe que, nos tempos antigos, saber *onde* alguma coisa havia acontecido era o primeiro passo para entender *o que* acontecera. Da mesma forma, nos tempos modernos, *onde* é a primeira coisa a ser avaliada para entender *o quê*.[6]

Esse é também o entendimento do maior romancista da Colômbia, Gabriel García Márquez. Suas cenas de pequenos gestos em pequenos lugares evoluem para fantasias e mitos que dão sustentação a gerações sucessivas de gente pobre. O conhecimento local gera tradição. Se essa visão dos safos locais produz grande antropologia ou grande arte, não se revelou de igual valor para nossos meninos tentando abrir caminho em Medellín. O safar-se localmente já não é suficiente para orientá-los.

O mais importante projeto arquitetônico em Santo Domingo era a construção de um teleférico eficiente que levasse os moradores da comunidade encarapitada no alto de um morro até a cidade lá embaixo, onde ficavam empregos, igrejas, campos de esporte e lojas. Antes do teleférico, não era possível viver na comunidade de Medellín ignorando a cidade como um todo; internamente, o mercado de trabalho era muito ralo, e as pessoas eram obrigadas a longas horas de transporte morro acima e abaixo em busca de emprego. Mas ainda assim sua visão de mundo podia continuar sendo uma visão de gueto. Da mesma forma, até a Segunda Guerra Mundial, muitos italianos pobres ou mais velhos de Nova York raramente deixavam mentalmente sua comunidade, exceto no caso de homens que viajavam a trabalho. Santo Domingo se desenvolveu graças ao teleférico — que afetou em particular os jovens dessa comunidade de Medellín. Eles podiam descer o morro com rapidez e então mover-se com grande liberdade pela cidade, graças ao preço barato dos transportes em ônibus. Mais recentemente, o smartphone os ligou ao resto do mundo; seja roubado, emprestado ou comprado, ele é hoje ali, como em qualquer outro lugar, a ferramenta mais necessária dos adolescentes urbanos.

Esse horizonte ampliado parece encoberto. Os irmãos adolescentes dos meus guias sabem que não há futuro para eles no isolamento da comunidade, e muitos querem pura e simplesmente sair da cidade. Toda ela hoje está disponível para que os jovens vejam de perto outros modos de vida. Será que os modos de se safar aprendidos localmente pelos jovens poderão capacitá-los a enfrentar a vida? Tal como em Delhi, assim é também em boa parte da América Latina: o conhecimento local adquirido numa aldeia não os prepara para enfrentar a vida numa cidade grande. Na própria megalópole, a mesma descontinuidade pode marcar a defasagem entre a favela e a metrópole. O Sr. Sudhir dava um jeito graças às suas ligações, e é verdade que em Medellín o tráfico de drogas servia para lançar uma ponte semelhante. Mas hoje em dia, em Medellín, a rota de saída não é canalizada dessa maneira.

Certa tarde, em Medellín, eu fui interrogado a respeito de Nova York por uma jovem estagiária da biblioteca de Mazzanti, de apenas 16 anos. Ela sabia que as ruas dos Estados Unidos não são pavimentadas com ouro, mas ainda assim pretendia rumar para o norte dentro de um ano, fosse legal ou ilegalmente. Perguntou quanto durava a sesta diária em Nova York, e se poderia trabalhar como bibliotecária à noite, depois dos estudos. Minha resposta, explicando que em Nova York ninguém faz sesta, pareceu-lhe estranha (e de fato é); ela também ficou perplexa com o fato de um imigrante ilegal não poder fazer bico à noite numa biblioteca pública. Resolveu então mudar de cidade, e perguntou sobre a sesta em Londres e as possibilidades de lá trabalhar à noite como bibliotecária sem documentos.

Há uma geração, os mexicanos que se viravam na fronteira contaram à socióloga Patrícia Fernandez-Kelly que muito poucas lições aprendidas em casa podiam ser aplicadas no exterior. Naturalmente, os desafios de encontrar trabalho, resolver a situação legal, instalar-se num apartamento, ir e voltar do trabalho, conseguir assistência de saúde etc. sempre são árduos para pessoas economicamente marginalizadas, e a famosa "mãozinha" dada pela família só em parte ajuda os recém-chegados. Mas os informantes de Fernandez-Kelly frisavam que os comportamentos de enfrentamento e superação das situações aprendidos no passado não os haviam preparado para o presente simplesmente porque seu conhecimento local era excessivamente dependente do contexto, e portanto dificilmente transportável. Os modos de se safar na vida urbana precisam ser reaprendidos toda vez que alguém se transfere.

A sobrevivência da estagiária de biblioteconomia num ambiente complexo além do local parece semelhante às perspectivas enfrentadas pelos refugiados bósnios que conheci na Suécia, ou às dos sírios hoje na Alemanha.

Como ultrapassar os limites do próprio conhecimento num lugar que não se conhece — especialmente na condição de estrangeiro indesejado? Gostei daquela jovem e a admirei por sua determinação de melhorar as próprias condições, tanto que mais tarde vim a patrocinar sua ida para a Grã-Bretanha. E decidi fazê-lo quando ela declarou: "Eu dou conta." Acreditei nela. Quando ela foi rechaçada pelas autoridades de imigração daqui, fiquei consternado, mas ela não. Atualmente, ela trabalha em tempo parcial como assistente de biblioteconomia na Nova Zelândia. Fiquei me perguntando como sua admirável determinação fora posta em prática, como ela conseguira florescer num contexto estrangeiro. De alguma forma ela aprendeu a transcender seu conhecimento local. Como está tão distante, não tenho como saber como isto se deu diretamente dela. Tentei então pensar de maneira mais genérica em como o conhecimento local pode ser ampliado, na vida da cidade.

II. Conhecimento ambulante — Viver a própria condição em lugares desconhecidos

Caminhar — Há muito tempo caminhar significa mais que simplesmente ir de A a B, como no Google Maps. Desde a Antiguidade, o esforço físico de caminhar a pé aprofundava a experiência de uma peregrinação de longa distância ou de uma visita de curta distância a um santuário; o percurso longo e difícil conferia maior prestígio ainda ao destino. No início do Renascimento, em 1336, Petrarca escalou o monte Ventoux, na França, só pela experiência; chegando afinal ao topo, abriu um volume de Santo Agostinho e deu com este trecho: "As pessoas ficam maravilhadas com os picos das montanhas [...] mas [pela caminhada propriamente] não se interessam." Petrarca concordou, abstratamente, em que o esforço físico da caminhada propriamente dita não tinha valor espiritual. Ainda assim, a caminhada não era perda de tempo, pensava; o esforço físico necessário afastou sua mente das exigências e pressões sofridas lá embaixo, e essa suspensão das "preocupações do vale" por sua vez levou a uma reflexão sobre seu modo de vida. Como diríamos hoje em dia, a caminhada o levou a fazer contato consigo mesmo — mas, como Pico della Mirandola, Petrarca não sabia muito bem o que significava entrar em contato com o próprio "self".[7]

A modernidade tornou essa ligação entre caminhar e introspecção ainda mais desconcertante. *Os devaneios do caminhante solitário*, de Rousseau, publicados em 1782, apresentam a caminhada como um estímulo à contemplação; por este simples motivo Rousseau gostava de caminhar no campo, sem as distrações da cidade. Um tipo de caminhante oposto surgiu na pessoa de Restif de la Bretonne, contemporâneo de Rousseau, que caminhava pela cidade como um mineiro prospectando ouro, na esperança de enriquecer seu "self" mergulhando em cenas inusitadas. Em *Les Nuits de Paris*, espécie de diário sobre suas perambulações pela cidade que manteve a partir de 1785, Restif se valia da densidade da vida nas ruas para estimular seus próprios desejos, em grande medida pornográficos. Seguindo seu exemplo, Baudelaire seria estimulado no século seguinte pelas prostitutas e mendigos de Paris, os palácios arruinados da cidade e seus restaurantes absurdamente caros; eles parecem espelhar, revelar algo nele próprio — mas o quê? A própria complexidade da cidade tornava difícil dizê-lo.

A figura do *flâneur* surgiu dessa perplexidade: de certa forma, caminhar pela cidade para se conhecer. Esta figura contrasta com a do etnógrafo, tal como exemplificada pelos pesquisadores da Escola de Chicago. Um etnógrafo estuda os outros; um *flâneur* busca a si mesmo nos outros.

Os estímulos da caminhada foram percebidos de maneira bem diferente por uma figura mais prosaica: o planejador que tenta organizar o movimento. Como vimos no Capítulo 2, o corpo em livre movimento tornou-se um objetivo do planejamento urbano no fim do século XVII e início do XVIII. Esses planejadores se cobriam com o manto da ciência biológica, especialmente a análise da circulação sanguínea efetuada por William Harvey, que se tornou um modelo do traçado de ruas como artérias e veias, e do tráfego de livre fluxo como algo análogo à circulação saudável no corpo. Nesse esquema, a caminhada perdeu seu valor, e a calçada tornou-se menos importante que a pista de rolamento, pois a liberdade de movimento era equiparada à velocidade do movimento. O que de certo modo era ilógico: numa carruagem em velocidade, o indivíduo está sentado imóvel, ao passo que o sangue é bombeado quando usa os dois pés. Os planejadores tinham transferido o valor biológico de se movimentar livremente do humano para o mecânico, mas o fato é que no *ancien régime* havia um motivo para esta transferência: a enorme defasagem econômica e social entre os que podiam pagar por uma carruagem e os que não podiam, sendo, assim, forçados a caminhar. A cidade do movimento rápido e livre era uma cidade para os privilegiados.

O que acarreta o "livre movimento"? Aqui, temos uma distinção entre o *flâneur* que perambula, sem saber muito bem por que nem para onde ir, e uma pessoa com uma meta clara em mente, como por exemplo ir de casa para o trabalho, ou, num outro espírito, sair em busca de sexo. A mesma divisão entre o sem rumo e o intencional se manifesta entre o turista despreocupado e um caminhante de mente crítica como Iain Sinclair, que viaja a pé com o objetivo de esclarecer onde e de que maneira a cidade abandonou seus pobres, ou chamar a atenção para a estupidez dos planejadores. Assim é que Rebecca Solnit distingue entre o caminhante — aquele que tem uma missão — e o viandante.[8,9]

O *flâneur* viandante é amigo da noite, pois é à noite que a cidade revela seus segredos. Além de dar cobertura a ladrões ou prostitutas, a noite tem sido sempre o momento em que a enorme população de sem-teto de Londres e Paris vinha para as ruas, como mais tarde aconteceria em Delhi, em Nehru Place. O advento da lâmpada a gás não contribuiu muito para conter esse espraiar-se da cidade oculta, pois a luz a gás era fraca e a penumbra que projetava, em geral pequena, não passando de 5 a 6 metros no meado do século XIX. Ainda hoje, quando a iluminação a sódio projeta uma uniforme palidez amarelo-alaranjada nas ruas, a noite é transformadora; as figuras perdem a cor e as luzes de sódio criam suas próprias sombras.

O *flâneur* viandante é um espírito mais aberto, eu diria, que o caminhante munido de um propósito, pois o seu conhecimento dos lugares e das pessoas pode se expandir de maneiras imprevistas. Mas o que exatamente ele está aprendendo? Trata-se de uma questão prática para pessoas como os jovens de Medellín, já agora capazes de perambular pela cidade: como poderão romper os limites do local, tal como acabamos de descrevê-los, caminhando pela cidade — e não simplesmente recorrendo ao Google ou ao YouTube?

Avaliação lateral — Posso falar praticamente como um especialista das consequências mentais do caminhar. Quando dei início à jornada de recuperação do meu derrame, interessei-me por observar os efeitos das caminhadas nos meus processos mentais. Movimentar-me ajudou, antes de mais nada, a me tirar da névoa da fadiga, aquele estado de semiconsciência exausta que obnubila o paciente que acabou de ter um ataque. Na época, perder o equilíbrio e cair era o principal problema; o paciente que volta a andar enfrenta o risco com um exercício chamado Manobra de Romberg, que mantém o corpo ereto. Uma vez tendo começado a andar, um Programa de Reabilitação Vestibular (jargão médico para dizer "aprender a caminhar reto") treina a cabeça a virar para a direita e depois para a esquerda de três em três passos, podendo o corpo assim mover-se regularmente para a frente, mesmo olhando para os lados. Essas primeiras caminhadas abarcam inicialmente cerca de 20 metros duas vezes por dia; a pessoa levanta bem a perna ao caminhar, e sempre no terceiro passo, ao voltar a cabeça para o lado, bate na coxa. (Não recomendo esta prática, como fiz certa vez, num parque; provavelmente você chamará a atenção da polícia.)

Esse exercício, evocando soldados em parada diante de dignitários estrangeiros, dá uma pista sobre a relação do movimento corporal com as percepções do espaço. Na Reabilitação Vestibular, a combinação do movimento para a frente com a visão lateral funciona melhor se focarmos a atenção em portas, vasos ou outros objetos ao girar a cabeça. Os objetos vistos lateralmente permitem que a pessoa acometida de derrame gradualmente estabeleça as dimensões do espaço circundante; perto e longe, alto e baixo. É a avaliação lateral. Permite que vejamos objetos que estão ao lado de uma nova maneira, como se não tivéssemos de fato percebido até então o seu caráter.

A avaliação lateral também acontece com o *flâneur* saudável, que pratica algo parecido com a Reabilitação Vestibular ao explorar a cidade. Ele absorve novos "dados" nas laterais da consciência visual; a avaliação lateral provoca uma mensuração dimensional, e o *flâneur* saudável, como um paciente que se recupera de um derrame, pode então ver mais vividamente objetos que estão no limiar da consciência. Como funciona essa combinação seletiva pelas laterais?

A visão periférica é natural na maioria dos animais. Nos seres humanos, o cone de visão é de 60 graus, ao passo que a profundidade de campo é de alcance menor, de modo que estamos sempre recebendo mais informação do que o que está em foco. Além disso, o animal humano tem dificuldade de distinguir de maneira atenta e individualizada mais de sete objetos simultaneamente. Em ritmo de caminhada, o "holofote" jamesiano do cérebro tende, portanto, a reduzir a avaliação lateral a três ou quatro objetos. Em contraste, viajar num carro a 80 quilômetros por hora reduz a consciência a um único objeto significativo. Em ritmo de caminhada, os objetos focados são "arredondados", no sentido de que podemos lidar com eles, avaliar seus contornos e seu contexto, ao passo que, em alta velocidade, o único objeto focado aparece neurologicamente como "chato" — uma imagem passageira sem profundidade nem contexto. Neste sentido, caminhar lentamente gera uma consciência lateral mais profunda que se mover com rapidez. A avaliação lateral é um dos critérios para distinguir lugar — um local onde habitamos — de espaço — um local por onde passamos. Ela estabelece a justificativa cognitiva básica para privilegiar os ciclistas em detrimento dos motoristas: o ciclista sabe mais sobre a cidade, neurologicamente, que o motorista.[10]

A avaliação lateral explica uma certa perplexidade dos parisienses da época de Haussmann com as carruagens rápidas e os trens que então passavam a determinar os deslocamentos na cidade: eles viam mais a cidade, mas notavam menos detalhes de determinados lugares quando viajavam em maior velocidade. Eram poucos os guias da cidade escritos do ponto de vista das viagens de trem; o *Guia Baedeker* de 1882, por exemplo, propõe passeios a pé para os turistas, mas considera as viagens de trem sem utilidade para compreender a cidade. Naturalmente, o transporte rápido é vital para percorrer a cidade — mas os carros e os trens também são máquinas danosas para a cognição. Reside precisamente aí o desafio para os planejadores da *ville*: e se eles não criarem condições para o conhecimento pela caminhada? Nada de calçadas nem becos, nada de bancos nem fontes públicas? Nem banheiros públicos? Ao deixar de contemplá-los, eles terão embotado a cidade.

Posicionamento — Num mapa Google, a indicação "minha atual posição" orienta o usuário no espaço; ela responde à pergunta "Onde estou?" com bom grau de precisão. Um tipo mais complexo de avaliação "Onde estou?" é necessário para o posicionamento num espaço desconhecido.

O psicólogo Yi-Fu Tuan encara o problema analisando como se aprende a andar num labirinto. Quando alguém entra num labirinto, tudo lá dentro é puro espaço, sem qualquer marcação nem diferenciação em termos do entendimento, para aquele que ali se encontra, de onde está. Assim que aquele que se encontra num labirinto acha uma saída, tateando cegamente, sabe que existe uma "narrativa espacial", ou seja, um início e um fim organizando os seus movimentos, sem, no entanto, conhecer os "capítulos" que compõem essa narrativa. Com o tempo, perambulando reiteradas vezes, o *flâneur* aprende a fazer certos movimentos, a percorrer certos trechos que podem orientá-lo, por conterem o que Tuan chama de "marcos" — uma estátua num pedestal seria um marco óbvio, mas uma árvore com folhas mortas ou um buraco imperceptível no caminho, no qual o indivíduo quase torceu o tornozelo, também poderiam servir de pontos de referência. Assim é que são criados os capítulos na narrativa do movimento.

A tese de Tuan é que o movimento no espaço não pode ser algo que acontece uma única vez, devendo se repetir muitas vezes: o viandante precisa repetir suas perambulações para aprender a navegar. Além disso, a escola de Tuan sustenta que, ao escolher marcos de orientação, o *flâneur* pensa em termos críticos quais objetos ou imagens melhor serviriam para orientá-lo — em outras palavras, quais objetos ou imagens se destacam nas plantas uniformes e homogêneas que compõem o labirinto. Essas exceções ficam lateralmente dispostas em relação à visão, enquanto o aterrorizado *flâneur* contempla à sua frente os túneis desconcertantes e aparentemente uniformes. Deste modo, a escola de Tuan leva adiante o trabalho de Festinger sobre distância cognitiva e atenção focal: com a necessária experiência, uma pessoa, ao se mover, se capacita a focar em pistas muito específicas e não óbvias que sirvam para orientá-la. Na linha do nosso raciocínio, verifica-se uma avaliação lateral que permite aquele tipo de preensão capaz de conduzir alguém em direção a uma saída que ainda não vê no momento.[11]

Um modo completamente diferente de se orientar é encontrado no trabalho do geógrafo Michel Lussault. Ele se interessa pela maneira como o caminhar estabelece a relação entre o próximo e o distante. Contemplando um mapa, sabemos que há um posto de gasolina a mil metros de distância de onde nos encontramos, mas é apenas um número; temos de fazer um esforço físico para saber se o posto está longe ou perto. Naturalmente, ninguém poderia caminhar mil metros, nem muito menos 10 quilômetros, toda vez que precisasse usar as palavras "perto" e "longe". Ele sustenta que, embora isto seja verdade, a certa altura do desenvolvimento de uma pessoa algum esforço físico vem a conferir sentido ao número que representa perto e longe, mesmo que só uma única vez ela tenha percorrido a pé distância de um quilômetro. E é preciso caminhar para cima e para baixo, assim como para perto e para longe. Se a única experiência de uma pessoa com a altura consiste em ter subido e descido num elevador, "alto" não seria de grande utilidade para ela como medida; para empregá-la, essa pessoa precisaria em dado momento subir a pé pelo menos um andar. Assim como um artesão organiza a experiência física com a compreensão mental de palavras como "apertado", assim também são construídas as geografias, sustenta Lussault. Ao aprender as dimensões de um novo espaço, o corpo que caminha ou sobe está gerando uma primeira régua.[12]

Aí vão dois diferentes relatos sobre como é possível se orientar movimentando-se em lugares desconhecidos. Alguém poderia objetar que são muito, muito poucos mesmo os *flâneurs* capazes de percorrer a pé Delhi ou Nova York. Como então quantificar a palavra "grande"? Nas cidades, trata-se na verdade de uma pergunta sobre a escala humana.

Escala — As medidas de escala humana no ambiente construído deveriam logicamente basear-se no tamanho do corpo humano. Esta maneira de definir a escala começou com Vitrúvio, tendo chegado ao nosso conhecimento em especial com a famosa imagem de Leonardo da Vinci: um corpo humano com os braços e as pernas estendidos, criando um círculo perfeito no interior de um quadrado. É a medida de um corpo estático. Na nossa época, a versão geométrica da escala humana é exemplificada sobretudo pelo Homem Modular de Le Corbusier, mostrando uma figura com um braço dobrado para cima. Nessa imagem, Le Corbusier tentava conciliar os sistemas de medida métrico e de polegadas e pés; o foco é a matemática do corpo. A imagem do Homem Modular pode ser usada pelos arquitetos para criar uma escala humana em prédios altos, calculando os múltiplos verticais do Homem Modular; Le Corbusier desenvolveu esse procedimento depois da Segunda Guerra Mundial, embora a medida modular apareça em várias construções da década de 1930. O objetivo é racionalizar o tamanho do corpo, em vez de tratá-lo como um organismo vivo.

Outra maneira de pensar a escala humana foi desenvolvida pelo grande crítico de arquitetura Geoffrey Scott, que declarou: "Nós nos projetamos nos espaços nos quais nos posicionamos [...] enchendo-os idealmente com nosso movimento." Precisamente por este motivo, Scott era um apaixonado pelo Barroco, especialmente as esculturas serpenteantes de Bernini, com seus corpos de pedra contorcidos e recurvados, os tecidos em torvelinho. Com base nessa apreciação estética da forma humana em movimento, Scott afirmava que nós "projetamos a escala humana", imaginando nossos movimentos corporais amplamente desdobrados no espaço — as experiências sensoriais concretas de Lussault ampliadas pela imaginação. Os saltos fenomenais do Super-Homem e do Batman criam esse tipo de projeção escalar; como também, em seu momento, as *Viagens de Gulliver* de Jonathan Swift (tanto para os viajantes supergrandes quanto para os superpequenos). Tendo em mente a arquitetura prática, Scott sustentava que a passagem por ambientes internos, e deles até a rua, subindo e descendo escadas, contribui melhor para a concepção de espaços que deem a sensação de ter uma escala humana do que calcular o tamanho de um ambiente ou a largura de uma rua em relação a imagens fixas do próprio corpo humano. O movimento é mais importante que a geometria.[13]

Os preceitos de Lussault a respeito do próximo e do distante são utilizados no trabalho de Allan Jacobs (sem parentesco com Jane), planejador da cidade de San Francisco na década de 1980. Para este Jacobs, o mais determinante era o cone de visão de 60 graus. No alto do cone, sustentava ele, a linha dos telhados das construções devia estar sempre visível. A utilização da "norma Jacobs" por sua vez ajuda certos planejadores a determinar a largura de uma rua. Quanto mais larga a rua, mais altos podem ser os prédios que a margeiam, desde que seja sempre possível ver a linha dos telhados quando se está no solo. Em San Francisco, a norma Jacobs privilegiou os prédios baixos porque as ruas são estreitas, ao passo que um pedestre caminhando pelos Champs-Élysées em Paris pode ver o alto de edifícios muito mais elevados. O que não agradava a Allan Jacobs eram torres isoladas como as de Xangai, que não permitem àquele que caminha ao seu redor ter uma ideia de altura.[14]

Uma medida das ruas em escala humana com base no movimento foi fornecida pelo urbanista dinamarquês Jan Gehl. Em vez de medir o tamanho do corpo humano, ele explora as maneiras como os corpos em movimento processam a palavra "perto" — outra aplicação da teoria de Lussault. "Dependendo do pano de fundo e da iluminação, podemos identificar seres humanos, sabendo que não são animais nem arbustos, a uma distância de 300 a 500 metros." Mas "só quando a distância tiver sido reduzida a 100 metros podemos ver movimento e expressão corporal em linhas gerais". Mas ainda precisamos ir adiante, pois persiste uma outra defasagem, embora menor: "Geralmente reconhecemos [determinada] pessoa a uma distância variando entre 50 e 70 metros." E chegamos ao estágio final: "A uma distância de cerca de 22-25 metros, somos capazes de distinguir com precisão as expressões faciais." Cálculos semelhantes podem ser feitos no que diz respeito aos sons. Gritos de pedido de socorro são audíveis a distâncias de 50-70 metros; à metade dessa distância somos capazes de entender pessoas falando alto sem interrupção, como se estivessem numa tribuna ao ar livre; nova redução pela metade, e podemos sustentar uma conversa de uma calçada a outra, por exemplo. Mas só de 7 metros para baixo "a conversa pode ser mais detalhada e articulada". Gehl considera que o "limiar interpessoal" crítico ocorre tanto visual quanto sonicamente em torno de 25 metros, distância na qual são completamente absorvidos dados específicos sobre outra pessoa. Nesse modo de medir a escala humana, não importa o tamanho das pessoas; é antes uma questão do que cada um vê e ouve ao se aproximar dos outros.[15]

Por que o automóvel, o trem e o avião não permitem estabelecer escalas? Porque o movimento está suspenso. Quase nenhum esforço humano precisa ser empreendido para fazer com que a máquina se mova; é a máquina que faz o trabalho. Neste sentido, um interessante estudo compara o ato de dirigir um carro com engrenagem manual à condução de um carro automático; o motorista no primeiro caso está menos sujeito a acidentes porque o esforço de mudança de marchas o sintoniza mais com as condições ao redor, do lado de fora do carro. Com o advento do carro sem motorista, a suspensão do envolvimento com as condições ambientais será total: o lado sombrio do sonho de Bill Mitchell. A perda da escala determinada pelo usuário faz eco à celebração da tecnologia de fácil uso por parte de Peter Merholz: com a diminuição do esforço para fazer com que o programa funcione, diminui também a compreensão do seu funcionamento.

Deduzo daí que a escala humana não é estabelecida simplesmente pelo movimento, mas por um movimento intrigante, como no caso do labirinto; um movimento que encontre obstáculos, como deslocar-se lentamente numa multidão; ou que tenha a ver com uma pesada carga sensorial, como na visão lateral. O planejador urbano que criasse um ambiente sem quaisquer obstáculos para os pedestres não estaria contribuindo para a sua vivência e experiência. Tal como se dá na "criatividade" no interior do Googleplex, como vimos no capítulo anterior, assim também ocorre na rua: a experiência da escala humana se dá em termos de enfrentamento das resistências.

Como já disse, não posso saber se minha jovem assistente de biblioteconomia aprendeu a abrir caminho num lugar estranho caminhando por ele. Mas a análise lateral do movimento, a preensão, o posicionamento e a mensuração de escalas seriam sólidas maneiras de se orientar num lugar que ela não conhecesse.

III. Práticas dialógicas — Falar com estranhos

E a orientação verbal? Como poderia nossa bibliotecária transcender limites locais falando com estranhos? Uma possível resposta deriva de ideias sobre comunicação inicialmente propostas pelo literato russo Mikhail Bakhtin.

"Dialógica" foi o termo cunhado por ele na década de 1930 para designar o fato de a linguagem ser cheia de "contradições socioideológicas entre presente e passado, entre diferentes épocas do passado, entre diferentes grupos socioideológicos do presente, entre tendências, escolas, círculos..."; cada voz é enquadrada por outras vozes e tem consciência delas. É uma situação a que Bakhtin deu o nome de "heteroglossia". Como as pessoas não são cópias fiéis umas das outras, a fala é cheia de mal-entendidos, ambiguidades, insinuações involuntárias e desejos não manifestos; nas palavras de Kant, a linguagem é torta, especialmente entre estranhos que não compartilham as mesmas referências locais, o mesmo conhecimento local. A heteroglossia marcou as trocas que chegavam a ser cômicas entre mim e a candidata a assistente de biblioteconomia a respeito das sestas em Nova York e Londres.[16] Dialógica era uma palavra perigosa para alguém escrevendo na Moscou de Stalin na década de 1930, onde o menor sinal de inconformismo ideológico levava direto ao gulag. Era mesmo uma ousadia para essa ditadura do pensamento, em seu contraste com a dialética, pelo menos o raciocínio dialético sacralizado pela polícia do pensamento como materialismo dialético. A ideia oficial de linguagem na sociedade era que, no jogo de teses e antíteses, chegava-se à síntese que unificava pensamentos e sentimentos; todo mundo de acordo: um acordo que pode ser policiado. Ao passo que as técnicas dialógicas de deslocamento, ruptura e incerteza estabelecem um tipo diferente de comunidade da fala: uma comunidade em que as pessoas estão juntas, mas não necessariamente de acordo.[17]

Existem em minha opinião quatro ferramentas dialógicas que atendem particularmente aos urbanitas.

Ouvir o que não foi dito — Muitas vezes as pessoas não dizem o que querem dizer, pois não se expressam bem. O outro lado desta moeda é que as palavras não podem captar o que uma pessoa pensa ou sente. Em literatura, Bakhtin enfrentava esses limites da língua enfatizando o contexto em que determinado personagem fala, dando mais atenção à descrição do ambiente que aos diálogos. O leitor deduz o que um personagem quer dizer pela descrição que dele é feita, assim como do seu mundo, e não por suas próprias palavras. Graças à contextualização, embora Sancho Pança, em *Dom Quixote*, muitas vezes se mostre desarticulado ou obtuso, nós entendemos o que ele quer dizer.

Na vida comum, a capacidade de escuta realiza o trabalho de conferir significado ao que não foi dito. Como antropólogos da época, os homens da Escola de Chicago queriam "ouvir o não dito", mas eram atrapalhados por uma neurose sociológica: a amostra representativa. Essa neurose consiste em acreditar que exista uma voz autêntica, ou um exemplo típico, de determinado tipo de pessoa. Essa crença leva a estereótipos, como o camponês polonês ignorante ou o homem branco raivoso. Além disso, a amostra representativa privilegia exatamente aquelas pessoas que de fato se expressam de uma maneira que outros esperam de membros de determinada categoria; os falantes atraem a atenção por dar vida ao estereótipo. Robert Park preocupava-se com o fato de seus alunos não ouvirem pessoas com um entendimento menos estereotipado e mais complexo da própria raça ou classe; esses pensamentos e sentimentos complexos podem fazer com que alguém se cale. Por isto, Charlotte Towle obrigava seus entrevistadores a aprender a se calar, para estimular os entrevistados a buscar as palavras certas; na Escola de Chicago, fazia parte do treinamento dos jovens entrevistadores deixar pairar um certo silêncio. Florian Znaniecki reconhecia que os neófitos ficavam em palpos de aranha com o silêncio de entrevistados, sentindo-se tentados a se sair com intervenções como "Em outras palavras, Sra. Schwarz, está querendo dizer que...". Znaniecki recomendava que não pusessem palavras na boca de ninguém; é o pecado cardeal em sociologia.

Desde a época da Escola de Chicago, evoluíram as técnicas para jogar o holofote em significados mal articulados ou contraditórios; faz parte da educação do moderno etnógrafo ouvir as dissonâncias cognitivas. O fato de um entrevistado se contradizer não pode ser considerado indício de que seja burro ou ignorante; pelo contrário, de acordo com Bakhtin, é o contexto do ato da fala que é torto e contraditório.

Mais uma vez, não se ganharia grande coisa se o entrevistador dissesse: "Sra. Schwarz, a senhora está se contradizendo"; isto transformaria a dificuldade em problema dela, e não em problema da situação em que se encontra. Em entrevistas aprofundadas, as pessoas realmente se preocupam com essas contradições durante uma longa conversa, exercendo a atenção focal, para que, ao cabo de noventa minutos, tenham reformatado o problema tratado desde o início.

Por exemplo, muitos trabalhadores entrevistados por mim e por Jonathan Cobb para *The Hidden Injuries of Class* [Os danos ocultos da classe] começavam a sessão com declarações contra negros e, ao longo das entrevistas, evoluíam para explosões de raiva contra pessoas brancas de uma classe social superior. Para nossos entrevistadores — em sua maioria brancos de classe média alta —, a boa escuta exigia um exercício de empatia, e não de identificação. O entrevistador só é capaz de ver por trás das palavras mostrando-se disposto a levar o entrevistado a sério, nos seus próprios termos, em vez de passar a mensagem "Eu sei como você se sente". Quando são expressos sentimentos racistas, que acabam evoluindo para sentimentos de classe, os entrevistadores precisam demonstrar respeito mediante uma espécie de equanimidade: "Interessante", ou então "Não tinha pensado nisto"; essas fórmulas são o equivalente das ficções civilizadas que azeitam a vida numa comunidade mista. O resultado muitas vezes é que os entrevistados numa interação agressiva alteram sua fala.

Em suma, a prática do silêncio tem um aspecto sociável, além do aspecto de autodisciplina: a passividade verbal demonstra respeito pelo outro como pessoa, e não como tipo.

A voz declarativa e a subjuntiva — O segundo aspecto da dialógica tem a ver com falar, e não mais ouvir. Trata-se do uso da voz subjuntiva para abrir a comunicação. A voz declarativa, afirmando "Acredito nisto" ou "Isto está certo, aquilo está errado", convida apenas à concordância ou à discordância como resposta. Ao passo que a voz subjuntiva, oferecendo "Eu teria imaginado" ou "talvez", admite um espectro muito maior de respostas: dúvidas e hesitações podem ser introduzidas e compartilhadas, assim como fatos divergentes ou opiniões que não induzam o falante original a se defender. Bakhtin afirma que esse tipo de abertura permite "que as línguas sejam usadas de forma indireta, condicional, distanciada". O filósofo Bernard Williams considerava a voz declarativa sujeita ao "fetiche da afirmação", uma assertividade geralmente agressiva. Mas qualquer que seja o matiz psicológico, o essencial na voz declarativa é que privilegia a clareza de expressão, ao passo que a voz subjuntiva privilegia a ambiguidade.[18, 19]

A ideia dialógica é que a voz subjuntiva representa um modo mais sociável de falar que a declarativa. As pessoas podem ser mais abertas, trocar mais livremente, sentir-se menos tensas e comportar-se de maneira menos defensiva; não estão disputando lugar. Em outros termos, a ambiguidade convida às trocas colaborativas; a clareza, às trocas competitivas.

Como na boa escuta, o uso eficaz da voz subjuntiva requer habilidade. Todo negociador profissional, seja diplomata ou funcionário governamental, aprende quando e como criar uma abertura, recuando de uma afirmação, encaminhando uma negociação com uma expressão mais hesitante sobre algo que inicialmente foi apresentado como clara exigência. É com uma capacidade equivalente de negociação que a maioria dos adultos tem relações íntimas, em vez de simplesmente liberar desejos ou opiniões. A habilidade acrescenta uma certa astúcia ao autocontrole. Ao dizer "talvez", qualquer um pode saber perfeitamente o que pensa; "talvez" representa um convite para que o outro fale.

Ouvir o que não foi dito e usar a voz subjuntiva são maneiras dialógicas de se comunicar na cama, no jantar, no escritório. Quando estranhos falam, entra em cena uma terceira prática dialógica.

A "voz neutra" — Na leitura de transcrições ainda não editadas de entrevistas produzidas pela Escola de Chicago, chamou-me a atenção algo que muitos de seus pesquisadores não parecem ter notado. Seus entrevistados usam duas vozes: uma autorreferencial, a outra mais impessoal. "Sendo afro-americano, achei a Universidade de Chicago mais acolhedora que meus amigos na Universidade do Illinois [...]" representava a primeira; "Por que os brancos causam tanto sofrimento aos afro-americanos?" representava a segunda. Como o tema é raça, o falante pode estar fazendo uma pergunta retórica, sabendo perfeitamente a resposta com base em sua experiência — mas sem invocá-la. Quando estranhos se encontram, a "voz neutra" pode preservar uma distância entre eles, mesmo durante o processo de comunicação mútua.[20]

Em algumas das entrevistas de Chicago, essa impessoalidade é mantida durante longas sessões porque os entrevistados querem preservar a própria privacidade. Em outras, contudo, reduzir tudo à pequena experiência pessoal de cada um parece excessivamente limitante para dar conta da sociedade em que se vive. Depois de dizer a W. I. Thomas que "Só me dei conta de que era polonês ao chegar a Chicago", um imigrante de uma pequena aldeia polonesa passa a explicar as diferenças entre as aldeias polonesas e o gueto polonês de Chicago em termos mais genéricos. Temos aqui um exemplo da "voz neutra" de um falante: voltada antes para fora que para dentro.

A "voz neutra" é dialógica porque o indivíduo tem liberdade para se estender, observar e julgar, livre da propensão do *flâneur* para encarar tudo do seu ponto de vista pessoal. O grande intérprete americano de Bakhtin, Michael Holquist, tentou mostrar que heróis picarescos como Dom Quixote ou narradores como Rabelais eram espíritos livres por serem exploradores do "o que é", e não do "quem sou eu"; a energia dessas figuras decorria de uma libertação do self.[21]

Ao analisar os lugares em que vivem, as pessoas igualmente utilizam a voz autorreferencial e a voz "neutra". "Eu" é o pronome usado quando falam da ligação a um lugar; em inglês, o pronome neutro "*it*" é o que usam ao avaliar as qualidades e defeitos do lugar em si mesmo. Essa diferença é importante porque a "voz neutra" é a que tem maior caráter crítico e de avaliação. Existe um paralelismo entre os pensamentos a respeito de um lugar e as maneiras como, segundo observou anteriormente Charlotte Towle, as mulheres falavam do casamento: as mulheres entrevistadas por ela e minha mãe evoluíam da discussão sobre sua experiência pessoal como esposas de homens desmoralizados para a avaliação do que o governo ou o partido comunista poderiam fazer sobre essa desmoralização. Mais tarde, quando Barack Obama trabalhou como organizador comunitário em Chicago, constatou que era preciso fazer com que os indivíduos fossem além da remastigação lamentosa dos problemas pessoais, passando a pensar nas medidas que poderiam tomar; uma narrativa de sofrimento pessoal não seria capaz de lhes dar energia para lutar.

Informalidade — Conversas informais como a que tive com o Sr. Sudhir definem um quarto tipo de troca dialógica. As pessoas conversam sem pauta predefinida, como a que se poderia adotar para uma reunião; as trocas informais também contrastam com a fofoca, que em geral tem uma pauta maliciosa, mesmo oculta. Numa conversa informal, passando de um assunto a outro, de um sentimento a outro, estamos nos movendo entre níveis de significado, o trivial dando lugar ao profundo, que volta flutuando à superfície. Deste modo, uma conversa informal pode se transformar num vaguear sem rumo; o que a converte numa troca dialógica é uma certa forma que o fluxo pode assumir. Como no café de Medellín, um fato significativo pode ser subitamente focado em meio a divagações inconsequentes. Os interlocutores farejam um caminho promissor a seguir, mesmo sem saber muito bem o que vão descobrir. Essa habilidade exploratória sustenta uma discussão.

Sustentar uma troca informal exige um certo tipo de irresponsabilidade. Em vez de ponderar bem determinado assunto, como seria o caso num debate dialético, o bate-papo dialógico dá voltas e reviravoltas à medida que os interlocutores se detêm nas aparentes trivialidades que vão surgindo; são elas que podem recanalizar a conversa. Você fala da crueldade do seu pai, e eu "inadequadamente" respondo falando da calvície do meu; a resposta inadequada na verdade libera a troca do canal doloroso e fixo de uma confissão sobre mazelas já muito remastigadas, tão dolorosas que poderíamos cair num monólogo ou resvalar para o silêncio. A resposta com comentários sobre a calvície do meu pai torna a troca mais leve, mas sobretudo a mantém fluindo; não esqueci da crueldade do seu pai; na verdade, vou querer saber mais detalhes enquanto pedimos uma segunda rodada de bebidas; vamos conversar mais.

Quando dizemos que alguém é bom de conversa, temos em mente essa capacidade de surfar na informalidade. Eu poderia observar aqui que poucos debatedores ou dialéticos são bons de conversa informal; eles dizem o que acham e, se têm êxito na sustentação desses pontos de vista, outros abandonam o campo verbal. A conversa aborta.

No que diz respeito ao fluxo da conversa informal propriamente, os analistas de sistemas abertos fornecem um útil esclarecimento dos seus pontos de inflexão, tecnicamente designados como dependências de curso não linear, expressão mais digerível se entendida em termos de fazer alguma coisa, em vez de entabular uma conversa. Um carpinteiro resolve fazer uma bandeja; mas descobre nódulos na madeira, decidindo por isto fazer uma tigela, em vez da bandeja plana; nota então que a madeira apresenta uma interessante granulação, o que o leva a entalhar na tigela um bocal ondulado, algo que nunca fez antes. A cada etapa, ocorre algo que altera o trabalho inicialmente pretendido; é uma dependência de curso não linear. Ele pode minimizar modestamente sua própria capacidade de farejar as possibilidades, dizendo que a tigela "acabou saindo diferente do que eu imaginava no início" — mas foi ele quem fez essas mudanças acontecerem. Da mesma forma, quando conversamos com um estranho, a conversa pode não passar de um bate-papo inconsequente de bar ou clube. Mas os dois interlocutores, com os feromônios sexuais fluindo inesperadamente, conversam com uma certa habilidade, seguindo algumas pistas inesperadas, mas não outras.

Num sistema aberto, não há destino — o que também deve ser encarado com bom senso no amor: seja sincero, você não estava destinado a encontrar apenas esse estranho ou essa estranha. Matematicamente, talvez fosse possível reconstituir com clareza, por uma análise regressiva, os passos resultando na tigela de bocal ondulado ou naquele beijo, mas no modo "para a frente" cada uma dessas mudanças reage a mudanças anteriores de uma forma que não podia ser prevista no início. Em lugar do destino, que pressupõe que a vida deve seguir certo rumo, num sistema aberto o processo é que determina o fim.

Na teoria dos sistemas abertos, isto é uma boa coisa. À medida que se acumulam as dependências de curso, o sistema se torna cada vez mais dinâmico, mais excitado. Bakhtin tentou explicar essa energia excitada nas comunicações sociais. Supôs que essa experiência não linear surja em virtude de interseções de diferentes "dialetos sociais, comportamentos característicos de grupo, jargões profissionais, linguagens genéricas, linguagens de gerações e grupos etários, linguagens tendenciosas, linguagens das autoridades, de vários círculos e modas transitórias". É a condição verbal a que se referiu como "heteroglossia", e que nós chamaríamos de "uma *cité*".[22]

A heteroglossia pode ser encenada; é o que fazem os romancistas. Num certo tipo de romance vitoriano, fica mais que evidente, passadas as primeiras páginas, de que maneira as coisas vão se encaminhar: os heróis inevitavelmente serão recompensados, os vilões serão punidos e por fim o casal abençoado pelas estrelas vai se formar. A vida fala de coerência; estamos em mãos tranquilizadoras. Num outro tipo de ficção, a trama dá uma guinada quando os acontecimentos ou os personagens se desviam do que o leitor poderia esperar no início: os vilões saem gloriosamente vitoriosos, o casal de apaixonados se separa. O que atrai não é apenas a surpresa, mas as ambiguidades e dificuldades que se revelam poderosas, desviando os personagens do caminho esperado. Italo Calvino observou certa vez que o romancista que cria esse tipo de ficção na verdade está jogando com o leitor, astuciosamente alterando os termos do compromisso nos momentos em que tudo parece que vai dar certo. Da mesma forma, nas minhas conversas com o Sr. Sudhir, foi a inesperada revelação da sua integridade doméstica que me manteve num bate-papo com um vendedor de iPhones roubados.

1. Joseph Bazalgette (acima, à direita), o melhor engenheiro da cidade, inspeciona a construção dos esgotos de Northern Outfall, junto à estação de bombeamento de Abbey Mills, em Londres, c. 1860. W. Brown/Otto Herschan/Getty

2. Os esgotos de Bazalgette compunham uma rede mais conectada e eficiente do que as ruas. Jack Taylor/Getty

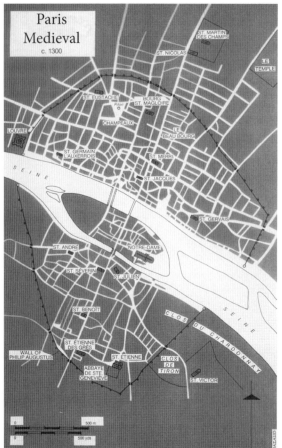

3. Em Paris, o barão Haussmann reconstruiu a cidade de uma perspectiva superior, prestando menos atenção que Bazalgette à cidade fervilhando sob seus pés, c. 1300.

4. As barricadas eram uma ameaça política: Haussmann construiu bulevares largos onde, em tempos de agitação, duas filas de canhões puxados a cavalo poderiam atirar nos cruzamentos.
RUA SAINT-MAUR-
-POPINCOURT,
25 DE JUNHO DE 1848.
THIBAULT/MUSÉE
D'ORSAY/HERVÉ
LEWANDOWSKI

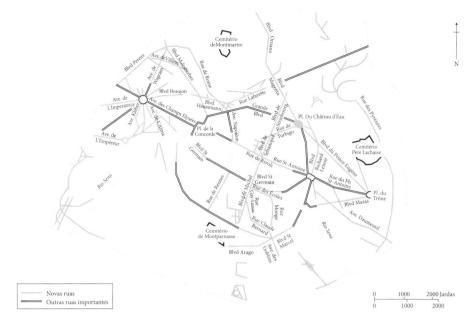

5. A solução de transporte de Haussmann dividiu Paris em três *réseaux*, ou redes de bulevares. Principais ruas construídas em Paris, 1850-70, com base em *Les Travaux de Paris, 1789-1889* (Paris, 1889), Ilustrações xi e xii.

6. Na rua de Haussmann, as pessoas se misturavam socialmente e circulavam com eficiência. Progresso à custa da repressão? Eugene Galien-Laloue, *Boulevard Haussmann*. (Jacques Lievin/Coleção Particular/Christie's/Bridgeman)

7. Em Barcelona, Ildefons Cerdà, diferentemente de Haussmann, focou nos prédios em vez do espaço público. Os quarteirões acentuaram o padrão geométrico das ruas. Vista aérea do bairro residencial Eixample, Barcelona. (JackF/ iStock)

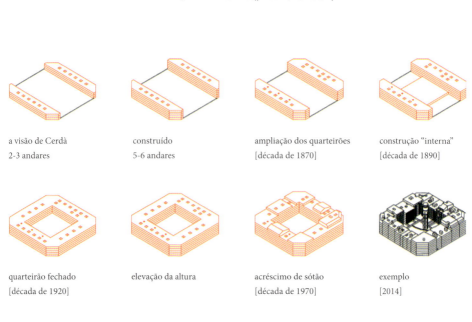

a visão de Cerdà
2-3 andares

construído
5-6 andares

ampliação dos quarteirões
[década de 1870]

construção "interna"
[década de 1890]

quarteirão fechado
[década de 1920]

elevação da altura

acréscimo de sótão
[década de 1970]

exemplo
[2014]

8. Como os prédios do plano Cerdà poderiam ter sido estruturados. (Gunter Gassner)

9. Em Nova York, Frederick Law Olmsted buscou uma terceira via na construção da cidade ao criar refúgios das ruas em parques públicos como o Central Park. Em espaços assim, pessoas de diferentes raças, classes e etnias poderiam se misturar socialmente. PATINAÇÃO NO CENTRAL PARK EM FRENTE AO EDIFÍCIO DAKOTA, C. 1890. (J. S. JOHNSTON/NEW YORK HISTORICAL SOCIETY)

10. A realidade urbana desoladora do lado de fora do Central Park. ALA NORTE DO DAKOTA, NA RUA 72. (NEW YORK HISTORICAL SOCIETY)

11. Maquete do Plan Voisin de Le Corbusier (1924), um herdeiro perverso do plano de Cerdà de construir a cidade em quarteirões uniformes. O objetivo é não proporcionar movimentação nas ruas. CHARLES-EDOUARD JEANNERET. (BANQUE D'IMAGES/ADAGP/ART RESOURCE)

12. O Plan Voisin tornou-se modelo para conjuntos habitacionais e para a segregação da população pobre, como visto neste projeto nova-iorquino de 1950. CONJUNTO HABITACIONAL DE ROBERT F. WAGNER NO EAST HARLEM, NOVA YORK. (MADAMECHAOTICA/CREATIVE COMMONS)

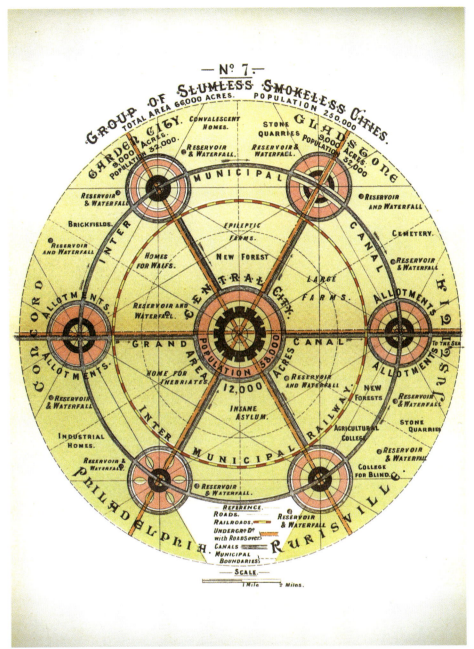

13. Concepção de um "Grupo de cidades sem favelas nem fumaça", por Ebenezer Howard. Lewis Mumford respondeu ao Plan Voisin com sua própria visão da cidade-jardim, renovando a área com um plano que une todos os aspectos da vida na cidade.

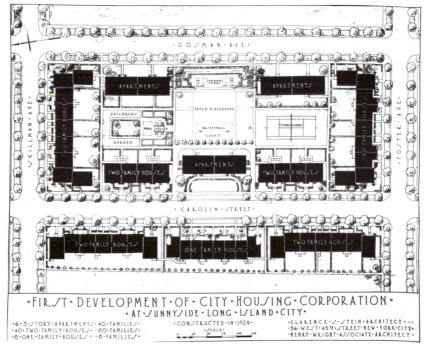

14. Mumford trabalhou em uma peça da cidade-jardim neste projeto para Sunnyside, Queens, Nova York. Primeiro empreendimento da City Housing Corporation em Sunnyside, Long Island City. (Papéis de Clarence S. Stein, Cornell University Library)

15. A solução de Jane Jacobs para o espaço urbano moribundo: o Greenwich Village, em Nova York, como reminiscente da Paris antes de Haussmann. Greenwich Village no fim de semana do 4 de Julho de 2016. (Ryan DeBerardinis/Shutterstock)

16. Diferentemente de Olmsted, Jacobs preferia que os espaços para socialização estivessem conectados à vida nas ruas. Na White Horse Tavern, no Greenwich Village, ela conversa animadamente com o autor, alheios ao homem bêbado que dorme entre os dois. JANE JACOBS NA WHITE HORSE TAVERN NA DÉCADA DE 1960. (CERVIN ROBINSON)

17. Um espaço aberto hoje: Nehru Place em Delhi, Índia, usado por transeuntes, camelôs de eletrônicos roubados e vendedores de saris, ladeados por escritórios de start-ups. (RICHARD SENNETT)

18. Espaço fechado em Xangai. Pudong é uma versão sofisticada do Plan Voisin. PRÉDIOS DE APARTAMENTOS NA REGIÃO DE PUDONG, XANGAI. (CHRISTIAN PETERSEN-CLAUSEN/ GETTY)

19. Do aberto para o fechado: o *shikumen* de Xangai já foi um tipo de habitação no qual as pessoas podiam interagir. (GANGFENG WANG, GANG OF ONE PHOTOGRAPHY)

20. O *shikumen* fechado: limpo, seus antigos habitantes expulsos. Bairro de Xintiandi, Xangai. (Shui on Land/Studio Shanghai)

21. Em viagem a Moscou, o escritor Walter Benjamin contemplou o aspecto temporal do espaço aberto e fechado: o passado fechado, o presente aberto. Aqui, o passado em toda a sua contradição. Ponte Borodinsky, Moscou, em 1926. (Yury Yeremin)

22. O futuro exemplificado por um edifício moscovita moderno que parecia englobar abertura e esperança. O COMPLEXO IZVESTIA, CONSTRUÍDO NA PRAÇA STRASTNAYA EM 1924–1927.

23. Preso entre o passado e o futuro, Benjamin se identificou com o *Angelus Novus*, de Paul Klee, que representa, segundo Benjamin, uma figura que "olha para trás enquanto é impulsionada para a frente". PAUL KLEE, *ANGELUS NOVUS* (1920).

24. A cabana de Heidegger, na Floresta Negra, Todtnauberg, um símbolo da fuga da cidade e, por consequência, do contato com os judeus. A simplicidade na construção se combina à exclusão social. (ANDREAS SCHWARZKOPF/CREATIVE COMMONS)

25. Martin Heidegger. Para ele, doméstico significa seguro.

26. Paul Celan, o poeta confinado que escreveu um famoso poema sobre a cabana de Heidegger. (CREATIVE COMMONS)

27. Edmund Husserl, o professor meio-judeu de Heidegger, foi um dos excluídos de seu convívio. Também foi barrado da livraria da Universidade de Freiburg no breve período em que Heidegger foi reitor da instituição. (CREATIVE COMMONS)

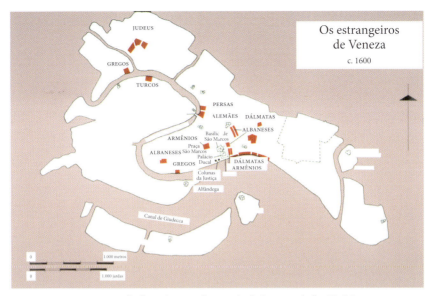

28. Segregação em vez de fuga é outra forma de fechar a cidade. Na Veneza renascentista, estrangeiros foram obrigados a viver em habitações isoladas dos cidadãos. O gueto judeu ficava na periferia ao norte da cidade.

29. A única ponte conectando o gueto à cidade: aberta durante o dia, fechada à noite, sempre vigiada pelas autoridades.

30. Uma versão corporativa e autoimposta de um gueto: o Googleplex em Nova York, isolado da atividade das ruas. FACHADA DO EDIFÍCIO DA OITAVA AVENIDA, Nº 111, VISTA DA NONA AVENIDA, BAIRRO DE CHELSEA, MANHATTAN. (SCOTT ROY ATWOOD/CREATIVE COMMONS)

31. Não há motivo para deixar o prédio: os espaços de trabalho e lazer são integrados. A empresa fornece, entre outros, serviços de limpeza e atendimento médico. INTERIOR DO GOOGLEPLEX. (MARCIN WICHARY)

32. O fechamento e a "cidade inteligente" 1: em Masdar, nos Emirados Árabes Unidos, um único centro de comando regula todos os aspectos da vida na cidade. Remete à descrição de Corbusier para o Plan Voisin como algo que deveria incorporar a cidade como "uma máquina para viver". (LAVA – Laboratory for Visionary Architecture)

33. O fechamento e a "cidade inteligente" 2: a cidade de Songdo, na Coreia do Sul. Seus espaços sociais cuidadosamente idealizados são um fracasso; os residentes preferem lugares que surgiram de modo informal e que não se enquadram no planejamento urbano. Parque Central de Songdo em Incheon, Coreia do Sul. (Pkphotograph/Shutterstock)

34. Abertura e fechamento diante de mudanças climáticas: após o furacão Sandy em 2012, em Nova York, o Bjarke Ingels Group (B.I.G.) propôs criar uma grande berma — uma barreira de areia — na parte sul de Manhattan. ADAPTAÇÃO DE BERMA INTEGRANTE DA PROPOSTA DA REBUILD BY DESIGN PARA O BATTERY PARK. (BIG-Bjarke Ingels Group)

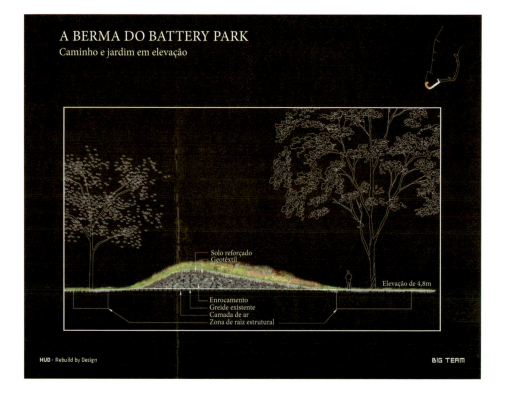

35. O objetivo da berma é represar mudanças climáticas traumáticas e atenuar a intensidade de tempestades futuras para que as pessoas possam continuar suas vidas normalmente. Adaptação de Recreação e proteção contra tempestades, parte do projeto da Rebuild by Design para o Battery Park. (BIG-Bjarke Ingels Group)

36. Em um projeto criado em parceria com o MIT, a ênfase está na adaptação, em vez da atenuação. Isso criaria uma berma de zona úmida ao longo de Manhattan, que trabalharia o fluxo e refluxo da água enquanto a tempestade se intensifica ou diminui. Adaptação de Berma concebida pela Rebuild by Design para New Meadowlands. (MIT Center for Advanced Urbanism)

37. O resultado é que a berma muda de forma, ao invés de permanecer como uma construção estática, como no projeto B.I.G. O projeto do MIT é mais aberto por sua adaptabilidade. Quebra-mar vivo concebido pela Rebuild by Design. (SCAPE Landscape Architecture)

38. Abrindo comunidades isoladas: um teleférico em Medellín, Colômbia, possibilita aos residentes de uma região pobre e isolada o acesso à cidade abaixo. (STATICSHAKEDOWN/CREATIVE COMMONS)

39. Na mesma comunidade, uma livraria administrada pelos moradores locais conectou aqueles que costumavam viver isolados e com medo uns dos outros. (PREFEITURA DE MEDELLÍN)

40. Em Bombaim, uma rua interna aberta mescla habitação e trabalho no mesmo espaço e ao mesmo tempo — a vida na rua celebrada por Jane Jacobs em Nova York. (Philipp Rode)

41. Em Nápoles, a presença de estranhos, na forma de turistas, traz vida a ruas antes moribundas. As imagens 38-41 deixam claro que a abertura das cidades pode ser alcançada de modos variados. Spaccanapoli, Nápoles, Itália. (Ivana Kalamita/ Creative Commons)

42. A divisa é um limite fechado, como neste caso extremo em São Paulo. Divisa entre a favela Paraisópolis e o bairro do Morumbi em São Paulo, Brasil. (Tuca Vieira)

43. O fluxo do tráfego é uma barreira tão impenetrável quanto uma parede sólida. Vista aérea de Caracas, Venezuela. (Alejandro Solo/ Shutterstock)

44. A fronteira aberta nas margens do Borough Market, Londres. Este é um limite poroso. (Natalya Okorokova/Pond5)

45. Este limite em Bombaim é tanto aberto quanto fechado. O trem na rua de trás é uma zona de perigo que os residentes temem e da qual se mantêm afastados, enquanto a rua da frente é multifuncional, cheia de gente, o tempo todo. (Rajesh Vora)

46. Demarcação de lugar: um marco arbitrário de valor em Medellín é feito pelo gesto simples e informal de colocar uma planta na entrada de uma habitação.

47. Demarcação de lugar: um marco igualmente arbitrário de valor, porém muito mais calculado e arquitetural. (Ardfern/Creative Commons)

48. Uma intervenção com contexto específico: mobiliário de jardim público instalado nos degraus de uma construção. (Tom Plevnik/Shutterstock)

49. Uma intervenção sem contexto específico: estas cadeiras e mesas coloridas podem ser colocadas em qualquer lugar, e poderiam atribuir valor a qualquer espaço. (Sevenke/Shutterstock)

50. O arquiteto holandês Aldo van Eyck construiu um parque em Amsterdã a partir de um cruzamento de tráfego. A "abertura" foi criada por apropriação. (Van Boetzelaerstraat, Amsterdã, 1961)

51. O parque resultante tem um limite perigoso, em que crianças brincam perto do tráfego. Van Eyck pensou que as crianças deveriam aprender a lidar com tais riscos, o que não poderiam fazer caso estivessem isoladas. (Van Boetzelaerstraat, Amsterdã, 1964)

52. A apropriação de Van Eyck sugere outras formas de aproveitar os espaços encontrados na cidade. Aqui, a área sob o viaduto Riverside Drive, a oeste de Manhattan, antes um espaço vazio, a não ser pela população de traficantes e viciados em heroína. (Paul Lowry/ Creative Commons)

53. A instalação de um mercado sob uma via expressa, que servia tanto à população negra do Harlem quanto à comunidade de alunos brancos da Universidade de Columbia. (Stacy Walsh Rosenstock/Alamy)

54. Incompleto por definição: em Iquique, Chile, o arquiteto Alejandro Arivenna constrói os alicerces de uma boa estrutura e deixa a tarefa de completar o prédio aos residentes. (TADEUZ JALOCHA)

55. Quando finalizado, o resultado é um desastre arquitetônico, mas um sucesso econômico e sociológico. A "abertura" não é uma medida estética. (CRISTOBAL PALMA/ESTUDIO PALMA)

56. Coprodução como alternativa para projetos incompletos por definição: na Gare de Lyon, em Paris, o intercâmbio constante entre designers e usuários produz resultados melhores. Aqui está a estação antes... (Eric Pouhier/Creative Commons)

57. ... e depois. (David Monniaux/ Creative Commons)

58. Acréscimo e ruptura da forma são parte do ritmo fundamental da construção das cidades. O ritmo impõe um dilema ético. Este prédio em Battery Park City, Nova York, simula apartamentos parecidos com o resto da área residencial de Manhattan, cujos residentes viviam rotinas familiares e de trabalho bem diferentes do que se vive hoje. (Dominick Bagnato)

59. Por outro lado, a Tour Montparnasse em Paris rompe com os arredores históricos. É horrível — e própria do nosso tempo. Como o design urbano deve equilibrar nostalgia e verdade? (S. Borisov/ Shutterstock)

O romance não linear é muito mais interessante que a ficção bem-feita; se após a leitura das primeiras páginas eu sou capaz de adivinhar como um romance vai terminar, em geral o deixo de lado. Também numa cidade, as vozes e ações heterogêneas despertam o nosso interesse de um modo que não são capazes as expectativas bem-feitas. Uma das habilidades que permitem manter as pessoas interessadas e envolvidas, na vida como num romance, consiste em lançar sementes inesperadas ao longo de uma conversa aparentemente trivial e sem rumo — a essência da comunicação informal.

Em suma, estou imaginando que a assistente de biblioteconomia abriu caminho comunicando-se com estranhos dessas quatro maneiras dialógicas: ouvindo bem, com atenção ao que se pretende dizer, e não ao que se disse; usando a voz subjuntiva para cooperar com o outro, em vez de enfrentá-lo; acompanhando realidades independentes do seu próprio self; seguindo o caminho das trocas informais. Essas práticas dialógicas poderiam abrir-lhe portas.

A cidade muitas vezes é apresentada como uma selva em que só sobrevivem os agressivos. Existe algo de irrealista nessa imagística brutal, como entenderam há muito tempo Balzac, Flaubert e Stendhal. Nos seus romances, os personagens menos combativos se saem melhor na cidade que os monstros de egoísmo que vêm a ser esmagados — e os romancistas sentem especial prazer em sua queda, como vimos no Capítulo 2. O mesmo acontece fora das páginas romanescas. As habilidades dialógicas que aqui esbocei são modos de enfrentar realidades complexas nas quais a sutileza e a habilidade tomam o lugar da agressividade crua. Mas além de apresentar esse valor prático, a dialógica é uma prática ética de comunicação: respeitosa dos outros, antes cooperativa que competitiva, voltada mais para fora que para dentro. Será que uma ética desse tipo não poderia constituir um guia útil, prático e safo para a sobrevivência na cidade?

IV. Gestão de ruptura — O migrante, um urbanita modelo

Força do migrante — O protagonista do admirável romance *Cidade aberta*, de Teju Cole, é um *flâneur* que aprende a cidade dessa maneira não agressiva. Como tantos romances de estreia, esta obra de Cole é uma mal disfarçada autobiografia; exatamente como o autor, o narrador é um jovem médico nigeriano engajado numa residência psiquiátrica em Nova York. O narrador perambula pela cidade sozinho, em certa medida para aplacar o estresse do trabalho, mas também para tentar entender aquele lugar estrangeiro. Uma dessas perambulações ocorre ao pôr do sol, depois de uma visita ao paciente "M", que sofre de alucinações: a sessão não é muito satisfatória; o narrador então pega o metrô para voltar para casa no West Side, em Manhattan; as portas se abrem na sua estação, mas ele não salta, permanecendo no trem até chegar à extremidade sul da ilha. Ele tenta entrar numa igreja que está fechada, dá voltas pelas ruínas do atentado de 11 de setembro, entra num bar, sendo abordado por outro homem com intenções sexuais, sai e continua a caminhar. As cenas vão se acumulando dessa forma aparentemente aleatória; seu conhecimento peripatético está criando uma colagem de imagens.

A fala dialógica também entra em cena porque o protagonista lida com pacientes negros ou brancos, porto-riquenhos ou mexicanos; são poucas as sessões profissionais com pacientes do seu país. Ele precisa, portanto, entender o que eles pensam e sentem por trás de uma tela (para ele) de palavras e hábitos estrangeiros. Mas suas conversas com os pacientes parecem trocas fragmentárias, e não sessões de extenso aprofundamento, como ocorreria numa psicanálise clássica. Como qualquer psiquiatra, o narrador/protagonista vivencia a contratransferência, identificando nos deslocamentos mentais dos pacientes ecos do seu próprio desenraizamento geográfico. Assim é que escreve:

> Nossa experiência da vida é de uma continuidade, e só depois que ela desaparece, quando se transforma em passado, é que percebemos suas descontinuidades. O passado, se é que isto existe, é sobretudo espaço vazio, grandes extensões de nada, nas quais flutuam pessoas e acontecimentos significativos. A Nigéria era assim para mim: praticamente esquecida, exceto nas poucas coisas de que me lembrava com intensidade desproporcional.[23]

Se se tratasse de uma simples nostalgia de volta às raízes, seria talvez um sentimento banal. A força do romance reside no fato de seu narrador se dar conta de que se tornou duplamente estrangeiro, não estando em casa nem lá, nem cá, nem então, nem agora. Ele se transformou na quintessência do cosmopolita desenraizado — o emblema judeu que hoje em dia abarca de maneira mais genérica africanos, asiáticos e latino-americanos que afluíram para Nova York. O romance o surpreende em pleno processo de aprendizado: como lidar com este dilema? O narrador se torna um personagem mais profundo ao explorar as dores da migração, mas o deslocamento não o desmonta; suas investidas em Nova York o fortaleceram, permitindo-lhe aprender a lidar com a complexidade, embora sem satisfazer seu desejo de enraizamento. Assim é que sua história da cidade ganha profundidade e peso; ele pode viver aqui, ainda que sem o sentimento de pertencer plenamente.

Na leitura do romance, fui lembrado de três figuras muito diferentes. Uma delas é Okakura, o aluno de Heidegger, que divergia do mestre, dizendo que não é necessário deitar raízes para habitar um lugar; o que se precisa, na verdade, é aprender a lidar com a ausência. A orientação zen nele exemplificada poderia ser considerada uma teoria-mestra da migração. De modo menos filosófico, o relato de Cole faz eco às migrações do exilado russo Alexander Herzen no século XIX. Adepto da reforma política, Herzen deu início em 1848 a um exílio que o levou de Moscou a Roma e depois a Paris e Londres; já na velhice, pobre e exausto em Londres, ele escreveu: "Cá estou em Londres, aonde me trouxe o acaso [...] e aqui fico [unicamente] porque não sei o que fazer de mim mesmo. Uma raça estranha pulula confusamente ao meu redor." Mas não se trata apenas de um grito de desespero (embora, como bom russo, ele soubesse muito bem cultivá-lo); horas depois de escrever estas palavras, ele vai a um pub, onde encontra um grupo "interessante, inesperado" de trabalhadores.[24]

Depois de anos de perambulações, Herzen chega à conclusão de que "sentir-se em casa" é uma necessidade móvel. Ou seja, o migrante ou exilado coloca o desejo de um lar na mala — sempre devorante, ainda assim ele não o impedirá de viajar. Herzen desprezava os exilados russos que viviam no passado, em permanente estado de lamentação, isolados dos lugares aonde os levara o destino. Eles tinham "o dever com eles próprios" de tirar algum proveito das suas circunstâncias; precisavam tornar-se conscientes e alertas no presente. Herzen considerava que a viagem para fora e para longe fazia do exílio uma dádiva: a consciência do aqui e agora de que carecem aqueles que nunca saíram de casa.

A jovem que ajudei em Medellín queria migrar, sair de casa, e afinal prosperou. Apesar das lembranças saudosas de casa, é ávida de novas experiências no exterior, tornou-se uma hábil *flâneuse* e se esforçou por ajudar outros membros da família a mudar de rumo igualmente, tratando de legalizar sua própria situação. Em virtude talvez da sua juventude, a abertura para o presente e o futuro permitiu-lhe integrar-se; ela é uma cosmopolita otimista. Herzen foi forçado a sair da Rússia, sofrendo com essa expulsão involuntária — ferida que levaria décadas para curar, mas no fim das contas ele se conciliou com suas circunstâncias. Nunca se tornou cidadão britânico nem francês, mas tentou evitar a armadilha paralisante das lembranças nostálgicas cultivando amigos britânicos e franceses. Um radical marcado por experiências complexas e perigosas na Rússia, ele compartilhava com a jovem assistente de biblioteconomia de Medellín o desejo de viver no presente. Integrou esse sentido do tempo.

Entre os dois polos representados pelo aspirante a migrante e o exilado involuntário encontramos o narrador de Cole, que deixa a Nigéria por livre e espontânea vontade, mas se sente vazio no lugar onde vem a se desenvolver profissionalmente, ou pelo menos sente que alguma coisa está faltando. Talvez ele seja um modelo dos refugiados balcânicos com os quais convivi na Suécia, embora as circunstâncias destes se assemelhem às de Herzen. Inicialmente, eles ambicionavam uma vida melhor, mais livre, mais segura, mas com o tempo vieram a erguer um andaime de arrependimento em torno de suas experiências. Em termos práticos, não tinham escolha senão adaptar-se, aprendendo o sueco; caso contrário, ficariam confinados a empregos marginais pela impossibilidade de comunicação. Inicialmente, a geração adulta se esforçou por se misturar e habitar em sua nova casa, sabendo que de outra maneira seriam limitados os horizontes dos filhos. Mas a integração na Suécia encontrou obstáculos. Alguns não dependiam deles; como os manifestantes do PEGIDA na Alemanha, havia entre os suecos um forte componente de resistência à sua presença. Mas essa resistência não explicava por si só a construção desse arrependimento. Com o tempo, surgiu na comunidade dos migrantes um sentimento de ausência, de falta de alguma coisa, como aconteceu com Cole; o sofrimento do passado adquiria importância subjetiva em comparação com a sobrevivência no presente; estranhamente, a geração mais jovem, que nunca soubera o que é não ter um teto, começou a se definir em termos de falta de raízes. Todos eles foram incluídos na esclarecida Suécia sem efetivamente se integrar. Para eles, como para Cole e Herzen, a realidade passou a ser viver aqui sem viver aqui, estar ao mesmo tempo ausente e presente.

A força do migrante está em chegar a bom termo com o deslocamento. Como poderia isto funcionar como modelo para outros urbanitas?

Um filósofo do deslocamento — Até onde sei, Gaston Bachelard nunca chegou a construir uma cabana, ao contrário do seu quase contemporâneo Heidegger, mas a imaginou em magnífica prosa. Seu livro *A poética do espaço* parece uma celebração da vida protegida, focada na paz da habitação numa cabana. No fim, ele declara: "Para um sonhador das palavras, quanta calma existe na palavra 'redondo'. Quanta paz em deixar nossa boca, nossos lábios e [...] nossa respiração redondos [...] *Das Dasein ist rund*. O ser é redondo." Se fosse a descrição de uma cabana real, seria uma iurta tibetana; a metáfora se aplica ao espaço delimitado e seguro de estar dentro, sentir-se protegido. Ele contrasta esse sentimento de calor humano com a dureza da cidade, citando o teólogo Max Picard: "As ruas são como tubulações que tragam os homens."[25]

Ao contrário de Heidegger na sua cabana, Bachelard sabia que não é possível esconder-se para não ser sugado pela vida; em dado momento, todo mundo tem de sair da sua cabana interna, forçado a lidar com pessoas que não conhece nem entende, com as quais não simpatiza. Sua própria trajetória intelectual esclarece esta afirmação. Bachelard começou a vida adulta como carteiro de província, em seguida veio a estudar física na universidade e afinal se passou para a filosofia da ciência. Na meia-idade, conquistou uma posição em Paris; quase imediatamente após sua chegada, contudo, desistiu de galgar os degraus da escada acadêmica, passando a escrever livros com títulos como *A psicanálise do fogo* e *A poética do espaço*. São obras cheias de descrições sensuais de experiências cotidianas — a mão queimada pelo fogo e depois o alívio; a visão da chuva pela janela depois do sexo. Sua linguagem excita, ao passo que a de Heidegger abstrai.

A transferência para Paris lançou uma ponte entre a física e a psicanálise. Na época da dedicação à física, Bachelard dera ênfase ao caráter instável e não contínuo do pensamento científico. Rejeitava a visão confortadora de que o conhecimento se acumula lenta e constantemente, como na metáfora dos produtores de conhecimento como homens "de pé nos ombros de gigantes". Pelo contrário, Bachelard identificava na física certos bloqueios, tropeços e o súbito e imprevisto surgimento de novas ideias. Louis Althusser cunharia mais tarde a expressão "ruptura epistemológica" para se referir às preocupações de Bachelard.[26, 27]

No contexto psicanalítico, Bachelard foi dos primeiros a se referir ao trato dessas rupturas como uma manifestação de força do ego. Em vez de seguir um desejo cego, o ego busca um poder diferente, o poder de lidar com realidades externas; é a visão freudiana habitual. A singularidade da visão de Bachelard estava em ver a força do ego como a capacidade de romper com a realidade existente e se adaptar a ela. Como o físico — ou o pesquisador do Media Lab —, o ego se envolve ativamente na produção de rupturas epistemológicas, no empenho de pensar fora da caixinha.

A maioria dos autores da psicanálise na época de Bachelard olhava para trás, da idade adulta para a infância; já ele olhava na direção oposta, para a vida adulta. A psicanálise abraçada por Bachelard dizia-lhe que mesmo na cidade nós vamos buscar traços de uma cabana: calor humano primal, intimidade, estar dentro. Frente a isto, o adulto encontra complexidades e incógnitas lá fora. Na idade adulta, as duas coisas se combinam: a cabana se perdeu, a cidade ganhou, ausência e presença se tornam inseparáveis. Para Bachelard, contudo, o principal deve ser encarar o presente, lidar com as rupturas epistemológicas, na verdade provocando a ocorrência desses deslocamentos, por dolorosos que sejam.

Para Bachelard, aprender a lidar com o deslocamento tem uma consequência social; adquirimos a confiança de que podemos viver com os outros que são diferentes, em vez de nos sentir tão vulneráveis a ponto de precisar fugir, como Heidegger. Tanto psicológica quanto eticamente nos desenvolvemos ao abandonar o conforto de casa; o ego se fortalece.

É aqui que ocorre a ligação com o migrante. A viagem para uma cidade diferente representa uma ruptura epistemológica — seja uma viagem voluntária, como no caso da minha bibliotecária, ou involuntária, como para os muçulmanos balcânicos de Estocolmo. O ego se fortalece ao conferir sentido a essa ruptura, especialmente vivendo nas duas dimensões da presença e da ausência, do agora e do então. Para Bachelard, o deslocamento não é apenas um mal; ele também gera o conhecimento adulto da mistura e dos limites. Uma cidade cheia de pessoas que não conhecemos, de que não gostamos ou que simplesmente não entendemos é terreno fértil.

Em inglês, dizemos "ter uma experiência" ou "tornar-se experiente". O alemão sabiamente separa os dois significados em duas palavras, *Erlebnis* e *Erfahrung*. Ter uma experiência — *Erlebnis* — é a palavra aventurosa, aplicada no contexto alemão a um Goethe de meia-idade trocando o frio e rígido norte teutônico pelo quente e sensual sul latino, onde seus sentidos se renovaram. Presença e vividez são as qualidades de *Erlebnis*. É o reino da inocente perambulação do *flâneur*. Parece uma representação cotidiana da "ruptura epistemológica" de Bachelard. *Erfahrung*, por outro lado, significa filtrar essas impressões uma vez que tenham sido suficientemente acumuladas; "tornar-se experiente" é uma questão de organizar e ordenar os vestígios de excitação, criando valores mais estáveis a longo prazo. É o reino do *flâneur* mais capacitado, do homem ou da mulher capaz de se relacionar com estranhos de maneira dialógica, da pessoa que precisa aprender a viver com as lições agridoces do deslocamento. Tem mais a ver com o que Bachelard chamava de "força do ego".

Erfahrung tem um lado sombrio. Em romances como *A educação sentimental*, de Gustave Flaubert, *Os Buddenbrook*, de Thomas Mann, e *O apanhador no campo de centeio*, de J. D. Salinger, o pai declara com severidade aos filhos aventurosos, do alto de sua experiência, que "a vida não é apenas aventura! Cresçam!" A carreira, as preocupações da família, a necessidade de saldar a dívida dos empréstimos contraídos para a formação universitária, tudo isto vai aplacar o seu entusiasmo por algo novo e diferente; o mundo adulto vai exigir que sacrifiquem o estímulo em nome da estabilidade. Mann escreveu que a vividez da experimentação fenece sob o peso do dever e da responsabilidade. Mais *Erfahrung* significa menos *Erlebnis*.

Para entender a arquitetura da experiência aberta, queremos pensar a relação entre *Erlebnis* e *Erfahrung* sem enquadrá-la como uma questão de resignação burguesa; queremos encarar essa relação como o faria um artesão. Com o tempo, o artesão — digamos, um cirurgião — aprende diferentes técnicas para executar um ato como cortar um tendão; ele não se limita a fazer determinada coisa de uma única forma. Tornar-se experiente contrasta com o desejo do cirurgião menos experiente de cortar um tendão "corretamente", ou seja, seguir um modelo preestabelecido do que fazer. Sem o frescor de *Erlebnis*, o cirurgião jamais será levado a refletir e reorganizar o que faz. *Erlebnis* envolve boas rupturas epistemológicas. Mas é a única maneira de melhorar. Com o tempo, com a experiência e o desenvolvimento de diferentes capacitações, multiplicam-se os modelos de como fazer algo. O cirurgião está aberto, mas no controle.

Como no caso do artesão, assim também pode ser com o migrante. Em seu caso, o frescor de *Erlebnis* lhe é imposto no deslocamento; para sobreviver, ele precisa tornar-se experiente na gestão do deslocamento, sem negar seu impacto nem sucumbir a seu potencial poder destrutivo. Esse equilíbrio é o *Erfahrung* do migrante. Conhecimento de migrante é o tipo de conhecimento de que todos urbanitas precisam, uma vez deixada para trás a segurança do familiar e do local. O desejo de novas experiências pode levá-los a partir, ou então uma nova experiência lhes é imposta — mas então, como Teju Cole, eles não poderão tirar da cabeça o passado, ou, em outros casos, uma época mais simples. Nesse estado de espírito é que vão entrar na cidade maior. Precisarão das capacitações descritas neste capítulo para gerenciar a própria jornada. Assim como não é necessário ser um gênio para adquirir habilidades artesanais, capacitar-se para habitar é um potencial que está na maioria das pessoas. Não estou descrevendo aqui uma *cité* ideal, mas uma *cité* que já está dentro de nós, esperando.

8. Cinco formas abertas

Imagine que o Sr. Sudhir tivesse, milagrosamente, o poder de conceber uma cidade. Ele já adquiriu habilidades do habitar que não são ensinadas nas universidades: é perfeitamente safo na vida urbana; é capaz de se orientar em ambientes desconhecidos; sabe muito bem lidar com estranhos; é um migrante que aprendeu as lições do deslocamento. Sua vida se abriu. Agora, bebericando o chá junto à caixa de papelão que lhe serve de balcão, ele contempla conferir a essas lições de vida uma forma física.

Para começar, o Sr. Sudhir poderia valer-se de sua experiência imediata das multidões que circulam ali em Nehru Place para planejar espaços sincrônicos, onde muitas coisas acontecem ao mesmo tempo. Em seguida, em meio à massa em torvelinho, buscaria maneiras de assinalar a importância de determinados lugares, para orientar as pessoas. Ele observa que Nehru Place está vivo nas extremidades, nas quais o mercado se transforma num grande centro irradiador de transportes e nos populosos conjuntos habitacionais próximos; pergunta-se então de que modo essa porosidade poderia ser mais amplamente levada à cidade como um todo. Pensando na sua casa, construção de blocos de concreto em constante evolução através das gerações de sua família, ele medita na natureza da forma construída de maneira incompleta. Bem de acordo com a variedade da sua experiência dentro e por cima do estacionamento, tenta imaginar o que acontece quando as mesmas formas são repetidas em diferentes circunstâncias. Por fim, quer avaliar como poderia ser a cidade como um todo: uma única e clara imagem, "a" cidade, ou muitas imagens reunidas de diferentes maneiras? E se decide pelo segundo caso: exatamente como tem sido sua vida. Formas sincrônicas, interrompidas, porosas, incompletas e múltiplas não esgotam todas as possibilidades à sua disposição, mas são suficientes para transformar suas experiências em formas construídas.

I. O centro é sincrônico — Dois espaços centrais; um traçado fracassado

Existem duas maneiras de planejar atividades no centro de uma cidade. Numa delas, pessoas reunidas num mesmo lugar fazem muitas coisas diferentes ao mesmo tempo; na outra, concentram-se em uma coisa de cada vez. A primeira multidão se forma no espaço de um bazar como Nehru Place; a segunda, num estádio de futebol ou num teatro. Em termos formais, o bazar é um lugar sincrônico, ao passo que o estádio é um espaço sequencial. Os espaços sincrônicos, como constatei na minha prática de planejamento, são mais difíceis de conceber do que se poderia imaginar, pois é necessária alguma coordenação quando há diferentes coisas acontecendo ao mesmo tempo.

Ágora e Pnix — Uma clássica pedra de toque dessas duas formas manifestou-se na antiga Atenas. O contraste se estabelece entre a principal praça da cidade, a ágora, e seu principal teatro, o pnix. Como Nehru Place, a ágora era um espaço aberto cercado de prédios; o pnix era um anfiteatro de forma arredondada, usado para as reuniões políticas da cidade e também para espetáculos de dança e teatro. Na ágora, os acontecimentos se davam de maneira sincrônica; no pnix, sequencialmente.

A ágora de Atenas era um espaço aberto de forma romboide de cerca de 40 mil metros quadrados. Ali, a céu aberto, um ateniense podia, em questão de uma hora apenas, pegar dinheiro emprestado, proclamar sua opinião sobre determinado julgamento, fazer negócio com escambo de mel ou venerar os deuses num templo. Ao redor da ágora havia prédios em forma de caixa de sapato chamados estoas, abertos de um dos lados para a praça; ali se comia, conspirava ou frequentava prostitutas. No famoso Poikíle de Atenas, o Pórtico Pintado, a multidão era formada por "engolidores de espadas, malabaristas, mendigos, parasitas, vendedores de peixe [...] [e] filósofos". E ali Zenão fundaria mais tarde o movimento filosófico chamado estoicismo; a suspensão do envolvimento mundano nele pregada teve origem curiosamente nesse lugar de bugigangas e divertimento.[1]

Embora a vida na ágora fosse aberta a todos os cidadãos, ricos e pobres, muitos dos eventos ali transcorridos estavam fora do alcance da imensa população de escravos e estrangeiros (*metics*) que sustentavam a economia da antiga cidade; ao longo da época clássica, os cidadãos nunca chegaram a representar mais de 15 a 20% da população de Atenas. Para os que eram livres, o espaço sincrônico servia à evolução da democracia ateniense.

Caminhando entre um grupo e outro, qualquer um podia descobrir o que acontecia na cidade e debater. O espaço aberto também convidava à eventual participação em casos jurídicos, por um motivo inusitado. As paredes do tribunal de justiça eram baixas, com cerca de um metro apenas; os passantes olhavam para dentro e gritavam suas opiniões. No espaço aberto da ágora, os atenienses praticavam sua mais importante atividade política: o ostracismo, mandando alguém para o exílio fora da cidade. Uma vez por ano, todos os cidadãos se reuniam para decidir se determinados indivíduos podiam tornar-se tiranos: eram feitos discursos, estabelecia-se uma lista; dois meses depois, os cidadãos voltavam a se reunir. A perspectiva do ostracismo, especialmente nos dois meses destinados à reflexão, oferecia possibilidades quase infinitas de barganha, intrigas e campanhas à boca pequena — os destroços das marés políticas que permanentemente banhavam a ágora.

A ágora era governada por um certo tipo de comportamento corporal. O cidadão procurava caminhar com determinação e tão rápido quanto pudesse naquele mar de corpos; ao parar, fazia contato visual com estranhos. Para os gregos, era importante caminhar com firmeza e sem hesitação entre as múltiplas atividades da ágora; o corpo ereto conotava orgulho e presença. Já o espaço do pnix reunia corpos urbanos mais submissos.

A palavra moderna "teatro" deriva do grego *theatron*, que significa um espaço destinado a se olhar para alguma coisa, observar, com os espectadores separados de um ator. No anfiteatro, a orquestra, o lugar para dançar, consistia num círculo de terra batida ao pé do leque de assentos. No século V a. C., quando o pnix passou a abrigar também reuniões políticas, além das peças, os 6 mil cidadãos de Atenas ficavam sentados em bancos de pedra durante horas, ouvindo as vozes projetadas do bema, uma plataforma elevada, e assim acompanhando a narrativa de uma peça ou uma argumentação. Ficar sentado era considerado uma posição passiva, que permitia ao público receber. Com base nas duas posições do corpo humano — de pé e sentado —, os gregos estabeleceram a distinção entre ator e espectador; eram, portanto, categorias fundamentais para eles tanto na vida quanto na arte.

O pnix era um espaço sequencial porque, enquanto estivesse sentado, o cidadão podia receber uma longa e linear sequência de palavras; movendo-se de pé no espaço sincrônico da ágora, ele ouvia apenas pedaços de conversas, fragmentos de palavras. Esses espaços, assim, representavam perigos contrastantes. Platão temia a força embotadora da retórica no pnix; sentadas, as multidões passivas podiam tornar-se vítimas das palavras, paralisadas e desonradas por seu fluxo inexorável. Já a ágora podia embotar de um jeito antes cognitivo que retórico, dado o acúmulo de impressões incoerentes; mais uma vez, Platão recomendava que os jovens se concentrassem tanto física quanto mentalmente deixando a ágora para se recolher no espaço mais calmo do ginásio, onde poucas coisas aconteciam. Num espaço sequencial, o perigo era a dominação emocional, ao passo que no espaço sincrônico era a fragmentação intelectual.

Essa antiga distinção encontra ressonância na experiência da cidade moderna. A mistura de vozes na ágora é o que Bakhtin chamava de "heteroglossia", que podia tornar-se mera cacofonia no espaço, como na página. Mas a forma sincrônica pode ser envolvente. A fragmentação da comunicação verbal na praça da cidade pode forçar as pessoas a usar os olhos e ouvidos, a se movimentar, manter-se fisicamente alertas. Os pequenos urbanitas safos que observamos em ação em Medellín são "safos da ágora". Já a multidão insuflada pela retórica de um orador — a turba revolucionária de Le Bon ou um comício nazista — é irracional.

Não seria muito difícil imaginar como o Sr. Sudhir desenvolveu a capacidade de se safar na ágora. Nehru Place talvez tivesse heteroglossia demais em estado bruto; só aos poucos ele poderia aprender a gerir sua complexidade, para fazer negócio com produtos roubados a céu aberto, exposto à polícia, aos concorrentes e chantagistas em busca de uma parte dos seus ganhos... A velha ágora oferecia riscos semelhantes em matéria de fraude, perigo e perturbação; na verdade, qualquer espaço sincrônico apresenta esse tipo de tensão, não sendo propriamente um festival de prazeres "seguros".

Será que no planejamento de um centro urbano hoje em dia seria possível captar a energia sincrônica e integral da antiga ágora, ao mesmo tempo solucionando seus defeitos? Vou agora descrever um projeto que tentou exatamente isto — sem êxito.

Um projeto fracassado — Em 2012, o arquiteto Henry Cobb, assessorado por uma equipe de paisagistas, engenheiros e especialistas em iluminação, apresentou um projeto de reforma da parte inferior do National Mall, em Washington. Eu fiz o papel do Sr. Sudhir, mostrando como ficaria o Mall como espaço sincrônico. O projeto L'Enfant 1791 para Washington se formava em torno de um grande espaço aberto e cerimonial entre o Capitólio e o rio Potomac. Ao conceber o Mall no meado do século XIX, Andrew Jackson Downing o imaginou de certa forma no espírito mais tarde adotado por Olmsted para o Central Park, um espaço em que os americanos pudessem conviver de maneira sociável. Veio então a intrusão do comércio e dos transportes; no surto de crescimento verificado em Washington depois da guerra civil, surgiu um grande mercado na extremidade norte do Mall, junto a uma estação ferroviária de intenso movimento. Os planejadores recuaram; a Comissão McMillan expulsou os comerciantes do mercado no início do século passado, restabelecendo a beleza do Mall; com o tempo, ele veio a ser cercado de museus (um dos quais teve a participação de Henry Cobb em seu traçado).

Os museus eram muito visitados, mas o Mall propriamente tornou-se um espaço relativamente vazio, pelo menos em comparação com as multidões que parecem onipresentes no Central Park. A nossa área, logo abaixo do Capitólio, parecia particularmente abandonada na maior parte dos dias de semana e à noite; ali, um enorme lago raso era ladeado por uma rua onde os ônibus de turismo despejavam visitantes; por trás do lago, áreas arborizadas abrigavam estátuas de personagens notáveis. Embora respeitássemos o desejo da Comissão McMillan de afastar o comércio, queríamos levar mais vida àquela parte do Mall, criando um espaço mais sincrônico, com muitas atividades sociais diferentes ocorrendo ao mesmo tempo.

Enfrentamos três problemas. Primeiro, quantas atividades deveriam conviver num espaço sincrônico? Uma resposta pode ser encontrada nos estudos de simultaneidade de tarefas. No início do século XIX, Sir William Hamilton concebeu a simultaneidade de tarefas como resultado lógico do fato de as pessoas cheirarem e ouvirem, além de verem, ao mesmo tempo: todas essas informações sensoriais são reunidas na mente de uma só vez. Hamilton o comparava a segurar vários mármores nas mãos. Seu seguidor William Jevons achava que não era bem assim, mostrando que uma pessoa é capaz de segurar — mentalmente — no máximo quatro mármores ao mesmo tempo. Os estudos inspirados por Jevons pareciam indicar a ocorrência simultânea de no máximo quatro tipos diferentes de atividades. No projeto do Mall, rompemos então com o clássico modelo da ágora, em nossa opinião comportando um excesso de atividades; nem todas as atividades ocorrendo no centro de Washington deviam ser encontradas ali em miniatura, como se o espaço público fosse uma versão condensada da cidade.

O princípio básico do número de coisas acontecendo de maneira sincrônica estabelecido por Jevons leva a uma segunda regra: a necessária ocorrência de coisas realmente diferentes. Em obediência às intenções da Comissão McMillan, propusemos a exclusão do tipo de comércio de suvenires e curiosidades que já existe no interior da maioria dos museus ao longo do Mall; mas receberíamos de braços abertos as barraquinhas de comida, abrindo-lhes o espaço anteriormente ocupado pelos ônibus de turismo. Em termos de áreas de lazer, o plano previa áreas para piqueniques e uma piscina com cascata para as crianças, podendo ser secada para abrigar concertos. Também imaginamos que eventualmente o espaço poderia ser usado — infelizmente! — para comícios políticos. Acima de tudo, queríamos intensificar a utilização do espaço para prestação de serviços sociais — usos em geral confinados no interior de prédios, longe dos cidadãos que deles precisam. Um dos projetos favoritos consistia numa série de galpões obedecendo ao modelo da estoa grega, nos quais organismos governamentais dariam atendimento a cidadãos com problemas. O espaço não deveria ser dedicado exclusivamente ao atendimento de turistas.

Uma das maneiras de organizar o uso misto do espaço público é sequencial, no emprego do tempo, como no caso da utilização noturna de uma escola para reuniões de grupos políticos ou clubes. Mas a noite é um período particularmente difícil para o traçado de espaços públicos ao ar livre; as questões de segurança e a preocupação com o uso de drogas ou o sexo promíscuo levam à adoção de excesso de iluminação em muitos projetos. Áreas arborizadas como as que cercam as estátuas por trás do lago do Mall, embora sejam interessantes durante o dia, eram consideradas perigosas à noite; o recanto inesperado, tão atraente durante o dia, torna-se uma temeridade no escuro. Para atrair grande quantidade de pessoas para o parque à noite, propusemos um sistema de iluminação à altura do rosto, e não mais em postes elevados, e o uso de sensores de movimento para acender as luzes quando houver atividades a que elas queiram assistir; além disso, localizamos as atividades noturnas, como um café ao ar livre, na extremidade do espaço, e as atividades diurnas, como a piscina para as crianças, no seu interior, servindo a porosidade da extremidade para mandar a mensagem de que o espaço não é isolado.

Essas iniciativas exemplificam um terceiro aspecto da sincronicidade no design: ela precisa ser um convite à mistura, em vez de impor. De acordo com Olmsted, no traçado dos espaços públicos precisamos de estratégias para atrair as pessoas. O problema transcende a simples necessidade de fazer com que o espaço pareça belo e atraente: para que seja de fato sincrônico, um espaço deve oferecer algo que não seja facilmente encontrado em outros lugares. Era o que eu tinha em mente com a ideia de instalar no Mall um escritório de atendimento a usuários idosos da previdência social: deprimentes questões burocráticas podiam tornar-se menos penosas naquele ambiente prazeroso.

Apesar de aceito pelo público, nosso plano não foi aprovado pelo cliente, um departamento do Congresso. Naturalmente, eu atribuo o fracasso ao cliente, mas na verdade fracassamos por não ter sabido gerir a atratividade. O plano fazia um número excessivo de convites, embora suas funções sociais tivessem sido editadas e reduzidas a limites compatíveis com as ideias de Jevons. A ausência de cercas, a grande quantidade de caminhos e atrações, todas elas muito bem iluminadas, especialmente à noite, dificultavam saber onde ficava a entrada e o que poderia acontecer depois que se entrasse. A forma pretendida para o Mall exemplificava a convicção de Simmel de que, diante de muitos estímulos, o urbanita recua.

É este o desafio da sincronicidade: ela gera uma experiência espacial ao mesmo tempo estimulante e desorientadora. A forma é confusa, ao passo que os espaços fixos num espaço diacrônico não o são. Deste modo, para fazer valer os estímulos de uma ágora, diminuindo porém sua confusão, o espaço precisa ser marcado de uma forma que dê orientação — ou pelo menos foi o que concluí, depois do nosso fracasso.

II. Pontuação — Marcadores monumentais e mundanos

O santo graal do design urbano consiste em criar lugares com determinado caráter. No Plan Voisin, nada se destaca em nenhum lugar; essa monótona uniformidade se destinava, na expectativa de Le Corbusier, a fazer com que as torres idênticas se estendessem pelo Marais e mesmo por toda Paris, infinitamente. O traçado exemplificava aquele aspecto de um sistema fechado no qual as partes são homogêneas e cumulativas. A ausência de características próprias tornou-se realidade nas torres da Xangai de Madame Q, ou nas novas cidades da Coreia do Sul em que os prédios, idênticos, são identificados por enormes números exibidos em bandeiras, para que cada um saiba onde mora. Em termos sistêmicos, um ambiente assim é fechado, dado o caráter intercambiável das partes. Um sistema aberto, em contraste, tem partes que não podem substituir umas às outras. Mas imaginemos uma cidade de 5 milhões de habitantes com, digamos, 10 mil centros, cada um deles diferente de todos os demais: nenhum arquiteto seria capaz de conceber, nenhum urbanita poderia entender uma tal variedade de formas. Como, então, tornar os lugares distintos numa grande cidade, e não únicos de um modo inviável?

É possível conferir caráter a um espaço pontuando-o, como na escrita. Quando escrevemos, um ponto de exclamação no fim de uma frase confere ênfase; um ponto e vírgula interrompe o fluxo, um ponto lhe dá fim. De maneira mais sutil, as aspas numa palavra como "homem" convidam o leitor a fazer breve pausa numa linguagem marcada pela identificação de gêneros. Da mesma forma no design urbano. Os grandes monumentos servem como pontos de exclamação. As paredes são pontos. Cruzamentos são pontos e vírgulas, interrompendo o fluxo sem impedi-lo. Estas analogias parecem bem claras. Mas que formas físicas poderiam funcionar como aspas, convidando a uma pausa de reflexão?

O ponto de exclamação — Assim que começou seu pontificado em 1585, Sisto V começou a transformar Roma. Ele já estava velho; seu reinado duraria apenas cinco anos, até morrer em 1590. Como se tivesse consciência do pouco tempo disponível, o plano de Roma que há muito meditava como cardeal foi imediatamente posto em prática uma vez eleito papa. A justificativa da transformação de Roma empreendida por Sisto era religiosa: ligar os sete pontos de peregrinação da cidade. Ele queria ligar esses lugares por ruas retas, orientando os peregrinos. Era necessário, portanto, marcar adiante um ponto de referência. Sisto buscou um marco no passado romano, e se saiu com o obelisco. Os obeliscos são colunas pontiagudas de três ou quatro lados montadas num plinto, uma base cúbica, tendo a extremidade em forma de ponta ou coberta por uma pequena bola. Seriam eles os seus pontos de exclamação. Obeliscos trazidos de navio do Egito politeísta e adorador de gatos passaram a marcar as fachadas das igrejas da Ressurreição. Funcionavam como convites a uma jornada religiosa.

Esses pontos de exclamação eram diferentes em relação aos do passado cristão. Os construtores das igrejas medievais providenciavam pontos de orientação construindo torres pontiagudas altas, para que as pessoas soubessem onde estavam as igrejas; o papa Sisto V tratou de estabelecer no solo mesmo como chegar a uma igreja, traçando ruas retas pela malha medieval de Roma e assim orientando os peregrinos para o ponto marcado pela ponta do obelisco. É a mesma função desempenhada pelo obelisco do Washington Memorial, a meio caminho entre o Capitólio e a estátua sentada de Abraham Lincoln na outra extremidade do Washington Mall; o obelisco orienta as pessoas para dentro de um espaço cerimonial.[2]

Se esses monumentos se destinassem a assinalar apenas uma rota de peregrinação, teriam caráter sequencial, desdobrando-se num caminho ritualístico de orações. Sisto fez um plano mais complexo: o urbanita em Roma podia seguir os caminhos em qualquer direção, perambulando à vontade, atravessando diferentes bairros residenciais e mercados, misturando-se à multidão antes dedicada a se divertir que a orar. Os obeliscos orientavam as pessoas no seu caminho, além de estabelecer uma jornada espiritual para dentro.

Pela altura do século XIX, o urbanismo monumental parece ter dado uma outra finalidade aos pontos de exclamação. Os principais prédios da cidade passaram a ser concebidos como objetos a serem contemplados, vistos como espetáculos teatrais; foi, por exemplo, o princípio que orientou a construção da igreja La Madeleine em Paris, monumento religioso cujas gigantescas colunas de fachada representavam pontos de exclamação sem finalidade religiosa; era um gesto puramente visual. O mesmo quanto às estátuas equestres que passaram a decorar novos espaços públicos; uma fábrica de Sheffield as fabricava para exportação em escala industrial, sendo a cabeça do herói local moldada e presa pouco antes de o cavaleiro com seu animal ser embarcado para as colônias. O marco monumental da era industrial deixou de servir a uma finalidade ritualística ou de orientação; transformou-se em puro cenário.

Neste sentido, os marcos de Sisto poderiam ser comparados aos da Trafalgar Square londrina. A praça é um monumento à grande batalha de Trafalgar, na qual a marinha de Napoleão foi enfrentada em 1805; a vitória confirmou o domínio da nação inglesa como potência imperial. Concebida por John Nash, seguido de Charles Barry, Trafalgar Square tem no seu centro o gigantesco marco da Coluna de Nelson, em homenagem a Lorde Nelson, vencedor da batalha. Há quatro plintos nas extremidades da praça, três deles dedicados a outros heróis nacionais. O quarto, vazio, é atualmente usado para exibir esculturas de todo o mundo. A praça é procurada pelos turistas, mas não pelos londrinos. Os marcos da grandeza nacional não são um atrativo para os que vivem em Londres; pela minha observação, tendo vivido em Londres durante três décadas, os nativos na realidade nem se dão conta desses marcos.

Um marco deve apontar para algo que valha a pena notar. Grandes marcos dramáticos como o obelisco ou a estátua equestre podem perder a finalidade ou o impacto.

O ponto e vírgula — O urbanismo oferece uma alternativa mais rotineira ao ponto de exclamação. É o cruzamento, equivalente físico do ponto e vírgula: o corpo que caminha ou é transportado num veículo sente aquela quase interrupção da fluência do movimento que ocorre quando uma pessoa vira uma esquina. Esse ponto e vírgula urbano pode ser criado, considera o urbanista Manuel de Solà-Morales, contrastando tamanhos de ruas que se cruzam, como faz Nova York com suas avenidas e ruas, servindo a própria esquina para assinalar a zona de transição entre as duas.

Em Nova York, a avenida destina-se a abrigar prédios maiores e mais altos que a rua lateral, sendo a avenida mais comercial, e a rua, mais residencial. Foi também o princípio adotado em Xangai, com vias menores desembocando em ruas mais amplas. A esquina funciona como marco porque nesses casos o urbanita vivencia uma mudança de foco, uma sacudidela sensorial ao se ajustar a uma mudança de escala, como uma mudança de marcha. Para Solà-Morales, o contraste ocorre até mesmo nas esquinas agudas da malha de Cerdà em Barcelona; não dá para saber o que está depois da esquina enquanto não se passar por ela.

Solà-Morales e outros "cruzamentistas" tentam gerar atividades na esquina para atrair gente, diferenciando essas atividades do que acontece na rua ou na avenida. Querem situar a entrada dos grandes prédios na esquina, ali estabelecendo a maior densidade de tráfego de pedestres, em vez de dispersá-lo ao longo de uma avenida; querem manter o grande comércio varejista longe das ruas menores, preferindo destinar a elas lojas modestas e restaurantes pequenos. Em vez de fazer com que a rua desague suavemente na avenida, os cruzamentistas consideram importante planejar esta diferença.[3]

Existe na concepção de escritórios um paralelo interno ao cruzamentismo. O design de escritório preferido por Frank Duffy difere do Googleplex em sua ênfase nas esquinas e interseções; ele o faz traçando algo parecido com ruas e avenidas internas, ao passo que o Googleplex não estabelece uma distinção de atividades no nível do piso. Os escritórios de Duffy são visualmente interessantes por causa dessas mudanças de escala. Como bom socialista, ele também tenta situar os trabalhadores de mais baixo nível e o seu trabalho nas esquinas, em vez escondê-los nos lugares inferiores do espaço, para torná-los invisíveis.

Como quer que se concretize, o cruzamento é uma ruptura epistemológica no sentido de Bachelard, uma desconexão introduzida no espaço.

Numa esquina, mais que no caminho de uma rua ou avenida, ou ao longo de um corredor de escritório, temos mais probabilidade de nos orientar, avaliando onde estamos.

As aspas — Um terceiro tipo de pontuação espacial funciona como aspas. Como a esquina, as aspas espaciais chamam a atenção especificamente para o ponto em que nos encontramos. Mas se o cruzamento é um claro marco de lugar, o mesmo não acontece com as aspas urbanas. O significado prático desta declaração enigmática se revela nos espaços marcantes de comunidades pobres ou destituídas.

Na minha experiência, presto muita atenção ao mobiliário de rua — bancos, fontes, pequenas árvores em potes de concreto e diferentes formas de pavimentação das calçadas. Impressionou-me constatar como é preciso pouco para assim dar vida ao espaço público em áreas pobres. Trabalhando com orçamento apertado numa zona pobre de Chicago, por exemplo, meus clientes e eu usamos arbustos envasados para obter em determinada rua o mesmo efeito que os moradores da comunidade de Medellín tinham alcançado com jardineiras nas janelas, variando as espécies vegetais para que a parede contínua da rua surgisse como um tipo de progressão. Os patrocinadores governamentais achavam que não passava de um enfeite.

Essas iniciativas simples significam mais que embelezar a cidade. Pode-se, por exemplo, instalar um banco de rua de tal maneira que fique voltado para a entrada de um prédio, e não para o fluxo na rua. Colocado o banco em frente a um prédio comum, é como se o marco estivesse dizendo: "Este lugar tem valor porque você pode descansar aqui" — mensagem que poderia ser transmitida situando-se o banco-marco em frente de praticamente qualquer prédio ao longo da rua. Um banco colocado arbitrariamente diante de um prédio está dizendo apenas isto: "Este é um lugar agradável." É estranho: um banco tão convidativo em frente a um prédio tão indiferente. Uma comunidade pobre pode ser melhorada com marcos arbitrários, variando por exemplo a pavimentação em partes da rua ou aplicando pinturas de cores primárias em muros brancos. Esses gestos não assinalam nada em particular a respeito do ambiente; apenas implantam nele um marco.

O Central Park, como vimos, era uma imensa construção destinada a dar prazer, permitindo escapar da cidade numa versão composta e altamente estudada da natureza. Pode ser um pouco exagerado — mas não absurdamente — pensar no banco de plástico, com seu posicionamento arbitrário, como algo semelhante aos artifícios que determinaram a construção do Park. As belas pontes e passagens subterrâneas, os lagos e as áreas arborizadas do Park são imposições arbitrárias, obviamente criadas pelo homem, e não derivadas de uma paisagem natural preexistente. O artifício natural mais comum na cidade é a fileira reta de árvores plantadas na beira das calçadas para marcar a separação entre transeuntes e o tráfego de veículos; linhas retas de árvores isoladas e espaçadas regularmente raramente são encontradas em ambientes naturais. Em qualquer ambiente, elas são valorizadas justamente como uma forma imposta à rua, por motivos tanto ecológicos quanto estéticos. Consideramos que uma fileira de árvores valoriza uma rua, e temos consciência da maneira extremamente arbitrária como se deu essa valorização. Mas esse artifício não deriva do contexto; o valor é imposto.

De ambos os lados de uma palavra, as aspas chamam a atenção para o que ela significa. Os gramáticos podem dizer que as aspas questionam o valor da palavra ou da frase no seu interior: vá olhar por trás disto aí. Mas as aspas também valorizam a palavra no seu interior; como diria Leon Festinger, as aspas estimulam a atenção focal no arbitrário, no problemático, mas também no importante: o mesmo ocorre no ambiente construído.

Eu tento manter minhas obsessões sob controle, mas aqui peço vênia por alguns parágrafos. Foi no Japão que eu entendi por que os bancos de plástico me fascinam tanto. Os paisagistas dessa sociedade usam marcos simples de pedra para criar os mais sofisticados tipos de marcos arbitrários, problemáticos e geradores de valor.

Exceto na construção de muralhas de castelos, a pedra raramente aparecia como material de construção doméstica ou comercial na arquitetura japonesa clássica, nem por sinal na arquitetura chinesa, que influenciou a japonesa. O Japão era um país de florestas; os construtores desenvolveram técnicas de construção de estruturas de madeira e seus subprodutos para enfrentar as duras condições climáticas das ilhas. Mas a pedra ainda era importante, e na verdade tinha um valor sagrado, remontando à adoração das pedras no antigo xintoísmo chinês. "Uma rocha particularmente majestosa tornava-se centro de contemplação", observa o historiador de jardins Sunniva Harte, "e a área circundante era coberta de pedras brancas para denotar que se tratava de um espaço religioso ou espiritual."[4]

Nos séculos V e VI, milhares de anos depois do início do culto das rochas brutas, o xintoísmo passou a ser cultivado em santuários construídos, e não mais ao ar livre. Agora a consciência do caráter sagrado das rochas se misturava à apreciação de sua beleza e posicionamento nos prédios e ao seu redor. A rocha transformou-se num marco do ambiente construído.

Quando o budismo chegou ao Japão na era Kamakura (1185-1336), a pessoa que contemplava essas pedras era convidada a se eximir de tomá-las como representativas de símbolos específicos. Nos jardins cultivados ou simplesmente junto às casas, a pedra marcava algo importante, mas indeterminado; tornou-se um significante flutuante.

Afastar a pedra das suas referências animísticas foi o princípio orientador da concepção dos aposentos do abade do Templo de Ryōan-ji em Kyoto, cujo arquiteto pode ter sido Tessen Soki, padre que ali viveu no século XV. Os aposentos do abade dão para um jardim retangular de pedras e areia, sendo esta varrida e disposta em linhas retas e simples das quais surgem quinze rochas, dispostas em cinco grupos. As paredes meridional e ocidental dando para o prédio são baixas, vendo-se adiante a floresta.

Não resta dúvida de que o jardim do abade no Templo de Ryōan-ji é um artifício, detalhadamente concebido, e não encontrado na natureza. As bases das rochas são cortadas de maneira a ficarem dispostas em diferentes ângulos, de acordo com as regras da geomancia; o cascalho de quartzo foi rigorosamente selecionado, tem tamanho uniforme, e marcas de cinzel foram deixadas aparentes nas pedras.

Hoje, concluído o jardim, o lugar causa profunda impressão ou, por outro lado, duas fortes impressões. Uma delas poderia ser identificada como a impressão de suas estudadas ausências, a sensação de eliminação e refinado apagamento. O que o jardim representa não é o ponto de estar ali — no zen, não há ponto; o que se busca é a libertação do dar nome, apontar, frisar, pretender. Mas a outra impressão é a da forte presença dos objetos físicos nesse espaço cuidadosamente concebido; ficamos intensamente conscientes das pedras como coisas em si mesmas. Além do muro baixo do jardim, além da verdejante paisagem externa de árvores, podemos ouvir ao longe o tráfego de veículos, mas nossos olhos ficam pregados nas rochas e na areia. O jardim xintoísta, portanto, era um lugar de símbolos diretos, um jardim de representações. O jardineiro zen tentou ir além dessas representações, para recuperar o mistério dos elementos naturais que tão cuidadosamente havia modelado, deixando de lado a própria necessidade de que tivessem um conteúdo identificável. Em sua arbitrariedade, sua desnaturalização, o jardim zen de pedras suscitou uma reação mais reflexiva, de autoquestionamento. As pedras são aspas de intimidação.

Resumindo, um ponto de exclamação — como o obelisco — declara que um lugar é importante. Infelizmente, como acontece na vida em geral, essas declarações podem perder valor com o tempo, como em Trafalgar Square. Um ponto e vírgula no espaço é algo menos pretensioso; como acontece num cruzamento, pode acarretar um leve solavanco na virada de uma esquina, contraste que os cruzamentistas pretendem acentuar. As aspas físicas, seja instalando-se um banco de plástico, plantando uma fileira artificial de árvores ou depositando pedras no solo, assinalam uma forma ao mesmo tempo arbitrária, problemática e geradora de valor.

III. Porosidade — A membrana

O mapa Nolli — Uma esponja é porosa por ser capaz de absorver água — mas apesar disso mantém sua forma. Da mesma maneira, um prédio é poroso quando existe livre fluxo entre o interior e o exterior, mas a estrutura preserva os contornos de sua função e forma. Um dos maiores mapas de Roma, feito por Giovanni Battista Nolli em 1748, mostrava como a porosidade aparecia nesses termos na cidade. O mapa se baseava em pesquisas e inspeções feitas na cidade por Nolli ao longo de doze anos. Os resultados foram publicados em duas versões: uma série de doze gravuras que formavam juntas um grande mapa; e uma pequena estampa feita por Nolli com Giovanni Battista Piranesi, artista das prisões imaginárias e dos palácios verdadeiros em Roma.

Antes de Nolli, os mapas de Roma eram em sua maioria cênicos: imagens fantasiosas do que um artista imaginava ser a cidade, fosse ele um pássaro; as construções apareciam em três dimensões, ligeiramente inclinadas, como se fossem vistas pelo pássaro voando para leste em direção a Roma. Nolli foi o primeiro dos criadores de mapas romanos a orientar sua imagem da cidade tendo o norte acima, e não o leste, pois trabalhava com um compasso magnético para conseguir um parâmetro comum à medida que evoluía com dificuldade pela cidade. Seu mapa é iconográfico, vale dizer, apresenta-se em duas dimensões; é um terreno figurado e reproduzido em preto e branco, representando o preto as construções sólidas e o branco, o espaço vazio.[5]

Essas reproduções mostram, em seus detalhes, as relações porosas entre o sólido e o vácuo: círculos fechados em quadrados representam os pilares que sustentam o Panteão, em contraste com os delicados sinais em forma de T designando os pilares da igreja vizinha de Santa Maria sopra Minerva. A pequena fonte das abelhas que então existia na esquina da Via Sistina com a Piazza Barberini é um ponto visível, pois o espaço molhado é algo que os adultos evitam, mas onde as crianças mergulham.

Os diagramas também são representações sociais. Por exemplo, o Panteão, enorme templo romano antigo encimado por uma cúpula e iluminado apenas pela luz que entra por um buraco (o oculus) existente nessa mesma cúpula, tem no seu centro um espaço branco adornado porque na época de Nolli era usado como igreja, ficando aberto ao público o dia inteiro. O negro denso com extremidades bem definidas representa prédios particulares — em sua maioria casas, mas também lugares como certas partes do Vaticano de acesso proibido aos romanos comuns. Traduzindo isto em termos modernos, se Nolli tivesse de fazer um mapa da Paris da década de 1920, todo o Plan Voisin surgiria como uma mancha negra, ao passo que o Marais, tão poroso e comprimido, seria representado em círculos, quadrados, pontos, Ts e nuances de cinza sobre branco.

Nolli mapeou a porosidade numa cidade que tinha milhares de anos para amadurecer. Como haveria o Sr. Sudhir de construir porosidade em menos tempo?

A membrana — Stephen Jay Gould chama nossa atenção para uma importante distinção, na ecologia natural, entre dois tipos de limites: divisas e fronteiras. As fronteiras são limites porosos, as divisas, não. A divisa é um limite onde as coisas acabam, além do qual determinada espécie não deve se aventurar, ou, inversamente, que essa mesma espécie trata de guardar, como fazem os bandos de leões ou as matilhas de lobos urinando ou defecando para dizer aos outros que fiquem de fora! A divisa assinala um limite de baixa intensidade. Já a fronteira é um limite no qual diferentes grupos interagem; por exemplo, o ponto onde a margem de um lago encontra terra firme é uma zona ativa de trocas em que organismos encontram outros organismos e deles se alimentam. Não surpreende, assim, que também seja a linha divisória onde é mais intenso o trabalho da seleção natural.

Essa diferença ecológica também marca as comunidades humanas. A divisa fechada domina a cidade moderna. O habitat urbano é dividido em partes segregadas por fluxos de tráfego e pelo isolamento funcional entre zonas de trabalho, comércio, família e do reino público. O desenvolvimento de tipo "cidade-polvo" em Delhi e em qualquer outro lugar não espalha crescimento por uma área, antes tratando de canalizá-lo estritamente. Caracas, na Venezuela, utiliza outro tipo de divisa fechada, sob a forma de muralhas de tráfego de alta velocidade separando ricos e pobres. Como vimos, a forma mais disseminada internacionalmente de novos empreendimentos residenciais é a comunidade cercada e fechada dentro de um muro delimitador. Um resultado dos seus limites de baixa intensidade é que os moradores isolados não se sentem muito estimulados pelas condições externas; as trocas entre diferentes comunidades raciais, étnicas e de classe são fracas.

Assim exposta como um contraste entre preto e branco, contudo, a distinção fronteira/divisa fica muito grosseira. Ela pode ser refinada se focarmos numa célula viva. Neste nível, vamos constatar um contraste entre parede celular e membrana celular. É uma distinção ambígua no nível celular, em parte porque as séries de células podem às vezes mudar de função; além disso, uma parede totalmente fechada provocaria a morte da célula, como igualmente uma relação totalmente fluida entre interior e exterior. Uma membrana celular precisa desde logo deixar a matéria fluir para dentro e para fora da célula, mas de maneira seletiva, para que a célula retenha aquilo de que precisa para sua nutrição. A porosidade existe em diálogo com a resistência: um diálogo que às vezes significa que a célula se abre para ser inundada, e outras vezes se mostra retentiva.

Esse diálogo é o que o urbanista deveria propiciar, em vez de imaginar que apenas o espaço aberto — um puro vazio — pode ser considerado poroso. Nem totalmente fechada nem completamente exposta, a relação dinâmica entre porosidade e resistência é o que Nolli reproduziu em seu mapa de Roma. Ela contrastava com o gueto veneziano, tal como pretendido originalmente por seus planejadores, estritamente fechado à noite frente à cidade circundante, com as venezianas nas janelas e as pontes interceptadas, os canais circundantes guardados por barcos a noite inteira, criando uma divisão interna na cidade.

De que é feita uma membrana urbana? De certa forma paradoxalmente, ela pode ser feita de pedra.

A lógica inicial de uma muralha urbana era que fosse o mais espessa, alta e impenetrável possível, por razões militares. As antigas muralhas ao redor de Pequim, por exemplo, tinham cerca de 18 metros de espessura na base, 12 metros no topo e 12 metros de altura, feitas de terra batida. A arte militar da construção de muralhas podia ser aperfeiçoada com a criação de muralhas duplas com espaço vazio entre elas, como em Carcassonne, na França, o que criava um espaço de manobras separado da malha interna da cidade. Outro tipo de aperfeiçoamento consistia em uma muralha com revelins, plataformas em forma de seta projetadas para fora da muralha, e que permitiam voltar dardos e mais tarde canhões contra-atacantes que tentassem escalar a muralha.

Para Max Weber, uma muralha era uma divisa, um limite externo da cidade-Estado, além do qual nada havia de cívico, fosse política ou socialmente. Para ele, a própria muralha era uma ideia jurídica, mais que uma presença física. Mas ele pode ter sido induzido em erro pela pura e simples solidez das antigas muralhas; até mesmo uma muralha espessa pode representar um convite a habitar. De ambos os lados da muralha de Aix-en--Provence encontravam-se áreas de desenvolvimento na cidade livres de regulações; mercados informais de venda de produtos no mercado negro ou sem pagamento de impostos proliferavam abrigados junto às pedras; a região da muralha era onde heréticos, exilados estrangeiros e outros desajustados tendiam a gravitar. Da mesma maneira, depois que a moderna artilharia tornou a muralha uma barreira menos útil, essas divisas militares muitas vezes evoluíam para espaços sociais. Luís XIV promoveu sua mudança em Paris em 1646, convertendo os baluartes em alamedas arborizadas onde a população podia caminhar. Seus planejadores deram aos novos espaços um novo nome: bulevar. Em questão de um século, muitas outras cidades europeias seguiram o mesmo caminho, especialmente Berlim em 1734. Napoleão I completou a transformação da divisa militar exigindo que muitas cidades por ele conquistadas destruíssem completamente suas muralhas —antes uma humilhação simbólica que uma necessidade militar.[6]

Significa tudo isto que mesmo uma massa sólida de material, aparentemente resistente a qualquer mudança, pode ser tornada viva. É um equívoco pensar que as estruturas maciças são totalmente inertes e que as qualidades representadas na condição da membrana só se manifestam em estruturas que surjam temporariamente em construções leves.

Criando membranas — Hoje, o desafio para o planejador consiste em criar membranas. A *perfuração* é a mais direta técnica de construção para transformar muralhas em membranas. O urbanista dinamarquês Jan Gehl desenvolveu maneiras de abrir portas e janelas em paredes vazias, rompendo-as para criar novas entradas e aberturas; efetuou cálculos precisos sobre os pontos onde arrebentar e a força a ser empregada na ação para dar vida a uma rua. Da mesma forma, na construção de um novo arranha-céu, uma grande entrada isolando os elementos internos, com os pisos acima representando camadas separadas, pode ser substituída — como na Torre de Xangai da empresa de design Gensler, no bairro Pudong de Xangai, e nos ambientes internos da torre criada para o *New York Times* por Renzo Piano em Manhattan — por uma concepção vertical mais porosa: em vez de um núcleo central atendendo a pisos isolados, Gensler trata o arranha-céu como uma autêntica rua vertical, alimentada por muitos elevadores diferenciados, com espaços públicos distribuídos por vários andares e corredores que se irradiam.

Quando alguém imagina onde encontrar a vida de uma comunidade, em geral vai buscar no centro, onde os planejadores tentam intensificar a vida comunitária. Isso significa negligenciar os limites; em consequência, a comunidade se volta sobre si mesma. O que é um erro. Eu o cometi anos atrás, quando estava envolvido em planos para a criação de um mercado que atendesse à comunidade hispânica do Spanish Harlem de Nova York. Essa comunidade, uma das mais pobres da cidade, fica acima da Rua 96 no Upper East Side de Manhattan. Logo abaixo da Rua 96, configurando uma mudança abrupta, fica uma das comunidades mais ricas do mundo, da 96 até a Rua 59, comparável a Mayfair em Londres ou ao sétimo *arrondissement* em Paris.

La Marqueta foi situado no centro do Spanish Harlem, a vinte quarteirões, exatamente no centro da comunidade. Nós, os planejadores, encarávamos a Rua 96 como um limite morto, onde não acontecia grande coisa. Fizemos uma escolha errada. Se tivéssemos situado o mercado nessa rua, poderíamos ter estimulado atividades que propiciassem algum contato comercial e físico diário entre ricos e pobres. Desde então, planejadores mais sábios aprenderam com nosso erro, e no West Side de Manhattan tentaram situar novos recursos comunitários nos limites entre as comunidades, para estabelecer um limite mais poroso, abrir os portões entre diferentes comunidades raciais e econômicas. Nossa pressuposição da importância do centro revelou-se um fator de isolamento; no caso deles, a compreensão do valor do limite e da fronteira revelou-se integradora.

Certamente é verdade que os limites podem funcionar como locais de troca mais tensos que amistosos, como nos estacionamentos de Boston onde os ônibus despejavam crianças de cor em escolas da classe trabalhadora branca. A mistura física informal tem muito menos um caráter de confronto, como no caso em que uma senhora rica e sua empregada se encontram no mesmo lugar comprando leite ou bebida, tarde da noite. Essa mistura física complementa as manifestações de cortesia que marcavam a banca de jornais em Clerkenwell; o planejador não está forçando nenhuma articulação explícita de diferenças, mas levando as pessoas a conviver em tarefas comuns da vida cotidiana. Em termos da distinção estabelecida em nossa discussão sobre as diferenças sociais na cidade, esse tipo de experiência do limite é antes inclusiva que integradora.

Entretanto, como bem sabia o Sr. Sudhir por experiência própria, viver no limite é "tenso", no sentido de "arriscado". Esses adjetivos não são mera decoração verbal. Descrevem um terceiro tipo de produção de membrana.

Depois da Segunda Guerra Mundial, Amsterdã era um lugar sombrio. A velha cidade não se tinha adaptado bem ao automóvel. Era também uma cidade sem espaço; longe dos grandes canais, eram poucos os espaços para que os habitantes — especialmente as crianças — desfrutassem de atividades de lazer. Aldo van Eyck decidiu fazer algo a respeito, apropriando-se de centenas de espaços sem uso ou indiferentes para transformá-los em parques urbanos. Ao contrário de Olmsted e Vaux, ele usou os recursos mais simples disponíveis em sua cidade empobrecida, incorporando muros ou cruzamentos amplos demais para criar espaços para as crianças brincarem e os adultos repousarem. Nesses novos espaços, instaurou adjacentes umas às outras diferentes atividades — canteiros de flores, uma caixa de areia, bancos — que não tinham demarcações visíveis, mas permaneciam distintas, com um inter-relacionamento poroso, no sentido da membrana.

O fator radical nos parques de van Eyck era a concepção do urbanista sobre como as crianças devem brincar: seu espaço de brincadeiras não era isolado da rua em nome da segurança. Nesses parques há meios-fios, mas não cercas. A ideia de van Eyck era que as crianças aprendessem a diferença entre tráfego e território — o que de fato aconteceu; os parques realmente registravam poucos acidentes, em virtude da porosidade. Da mesma forma, os bancos instalados para os adultos não eram separados do local onde as crianças brincavam; os pequenos eram obrigados a aprender como se situar de maneira a não perturbar os mais velhos que conversavam ou cochilavam nos bancos.

Em termos formais, van Eyck criou limites liminares, significando "liminar", aqui, a experiência de uma transição, ainda que não haja uma barreira claramente identificada entre dois estados. A passagem liminar forma uma espécie de "consciência transicional", na formulação de D. W. Winnicott; foi ele o primeiro a alertar os psicólogos para a importância dos momentos transicionais que estabelecem fronteiras entre as experiências para as crianças. O parque de van Eyck é um exemplo prosaico disto: para entender como devem brincar, as crianças vivenciam seus limites em relação aos carros em movimento ou aos vovôs tirando uma soneca; em vez de um abrupto ou/ou, elas fazem uma transição liminar, membranosa. Da mesma forma, na geografia mais ampla de uma cidade, os limites liminares podem assinalar a passagem de lugares ricos para lugares pobres; a Escola de Chicago estudou exatamente essa condição liminar — sem lhe dar este nome — nas ruas da direção leste-oeste que vão de Gold Coast às favelas mais a oeste da cidade, passando pelo lago.

Porosidade sonora — Os sons de uma cidade podem parecer porosos no mau sentido. O som invasivo do tráfego muitas vezes pode ser inimigo do sono; na minha idade, o ensurdecedor barulho dos restaurantes pode acabar com a ideia de sair de casa. Se o silêncio é um amigo, divisas sonoras pareceriam melhor ideia que fronteiras sonoras no ambiente construído.

Na verdade, a ausência de som seria igualmente inquietante. O especialista em acústica R. Murray Schafer observa: "Ouvir é uma maneira de tocar à distância." Tecnicamente, isto significa que, quando um som audível vibra em frequência superior a 20 hertz, pode ser sentido como sensação tátil. O som de passos à noite ou de buzinas durante o dia representa um alerta da presença de outros; o famoso comentário de Jane Jacobs de que, a bem da segurança, os prédios deveriam ficar "de olho na rua" devia ser expandido para abarcar também "de ouvidos na rua", especialmente à noite. No romance fantástico *O mestre e Margarida*, de Bulgakov, a silenciosa chegada de vários fantasmas, demônios e um gato mágico inspira terror, pois não podemos ouvi-los/tocá-los.[7]

Boa ou má, a porosidade sonora pode ser especificada com precisão. A experiência sonora numa cidade é moldada por dois fatores: intensidade e inteligibilidade. Intensidade, em certa medida, é pura e simplesmente volume: o som dos passos de um homem de altura e peso médios fica em torno de 28-30 decibéis a uma distância de 20 metros numa rua silenciosa à noite, ao passo que uma banda de rock tocando ao ar livre emite pelo menos 115 decibéis. Mas também é uma questão de frequência: se houver mais que quatro projeções de determinado som por segundo, o ouvido vai registrá-las como um som contínuo. O zumbido elétrico constitui esse tipo de "som plano", no jargão acústico; o ruído constante do tráfego é outro exemplo. Por outro lado, o estampido de uma espingarda é um "som de impacto", assim como o som repentino de uma motocicleta roncando no tráfego. Esses sons são distintos, identificáveis, inteligíveis. O som de passos numa rua vazia pode tornar-se um som de impacto, como acontecia com meus protetores em Santo Domingo — um claro ruído de advertência em contraste com o som plano e de baixo nível da comunidade adormecida. O que se costuma chamar de "som ambiente" é tecnicamente uma média de sons planos e de impacto. Um som ambiente em torno de 35 decibéis é ideal para o sono, segundo constatou um grupo de pesquisadores russos, ao passo que, quando o som ambiente "está num nível de 50 decibéis, verificam-se intervalos muito breves de sono profundo, seguidos do despertar com uma sensação de fadiga".[8, 9, 10]

Na concepção de um ambiente sônico, o objetivo é diminuir a intensidade do som plano a 35 decibéis, mantendo o som de impacto num nível em torno de 45 decibéis, para que o ruído chegue a nós sem ser devastador. É a boa porosidade, pois os sons são distintos e inteligíveis mas não assoberbantes. Eu ficaria feliz num restaurante com essa média ambiente: ouviria vozes da minha mesa e talvez pudesse espreitar outra mesa; essas vozes flutuariam numa almofada de ruído mais indistinto.

O mapa Nolli mostra os lugares que moldam os sons dessa forma porosa, por exemplo, no Panteão e imediações. Apesar do volume cavernoso, tendente a amplificar o eco, o nível ambiente do Panteão é bom por causa das complexas superfícies laterais, dos pórticos e do teto curvo, cuja superfície não é lisa, tendo sofrido a incisão de painéis. Assim também nas ruas que atravessam as imediações do Panteão na direção leste-oeste: a irregularidade das superfícies de muros e paredes, os portões recuados, os becos laterais — tudo isto reduz o nível do som ambiente a cerca de 40 decibéis. O mesmo efeito sônico pode se manifestar num prédio moderno como o Chanin Building de Nova York, arranha-céu construído em 1927-29, no qual se obtém um nível relativamente baixo de som ambiente simplesmente por causa das curvas e voltas do seu interior, ao passo que nos vizinhos o som é estrondoso quando se abrem portas e janelas (isto quando é possível abri-las; como no hotel do outro lado da rua, trata-se na maioria dos casos de caixas de vidro fechadas e impermeáveis, que consomem energia excessivamente e mantêm os sons da cidade à distância).

Os materiais que constroem silêncio são aqueles capazes de envergar e enrugar. Os modernos materiais para amortecimento de sons, aplicados sobre pisos planos de concreto, raramente desempenham bem a função; as antigas estruturas tendiam a funcionar melhor, simplesmente porque a própria composição dos pisos era uma mistura de muitos elementos — entre eles conchas marítimas trituradas, crina de cavalo e trapos recobertos de gesso — que criavam um filtro complexo.

O eco (tecnicamente, o tempo de reverberação dos sons) diminui e perde intensidade entre prédios porosos, mas é rápido e agudo entre monólitos de vidro voltados uns para os outros; isto ocorre porque, quanto maior for o tempo de reverberação, mais fraco se torna o eco. Este princípio também rege o design de interiores. O tempo ideal de reverberação numa sala de concertos — a partir do palco, saindo das paredes laterais e traseira em direção a alguém sentado no meio da plateia — é de pouco menos de dois segundos. Num prédio de apartamentos, não queremos uma ressonância assim: as escadas, por exemplo, devem ter ângulos e voltas que permitam dar ao eco um tempo de reverberação de mais de 3,5 segundos, tornando-o bem fraco.

Você certamente não quer ouvir as conversas dos seus vizinhos nem provavelmente ouvi-los fazer amor. Mas em outras circunstâncias a porosidade dos sons pode atrair. O urbanista John Bingham-Hall e eu estamos estudando os sons sociáveis num lugar inesperado: os túneis de pedestres por baixo do Périphérique de Paris, a autoestrada que separa os novos subúrbios pobres de imigrantes da cidade mais antiga, mista e rica. As pessoas se juntam em certas passagens subterrâneas, para comprar produtos de uso diário ou simplesmente socializar, mas evitam outras. Nós constatamos que os sons sociáveis tendem a ser sons de vozes, audíveis de maneira distinta como sons de impacto, logo acima da vibração sonora da autoestrada; além disso, os sons de impacto inteligíveis se projetam para fora, alertando para atividades no interior do túnel. Essas passagens subterrâneas cujos sons atraem se formam de um jeito enrugado e desalinhado, ao passo que as passagens não sociáveis são mais simples e limpas, produzindo uma linha plana de alta intensidade que afoga a inteligibilidade no interior do túnel, de tal modo que só os ruídos se projetam para fora. As passagens desalinhadas do Périphérique podem ser espaços sociais informais tão inesperados quanto o teto do estacionamento de Nehru Place, mas em certa medida explicam por que Nehru Place funcionou tão bem. Como nos túneis, seus vendedores de iPhones podem ser claramente ouvidos acima do zumbido dos corpos em movimento e do tráfego.

Na história das cidades, os "pregões" dos vendedores de rua costumavam ter a mesma função sociável-sônica — afiadores de facas, vendedores de peixe, transportadores de carvão, quase quarenta diferentes tipos de pregões nas ruas de Londres —, até serem proibidos pela Lei da Polícia Metropolitana, de 1864. Antes, o pregoeiro de rua dava notícias ou entoava hinos, como registrou John Milton (em *Il Penseroso,* verso 83). Fundamentalmente, o som dos sinos de igreja, que regulava as práticas religiosas, deu lugar ao bater das horas a partir do século XIV, como forma de regular o processo de trabalho, dividindo o trabalho remunerado em unidades regulares de tempo. Essas badaladas de relógio eram mais fortes e de maior intensidade que os sinos da maioria das igrejas paroquiais, alcançando toda a cidade; a porosidade das badaladas era o som do trabalho rotineirizado — invasivo e inelutável. Não era um som sociável.

Em suma, numa cidade fechada, a divisa prevalece; uma cidade aberta contém mais fronteiras. Essas fronteiras funcionam como membranas celulares, com uma tensão dinâmica entre porosidade e resistência. É possível criar membranas nos limites dos lugares, pela perfuração de paredes, o enrugamento da malha das ruas e a modelagem de sons inteligíveis e sociáveis.

IV. Incompletude — A concha e a forma-tipo

Por fim, imaginemos o Sr. Sudhir em casa. Ele me disse que ao longo do tempo vinha construindo a casa da família com os filhos, bloco de concreto após bloco de concreto, na medida das possibilidades financeiras. Em praticamente todos os assentamentos de migrantes acontece algo semelhante: os pobres se tornam seus próprios arquitetos. As moradias podem não passar de barracos de blocos de concreto com telhados de plástico ou chapa ondulada; com o tempo, se possível, os moradores acrescentam telhados adequados, janelas envidraçadas, talvez um segundo andar; a "arquitetura" é um trabalho de longo fôlego. Em qualquer momento, contudo, esse tipo de projeto é uma forma incompleta.

O urbanismo tem muito a aprender com a maneira como os muito pobres são forçados a trabalhar com formas incompletas. Seria possível tornar uma forma incompleta deliberadamente, e não por necessidade, como no caso da família do Sr. Sudhir? O que se ganharia?

A concha — Uma resposta pode ser encontrada em Iquique, no Chile, uma cidade do deserto cerca de 1.500 quilômetros ao norte de Santiago, onde cerca de cem famílias haviam efetuado inicialmente uma ocupação num lugar chamado Quinta Monroy. Os migrantes originais eram aimarás, um grupo étnico disseminado pelo altiplano chileno-peruano-boliviano. A Quinta Monroy era um talismã do futuro: a partir de lugares pequenos como este, imensos assentamentos de dezenas ou centenas de milhares de pessoas estão pipocando por toda a América Latina.

Ali, o arquiteto chileno Alejandro Aravena lançou um projeto de construção de formas incompletas. Sua ideia básica era conceber a metade de uma boa casa, a ser então completada pelos habitantes com o próprio trabalho, em vez de fornecer uma habitação acabada. Na versão da forma incompleta adotada em Iquique, metade do primeiro e do segundo andares das construções tem paredes, sendo dotada de instalações elétricas e encanamento. Essa infraestrutura é localizada no oitão da casa, e não nas paredes divisórias, com o espaço ainda inacabado; este detalhe técnico permite máxima flexibilidade no preenchimento do espaço. Outro elemento consiste em construir a escada de entrada fora da casa, de tal modo que, se se quiser, o primeiro e o segundo andares poderão vir a formar habitações independentes: qualquer um deles pode ser alugado ou usado por diferentes gerações de uma família.

O projeto de Aravena tratava a Quinta Monroy como um laboratório de teste da habitação social. Em termos urbanísticos, as casas são agrupadas em retângulos formando os lados de uma praça comunitária, versão chilena pobre dos terraços avarandados londrinos de Bloomsbury. Como Cerdà, Aravena pretende que eles cresçam, tornando-se uma grelha constitutiva. Ao contrário de Jane Jacobs, ele não receia esse crescimento, mesmo quando começa em escala pequena; as terríveis condições de pobreza em seu país requerem uma solução em larga escala. Mais uma vez, contudo, ao contrário do ocorrido na cidade-jardim pré-fabricada de Lewis Mumford, essa solução deve envolver a própria população pobre na constituição do seu meio ambiente. É a lógica social por trás dessa forma incompleta, traduzindo-se de maneira muito concreta, mais uma vez, na infraestrutura das paredes internas e na localização das escadas.

A concha é o tipo de construção de projetos como o de Iquique. Ela se tem manifestado sob várias formas, não apenas como uma resposta às necessidades dos pobres: por exemplo, no terraço georgiano do século XVIII, ela assume a forma de uma caixa de sapato, voltando-se seus lados igualmente para as praças e ruas da cidade. Em termos estruturais, os terraços eram uma versão antiga dos lofts de hoje, sendo os pisos sustentados apenas por algumas colunas e paredes estruturais internas de tijolo ou pedra, reduzidas ao mínimo. A caixa de sapato georgiana era um tipo de concha particularmente bom, pois as dimensões eram suficientemente reduzidas para que as paredes frontais e posteriores de cada cômodo da casa tivessem acesso direto à luz natural e à ventilação. Neste sentido, ela contrastava com as habitações do barão Haussmann em Paris, de proporções maiores, construídas em torno de escadas centrais úmidas e escuras, com pouco acesso à luz e ao ar em muitos cômodos. Ao longo dos séculos, a concha georgiana evoluiu em suas funções, mesmo mantendo-se relativamente constante na forma, como no caso de Woburn Walk, concebida por Thomas Cubitt na década de 1820 e que hoje abriga escritórios nos andares superiores, além de apartamentos residenciais. Os espaços abertos também podem funcionar como conchas. Na Primeira Guerra Mundial, uma praça monumental como Berkeley Square teve suas flores arrancadas e foi tomada por soldados feridos; na Segunda Guerra, as grades metálicas ao seu redor foram retiradas para ser transformadas em bombas; e depois da guerra a função voltou a evoluir, conjugando-se à natureza aberta e ao acesso protegido.[11]

Em princípio, os dias de hoje deviam ser a época do Triunfo da Concha. Graças ao concreto e às vigas de aço de fabricação em massa, podemos construir prédios com gigantescas lajes dependendo minimamente de colunas ou outras obstruções estruturais. As salas de negociação e pregão das empresas de investimento encarnam o Triunfo da Concha, com fileiras e mais fileiras de mesas de trabalho num espaço em que todo mundo pode ver todo mundo — se conseguissem tirar os olhos das hipnóticas telas.

De maneira ainda mais engenhosa, finas estruturas em concha podem hoje flutuar acima do piso. Os princípios estruturais das conchas flutuantes foram estabelecidos pelo engenheiro russo Vladimir Shukhov, que ergueu em Vyksa, em 1897, uma gigantesca concha autossustentada de cobertura curva; livre de suportes internos, ela podia ser destinada a qualquer uso. A cúpula geodésica é a herdeira de Vyksa, sendo as cúpulas construídas por uma grade de triângulos entrelaçados coberta por uma capa protetora. Buckminster Fuller considerava que esse tipo de cúpula, ao mesmo tempo superleve e superforte, podia ser ampliado praticamente ao infinito; em seus momentos de maior excentricidade, ele alimentava a esperança de cobrir cidades inteiras com cúpulas geodésicas. De tamanho mais modesto, mas ainda assim enormes, cúpulas geodésicas como a Cúpula Fukuoka, no Japão, permitem toda uma variedade de usos — como a Cúpula do Milênio (que não é estritamente geodésica) criada por Richard Rogers em Londres em 1999.

As conchas criam formas cujas possibilidades não se esgotam em qualquer configuração específica imposta no início. A concha também cria porosidade no interior de um prédio, já que estruturalmente são poucas as barreiras fixas. O seu fazer convida a mais fazer. Assim como num prédio, na comunicação, as palavras representam conchas de significado. As palavras expressam de maneira incompleta o que as pessoas querem dizer.

Mas quando deve chegar ao fim esse processo aberto? Quando é que o prédio pode ser considerado concluído, a comunicação, efetuada?

O inacabado e o inacabável — Um processo puro pode ser destrutivo. Muitas das alterações sofridas pela caixa de sapato do terraço georgiano ao longo do tempo degradaram o que originalmente era uma forma de severa beleza: lojas com luminosos de neon e a sinalização no nível da rua acabam com uma certa simplicidade de outros tempos; nos andares superiores, os compartimentos são apertados em cubículos, com as janelas interceptadas por aparelhos de ar-condicionado. Da mesma forma, os espaços de muitos lofts em Nova York são deformados, e, para horror dos puristas em Xintiandi, Xangai, até os lofts reformados dos *shikumen*, ainda recentemente tão espaçosos e dignos do gosto mais esnobe, estão sucumbindo a uma nova geração de jovens e mais pobres retalhadores e truncadores.

As regras básicas de forma precisam proteger contra essa deriva para o sem-forma, assim como um processo puro na *cité* pode levar a um infindável e desorientado fluxo de comunicação, condenando-a a estímulos momentâneos. Temos aqui um dilema. Se a deriva é o inimigo, ainda assim a mudança precisa ser possível, caso contrário as pessoas estarão meramente representando papéis preestabelecidos em lugares fixos; elas precisam da liberdade e dos meios de alterar a forma estática.

Nas belas-artes, o dilema se manifesta nesta palavra fatal: "Feito." Fatal porque "feito" pode ser equiparado a "morto". Rodin deixava registrado na superfície das suas esculturas o problema da conclusão. Essas peles são cheias de marcas de cinzel e pedacinhos de detalhes inacabados, para atrair o olhar para a substância material das peças, segundo escreveu Rainer Maria Rilke, a certa altura assistente no seu estúdio. O processo de criação parece ter prosseguimento, mas o escultor aprendeu quando parar, calculando quantas fendas a superfície de argila poderia suportar. Nenhum músico clássico que trabalhe com uma partitura pode saber com clareza quando parar. Se pensasse: "Finalmente! A Sonata Hammerklavier agora está como deveria ser!", por que haveria ele de voltar a interpretar a peça? Um intérprete quer continuar tocando, para ouvir a Hammerklavier sempre de uma outra forma e assim manter a música viva (e o músico também). Neste sentido, a performance é uma arte inacabável.

O urbanismo aberto tenta resolver este problema com a criação de formas-tipo.

A forma-tipo — Uma forma-tipo é um pedaço de ADN urbano que assume diferentes formas em diferentes circunstâncias. Ela pode ser comparada ao tema na música formada por tema e variações. Na música, os temas se abrem à medida que o compositor explora pequenas brechas harmônica ou melodicamente, até mesmo na música aparentemente mais sem solução de continuidade; nas variações de "Ferreiro harmonioso" de Händel, por exemplo, um pequeno deslize harmônico no fim da melodia original dá ao compositor liberdade para brincar. Do mesmo modo, as formas-tipo abrem o traçado urbano; os temas não são tão integrados, totalizados e "harmônicos" que não deixem espaço para variações, mas as mudanças efetuadas no tema urbano seguem uma certa lógica.

Veja-se, por exemplo, a construção do prosaico degrau de entrada na casa. O "tema" é exposto no corpo humano, na altura a que a perna é levantada de maneira confortável para subir um degrau; a altura do degrau é chamada de "espelho". Em regra geral, os espelhos são mais baixos na construção externa que na interna, tendo cerca de 110 milímetros do lado de fora e 150 milímetros no interior; os degraus nos quais se possa sentar, como na Piazza di Spagna em Roma, têm cerca de 150 milímetros de altura. Normalmente, numa escada, o comprimento horizontal do degrau é o dobro da altura do espelho. Um degrau externo precisa ter uma leve inclinação para escorrimento de água, evitando a formação de bolsões de gelo em climas muito frios.[12]

Dentro dessas limitações, muitas variações são possíveis — na largura dos degraus, no material de sua construção ou em sua localização —, pois a perna erguida não funciona como uma escada rolante, sempre dando um passo inflexível e previsivelmente. No projeto do Washington Mall, usamos muitas variações de largura, configurando degraus para se sentar junto aos degraus de caminhada, de maneiras contrastantes. O Washington Mall tradicionalmente era iluminado do alto; os degraus que propusemos eram eletrificados e iluminados do interior, com uma fileira de luzes de cristal líquido na junção entre cada espelho e degrau. Esse prosaico design certamente não proporciona uma experiência urbana equivalente à "Hammerklavier", mas é estruturado do mesmo modo: há um conjunto básico de relações que admite variações na forma. As relações básicas são definidas — harmonicamente, na música, fisiologicamente, no corpo humano; o construtor/músico cria variações dentro desses limites.

As formas-tipo podem ser tanto verbais quanto físicas. Gaston Bachelard escreve que "a imagem poética é essencialmente suscetível de variações", o que significa que os tropos da metáfora, da metonímia e da rima são variações sobre um tema estrutural. Roland Barthes também fala de um "repertório de imagens" ao alcance dos poetas. O trabalho de improvisar e aplicar mudanças a uma imagem de base é para ele um trabalho que exige mais do poeta do que a criação de uma imagem completamente nova.[13, 14]

No universo da construção, a forma-tipo está aberta a substituições, além de variações. Um telhado de vigamento (unidos os dois lados do telhado por uma escora) resolve o fundamental problema da deformação, que é a tendência do peso situado acima afastar os lados de uma construção; é possível construir um telhado de vigamento com madeira, metal ou plástico. Já um vaso sanitário não é uma forma-tipo tão flexível, pois não é fácil substituir suas paredes vítreas por madeira ou papel.[15]

A forma-tipo apresenta uma ligação algo frouxa entre forma e função, mas ainda assim as duas estão associadas. No mundo da engenharia urbana, essa frouxidão do vínculo é facultada pela redundância nos sistemas de encanamento ou nas instalações elétricas. Providenciar mais que o necessário para uso imediato significa que é possível adaptar a construção a novas condições. Isso é particularmente importante na transformação de antigos prédios de escritórios em apartamentos — como acontece atualmente em Wall Street, Nova York, e no Bund, em Xangai; os prédios mais facilmente transformáveis foram construídos com excedentes e supérfluos, muitos canos, corredores e paredes internas não estruturais, possibilitando a instalação de novos banheiros domésticos, cozinhas e semelhantes. Uma infraestrutura sobrecarregada, assim, serve para facilitar o uso, ao passo que construir apenas o que originalmente é necessário pode tornar a construção tecnologicamente obsoleta a curto prazo. Como acontecia no caso das plataformas de atracação de Mitchell, quanto mais sólida a adequação, menor a flexibilidade.

Assim é que a forma-tipo difere da sua prima, a concha. A concha é vazia; a forma-tipo é, por assim dizer, a lesma lá dentro. Há no interior um conteúdo que ao mesmo tempo limita e estimula a mudança. Uma forma-tipo também é diferente de um protótipo. A forma-tipo estabelece os termos para a produção de uma família de possíveis objetos — objetos a serem feitos ainda —, ao passo que o protótipo já existe em forma construída, como demonstração específica do que pode ser feito. O problema das experiências de Bill Mitchell com carros sem motorista no Media Lab estava em certa medida no fato de ele pensar em termos de formas-tipo, e não de protótipos; ele era capaz de explicar — até certo ponto, digamos assim — a relação do hardware com o corpo humano, mas não tinha como mostrar um exemplo real do que queria dizer. Ainda assim, o fato de pensar em termos de forma-tipo e não de protótipo liberou sua imaginação. O protótipo representa uma virada na seleção dessas possibilidades, eliminando alternativas.

Muitas iniciativas de desenvolvimento urbano são apresentadas ao público como melhoramentos, mas a forma-tipo alerta para o equívoco de pensar que as variações sejam invariavelmente determinadas pela busca de maior qualidade. As variações sobre um tema não aperfeiçoam necessariamente o tema. Para tomar uma titânica analogia musical: com o tempo, Stradivarius passou a fazer seus violoncelos de maneira ligeiramente diferente, experimentando com vários tipos de verniz (de formas que ainda hoje não entendemos exatamente), mas os Stradivarius tardios não são melhores que os primeiros; são apenas diferentes.

Na vida cotidiana, a variação é com mais frequência determinada pela necessidade de vender novos produtos do que pelo desejo de qualidade do *Homo faber* — o que fica evidente para qualquer um que use programas de computação cujas "atualizações" na verdade se degradam com as sucessivas versões. Contra mudanças comerciais sem sentido como esta é que o urbanista Gordon Cullen lutava, tendo por este motivo escolhido os usos de longo prazo do espaço como determinantes das linhas de ação do design. Mas essa crítica fundamentada da criação de formas-tipo vai de encontro ao habitual conservadorismo da academia — o medo de fazer algo diferente embalado em conversa mole sobre ausência de precedentes, não mexer no que está funcionando etc. Entre esses dois polos, como pode uma forma-tipo urbana ser determinada pela busca de qualidade?

Barcelona estabelece a forma-tipo da sua grelha — Cento e cinquenta anos depois de Cerdà ter estabelecido o plano-grelha de Barcelona, era necessário repensá-lo. A cidade estava assoberbada de carros, em movimento ou estacionados; a poluição que geravam não era tão prejudicial quanto a de Pequim ou Delhi, mas ainda assim danosa. Além disso, a obstrução das ruas de Cerdà com carros tinha espremido a sociabilidade nas esquinas dos quarteirões. Acima de tudo, encolheu o espaço verde de Barcelona. Na época de Cerdà, ele era abundante; hoje, os 6,6 metros quadrados de área verde por habitante da cidade pouco significam em comparação com os 27 de Londres e os 87,5 de Amsterdã (a Organização Mundial da Saúde estabeleceu 9 metros quadrados per capita como mínimo ideal).[16]

O desejo de "resgatar as ruas" tem em Barcelona um empecilho econômico, dada a ameaça representada pelo turismo de massa na cidade. A quantidade de turistas aumenta dramaticamente todo ano; esses visitantes passam indiferentemente pelos bairros em direção aos grandes pontos turísticos da cidade — a Rambla, a Catedral, as praias. Como os turistas de Veneza, outra cidade sufocada pelo turismo, os visitantes de Barcelona tomam mais do que dão, usando os serviços municipais, mas pouco contribuindo com impostos para os serviços que usam. Em geral, a economia do turismo pouco gera em termos de desdobramentos não turísticos, como tampouco em termos de mão de obra qualificada para os moradores de uma cidade.

Assim é que, do prefeito ao barcelonês comum, surgiu um forte desejo de usar o espaço público de outra maneira. O que se torna possível se o quarteirão cerdiano for tratado como uma forma-tipo, e não como uma forma fixa. O plano é o seguinte: imaginemos uma peça da malha cerdiana, atualmente composta de nove quarteirões pelos quais pedestres e tráfego fluem em três ruas horizontais e três verticais; no seu lugar haverá um superquarteirão, uma *superilles*; o tráfego vai fluir ao redor do seu perímetro, e no interior do superquarteirão as três ruas horizontais e as três verticais serão entregues aos pedestres. A lógica da iniciativa não é apenas a comodidade da vida livre de carros; o que se pretende é que a concentração de atividades econômicas e de socialização nas esquinas se desfaça, pois as pessoas terão facilidade de acesso aos lugares em todo o superquarteirão.

Destinada a ter início no bairro onde Cerdà residia, Eixample, esta reformulação às vezes é apresentada como "Jane Jacobs em Barcelona" — mas equivocadamente; não há nada de baixo para cima neste plano. Para funcionarem, os superquarteirões precisam ser coordenados em mais ampla escala: o tráfego expulso do interior da *superille* precisa poder circular ao redor de cada perímetro, entrando na cidade como um todo. Uma *superille* em Eixample terá cerca de 400 x 400 metros, contendo entre 5 mil e 6 mil pessoas. Esta escala mais ampla é necessária para que o sistema de transportes funcione; mantém mínimo o número de ônibus circulando na *superille,* mas ao mesmo tempo dá a qualquer morador acesso aos ônibus numa distância de apenas cinco minutos a pé. A esperança é que, com o tempo e futuras ampliações, as *superilles* venham a recuperar áreas verdes; embora não seja dito com todas as letras, o objetivo do plano é criar em Barcelona um novo espaço público separado das torrentes turísticas ao redor dos monumentos públicos.

Esses planos exemplificam uma importante questão geral: as formas--tipo podem modernizar positivamente o caráter de um lugar *aumentando* a sua forma. Assim como no ver e no analisar, também em sua ampliação as coisas podem se tornar mais diversificadas e complexas; afinal, é assim que tem funcionado a evolução de organismos pequenos para organismos grandes. No ambiente construído, todavia, a ampliação vai de encontro à crença de que os lugares pequenos têm mais caráter que os grandes — crença solidamente alicerçada no fato de que a maioria das construções de grande escala hoje em dia é marcada por grosseira uniformidade e neutralidade de caráter. Em certos casos, como nas *superilles* de Barcelona, maior significa melhor qualidade.

V. Multiplicidade — Planejar a semeadura

O Sr. Sudhir talvez pareça agora a ponto de criar a cidade aberta. Mas não poderá fazê-lo se usar a palavra "a". Não existe um modelo de cidade aberta. Conchas e formas-tipo, fronteiras e marcos, espaços incompletos — tudo isto assume uma variedade de formas, segundo o modelo musical do tema com variações. A alta tecnologia da cidade inteligente também é aberta quando coordena as complexidades em permanente mudança, em vez de reduzi-las a um único padrão de eficiência. O que se aplica à *ville* também se aplica à *cité*. Tipos diferentes de experiências não se misturam socialmente; uma *cité* complexa mais se parece com uma mistura do que com uma combinação. De modo que ele poderia planejar "uma" cidade aberta, ao mesmo tempo em que seu vizinho vendendo pãezinhos indianos poderia compor um lugar muito diferente usando as mesmas ferramentas formais.

Esta sensata proposta é a chave para a ampliação de uma forma aberta. Uma forma genérica como um mercado de rua é repetida em diferentes lugares e circunstâncias pela cidade, e vão então surgir diferentes tipos de mercados de rua. Medellín oferece um notável exemplo desse tipo de planejamento. Os planejadores encomendaram bibliotecas para vários bairros pobres da cidade, especificando tetos de custos e padrões mínimos de construção; mas deixaram que as comunidades e os arquitetos decidissem individualmente como seria cada biblioteca. O resultado é que estruturas muito diferentes são usadas de maneiras muito diferentes: algumas ficam abertas o dia inteiro, outras fecham à noite; algumas se destinam a crianças, outras, a adultos; algumas parecem bibliotecas tradicionais, outras, como os blocos negros de Giancarlo Mazzanti, inovam completamente.

Pois então batizo aqui esta técnica de "planejamento de semeadura". Se você fosse fazendeiro, imediatamente entenderia que tipo de planejamento é este, mas infelizmente passou tempo demais sentado em cafés. Na fazenda de família, a sua versão rural teria percebido que a mesma semente, semeada em diferentes circunstâncias quanto à água, aos ventos e ao solo, gera diferentes colônias de plantas, algumas densas na folhagem mas com poucas flores ou frutos, outras colônias com relativamente poucas plantas, mas cada uma delas crescendo com vigor. Uma aplicação de inseticida terá determinada consequência para o crescimento das colônias, ao passo que o estrume bovino... você nem precisa se levantar da mesa do café para entender. As sementes servem como formas-tipo cujas manifestações — as plantas — mudam de caráter em diferentes circunstâncias.

Hoje em dia as cidades não são cultivadas. Em vez disso, estão sujeitas a planos-mestre. A planta adulta é tratada como o plano. Talvez alguns dos seus detalhes possam ser alterados — um ou dois andares adicionados a determinado prédio aqui, um piso térreo estendido mais um metro ali, para a adaptação a condições diferentes, mas essa poda chega tarde demais; só uma forma inicialmente incompleta e irrealizada — uma semente — terá tempo de crescer nas cercanias. O plano-mestre divide uma cidade num sistema fechado em que cada lugar e função se relacionam logicamente com outros lugares — o que, mais uma vez, ignora a realidade rural de que diferentes colônias das mesmas sementes vão competir pela água, sofrer mutações com o tempo ou morrer pelo contato recíproco: uma fazenda tem uma ecologia antes dinâmica que estática. No planejamento urbano, quando as coisas fazem o que não deveriam fazer — por exemplo, quando as pessoas ignoram determinado ponto de ônibus e acorrem todas para um outro a apenas uma centena de metros de distância —, o planejador-mestre, com seus mapas precisos e racionais de distribuição da população e do tráfego, pode achar que o plano-mestre fracassou, ao passo que, se pensasse como um fazendeiro, saberia que é assim que a colonização funciona: como ocorre com o tempo, está em ação algo imprevisível e não totalmente controlável.

Uma perturbação análoga em proporções menores é encontrada na coreografia dos movimentos no interior de um prédio. Consultores de planejamento do espaço contratados a peso de ouro estabelecem, ao estilo Google Maps, os caminhos a serem tomados para evitar o congestionamento e manter as pessoas em movimento; e os planos são então transgredidos por "linhas de desejo", que são as maneiras como as pessoas de fato utilizam os prédios. Os empregados podem buscar um caminho que os conduza perto do patrão ("olhe só para mim, estou trabalhando até tarde!") ou de uma colega sexy com quem o *flâneur* gostaria de sair — e nenhum desses desejos estava nos planos do planejamento-mestre. Em vez de planejar o todo, o planejamento de semeadura busca criar "bolsões de ordem" em termos de sistemas abertos. A essência do planejamento de semeadura é especificar minimamente como a forma se relaciona com a função; o que abre espaço para o máximo de variação e inovação.

O barão Haussmann — e depois dele Albert Speer, e depois dele Robert Moses — fazia planos-mestre voluntariosos, ignorando os desejos e as necessidades de cada um. Mas o grande vício do planejamento-mestre de cima para baixo não é o mesmo que tentar enxergar a cidade em grande escala. Outra forma de pensamento em grande escala surgiu como reação à força destruidora de lugares do livre mercado. Era como Mumford e outros fabianos imaginavam contrabalançar os planos-mestre: como no caso da cidade-jardim, eles se destinavam a proporcionar a todos acesso a boa habitação, empregos e serviços públicos. Com o tempo, como assinalou o estudioso de legislação urbana Gerald Frug, essas aspirações desapareceram do debate consciente e das deliberações. O motivo desse comportamento de reação indignada entre os progressistas é em certa medida uma questão da relação do "grande" com o "bom". O tipo de planejamento-mestre bem-

-intencionado representado por Mumford parte do princípio de que todos querem levar uma vida estável e equilibrada. Desse pressuposto se segue a simplificação da cidade.

Uma barreira concreta ao planejamento de semeadura em busca da flexibilidade e complexidade é a convicção de que os lugares devem ter uma identidade visual clara. Nos círculos do planejamento, esta crença deve-se em parte a Kevin Lynch, o intelectual residente entre os urbanistas do MIT uma geração antes da criação do Media Lab. Lynch pregava a junção das formas da cidade em imagens claras e fixas. Sua argumentação se baseava numa pesquisa específica. *The Image of the City* [A imagem da cidade] surgiu de entrevistas com moradores de Boston sobre como se relacionavam com o ambiente construído; ele concluiu que as pessoas pensam em termos de claros e fixos instantâneos fotográficos sobre como se parece a sua "casa" ou outros lugares da cidade importantes para elas. Lynch mostrou que as pessoas fazem mapas mentais de toda a cidade interligando fotos mentais das suas cenas. Sua abordagem enfatizava a legibilidade como valor social positivo: quanto mais definido for um lugar, mais alguém será capaz de sentir "Este é o meu bairro" ou "É aqui o meu lugar".[17]

O pano de fundo dessa tese era a convicção do paisagista do século XVIII de que cada pedaço de terra tem um caráter local distinto em matéria de solo, microclima e outros elementos da mesma ordem, que devem ser revelados pelo jardineiro no modo como esculpe a terra e a cultiva — é o *genius loci*. O culto da utilização exclusiva de plantas nativas derivou dessa crença no caráter distintivo dos lugares. Na Grã-Bretanha rural, isto fazia sentido por serem as paisagens das ilhas britânicas tão variadas em sua topografia e seu clima; 20 quilômetros podem assinalar a diferença entre dois *genii loci* completamente diferentes. Mais uma vez, trata-se de conhecimento rural, semelhante ao conhecimento do fazendeiro sobre a germinação das mesmas sementes em diferentes colônias. Mas Lynch se valeu do *genius loci* para reduzir o alcance do design urbano.

À medida que avançava, seu trabalho se fazia em termos mais abstratos. A geometria veio a substituir as representações fotográficas. Lynch se convenceu de que os habitats humanos são construídos a partir de quatro formas geométricas básicas: a linha, o círculo, o fractal e o ortogonal.

A maneira como essas formas são habitadas tornou-se menos importante que a maneira como os elementos são dispostos, em cinco lugares básicos da cidade: caminhos, bairros, limites, nódulos e marcos. Ele se aferrou à convicção com que havia começado, sustentando que o design urbano deve estar voltado para a obtenção de um padrão claro, uma imagem legível, uma identidade que faça uso dessas geometrias — exatamente o oposto do cultivo de "dificuldades, ambiguidades e complexidades" almejado por Robert Venturi.[18]

Do ponto de vista social, há uma grande objeção. "É como se parece uma comunidade afro-americana" facilmente evolui para "É onde os negros devem ficar". Mesmo em ambientes mais benignos, digamos, um bairro habitado por poloneses, como poderá o urbanista esclarecer a identidade visual? Seria possível reformar a fachada da igreja católica local; proteger os aluguéis no clube Varsóvia-em-Londres local; autorizar a instalação de barraquinhas de venda de *kielbasa* e outras guloseimas polonesas propiciadoras de ataques cardíacos. Mas também vivem por ali alguns migrantes galeses, e até judeus de origem britânica. O esclarecimento das imagens de uma identidade comunitária torna invisível a presença desses grupos minoritários. O que é um perigo na *ville* também é um perigo psicologicamente: a convicção de que se tem uma autoimagem-mestre, uma identidade dominante, como negro, latino-americano, gay ou britânico, encolhe a riqueza multifacetada do self.

Já uma *ville* fazendo uso de elementos abertos que então são planejados como semeadura virá a parecer uma colagem. Esta analogia é rica. Ao escrever seu livro *Collage City*, Colin Rowe e Fred Koetter se basearam numa forma não artística de colagem, o cavalete no qual séries de dados sobre um lugar ou situação são dispostas em camadas, umas sobre as outras. O guru desse tipo de procedimento era Edward Tufte, designer gráfico que foi pioneiro do mostrador imaginoso de dados estatísticos. Rowe e Koetter aplicaram a técnica do cavalete começando com um mapa de rua bem familiar; a camada seguinte podia mostrar densidades habitacionais, e depois empregos do tempo durante o dia, e em seguida durante a noite. O problema, aqui, é que a imagem gráfica se torna de difícil compreensão à medida que camadas vão sendo adicionadas — exatamente o problema oposto da clareza simples das geometrias de Lynch ou do alvo com que Park e Burgess tinham representado a cidade. De maneira geral, os cavaletes funcionam bem apenas se uma imagem se ajusta claramente na forma e nas cores às formas que estão abaixo — e precisamente essa clareza não era como Rowe e Koetter consideravam que as cidades funcionam. Eles se frustraram com seu próprio método.[19, 20]

Georges Braque podia ter fornecido outro modelo para visualizar uma cidade complexa, de forma aberta e semeada. A honra de ter "inventado" a colagem com frequência é atribuída a Braque e Picasso, embora a aplicação a uma superfície plana de diversas fitas, pedaços de jornal, cartões de dança, desenhos, rabos de coelho etc. remonte aos painéis de lembranças domésticos muito usados pelas famílias no século XIX. Em 1912, Braque e Picasso transformaram essa aconchegante arte doméstica em grande arte. Braque foi o primeiro, cortando pedaços de papel de parede imitando carvalho e neles colando desenhos a carvão. O princípio da colagem aqui é antes de proximidade que de sobreposição, como acontece no cavalete. Por enfatizar os limites e chamar a atenção para os contrastes, esse tipo de arte "lê": percebemos que algo especial está acontecendo, exatamente como possível no som poroso bem-feito. As colagens tridimensionais feitas por Joseph Cornell dão mais um passo, representando claramente a ambiguidade. Ele enchia caixas de madeira, por exemplo, com passarinhos empalhados pousados na mesma prateleira que vidros de aspirina e agulhas de costurar. Um pardal empalhado parece estar lendo o rótulo de um vidro de aspirina Bayer. As caixas são impressionantes justamente porque essa proximidade poderia significar algo — ou nada.

Em termos filosóficos, o contraste entre formas de colagem e a imagem extremamente definida manifestou-se numa amistosa correspondência há um século entre John Dewey e Benedetto Croce, que acreditava em formas ideais. Para Dewey, as trocas e interações entre pessoas geram formas do tipo colagem, produzindo limites e proximidades verbais, mal-entendidos e entendimentos compartilhados; a linguagem de escritores como James Joyce e Gertrude Stein, contemporâneos de Dewey, é feita de colagens literárias. Esta complexidade é o motivo (como vimos no Capítulo 6 sobre o etos da ausência de fricção) de ser tão importante para Dewey que as pessoas trabalhem com a resistência, aprendendo com ela em vez de refreá-la. Já para

Croce, uma forma tem uma essência independente, não importando seus usos e ambientes. A proximidade é interessante, mas não importante para Croce; ele considera a colagem "um medo da forma". As quatro formas geométricas e os cinco lugares básicos de Lynch antes lhe despertariam o interesse por esclarecer a essência de uma cidade do que por representar uma simplificação.[21, 22]

Em suma, uma *ville* aberta é marcada por cinco formas que permitem que a *cité* se torne complexa. O espaço público promove atividades sincrônicas. Ele privilegia a fronteira em detrimento da divisa, com o objetivo de tornar porosas as relações entre as partes da cidade. Marca a cidade de maneiras modestas, usando materiais simples e situando marcos arbitrariamente para chamar a atenção para lugares indiferentes. Usa formas-tipo em sua construção para criar uma versão urbana do tema e variações da música. Por fim, por meio do planejamento de semeadura, os próprios temas — onde situar escolas, habitações, lojas ou parques — podem desenvolver-se independentemente da cidade, proporcionando uma imagem complexa do todo urbano. Uma *ville* aberta evitará os pecados da repetição e da forma estática; vai criar condições materiais para o aprofundamento e a solidificação da experiência da vida coletiva.

O Sr. Sudhir não é um artista moderno nem um filósofo. Seu interesse pela colagem seria, imagino, o interesse de alguém tentando entender para onde ir quando for obrigado a deixar Nehru Place, como provavelmente acontecerá. Ele estaria em busca de uma localização para o seu negócio que estivesse conectada com o resto da cidade, trazendo-lhe clientes de toda parte, mas por uma conexão irregular, deixando-o livre para promover seu negócio sem se sujeitar a controles centrais. A cidade que lhe poderia servir nessa busca seria estruturada por cinco formas abertas.

9. O vínculo pelo fazer

Na cama, a simples frase "puxa, se pelo menos..." expressa o sonho de um amante frustrado ou rejeitado: o caso poderia ter sido maravilhoso, mas provavelmente não vai rolar; agora o amante está resignado, e esse puro anseio tem toda uma doçura própria. Fora do quarto, as três palavras "se pelo menos" designam aspirações pessoais que não são preenchidas na escola nem no trabalho, e neste caso não há doçura alguma. O arrependimento solapa a energia de que precisamos para aguentar firme.

Eu tinha essas ideias na cabeça quando decidi montar um modesto negócio de planejamento em tempo parcial. Não queria relegar minhas ideias ao limbo do "se pelo menos". Não queria ter uma relação passiva com a realidade. Uma vez postas em prática, sabia eu, minhas convicções seriam temperadas e haveriam de mudar — eu fracassaria, muitas vezes, mas não me arrependeria. E assim foi.

Trabalhei nos dois polos do planejamento, atendendo como consultor a pequenas comunidades e a uma organização internacional. Essa experiência não é representativa da vasta maioria dos planejadores, os profissionais de tempo integral que trabalham para governos municipais. Além disso, sou o primeiro a reconhecer que as práticas de planejamento a serem descritas nas páginas seguintes têm retrospectivamente uma clareza de que careciam quando pela primeira vez me senti espicaçado pela provocação de Jane Jacobs: "O que você faria, então?" Levei tempo para encontrar maneiras de encarar a defasagem entre o construído e o vivido, a *ville* e a *cité*.

I. Coproduzir — trabalhar com formas abertas

Coprodução, não consulta — Depois de Jane Jacobs, poucos planejadores declarariam, insolentes, como Robert Moses: "Aceite; eu sei o que é melhor." Em vez de uma afirmativa assim presumida, existem formas mais sutis de manejar o chicote. Uma "consulta" em comunidade, por exemplo, costuma envolver um departamento de planejamento explicando como e onde quer construir uma nova estrada; vêm então os protestos de membros do público, de campeões de ciclismo aos moradores das proximidades; as autoridades de planejamento levam essas objeções "a apreciação" depois de "uma produtiva troca de ideias"; e em seguida essas mesmas autoridades vêm a fazer exatamente o que queriam fazer desde o início. Um pequeno floreio nesse processo de planejamento, semelhante a outras negociações diplomáticas, consiste em plantar desde o início nas propostas certos detalhes de que o planejador se disponha perfeitamente a abrir mão, dando a ilusão de que ocorreu uma verdadeira negociação. (Um truque encontrado em alguns planos londrinos consiste em propor deliberadamente uma voltagem alta para a iluminação de rua, que vem a ser diminuída após consulta.)

Do lado errado da divisão entre prescrever e coordenar na cidade inteligente, nas reuniões de consulta pública o planejador é a estrela e a população, os espectadores. Num notável livro sobre assessoria especializada, *Acting in an Uncertain World* [Agindo em um mundo de incertezas], Michel Callon observa que o culto do "especialista" aumenta quando o guru descarta como irrelevantes ou triviais problemas nos quais não representa a autoridade visível. Questões práticas como o coeficiente de ocupação do solo descrito no caso de Delhi ou detalhes técnicos de variações de código são assim embrulhados numa aura mistificadora. Mesmo quando o especialista não chega a dominar dessa maneira a reunião, a organização espacial das consultas públicas asfixia a troca. [1]

Em geral se faz uso de um documento, que quase ninguém na sala leu de fato, acompanhado de viva voz de uma apresentação de slides, sendo as imagens passadas rápido demais para realmente serem absorvidas. O ambiente físico pode militar contra o envolvimento; uma tribuna elevada voltada para fileiras de cadeiras transforma o público em espectadores, como no antigo pinx. Da mesma forma, as maquetes cuidadosamente preparadas, mostrando a proposta em toda a sua perfeição, são acompanhadas da mensagem "olhar mas não tocar". O resultado é a desmaterialização das próprias propostas; o público não pode envolver-se em como as propostas seriam percebidas fisicamente ou adequadas à experiência dos moradores com o tempo.

O formato da consulta é uma péssima maneira de lidar com o conflito. A indignação — gritar com o sujeito de terno e gravata na tribuna, munido de seu apontador a laser, seus gráficos, suas estatísticas — é nessas circunstâncias o caminho lógico, embora radical, de dizer a verdade ao poder. Mas no trabalho de planejamento em pequena escala, a figura em cima da tribuna nem sempre é O Cara, como empreendedor, político ou sabe-tudo. Muitas dessas figuras são técnicos de nível médio, e muitos desses especialistas se sentem desconfortáveis no papel que o indignado público lhes atribuiu: Cão de Guarda do Poder. Acuados a uma posição de antagonismo com o público, esses despreparados planejadores limitam-se a repetir normas e regras: a culpa não é minha, não fui eu que estabeleci o regulamento. Esta posição defensiva é outra forma de esvaziar a própria consulta. Regras são regras; o técnico as expõe com prazer, mas não está em condições de julgá-las. Seja no modo "cão de guarda" ou no modo "a culpa não é minha", o próprio planejador nada ganha com a troca; o mantra de encerramento, "Suas contribuições serão levadas em consideração", geralmente é pronunciado com alívio por ter chegado ao fim o evento. E ao público resta curtir sua indignação.

A coprodução, em contraste, objetiva tornar o envolvimento importante para ambos os lados, fazendo com que, para começo de conversa, os planos sejam gerados pelo técnico treinado e pelo habitante, com sua experiência de vida; as formas urbanas abertas descritas no capítulo anterior podem servir de orientação neste sentido. Esta é a teoria. Como poderia ser posta em prática?

Três técnicas de coprodução — Tenho tentado estimular a coprodução distribuindo certos materiais nas reuniões de modo visceral: maquetes de isopor, displays de acrílico e portfólios com peças que podem ser tocadas e montadas. Procuro ambientes diferentes para romper com o formato "teatro passivo"; isso é particularmente necessário no trabalho de planejamento da UNDP e da ONU-Habitat, que pretende envolver populações pobres diretamente *in situ*, e não em escritórios ou centros de conferência. Tenho dado preferência a igrejas, não por alguma inclinação religiosa, mas por serem espaços amplos e protegidos onde maquetes, cavaletes de apresentação e portfólios podem ser expostos e deixados em relativa segurança. Minha "escrivaninha" favorita é uma simples folha de compensado de 4 por 8 montada sobre cavalete; nas reuniões, os participantes ficam de pé, caminhando ao seu redor com os objetos físicos que vão criando.

Sou um grande fã do isopor. É fácil cortar e modelar, o que significa que os próprios participantes podem fazer um modelo. O "especialista" mostra as partes que podem ser modeladas, geralmente trazendo um saco cheio delas para servir de formas-tipo. O objetivo não é fazer uma maquete, mas várias do mesmo prédio. Nós mostramos como os componentes podem ser combinados de diferentes maneiras, usando um tipo de cola de isopor que seca com rapidez e se dissolve na água, tornando fácil criar, alterar ou desfazer uma forma. A voz subjuntiva pode então transformar-se numa forma visual, na qual as possibilidades e alternativas do tipo "e se?" tomam o lugar das declarações de princípio.

Os componentes aqui são a contribuição especial do urbanista. No nível mais simples, pessoas sem experiência de design tendem a pensar em quarteirões retilíneos — que também são os mais fáceis de cortar. Mas quando o ângulo de um quarteirão é chanfrado, como fazia Cerdà, torna-se necessária uma quantidade suficiente deles para ver como os blocos chanfrados criam um conjunto. A "especialização" envolve apenas a especificação do número de blocos de ângulos aparados que serão necessários para criar uma grelha. Um aspecto técnico mais problemático é o tamanho: quanto maior o tamanho dos componentes, melhor. A maquete visceralmente sentida é aquela em que as pessoas são capazes de imaginar que estão caminhando no nível do solo, espiando e examinando grandes quarteirões sobre uma mesa. Uma maquete menor tende a convidar a contemplação do alto — mas nós não somos pássaros.

Neste sentido, foi realmente impactante para mim voltar a observar o Plan Voisin de Le Corbusier em duas maquetes de tamanhos diferentes. A versão pequena parece razoável; a maquete ampliada deixa clara a sua esterilidade. O planejador precisa então calcular o tamanho da maquete a ser produzida, considerando o projeto em vista, para permitir que os interessados tenham a ilusão de caminhar por ela. Ainda mais difícil na assessoria da utilização de blocos de isopor é mostrar como a estrutura modelada poderá se desgastar, sob o efeito do tempo. Muitas vezes as pessoas não têm consciência daquilo que mais provavelmente será vulnerável numa estrutura. Assim, num concurso de planejamento promovido pela Unesco no Cairo, os planejadores fizeram cortes e sulcos no isopor, com base em diferentes projeções de computador — deformações que não pareceriam óbvias ao urbanita comum.

No nível do planejamento cotidiano, tábuas cheias de maquetes de isopor rompem o hábito de supor a existência de uma adequação exata entre forma e função. De maneira ainda mais incisiva, essas maquetes fazem pensar sobre a natureza de uma forma-tipo. Num projeto que explorava em Chicago as possíveis configurações de uma nova escola primária, era necessário determinar qual seria o espaço mais importante: a sala de aula, o salão de reuniões ou a área de recreação? Num Googleplex, seria possível juntar todos esses espaços e funções, mas, para uma criança pobre em sua escola, o isolamento e a segurança de um espaço como o da sala de aula, para estudar, pode se revelar mais importante que uma fusão tendente a distrair. Neste caso, os blocos representando compartimentos constroem a estrutura, em vez de simplesmente preencher um envoltório preestabelecido.

Nas faculdades de arquitetura, a produção de maquetes torna-se um exercício de transformação de complexas ideias visuais bidimensionais em formas tridimensionais palpáveis. O surgimento do CAD (*computer-aided design*, ou design com a ajuda do computador) não acabou com a necessidade das maquetes, pois no ato de construir fisicamente um objeto podemos conhecê-lo mais intimamente do que se o computador se encarregasse da construção para nós. Fora de uma classe de arquitetura, uma comunidade pensará em usar maquetes de uma forma mais ou menos semelhante. A maquete nos faz sentir a imagem, pois a preensão descrita no Capítulo 7 é ativada; além disso, a possibilidade de caminhar ao redor da maquete mobiliza as atividades de produção de escala que, mais uma vez como vimos nesse capítulo, ocorrem quando o corpo está em movimento.[2]

No caso de um projeto de parques em Xangai, Madame Q e eu compramos grandes blocos de isopor, na esperança de que os moradores cortassem e esculpissem o material numa variedade de formas de terraços, bancos, brinquedos infantis e semelhantes. As formas em si mesmas eram grosseiras, pelos padrões de uma faculdade de arquitetura, e é este exatamente o ponto: essas maquetes são uma representação aproximada da realidade, servindo esse caráter bruto para convidar à discussão sobre como deveriam ser as coisas na realidade. Além disso, o fato de os modelos de isopor poderem ser cortados em tamanho grande aumenta seu valor comunitário. Em Xangai, testando a nossa proposta, Madame Q constatou que a possibilidade de tocar e se mover ao redor de um prédio com um quarto do tamanho do seu próprio corpo aumentava o envolvimento dos interessados com a forma, assim como jogar xadrez ao ar livre com figuras de tamanho real é uma experiência mais prazerosa do que jogar dentro de casa debruçado sobre uma mesa, ou no computador.

Seja sobre uma mesa ou em tamanho ampliado, a maquete portátil de isopor ajuda a desatar o nó forma-função. Na nossa experiência de Xangai, dispusemos cinco tipos de bancos em dois terraços diferentes, e perguntamos se as várias combinações poderiam ser usadas tanto pelos moradores quanto por pessoas sem documentos oficiais (na época, era necessário um "passaporte" para viver em Xangai). Justamente por ser estranha — que diabos tem a ver um banco de parque com o direito legal de residência? —, a discussão pôde contornar formas de discurso mais canalizadas e controladas.

Os displays de acrílico são objetos bem conhecidos nos pontos de venda, em geral dispostos sobre cavaletes para serem mostrados folha por folha, contando uma história que culmina com "Comprem!". Numa coprodução, essas folhas de plástico precisam ser preparadas de outra forma. O procedimento é o seguinte: nos prendedores de um quadro-negro pousado sobre um cavalete são afixadas grandes folhas de acrílico nas quais se estampam com estêncil determinados aspectos de um lugar: a forma exterior, a circulação do tráfego interno, os padrões dos pedestres. Sobre cada folha de uma realidade existente pode se sobrepor uma nova folha de propostas.

Um dos projetos em que adotamos esta técnica começou como um exercício acadêmico envolvendo estudantes coprodutores e em seguida migrou para a comunidade, com clientes muito diferentes. Guido Robazza, Antoine Paccoud e eu montamos um display de acrílico para analisar como construir um abrigo no Lower East Side de Nova York. O projeto de abrigo previa quartos para desabrigados, idosos e órfãos adolescentes — potencialmente uma mistura problemática. A distribuição dos três grupos podia ser feita de várias maneiras, e cada folha de acrílico mostrava uma delas: sobrepostas umas às outras, o designer podia analisar semelhanças e diferenças. Os estudantes de arquitetura queriam sintetizar uma imagem global; as pessoas que de fato morariam no espaço tinham uma pretensão espacial diferente. Os órfãos adolescentes, como se poderia esperar, precisavam de pais; queriam, portanto, estar o mais próximo possível dos idosos, como avós de substituição. A maldição da idade avançada é o isolamento, e assim houve um impulso de atender a essa demanda, porém mais fraco. As reuniões em que os diferentes níveis de contato eram mostrados no cavalete tinham assim uma orientação mais social do que de distribuição funcional dos espaços. Uma qualidade específica da folha de acrílico é que nessas circunstâncias ela permite descobertas sobre a porosidade. Sobrepondo duas maneiras diferentes de associar idosos e adolescentes no mesmo andar de um abrigo, encontramos recantos onde algo parecido com uma membrana podia ser formado, abrindo espaço para a interação e ao mesmo tempo proporcionando um escudo protetor.

Esta minha descrição do projeto pode ser enganosa, fazendo-o parecer simples do ponto de vista técnico. Como constataram Fred Koetter e Colin Rowe nas colagens de *Collage City*, a sobreposição de dados é um processo complexo, muitas vezes gerando colagens nada esclarecedoras. Uma dificuldade técnica é que os números em geral são colhidos em diferentes fontes, usando categorias incongruentes; é preciso mergulhar em grandes conjuntos de dados para usar seus materiais. No projeto de abrigo, tivemos de passar muito tempo criando um "leito" comum de dados a partir do qual pudessem ser feitas diferentes comparações, analisando conjuntos de dados desiguais dos arquitetos, da cidade, de uma instituição caritativa e de levantamentos realizados entre os idosos e adolescentes sobre os espaços onde gostariam de viver.

Hoje é possível criar mostruários em computador com grande sofisticação, mas as grandes folhas de acrílico (nós usamos folhas de 100 cm por 140 cm, próximas da escala humana), pelo simples tamanho físico, tornam as mudanças mais viscerais para um grupo de sessenta a cem pessoas. Qualquer um pode manipular as folhas, consultando para trás e para a frente as diferentes imagens. O peso material das folhas estimulou os homens de uma igreja no Spanish Harlem de Nova York a assumir as apresentações: "Professor, permita-me..." Embora eu fosse fisicamente robusto na época, prontamente me dispus a ser confinado ao papel de intelectual fracote.

Nesse tipo de análise, é importante que as folhas sejam destacáveis, e não presas, como no formato de mostruário sobre cavalete usado nos pontos de venda. Isto para que a história contada possa ser reconfigurada: se a folha de densidade, com pontos de uma única cor, for sobreposta à folha representando o solo (que, como nos mapas de Nolli descritos no capítulo anterior, mostra prédios em negro e o espaço aberto em branco), estaremos contando uma história; mas se a folha de densidade for sobreposta a um mapa da riqueza dos moradores de um prédio — numa folha com pontos de diferentes cores —, a história será outra.

Cheguei à conclusão de que o procedimento do mostruário é mais adequado a situações em que uma comunidade precise desatar o nó da forma-função, como na proposta fechada de que o prédio de uma escola devesse abrigar exclusivamente atividades de ensino. É fácil jogar com os lugares onde diferentes atividades podem ser efetuadas dentro do invólucro do prédio de uma escola, simplesmente mudando o mostruário e discutindo o que se apresenta.

Uma terceira maneira de coproduzir um plano está na utilização de uma amostragem de peças. A vida inteira eu fui viciado em catálogos, mostrando desde equipamentos de construção a estilos de janelas e ornamentos arquitetônicos. (Certamente haverá aí uma explicação freudiana, centrada na privação de brinquedos no terceiro e no quarto anos de vida.) Pois importei essa mania para o nosso trabalho de coprodução.

O catálogo de peças tem uma relação com o design de isopor, mas não é seu gêmeo; representa, antes, um detalhamento, uma especificação das formas brutas do isopor. O arquiteto Rem Koolhaas centrou uma recente Bienal de Veneza num sofisticado catálogo de peças, mas as comunidades pobres em geral não podem se dar ao luxo de reunir quinze diferentes tipos de janela, como num showroom, de modo que esse trabalho da imaginação precisa ser feito numa transposição visceral. Os recursos para a produção desses portfólios de amostragem, assim, são mais importantes. Nós gastamos dinheiro com os livretos, como se fossem um catálogo; em San Joaquin, Medellín, os moradores os exibiam sobre suas mesas, como um elemento da decoração. Em virtude do meu fetiche dos catálogos, eu era na verdade um especialista nas variedades de portas domésticas de metal e molduras de janelas de plástico para impedir congelamento, e aprendi a apresentar esses prosaicos objetos de uma forma gráfica lisonjeira.

No design aberto, cada um deveria ter liberdade de escolher os materiais e componentes que o atraem. Mas como o conhecimento das possibilidades é limitado, as pessoas tendem a recorrer ao que é conhecido e tradicional. Na Holanda, na década de 1960, quando os planejadores trabalhavam com as localidades na construção de novas residências, os moradores não queriam nada novo; embora fossem economicamente mais pobres que o pessoal na onda em Xintiandi, esses cidadãos comuns também queriam a segurança da familiaridade. E nos projetos de Aravena em Iquique, os prédios modernistas criados pelo arquiteto são gradualmente preenchidos com janelas coloniais espanholas. Nos projetos de autoconstrução, muitas vezes as pessoas não têm ideia do que é possível — e por que deveriam ter? Elas não assinam revistas de arquitetura. Existe um certo dado de irrealismo em esperar que alguém invente instantaneamente algo novo, como seria capaz de fazer um engenheiro ou arquiteto especializado.

O mesmo nos catálogos que reunimos. Como trabalhávamos sobretudo com comunidades pobres, as amostragens apresentavam materiais de construção disponíveis para pessoas pobres construírem suas próprias casas. Só que eles tendem a ser de baixa qualidade. Nós escolhíamos os melhores componentes para cada orçamento; surpreendentemente, existem no mercado materiais baratos mas inovadores. Quando os interessados tinham dinheiro para gastar acima do mínimo, optavam, como em comunidades mais ricas, pelo já conhecido e aprovado, e não por formas inovadoras ou interessantes. A assimetria entre fazer um projeto com design de boa qualidade e a experiência dos moradores precisa ser resolvida de alguma forma.

Sai de cena o especialista — Eu deduzi uma forma de lidar com essa assimetria observando o trabalho do organizador comunitário Saul Alinsky em Chicago. Os organizadores de Alinsky não eram "facilitadores" — palavra terrível que disfarça o controle sob a capa do aconselhamento. Seus auxiliares se envolviam; eles discutiam, ficavam indignados, admitiam estar errados e não ostentavam o fato de terem mais conhecimento e uma experiência mais ampla que aqueles com quem trabalhavam. Esse tipo de organização comunitária parece romper com o método, adotado pela Escola de Chicago, de deixar as pessoas interpretarem por si mesmas, a política da empatia passiva. Mas os dois não eram totalmente diferentes. O tipo de organização comunitária praticado por Alinsky sensibilizava seus adeptos para o momento em que estava na hora de ir embora, deixando a comunidade tomar suas decisões.

Eu tentava orientar meu trabalho de planejamento para aquele momento em que estava na hora de sair do caminho, com minhas equipes. Tendo exposto nossos pontos de vista sobre o que era melhor e pior em várias concepções alternativas, dizia à comunidade que a certa altura deixaríamos que eles decidissem o que fazer. É este tipo de procedimento que torna o planejamento aberto. Quando uma autoridade deixa a cena, o que acontece? Vou dar dois exemplos muito diferentes.

Em Cabrini-Green, uma região pobre de Chicago (onde eu cresci), o fato de termos deixado a cena conferiu poder aos interessados, pois as autoridades raramente confiavam em que pudessem decidir o que fazer; a comunidade se valeu dos materiais que deixamos para tomar suas decisões sobre um novo jardim de infância, e o próprio processo decisório foi chamado de "Orgulho de Cabrini". Depois que nos afastamos, os objetos físicos que tínhamos deixado com eles passaram a ser encarados de outra maneira — como ficamos sabendo posteriormente. O isopor cortado ou amassado tornava-se agora uma presença, uma realidade, um ator em si mesmo, e não um veículo de trocas entre nós e nossos clientes. "Fiquei olhando para as folhas no cavalete", contou-me uma mulher, "lembrando como o senhor fumava enquanto explicava. E agora nada do senhor, nada de cigarro, só aquilo..." Perguntei-lhe por que isto era importante. "Eu vi naquelas folhas coisas que não tinha visto quando o senhor estava por aqui."

Um caso muito mais grave de saída de cena do especialista ocorreu comigo em Beirute depois do fim da guerra civil, e aqui precisarei evocar um pouco o pano de fundo.

A guerra civil libanesa durou quinze anos, entre 1975 e 1990, embora conflitos violentos tenham continuado a reverberar no país. Inicialmente uma batalha entre a elite cristã maronita e uma coalizão de grupos muçulmanos aliados à Organização para a Libertação da Palestina, o conflito se espraiou com mudanças ocorridas nas facções em guerra, e se complicou ainda mais com a intervenção de beligerantes externos, sobretudo Israel e Síria. Um quarto de milhão de pessoas morreu nesse período, centenas de milhares foram deslocadas internamente e outras centenas de milhares fugiram para o exterior. A ONU interveio por meio de um organismo provisório, a UNIFIL, na tentativa de fornecer assistência às iniciativas internacionais de paz depois das invasões israelenses do Líbano em 1978 e 1982. (Israel acabou retirando suas forças em 2000, embora continue representando uma ameaça com seu poderio aéreo; uma importante resistência à presença síria ocorreu em 2006.) Outros organismos da ONU desempenharam um papel pequeno, mas útil depois de 1990, fornecendo assistência técnica para a reconstrução de Beirute.

A guerra civil envolvia muitos combates nos bairros de Beirute, e toda a malha física e social da cidade foi refeita por morteiros e metralhadoras. As escadas, por exemplo, se transformaram em áreas relativamente mais seguras dos prédios que os compartimentos com janelas e vidraças; esses eixos de serviço tornaram-se os espaços públicos que no interior dos prédios serviam às famílias para comer e dormir durante os bombardeios. A "Linha Verde" mostrou de perto as consequências de um conflito de longa duração: ali, dois bairros vizinhos, um cristão, o outro muçulmano, lutaram em torno da divisa comum por tanto tempo que cresceu mato e até surgiram árvores nos escombros. Tendo visitado a cidade como estudante universitário antes da guerra civil, eu via Beirute como um lugar cosmopolita onde muitos grupos diferentes conseguiam conviver; retornando três décadas depois, essas lembranças foram dissipadas pelas proporções do estrago físico. Tendo tomado conhecimento numa conferência do MIT das iniciativas de planejamento na Beirute do pós-guerra, eu voltei, não para participar do planejamento, mas para observar como a reconstrução estava sendo encaminhada.[3]

No sul de Beirute, uma equipe de reconstrução insistia em que pelo menos alguns membros das partes em guerra estivessem presentes nos debates sobre como conduzir a limpeza dos escombros e a reconstrução. Inicialmente, as facções se indispunham e as reuniões não levavam a nada; gradualmente, contudo, a atenção dos participantes se voltou para diferentes maneiras de reconstruir o que fora destruído, focando mais na situação física e menos uns nos outros. Quando as discussões se voltaram para o que fazer com os escombros ou como estender cabos elétricos, uma trégua, ainda que mal--humorada, se impôs entre as facções opostas.

Foi nesse contexto que se deu a saída de cena do especialista. "Lamento ter precisado deixá-los", disse um planejador da ONU, retornando uma semana depois de sua mãe ter adoecido. "Nós conseguimos tocar o barco", respondeu um morador. E foi exatamente o que fizeram os participantes, já agora mais atentos ao comprimento do cabo elétrico de que precisavam em determinado bairro do que às queixas recíprocas. O sucesso não inspirou grandes gestos de reconciliação; o peso da diferença era grande demais. Mas o desaparecimento do meu colega não levou a uma ruptura do processo de planejamento; pelo contrário, seu afastamento significava que os participantes tinham de se apropriar concretamente do problema da reconstrução, obedecendo prazos para determinadas partes específicas do projeto de limpeza dos escombros ou decidindo onde comprar os fios para as linhas elétricas provisórias.

No Capítulo 5, relatei como possíveis conflitos eram geridos em Londres mediante rituais superficiais de cortesia. Aqui, em contraste, eu encontrava uma forma mais grave de lidar com a diferença: o foco na malha física e não uns nos outros. Essa maneira de trabalhar colaborando contrastava com a reconstrução do resto da cidade, aos cuidados de uma empresa saudita de engenharia, adepta de implacável planejamento de cima para baixo. Esse etos da coprodução também contrasta com o etos que guiava Sergio Fajardo em Medellín; lá, bibliotecas concebidas por arquitetos representavam para os moradores prédios dos quais podiam se orgulhar, uma vez tendo o bom designer realizado seu trabalho. Retrospectivamente, eu diria, a respeito desse momento e de outros semelhantes por mim observados em Beirute, que suspendiam as discussões sobre "quem", no sentido social — quem pertence a determinado lugar, quem não pertence —, mudando o foco, de forma mais impessoal, para "o que", no sentido físico.

Por todos esses motivos, no trabalho com comunidades eu tenho tentado evitar a armadilha de classificá-las, atribuir-lhes identidades, fazendo-as parecer lugares especiais para pessoas especiais. O bom da coprodução é que ela fala no plural, criando diferentes versões das cidades abertas, e não no singular. As três práticas que descrevi almejam essa abertura, fornecendo modelos alternativos de lugar, em vez de clareza de lugar.

As três práticas levam em conta o valor ético do "comum". Originalmente, a palavra inglesa *"commons"* se referia a um campo compartilhado pelos fazendeiros para o pastoreio; as leis de delimitação de vários países nos séculos XVII e XVIII privatizaram esses espaços, de modo que os animais só podiam pastar nas terras dos seus proprietários. Como espaço físico, a área comum agrícola evidenciava características de porosidade, como as descritas no capítulo anterior; os rebanhos pequenos pastavam em áreas vizinhas ou se misturando, sendo os limites entre eles os animais, ao passo que a delimitação estimulava a construção de divisas de pedra. O processo de delimitação muitas vezes gerava escassez de alimentos para as famílias, pois os pequenos lotes de terras privadas restringiam o número de bovinos ou ovelhas que um pequeno proprietário rural podia manter. Desse modo, a propriedade tinha precedência sobre a produtividade.

O bom senso de esquerda vem tentando inverter essa fórmula, sustentando que os recursos compartilhados aumentam a produtividade. No século XIX, o abade de Lamennais argumentava nesse sentido de um ponto de vista cristão, considerando que os jardins do claustro eram economicamente mais eficientes que lotes de cultivo individual mantidos por indivíduos ou famílias; a partilha do trabalho num grande grupo significava trabalho contínuo dia e noite, semana após semana, um trabalho dedicado a um princípio mais alto que o indivíduo e por ele estimulado. De um ponto de vista totalmente secular, Karl Marx sustentava algo semelhante; e o mesmo fazia Émile Durkheim, em sua descrição da "solidariedade orgânica", como também o seu sobrinho, o antropólogo Marcel Mauss, fundador dos modernos estudos de cooperação. Esses argumentos se tornaram concretamente demonstráveis nas cooperativas bancárias, associações de serviços funerais e companhias de seguros mútuos criadas na época.

Hoje, no reino dos sistemas, o software de código aberto representa uma convergência de recursos nos chamados "*digital commons*". A celebração do comum hoje em dia não é mais, de modo geral, uma questão de prestação de serviço em nome de um princípio superior, como era para Lamennais; diz respeito, isto sim, à obtenção de benefícios mútuos. Ainda assim, há uma nuance idealista nesses movimentos de utilização do "comum" envolvendo o impulso de compartilhar bens e serviços e também vários grupos que procuram organizar essa partilha.

A coprodução tem um foco ético ligeiramente diferente. É uma experiência mais áspera.

Coproduzir com uma máquina — A *ville* tecnológica pode ser dividida em cidades inteligentes prescritivas e coordenativas (Ver Capítulo 6). A cidade inteligente prescritiva não é coprodutora de forma urbana com o cidadão: tanto as formas quanto as funções dos lugares são predeterminadas, e o cidadão as usa, obedecendo à regra sedutora mas embotadora de usar o que é mais fácil para o usuário. Trata-se de uma *ville* fechada. A cidade inteligente coordenativa é uma cidade coprodutiva, permitido seus dados em tempo real que as pessoas pensem não só sobre como usar a cidade, mas também, como acontece em Lyon ou Curitiba, como modelar diferentes formas prediais e planos viários. É o próprio modelo de uma moderna *ville* aberta.

Como conversar com uma máquina? Hoje, estamos de fato falando com máquinas praticamente a cada minuto do dia. Muitas vezes essas discussões se encerram com a impressão ou a voz programada dizendo-nos o que fazer: a tecla "Comando" tem no teclado o nome que devia ter mesmo — não se trata de uma discussão dialógica nem de uma coprodução.

Os procedimentos que descrevi podem ser diretamente transferidos do papel ou do isopor para a tela; graças a certos programas computadorizados de design, há uma década é possível construir numa tela o equivalente de maquetes de isopor, assim como caminhar por elas; o advento da impressão em 3D significa hoje que maquetes de isopor podem ser cortadas para apreciação "real" pelos interessados. Como em qualquer trabalho realizado numa tela, há uma certa perda de envolvimento tátil, mas um enorme ganho social: não é preciso estar fisicamente presente numa reunião de planejamento para participar. Mas a transferência não é perfeita. Isso se deve em parte à natureza das máquinas digitais utilizadas. Essas máquinas se apresentam de duas formas: replicadores e robôs. E nós, usuários, temos com elas tipos diferentes de conversa.

Um replicador é uma máquina que imita as funções humanas, mas trabalhando melhor, como um pulsar cardíaco, ou os braços mecânicos usados em fábricas de automóveis. Embora nunca se cansem, os replicadores fazem sentido para nós porque estão fazendo o que nós fazemos. Ao interagir com um replicador, como qualquer dispositivo ativado pela voz e que responda com uma voz, estamos nos comunicando como se nos comunicássemos com outra pessoa.

Um robô propriamente dito não se baseia no corpo humano, tendo uma forma independente baseada em outras lógicas. Veja-se, por exemplo, o carro sem motorista que estava sendo concebido por Bill Mitchell. O automóvel poderia funcionar como um replicador se tivesse um volante e freios, ainda que o motorista humano de preferência nunca precisasse usá-los; ainda assim, o passageiro não precisa se sentir passivo e entregue nas mãos da máquina. Se o carro sem motorista funcionasse como um robô, sem volante nem freios, a experiência seria como andar de trem ou de avião — uma experiência passiva —, limitando-se o passageiro a confiar na sua operação. Praticamente toda tecnologia inteligente se situa diante da mesma alternativa. No Google Maps, por exemplo, mesmo com a eliminação da imagem do mapa, para seguir apenas as orientações verbais escritas, seremos levados ao mesmo lugar que se o mapa fosse restabelecido, com um pontinho móvel (nós) seguindo o caminho recomendado. A primeira forma, sem o mapa, é robótica; a segunda, com o ponto se movendo na tela, é replicadora. Os conjuntos de computadores que coordenam o processamento de grande quantidade de dados complexos são replicadores por imitarem em seus condutos a atividade neural do cérebro, mas robóticos por distribuírem a informação sem precisar imitar a química das células cerebrais.

Pode parecer que as máquinas ideais para uma parceria em coprodução seriam os replicadores, e não os robôs. Mas não nesse momento crítico da saída de cena. É mais fácil assumir um problema anteriormente tratado por um robô do que por um replicador, simplesmente porque o robô se parece menos conosco, e seus poderes não convidam a uma comparação com os nossos. No ambiente de trabalho de uma fábrica, ficou demonstrado em certos estudos que os robôs tendem a ser encarados como ferramentas de alcance limitado, apesar da força inesgotável, no desempenho de determinada função; os replicadores, por sua vez, são vistos como uma ameaça, uma entidade super-humana que substitui seres humanos na linha de montagem. Em sua maioria, os robôs não são de fácil uso, no sentido de que se parecem conosco, identificando-se com seus atos, ao passo que os replicadores convidam a essa comparação — por sinal, desvantajosa para nós. Comparações odiosas como as descritas no Capítulo 5, em relação ao universo pessoal das diferenças de classe, também ocorrem no mundo da tecnologia.[4]

No trabalho de design, a função robô se dá, por exemplo, em imagens mostrando numa tela a estrutura oculta por trás da pele do prédio, já a impressão em 3-D é um procedimento mais próximo do replicador, substituindo a mão humana que corta o isopor por um cortador mecânico que executa a função como uma mão, só que muito melhor. Em virtude dessa comparação odiosa, tenho me abstido de usar muito as impressões em 3-D em coproduções. Como em outros aspectos da alta tecnologia, o robô se torna útil num sentido que não é o dos vendedores googlianos de facilidades para o usuário: facilidade como um recurso, e não como uma substituição. É preciso que cada um raciocine a respeito do ambiente, em vez de passivamente obedecer a ordens do piloto; um robô torna esse processo mais fácil que um replicador. Precisamos encarar as máquinas como presenças estranhas ao usuário, e não amigas dele. Assim como, na *cité*, devemos nos mostrar abertos aos estranhos, mas podendo contar com eles apenas de forma limitada, assim também deve ser no modo como nos relacionamos com a alta tecnologia.

Resumindo, a coprodução vai diretamente de encontro à crença de que existe apenas uma maneira certa de fazer algo, rechaçando a ideia não menos fechada de que devemos imitar as melhores práticas determinadas pelos especialistas, sejam humanos ou digitais. Mas a máquina também sinaliza algo menos direto: num ambiente complexo, a cooperação requer manter certa distância daqueles com quem cooperamos. Embora seja natural ficar com o pé atrás em relação às máquinas, o mesmo pode parecer perverso do ponto de vista humano. O segredo do trabalho com os outros está num certo tipo de distanciamento — um distanciamento diferente da máscara de Simmel.

II. Cooperativo mas não fechado — A sociabilidade

Pode parecer que o melhor conhecimento mútuo inevitavelmente aproxima as pessoas; o estranho desaparece, aparecendo então o vizinho, o amigo ou o amante. Mas isto é um entendimento equivocado da vida social, com sua estruturação em camadas sobrepostas, devendo cada um de nós respeitar no devido momento o que não é suscetível de ser conhecido no outro, ou nele é inacessível. Em contraste, a "união" e a solidariedade podem violar essa singularidade do outro, violação descrita por Gustave Le Bon como o efeito corrosivo das multidões urbanas, que dissolvem as pessoas numa massa irracional.

Como então poderemos continuar nos associando a indivíduos dos quais mantemos certa distância? A partir de John Locke, uma possível resposta tem sido a resposta utilitária: precisamos estar com os outros para fazer aquilo que não podemos fazer sozinhos. Trinque os dentes e dê as mãos. Mas não é preciso estar numa mesa de bar tomando cerveja com os outros; na verdade, na visão utilitária, você estaria perdendo tempo. Esse cálculo utilitarista ignora o impulso de sociabilidade que anima a cooperação com pessoas que não são nem poderão tornar-se íntimas.

Uma oficina — Desde que comecei a escrever, tenho observado uma padaria em Boston. Ao longo desses quase cinquenta anos de observação, a padaria mudou de dono apenas três vezes. Originalmente um negócio de família, ela foi vendida pelos fundadores, imigrantes gregos, a uma empresa maior do ramo há cerca de trinta anos, e os novos proprietários introduziram equipamentos automatizados e transformaram o negócio, até então uma loja artesanal, num empreendimento industrial. Até que, há cerca de uma década, a empresa se desfez da propriedade, e a padaria voltou a ser um negócio de família, dessa vez de imigrantes latino-americanos. Atualmente empregando cerca de quarenta pessoas, ela se apropriou de um nicho de mercado, atraindo uma jovem elite de Boston com ofertas de natureza orgânica; poderia perfeitamente chamar-se "Padeiros do Google".[5, 6]

No período intermediário, os proprietários, ausentes, automatizaram a fabricação, com a introdução de máquinas concebidas como replicadores que executavam toda a série de tarefas envolvidas na fabricação de pães e similares; os empregados que operavam as máquinas não sabiam assar. O pão era bom, mas os clientes não tinham motivos para comprar ali e não em qualquer outra padaria, já que o produto era padronizado. Quando o negócio foi comprado pelos novos proprietários de origem latino-americana, os padeiros se submeteram a novo treinamento na produção de pães diferenciados e retomaram o controle sobre as máquinas, especialmente os fornos, que agora voltavam a ser regulados pelos olhos do padeiro, e não por uma temperatura preestabelecida.

A padaria me atraiu inicialmente porque, há meio século, seus proprietários eram muito ativos na campanha de resistência à integração racial nas escolas de Boston, e tampouco contratavam afro-americanos, vistos pelos gregos como portadores do vírus do fracasso. Quando a padaria foi vendida à grande empresa do setor alimentício, tornara-se ilegal deixar de contratar alguém por motivos raciais; o que significou uma rápida mudança de pessoal, com a chegada de portugueses, mexicanos e afro-americanos que ganhavam salário mínimo, pouco se envolviam com a empresa e iam embora assim que encontrassem empregos mais bem remunerados. No terceiro capítulo, a padaria voltou à propriedade de uma família de ambiciosos imigrantes, que contratou uma equipe de latino-americanos e afro-americanos, além de readmitir alguns descendentes imediatos dos proprietários originais.

Essa equipe se manteve no trabalho e nele se revelou cooperativa, o que aumentou a produtividade da empresa e, portanto, sua lucratividade. Em contraste com as fórmulas diplomáticas de cortesia na comunidade mista de Clerkenwell, aqui a cooperação envolve trocas muito mais intensas entre os trabalhadores, no que diz respeito ao trabalho — por exemplo, quando as máquinas de mistura são desligadas para avaliar a consistência da massa, ou quando os empregados espiam pelos espessos visores de vidro dos fornos para verificar se ela já está no ponto. Essas avaliações geram intensos debates, embora num período curto de tempo, em virtude do ciclo de cozedura. Nesses momentos, as diferenças culturais não parecem ter grande importância. Por mais liberal que eu seja, fiquei desconcertado quando um dos padeiros gregos se referiu à coloração "cubana" de umas das fornadas de baguetes, mas, além de mim, ninguém mais deu atenção ao adjetivo. Nas palavras do urbanista Ash Amin, um lugar de trabalho assim se torna "indiferente à diferença".

No entanto, trabalhar de maneira cooperativa dessa forma não aproxima as pessoas. A necessidade de manter certa distância fica evidente no bar próximo da entrada da padaria onde os empregados socializam. Antes um boteco mal iluminado, com mesas de fórmica cobertas com toalhas de plástico, o bar agora dá os primeiros sinais de ter contraído o vírus da gentrificação, com vidraças sem cortinas e mesas de madeira de acabamento fosco. Eventualmente são feitos comentários sobre o trabalho depois do expediente — como qualquer empregado em qualquer lugar, os padeiros estão sempre muito atentos aos sinais de burrice do empregador; mas o essencial de suas conversas consiste em comentários esportivos que fogem ao meu entendimento. Mas fica evidente como eles marcam distância. Aplicados quando juntos dentro da padaria, bem à vontade no bar, eles nunca convidam para as suas casas pessoas de outras etnias.

Isso talvez seja explicado pelo fato de a padaria ficar numa cidade grande. As oficinas de trabalho visionárias, concebidas de maneira a dar ênfase à solidariedade, em geral ficam fora da cidade. As salinas montadas por Claude-Nicolas Ledoux em Arc-et-Senans no século XVIII, por exemplo, eram uma comunidade autossuficiente em que os trabalhadores viviam e refinavam o sal na floresta de Chaux, no leste da França; o conjunto muito se parecia com um mosteiro sem religião; da mesma forma, os falanstérios concebidos por Charles Fourier no século XIX eram oficinas deliberadamente afastadas da cidade — comunidades fechadas, voltadas sobre si mesmas. Na sociedade complexa da cidade, cada um tem relações diferenciadas e parciais com os outros. É perfeitamente possível trabalhar bem com outra pessoa sem ser como ela — ou mesmo sem gostar dela.

A oficina cooperativa também contrasta com a vizinhança mista. Correndo risco de liberar algum tipo de veneno comunitário, uma vizinhança mista pode levar seus integrantes a evitar tratar diretamente das diferenças mútuas. Na oficina, a diferença adquire outro aspecto: a diferença em si mesma não é um fato produtivo; se cada um estivesse atento às diferenças e semelhanças dos outros, ninguém poderia trabalhar bem; quem está trabalhando teria precedência sobre o que está sendo feito. O Googleplex também apresenta um contraste com a padaria artesanal. O sushi bar, a mesa de pingue-pongue e o salão de ginástica destinam-se a estimular a produtividade trazendo o prazer da sociabilidade para o local de trabalho. Já os padeiros, quando querem se divertir, vão buscar divertimento lá fora.

Por todos esses motivos, a padaria manda hoje uma mensagem filosófica: ela exemplifica a sociabilidade.

Sociabilidade — Na maneira utilitária de pensar, a eficácia do trabalho conjunto requer propósitos ou objetivos comuns. Numa reunião, é preciso chegar a um consenso para só então passar à ação. Num livro anterior, *Juntos*, eu tentei mostrar que a cooperação não precisa estar vinculada ao consenso. Existem muitas formas de cooperação em que não há espaço para a partilha — por exemplo, uma negociação diplomática, na qual os interesses de cada um não se conciliam com os dos demais.[7]

O que, então, une as pessoas? A resposta de Locke, como vimos, é que precisamos dos outros para fazer coisas que não podemos fazer sozinhos. Uma variante dessa visão aparece como sinergia — do *synoikismos* descrito por Aristóteles em termos de defesa e comércio coletivos às sinergias de sistemas abertos descritas na matemática por Steven Strogatz.

O que essa resposta utilitária deixa de fora é a dimensão subjetiva da cooperação. Pensemos, por exemplo, no caso dos soldados que continuam combatendo mesmo quando não há mais esperança numa batalha. A maneira utilitária de combater mandaria abandonar os companheiros de luta se não houvesse mais o que esperar do resultado final. A padaria evidencia um vínculo subjetivo menos radical: uma sociabilidade contida que permite a interação e dispõe a trabalhar bem com os outros, mesmo que essa experiência não leve ao estabelecimento de vínculos cada vez mais íntimos. Eles se orgulham do trabalho, que por sua vez nutre o respeito pelos outros trabalhadores.

"Sociabilidade" designa o sentimento de uma espécie de fraternidade limitada em relação aos outros, com base na partilha de uma tarefa impessoal.

Essa fraternidade limitada se manifesta quando se faz alguma coisa juntos, em vez de estar juntos. No planejamento, a sociabilidade desempenha um papel crucial. Indícios da sua presença se manifestavam em nossas reuniões quando cada um ouvia os outros com atenção crescente, em vez de se aferrar a seus pontos de vista iniciais. A sociabilidade se fortalecia quando os planejadores deixavam a sala, como em Cabrini-Green ou no sul de Beirute; os interessados são incumbidos de uma tarefa, já agora sem o apoio de um especialista. A atenção se volta para aquilo que está sendo construído.

A abordagem de planejamento aberto é especial porque o gatilho da sociabilidade é um objeto problemático — como no caso das quatro versões de uma escola ou clínica de saúde construídas com isopor sobre uma mesa. Essas coisas tangíveis, mesmo em seu estado extremamente simples e rude, convidam ao envolvimento físico e direto no momento de pensar o que deve ser feito. Curiosamente, o ato de decidir que modelo deve ser escolhido talvez não acabe com as incertezas até então observadas. Pude constatar a persistência dessa dúvida na minha prática, quando algumas pessoas continuavam contemplando os modelos de isopor sobre a mesa depois das reuniões, ou começavam a percorrer de novo as folhas de acrílico no cavalete. Se o tempo da cooperação tinha chegado ao fim, o mesmo não se podia dizer do envolvimento com os objetos produzidos.

Na *cité*, a sociabilidade é um contraponto emocional da impessoalidade — não obstante o que podia dizer Le Bon, que considerava que a multidão é governada pela solidariedade violenta. A sociabilidade não aparece no relato da vida metropolitana feito por Georg Simmel, pois ele levava em consideração gente que está em público, deslocando-se por uma rua, sem relação produtiva com os que estão próximos. A sociabilidade se manifesta quando estranhos fazem algo produtivo juntos. O copo de cerveja depois do trabalho, seguido das despedidas no ponto de ônibus ou no metrô, manda a mensagem de interesse pelos outros — ao passo que os prazeres oferecidos no Googleplex apregoam estar na companhia dos outros, compartilhando prazeres e confortos. Eu diria que os patrões dos padeiros são menos manipulativos. Globalmente, a sociabilidade é ao mesmo tempo um vínculo social modesto e honesto.

Como em todos os aspectos da vida, a experiência da sociabilidade envolve um certo tipo de política. Como vimos no Capítulo 5, Alexis de

Tocqueville empregava a palavra "democracia" em dois sentidos. O primeiro dizia respeito ao governo da maioria, por ele temido, pois a maioria, como uma turba, podia infligir tiranicamente sua vontade sobre a minoria, os 51% oprimindo os 49%. O segundo sentido de democracia era por ele equiparado a "individualismo". Aqui ele pensava numa sociedade em que cada um tivesse se desvinculado dos outros, absorto em suas questões pessoais; Tocqueville temia esse tipo de individualismo — tão diferente da árdua luta individual pela vida — porque "silenciosamente desarma as molas da ação". Uma sociedade em que todos praticamente compartilhem os mesmos gostos e crenças, na qual a vida seja simplificada e se torne tão fácil para o usuário quanto possível, é uma sociedade que perde um certo tipo de energia: murcha a cooperação entre aqueles que diferem. Tocqueville considerava que as organizações de voluntários eram uma resposta a essa ameaça, induzindo cada um a se envolver, a participar, em vez de se retirar. Tal como as encarava, as organizações de voluntários eram lugares de sociabilidade.

As três práticas que descrevi seguem essa lógica tocquevilliana de participação. Mas a retirada voluntária do especialista dá uma guinada nesse processo, obrigando à reformulação do trabalho. Entregue a si mesmo, o processo decisório de uma organização pode ser simplificado pela votação; o resultado é democrático, mas no primeiro sentido indicado por Tocqueville: prevalece a vontade da maioria. Os processos dialógicos e os vínculos privilegiados são encerrados pela ação democrática; a tirania da maioria espreita. A voz da minoria não conta mais.

Nas práticas de planejamento que descrevi, ela conta. Um bom grau de ambivalência permanece mesmo depois de alcançada uma decisão — simplesmente por ser evidente que a construção pode prosseguir de diferentes maneiras. Não há um fechamento, uma única forma certa de fazer. Além disso, é mais fácil resistir a uma decisão injusta.

Muito tempo atrás, Hegel, em sua descrição da relação entre senhor e escravo, explicou uma das maneiras como pode funcionar esse tipo de resistência. "Você está me machucando!" é o clamor do ofendido que foca no que o senhor está fazendo; a órbita da opressão, com sua linguagem e seus atos, é definida pelo senhor; na verdade, em grego antigo a palavra "sofrimento" é prima-irmã da palavra "passivo". Na visão de Hegel, a vítima só deixa de ser escravo quando seus sentimentos não se inscrevem mais nessa órbita. O sociólogo político James Scott estudou na América do Sul, por exemplo, grupos raciais escravizados que desenvolveram uma linguagem comunicativa própria que aos seus senhores parecia mera tagarelice sem sentido; falando uns com os outros de um modo que seus senhores não podiam entender, eles deixavam de ser mentalmente escravizados.

Quando eu concluía este capítulo, ocorreu em Londres uma terrível tragédia que lançou uma luz diferente na proposição clássica de Hegel. No início da manhã de 14 de junho de 2017, um incêndio destruiu a Grenfell Tower, prédio residencial na fronteira do bairro elegante de Kensington, na parte ocidental de Londres. Morreram setenta e nove pessoas. O fogo agiu com rapidez porque o revestimento externo facilitou o caminho das chamas do interior do quarto andar para toda a parte externa do prédio, de vinte e quatro andares. O revestimento, de polietileno entre camadas de um composto de alumínio (um produto chamado Reynobond PE), tem aparência limpa e atraente, mandando a mensagem de "melhoria", mas sendo na verdade perigosamente inflamável. É um pouco mais barato que uma alternativa que custa apenas duas libras mais por metro quadrado mas tem um núcleo que efetivamente contribui para dificultar a propagação do fogo. (O uso do Reynobond é proibido em prédios altos nos Estados Unidos e na Alemanha.) Os planejadores britânicos optaram pela solução de "custo-benefício" favorável.[8]

Depois do incêndio, as autoridades e as vítimas começaram a falar uma língua diferente — o que se transformou num problema. Os dirigentes políticos e os planejadores explicaram como foram tomadas as decisões que levaram à reforma e quem as tomou, sem poder dizer que na verdade escolheram a alternativa mais barata porque o prédio era habitado em sua maioria por gente pobre. As vítimas, chocadas e confusas, queriam ver reconhecido o seu sofrimento. O trauma não é algo articulado. É necessário sentir de forma dialógica o que as pessoas estão sentindo, em vez de atentar para a nuvem de palavras que cerca o trauma; mas as autoridades de Kensington careciam de inteligência emocional. O abismo se alargou quase imediatamente na questão do reconhecimento. Uma reunião pública foi encerrada quando os moradores apareceram, em ruidosa e confusa manifestação; ao visitar o local da tragédia, a primeira-ministra conversou com os bombeiros, mas não com os moradores. Foi aberta uma investigação oficial; à sua frente, um ex-contador, admitindo que pouco sabia de habitações para populações de baixa renda, disse que queria uma investigação focada e limitada a causas e consequências. Tal declaração só serviu para aumentar o abismo entre funcionários e vítimas — não sendo estas capazes de equacionar a perda das suas casas com quadrados a serem ticados. No fim das contas, o abismo entre a linguagem do senhor e a delas serviu apenas ao senhor.

Estou convencido de que o caminho da coprodução esboçado neste capítulo poderia ter impedido a tragédia da Grenfell Tower, para começo de conversa. Podendo escolher entre Reynobond PE e um revestimento ligeiramente mais caro, nenhum morador adequadamente informado teria optado pela versão mais barata — mas aos moradores não foi dada a oportunidade de escolher. Os planejadores poderiam ter mencionado nas consultas públicas que o produto que preferiam era proibido nos Estados Unidos e na Alemanha, mas este fato inconveniente não foi trazido à baila.

De modo geral, a exploração de alternativas bem no início da construção permite que o processo de coprodução exponha riscos e dificuldades; a deliberação sobre as alternativas propicia uma avaliação racional; a saída de cena do especialista no momento da decisão confere poder àqueles que vão viver no projeto. Em vez de ser cuidado, o público se torna depositário de confiança. Os especialistas passam a desempenhar seu devido papel, como conselheiros. Os procedimentos aqui expostos são uma das maneiras de coproduzir; baseiam-se num envolvimento frente a frente, mas também poderiam funcionar online, em escala mais ampla, como tentei demonstrar, usando como ferramenta a alta tecnologia. Em vez da saída da relação mestre-escravo descrita por Hegel, precisamos de uma forma aberta e interativa de construir o ambiente. O resultado pode ser ambíguo, deixando insatisfeitos os interessados; ainda assim, é uma forma mais democrática e verdadeira de construir do que a abordagem fechada, zura e vertical que provocou esse terrível incêndio.

Quarta Parte

Uma ética da cidade

10. As sombras do tempo

O poema "Ozimândias", de Shelley, começa assim:

*Encontrei um viajante de terras antigas,
Que disse: "Duas enormes pernas de pedra, sem tronco,
Estão no deserto [...]"*

Alguns versos adiante, ele diz:

*E no pedestal se pode ler:
"Meu nome é Ozimândias, Rei dos Reis,
Contemplai minha Obras, ó Poderoso, e desanimai!"
Nada mais resta [...]*

O poema transmite a verdade óbvia mas em geral negligenciada de que o tempo apaga as obras do Homem. A última parte da nossa investigação leva "Ozimândias" à cidade. Shelley dá uma perversa torcida na palavra de ordem do construtor, "sustentável". Como então devem os homens e as mulheres pensar sobre o que constroem? E como é que vivem?

Durante minha convalescência, um amigo me deu *The Swerve* [O desvio], livro em que Stephen Greenblatt relata a recuperação no Renascimento de um poema antigo, *Da natureza das coisas*, de Lucrécio. O longo poema recomenda aos que estão para morrer que percam o medo da morte, pois nada resta depois dela, não há um espírito transcendente; a vida simplesmente começa, acontece e acaba. É a visão de Shelley levada logicamente ao extremo. Você pode estar pensando que o meu amigo não era assim tão amigo, recomendando Lucrécio a alguém acamado. Mas Lucrécio diz que devemos aceitar essa condição porque na vida nada é predeterminado nem previsível. O rumo dos acontecimentos raramente traça uma linha reta de causa e efeito; pelo contrário, há mudanças de direção, hesitações e becos sem saída. O que ele chama de "desvios" (clinâmen). Os átomos se movem "em momentos e lugares absolutamente imprevisíveis, ligeiramente desviados do caminho reto, fazendo movimentos indeterminados, ainda que minúsculos (*nec plus quam minimum*), provocando colisões e junções, dando aos materiais físicos um rumo imprevisível". Lucrécio era um filósofo do tempo aberto.[1,2]

O mundo antigo deu forma a esses poderes do acaso na deusa Fortuna. Ela presidia à descoberta e à invenção, deusa dos novos vinhos, do novo recorte das velas das embarcações e das novas formas das construções; mas era capaz de transformar o doce elixir num veneno ou provocar a queda de um novo templo. No fim da Antiguidade, ela evoluiu para uma metáfora — a Roda da Fortuna —, em certa medida mandando a mensagem de que a criação humana é determinada pelo acaso, exatamente como os clinâmen de Lucrécio governam a física.

O Iluminismo deu ênfase ao sorriso da Fortuna. Em 1754, o esteta Horace Walpole escreveu ao amigo Horace Mann que tinha cunhado uma palavra, "*serendipity*". Derivada de uma "fonte" persa, a palavra significava um "acidente feliz", o que Walpole expressou de modo eloquente falando de homens que "fazem descobertas, por acidente e sagacidade, de coisas que não estavam buscando". É uma versão positiva do tempo aberto; a confiança de Walpole de que encontraria o que não esperava se baseava na convicção de que a Natureza é essencialmente benigna.[3]

Hoje, a Fortuna já não sorri tão convicta; com as mudanças climáticas, ela ameaça o ambiente construído. Contido nessa "mudança" — palavra enganosamente neutra — está o desdobramento do acaso em acontecimentos perturbadores e desnorteantes; esses poderes da Fortuna ficam evidentes em súbitas enchentes ou picos irregulares de temperatura. Será a cidade capaz de se construir apesar dessas crises? As tentativas nesse sentido revelam de maneira mais ampla, como tentarei mostrar, o caráter instável de qualquer ambiente construído.

I. A natureza ataca a cidade — Ameaças de longo e curto prazos

As duas sombras do tempo — Enquanto as luzes vacilavam em Lower Manhattan à aproximação do furacão Sandy no outono de 2012, um especialista anunciou no rádio que não havia realmente motivo de preocupação. O muro de segurança que protegia a usina de energia de Manhattan, na extremidade leste da Rua 14, junto ao East River, tinha, segundo ele, 3,5 metros de altura, mais que suficiente para manter bem secos os geradores lá dentro. "Mais que suficiente" se baseava numa média estatística de anteriores enchentes. O abastecimento de energia foi interrompido quando o rio subiu 4,5 metros, derrubando o muro. O especialista então voltou à carga, dessa vez contando com o gerador próprio da estação de rádio, para anunciar que o furacão Sandy evidenciava força inédita em um século, embora tivéssemos tido outra tempestade inédita em um século um ano antes apenas (mas que felizmente se desviou da cidade).

Essas informações erradas ocorreram porque o especialista pensava dentro da órbita relativamente fechada das médias. Ainda que suas consequências de longo prazo sejam certas, as mudanças climáticas são um fenômeno imprevisível de ano a ano — como no caso das duas tempestades inéditas em um século que ocorreram com apenas um ano de diferença. Da mesma forma, ainda que seja certo que a Corrente do Golfo irá alterar seu curso, até certo ponto em consequência do derretimento das calotas polares e da elevação do nível dos mares, é difícil prever qual será sua nova direção. No que diz respeito ao aquecimento propriamente dito, como demonstrou o projeto Observação da Terra conduzido pela Nasa nos Estados Unidos, as tempestades episódicas vão-se tornar mais intensas, como resultado do constante aquecimento da massa de água sobre a qual se formam, mas também neste caso é difícil prever a intensidade. Embora do ponto de vista científico não reste a menor dúvida quanto à ocorrência das mudanças climáticas, é a indeterminação que governa o desdobrar de seus acontecimentos.[4] As mudanças climáticas projetam a longo prazo uma sombra de inevitabilidade, além dos imprevisíveis acontecimentos de curto prazo da Fortuna; em ambos os casos, é necessário repensar a maneira como as cidades são construídas.

A sombra de longo prazo mais evidente em termos imediatos decorre da poluição — que fica óbvia toda vez que alguém começa a tossir ao respirar. Mas o pior assassino não é percebido tão abertamente; é a poluição de partículas finas (medida PM2,5), que ao longo do tempo corrói os pulmões, provocando vários tipos de câncer. Em 2013, o PM2,5 das grandes cidades da China era em média doze vezes maior que o de Londres, e quatorze vezes maior que o de Nova York; eventualmente, o PM2,5 pode chegar em Pequim a 525, ao passo que o índice mais alto em condições desejáveis de saúde fica em torno de 20. As principais responsáveis são as usinas de energia movidas a carvão. Para enfrentar um vilão tão previsível, os chineses estão fazendo enormes investimentos em outras fontes de energia para suas cidades.[5] Shelley é irrelevante para esse esforço.

Outras mudanças climáticas urbanas de longo prazo não pedem reações tão diretas. Por exemplo, uma meta de no máximo 2 graus de aquecimento global foi estabelecida para as próximas décadas pelo Painel Intergovernamental sobre Mudanças Climáticas (IPCC, na sigla inglesa); mas ela com certeza não será alcançada. Para alcançá-la, o cimento — cuja fabricação é extremamente poluente — não deveria mais ser um material de construção onipresente, mas atualmente não há disponibilidade de materiais alternativos baratos. Para economizar energia consumida com o ar-condicionado, os prédios deveriam ter janelas abertas, mas é proibitivamente perigoso ter janelas abertas no sexagésimo andar. A caixa de vidro fechada poderia ter sua altura reduzida para permitir a livre circulação do ar vindo de fora, mas o fato é que, numa espécie de competição fálica, as cidades hoje em dia constroem torres cada vez mais altas. Os prédios baixos ou com sistemas passivos de energia aparecem muito mais no oba-oba da propaganda do que concretamente nas construções; o Programa das Nações Unidas para Assentamentos Humanos (ONU-Habitat) estima que apenas cerca de 15% das novas construções nas cidades emergentes podem ser considerados eficientes do ponto de vista energético.[6, 7]

Às vezes as tempestades e os picos de temperatura imprevisíveis decorrentes das mudanças climáticas são considerados caóticos, mas o analista de sistemas Neil Johnson contesta esse emprego do adjetivo. Um sistema complexo "tende a se mover entre diferentes tipos de acomodações, de tal maneira que são criados bolsões de ordem", ao passo que "caos" significa que "os resultados do sistema variam tão irregularmente que ele parece aleatório". Esta distinção vai de encontro a um fenômeno caro a certos aficionados do caos: o bater de asas da borboleta, que, por meio de uma série de acontecimentos, provoca uma tempestade do outro lado do planeta. Esta na verdade não é uma história de puro caos, e sim uma sucessão de dependências do caminho pelas quais, em pequenos passos, por um rumo tortuoso mas suscetível de explicação, as asas do inseto provocam uma brisa, que por sua vez causa outras brisas cada vez mais fortes, finalmente dando na tempestade. Esse caminho de dependências também funciona na esfera climática, de tal maneira que uma sucessão de mudanças na temperatura do ar no meio de um oceano pode, mediante uma série de acontecimentos, gerar vagalhões nas praias.[8]

Somos sempre aconselhados a pensar em termos de longo prazo, mas os desafios de longo prazo das mudanças climáticas são tão gigantescos que podem provocar o pior tipo de estoicismo, vale dizer, não tentar mais nada, pois nada pode mesmo ser feito. No trato de acontecimentos imprevisíveis de curto prazo, todavia, talvez seja mais possível fazer algo eficaz e mobilizador. O que significa repensar a água.

Água maligna — São poucas as grandes cidades totalmente isoladas das águas no interior de um território. Desde a Antiguidade, as vias aquáticas sustentam a economia e determinam a forma de grandes cidades como Xangai, Londres e Nova York. A gestão das águas há muito serve como foco do trabalho cooperativo. Na Holanda medieval, por exemplo, vínculos humanos eram criados pelo esforço comum de conquistar terra ao oceano, cavando canais e construindo barragens e diques; um historiador de Amsterdã, Geert Mak, nota que esse esforço conjunto provocava "uma curiosa coagulação das relações de poder, uma cultura de consenso e compromisso que abrandava e eventualmente ocultava até os mais violentos conflitos entre as gerações". Mas em si mesmos os diques e docas tinham pouco interesse estético para os designers pré-modernos; a gestão das águas era apenas a questão utilitária da cidade.[9]

Na era moderna, os limites aquáticos das cidades começaram a mudar de significado, tornando-se pontos de interesse estético. Já em 1802, o *Euro-*

pean Magazine fazia a descrição das Docas da Índia Ocidental em Londres, das quais Canary Wharf faz parte hoje em dia: "Nada poderia ser mais belo que a Doca. A água tem a profundidade necessária; sua superfície lisa como um espelho [graças às comportas] oferece aos olhos um refúgio para as tempestades." Esta visão expressava a convergência do comércio com a estética. Mas a convergência acabou se desfazendo no centro das cidades, à medida que os portos demandavam cada vez mais espaço: os portos de contêineres são hoje tão vorazes de território que em geral são localizados longe dos centros populacionais; caminhões e aviões assumiram as funções das embarcações de serviço. No centro urbano, uma experiência puramente estética da água foi registrada no Central Park de Olmsted; no seu reservatório, grandes espelhos d'água para serem apenas contemplados. Daniel Burnham concretizou essa primazia estética em seu traçado da margem do lago de Chicago em 1909; ele descartou qualquer sugestão de utilidade prática, alinhando entre a água e a terra parques, alamedas e outros usos de baixa densidade. "A contemplação da água", escreveu ele, "é um ato solitário, a observação do nada; ao contemplar a água, o homem dá as costas, literalmente, a suas condições de vida."[10]

A estética da água teve um efeito prático indireto, ao representar uma fonte de desigualdade de valores nas cidades. Em Bombaim, por exemplo, um projeto foi lançado para expulsar pequenos negócios e moradores de rua da beira d'água; a justificativa apresentada pelos empreendedores é em parte visual, "limpar" a vista, reduzindo a densidade da população e a complexidade dos usos. A oferta de prazer visual em detrimento do uso social e econômico misto também compromete propostas semelhantes em Buenos Aires e Londres — todas elas filhas, na forma, do plano de Burnham, e todas levando à exclusão social em nome do prazer visual.

Na era das mudanças climáticas, verifica-se uma outra virada no caleidoscópio: a água tornou-se um material também destrutivo, além de funcional e cênico. A ameaça maligna representada pela água para as cidades assume três formas. Cidades construídas à beira-mar, como Nova York, Rio ou Bombaim, correm o risco de eventuais enchentes; a falta d'água será um problema para cidades do interior, pois os lençóis aquíferos conhecidos estão secando; e os novos padrões das precipitações pluviométricas estão transferindo a água para lugares pouco habitados. As enchentes ocorrem quando há excesso de escoamento; a seca, quando é insuficiente a retenção de água no solo. As mudanças climáticas exacerbam tanto as enchentes quanto a seca — e de maneira traumática. O derretimento do gelo, elevando o nível dos oceanos e alterando as correntes marítimas, se traduz em terra firme em padrões irregulares de excesso ou falta de chuva.

As ameaças malignas da água derivam de certos fatores básicos do ciclo hidrológico. A evaporação dos oceanos em geral é 9% superior aos níveis de água que retornam em forma de chuva sobre os mares; esses 9% geram chuva que pode cair em terra firme, sendo a principal fonte d'água para os rios. Que parte dessa água será retida no solo, em vez de escoar? Há uma diferença entre lugares pavimentados, com sistemas de esgoto subterrâneos, e terras não desenvolvidas: estima-se que, num ambiente totalmente pavimentado e dotado de esgotos, 85% das precipitações de chuva serão escoados, sendo apenas 15% retidos no solo.[11]

Cabe lembrar que a maioria das ecologias aquáticas não é homeostaticamente equilibrada como um batimento cardíaco, que deve ser ritmicamente estável. Mesmo sem eventuais clinâmen, o equilíbrio das ecologias aquáticas se altera. É o que acontece na evolução dos lagos, por exemplo, à medida que evoluem de uma condição oligotrófica para uma condição eutrófica — sendo aquela de escassez de ervas daninhas e algas, mas rica em peixes e profunda; e esta, de abundância de plantas, mas com poucos peixes e gradualmente acumulando lama no fundo. Num longo período de tempo, esse processo transforma os lagos em terra firme. A estabilização do ponto de equilíbrio entre ervas e peixes, introduzindo as plantas e as criações de peixes indicadas, é uma intervenção humana que funciona contra essa alteração natural. Ao contrário dessas tentativas de estabilização, voltadas para a preservação da massa d'água, o aquecimento atmosférico provocado pelo homem acelera a evolução do oligotrófico para o eutrófico, transformando as superfícies aquáticas em terra seca.

Em suma, a falta d'água é a ameaça de longo prazo das mudanças climáticas globais, à medida que os lençóis aquíferos secam e o ciclo hidrológico se altera. O excesso de água se transforma numa força maligna a curto prazo, em virtude das tempestades imprevisíveis e do escoamento da água. Como seria possível enfrentar essa força destrutiva da água construindo cidades de forma diferente? É uma pergunta e tanto; aqui vão duas respostas, na trilha do furacão Sandy.

Duas bermas — De modo geral, existem duas estratégias diferentes para enfrentar as mudanças climáticas: atenuação e adaptação. A primeira tenta reduzir as causas de trauma, como na construção de bermas (barreiras altas) para conter vagalhões. A segunda trabalha com o trauma, como nos pantanais, que diminuem a força dos vagalhões e constantemente se reformulam como tampões. As estratégias de atenuação e adaptação deveriam ser complementares, mas muitas vezes se chocam. No caso da usina de energia de Nova York depois do furacão Sandy, o debate se centrou nas alternativas de fortalecer e cercar a usina na sua localização junto à margem do East River ou reconhecer que essa proteção atenuante de nada adiantaria, que é provável a ocorrência frequente de tempestades avassaladoras, transferindo a usina para o interior. O debate se cristalizou em propostas para a construção de dois tipos de bermas, que são montes de areia, terra e escombros formados de maneiras diferentes para enfrentar os vagalhões. Um dos tipos de berma — a berma de atenuação — pretendia quebrar a força dos vagalhões na sua primeira investida. O outro tipo — a berma adaptativa — tentava trabalhar com o fluxo e refluxo incerto da água depois do ataque.

Os adeptos da atenuação consideram que, em termos ideais, a cidade forte preserva seu equilíbrio ao enfrentar um desafio; no caso da usina de energia, por exemplo, eles argumentavam que as muralhas de proteção das máquinas deviam ser tão altas que jamais fossem cobertas pelos vagalhões, transformando a usina numa fortaleza inexpugnável. Outra variante dos efeitos atenuantes das ondas seria a instalação de bombas e drenos de alta pressão ao redor das máquinas; outra ainda — a mais cara — seria a construção de uma segunda e mesmo de uma terceira linha de defesa, para a eventualidade de não funcionar a primeira. Por trás desses conceitos perfeitamente plausíveis está a ideia de estabelecer uma espécie de estabilidade infraestrutural; a palavra "resiliência" remete aqui ao objetivo de fazer o sistema rapidamente voltar ao seu funcionamento normal.

Os críticos de estratégias de atenuação como esta afirmam que assim não se está pensando fora da caixa. Para eles, as estratégias precisam ser mais adaptativas, no sentido de trabalhar com as perturbações, em vez de tentar se defender contra elas e manter a cidade num equilíbrio instável. A proposta adaptativa para a usina de energia é abandonar a localização à beira-rio, transferindo-a para um lugar mais elevado no interior. Com a transferência, a usina passaria a ser de menor escala, pois as terras mais elevadas de Manhattan são tão densamente construídas que várias usinas teriam de fazer o trabalho de apenas uma à margem do rio. A ideia de adaptação em propostas como esta significa que a forma construída teria de mudar frente ao caráter imprevisível dos acontecimentos.

A divergência entre estratégias de atenuação e adaptação ficou evidente, depois do furacão Sandy, quando meus colegas Henk Ovink e Eric Klinenberg foram convidados pelo governo e a Fundação Rockefeller a apresentar propostas de projetos a respeito das mudanças climáticas em Nova York. (Ovink é atualmente "ministro das águas" na Holanda; Klinenberg, especialista em sociologia das catástrofes.) A organização Rebuild by Design destinava-se a enfrentar o catastrofismo segundo o qual milhões de pessoas terão de abandonar cidades costeiras como Nova York no século vindouro, ou o pessimismo da ficção científica hollywoodiana, segundo o qual chegamos ao fim da civilização.[12]

A abordagem de atenuação é bem exemplificada pela berma "Linha Seca" ("*Dryline*") proposta para a orla sul de Manhattan pela empresa de Bjarke Ingels, já mencionada aqui como idealizadora de um Googleplex que isolava da cidade esse "foco de inovação criativa". A Dryline, remetendo de certa forma ao parque High Line, que aproveitava uma ferrovia elevada desativada, seria basicamente uma berma de 16 quilômetros, uma divisa construída ao longo da extremidade sul de Manhattan com terra e areia, pouco além da orla, tendo por cima e por trás parques recreativos, trilhas urbanas e semelhantes. Desse modo, a Dryline promete prazer na sua criação de espaços de lazer, ao mesmo tempo em que a berma serve de defesa contra os vagalhões. O problema, como assinala o cientista climático Klaus Jacob, é que a Dryline tem altura fixa (atualmente 4,5 metros), e com a elevação do nível do mar poderá ser sobrepujada até mesmo por ondas nem tão grandes.

Como no caso do radialista, os idealizadores ficaram presos num cálculo fechado e predeterminado. E, como nas ruas próximas do Googleplex, não é realmente possível isolar o ambiente circundante, a longo prazo. Mas se dá apenas a ilusão de uma segurança sustentável, o grande mérito do projeto é apear a água da sua soberania maligna sobre a cidade, num clinâmen climático. Além disso, em si mesmo o planejamento dos parques é bom, com muita riqueza de detalhes ao longo dos 16 quilômetros da berma, embora muitos deles fossem varridos do mapa se ela viesse a ser inundada.[13]

Um projeto da Rebuild by Design que enfatiza a adaptação é a berma "Quebra-Mar Vivo" que está sendo construída ao redor de Staten Island, bem em frente à Dryline, especialmente na área de Tottenville, no litoral sul. O projeto consiste numa série de bermas que entram pela água, com o objetivo de proporcionar "um sistema de proteção em camadas". Essas bermas são construídas de maneira a se desgastar e se refazer com o tempo, pois a hidrologia das bermas escavadas em estruturas de profundidade significa que serão gradualmente refeitas pela ação das marés; as dunas entre os quebra-mares são planejadas para se desgastar lentamente no processo menos traumático das marés. Esse projeto se destina a sustentar bancos de ostras em Tottenville, resultado antes produtivo que de lazer, como no caso do principal atrativo da Dryline. A diferença entre as duas bermas está no interesse que apresentam para o público. Os Quebra-Mares Vivos representam um benefício produtivo que os olhos não veem; o cidadão urbano precisa entendê-lo intelectualmente para lhe dar valor. A Dryline tem visibilidade garantida; seu etos é de facilitação para o usuário.

Os parques de delimitação rígida como os construídos por Burnham, substituindo terras úmidas por concreto, infelizmente diminuem a gestão natural das águas por algum dos tipos de berma. Embora seja uma forma flexível de pensar a gestão da terra firme, a construção de bermas também é mais que um projeto de modelagem do solo. Ela levanta questões sobre o que deve ser plantado para fazer com que as terras úmidas funcionem; por exemplo, certos tipos de junco transplantados, relativamente insensíveis à água impregnada de fenol, são necessários para convidar a Natureza a voltar, dissipando quimicamente a impregnação e criando um abrigo para os peixes. Como a ecologia ambiente é muito diferente de uma condição primitiva, pouco se consegue sem nada fazer e deixando que as coisas voltem por si mesmas a seu estado natural.

Existe por trás dos debates sobre atenuação e adaptação uma ampla questão ética. As mudanças climáticas são em grande medida causadas pelo homem. Ele deve, portanto, pensar sobre o seu lugar na natureza com mais humildade, trabalhando com ela em vez de tentar dominá-la.

O sublime sombrio — Desde a Antiguidade, a imensidão das montanhas parecia torná-las inabitáveis, impossíveis de domesticar, ao passo que a civilização podia perfeitamente florescer nos vales ou em terras planas próximas do mar. No fim do século XVIII, escreve Marjorie Hope Nicolson, em contraste com "a padronização, a regularidade, a simetria, a contenção e a proporção" impostas horizontalmente pelo homem ao mundo natural, nas cidades, as grandes cadeias de montanhas simbolizavam "diversidade, variedade, irregularidade e acima de tudo [...] indefinição e vastidão". Assim é que Byron escrevia:

> Above me are the Alps,
> The palaces of nature, whose vast walls
> Have pinnacled in clouds their snowy scalps,
> And throned eternity in icy halls
> Of cold sublimity, where forms and falls
> The avalanche — the thunderbolt of snow!
> All that expands the spirit, yet appals,
> Gather around these summits [...]*

Era uma visão sombria e destrutiva do sublime: a Natureza apequenando as conquistas do Homem. Hoje a água tomou o lugar das montanhas como um sublime maligno. As montanhas são impassíveis, imóveis, ao passo que a água maligna ataca inesperadamente nos furacões ou entra em greve nas secas.[14,15]

O temor diante da Natureza foi um grande tema da época romântica, exemplificado nos escritos de Senancour e na pintura paisagística da época: os americanos se remeterão à Escola do Rio Hudson, os europeus, a Caspar David Friedrich. O *Homo faber* está ausente dessas paisagens, a natureza é vista em toda a sua virgem imensidão. Friedrich associava essa visão assombrada ao sentimento equivalente do medo, parecendo suas solitárias figuras humanas a ponto de cair no abismo de um vale ou de um rio torrencial. É uma forma de encarar a Natureza diferente da visão do Iluminismo, na qual

---

* Acima de mim estão os Alpes, / Os palácios da natureza, cujas amplas muralhas / Elevaram às nuvens seu escalpo nevado, / E entronizaram a eternidade em salões gelados / De fria sublimidade, onde se forma e degringola / A avalanche — a catástrofe de neve! / Tudo que expande o espírito, mas horroriza, / Se forma nessas alturas [...]. (*N. do T.*)

Walpole e outros como ele se sentiam à vontade em ambientes naturais, e diferente também, num período anterior, das pinturas da natureza de Claude Lorrain — telas nas quais obras monumentais de arquitetura são inseridas tranquilamente para reforçar e acentuar a forma dos vales, campos e rios. Claude encara as obras do *Homo faber* como uma continuidade em relação à paisagem; já Friedrich não: ele dramatiza a ausência dos confortos criados pelo homem para levar o espectador a sentir subjetivamente a sua pequenez.

A água maligna é mais uma evolução do sublime sombrio, indo além da visão romântica, da qual está ausente a mão do Homem. Agora a escuridão se manifestou por causa do que o *Homo faber* faz, acreditando hoje muitos ecologistas que a Natureza está revidando. Se estivesse vivo, Martin Heidegger certamente diria "Eu bem que avisei!", referindo-se aos traumas climáticos provocados pelo homem. "Vocês tinham uma ideia equivocada da natureza, achavam que podiam submetê-la à sua vontade." No seu próprio caso, à parte a ideologia nazista, a retirada da cidade decorreu do desejo de viver menos agressivamente, de estar mais em paz com a natureza.

Esse desejo tem um longo pedigree, remontando, como vimos no Capítulo 2, ao momento em que Virgílio se retirou de Roma. Rousseau é quase contemporâneo de Walpole no século XVIII; seus hinos de louvor à vida simples ao ar livre, à amamentação no peito até o segundo ano de vida, ao uso de roupas feitas em casa tinham forte apelo para seus contemporâneos. Como ele, eles comparavam essas formas naturais de viver e habitar com os artifícios da cidade. Na época industrial, pareceu a Marx que as fábricas poluentes e os campos abandonados faziam parte da grande transformação da sociedade moderna; exatamente como o trabalho proletário, a Natureza também era explorada. Já nos *Grundrisse* ele escrevia: "A natureza se torna [...] puramente um objeto para os homens, algo meramente útil, não sendo mais reconhecida como uma força que atua por si mesma [...] os homens submetem a natureza às exigências de suas necessidades, seja como artigo de consumo ou meio de produção."[16, 17]

Cabe notar que só pessoas de uma certa classe podiam se aproximar amigavelmente da Natureza. Uma mulher usando em casa simples roupas de musselina, *à la* Rousseau, precisaria de uma lareira acesa o tempo todo para se aquecer. Esse estado de quase nudez exigiria uma casa bem isolada; os pobres se amontoavam porque suas cabanas eram precárias. Um equivalente moderno da musselina seria a granola orgânica, que é simples, deliciosa e cara. No ambiente construído, ecologias verdes equivalem, nas cidades inteligentes de Masdar e Songdo, a construções caras. O desafio consiste em estabelecer com a Natureza uma relação simples mas sem privilégios. Uma relação que precisa ser construída.

Para enfrentar a crise climática, a variante da famosa pergunta de Hamlet — "Construir ou não construir..." — tem uma resposta bem clara: construir. O ambiente precisa ser construído de maneira diferente. A maneira ética de construir nas cidades aceita o primado da adaptação. A pura e simples atenuação é uma estratégia desonesta. Hoje a água maligna tem sobre nós um poder que não podemos reverter; como em outras áreas da experiência, precisamos trabalhar com as forças que nos são hostis. Mas esses remédios vão mais fundo. A atenuação e a adaptação são modos básicos de toda construção. Essas duas formas de reagir às imprevisíveis mudanças climáticas apontam para todo o trabalho necessário para fazer uma *ville*.

II. Ruptura e acréscimo — O tempo urbano "normal"

A construção da *ville* ocorre em dois contextos temporais. No primeiro, a flecha do tempo voa com constância; prédios e espaços são lentamente acrescidos ao ambiente. As coisas adicionadas ao ambiente construído muitas vezes são pequenas: uma casa construída ou reformada, um pequeno parque de proximidade. No segundo, a flecha do tempo se desloca por meio de grandes e ousadas declarações que rompem com o que antes existia no ambiente. É o tempo do megaprojeto, sejam os esgotos de Bazalgette, as ruas de Haussmann, os quarteirões de Cerdà ou o parque de Olmsted. O primeiro tempo tem caráter adaptativo, levando em conta o contexto do que já foi feito. É o terreno do "crescimento lento" preconizado por Jane Jacobs. O segundo pode parecer um tempo maligno, violando ou apagando o contexto, como o Plan Voisin de Le Corbusier ou tantas cidades inteligentes que se gabam de romper as formas urbanas tradicionais. O "agora" se torna adversário do "antes".

O terreno do crescimento lento, da adaptação, do acréscimo, se agarra sentimentalmente a nós, mas a ruptura é inevitável no moderno ambiente construído, no mínimo porque os prédios modernos expiram mais rapidamente que muitos prédios de períodos anteriores. Hoje em dia se estima que a expectativa de vida das grandes torres comerciais seja de trinta e cinco a quarenta anos, ao passo que os terraços georgianos que já duram centenas de anos poderiam durar outras centenas. Os motivos não estão na má qualidade da construção, mas na rigidez das especificações, consequência do direcionamento preferencial dos investimentos para estruturas construídas com finalidades absolutamente predeterminadas. À medida que os hábitos mudam, a habitação evolui, os prédios sobrevivem à sua existência útil.

Essa ruptura caracteriza as estradas de Xangai que não dão em lugar nenhum, pelas quais passei com Madame Q. Algo exatamente semelhante está acontecendo em muitas áreas do South Bank londrino. Os novos prédios terão vida útil muito mais curta que os antigos, em virtude da rigidez forma/função numa cidade que evolui com rapidez. O caráter camaleônico da paisagem urbana moderna reforça a aura do antigo — que parece mais sólido, durável e resiliente que a líquida modernidade do presente.

Os contrários do acréscimo e da ruptura estimulam hoje os debates em todo o mundo sobre o desenvolvimento urbano. Os projetos que rompem com a malha urbana existente tendem a favorecer o exercício do poder, especialmente as estruturas públicas simbólicas tão caras aos políticos — estádios olímpicos, museus de arte, aquários (que estiveram muito na moda alguns anos atrás). Um aquário não tem grande valor para uma escola que luta para encontrar recursos para a compra de livros. O apelo do crescimento pelo acréscimo é assim fortalecido, pois ele pode parecer um desenvolvimento de baixo para cima em cidades governadas de cima para baixo.

Mas na *cité*, um imigrante asiático que queira mandar o filho para uma boa escola num bairro distante, e ouça que "O senhor terá de ter paciência, as pessoas demoram para mudar de atitude", pode pensar na ruptura, socialmente, como um agente de justiça. Da mesma forma na *ville*. O simples tamanho da moderna megacidade indica a necessidade de grandes formas urbanas radicalmente novas. A Cidade do México, por exemplo, provavelmente tem 25 milhões de habitantes, espalhados por um enorme território. Em sua maioria, eles são pobres e não encontram trabalho localmente; fazem viagens de duas a três horas de duração para ir e voltar do trabalho. Para navegar numa cidade do tamanho da Holanda, precisam de uma resposta melhor que as soluções de ampliação da oferta de transportes que até agora lhes têm sido oferecidas, e que fracassaram. Precisam que algo grande mude na cidade.

Esse debate sobre as dimensões da ruptura e do acréscimo, portanto, é complicado demais para ser reduzido a um confronto entre "de cima para baixo" e "de baixo para cima". Uma das maneiras de fazer avançar o entendimento do tempo urbano é relacioná-lo ao tempo das mudanças climáticas. As grandes rupturas poderiam ser equiparadas a uma tempestade que atinge a cidade? Do ponto de vista de Jane Jacobs, deveriam sê-lo. Tal como na autoestrada com que Robert Moses queria cortar Washington Square em Nova York, elas são projetos "cataclísmicos"; é também assim que Benjamin imagina o progresso, uma tempestade provocada pelo homem e semeando destruição. Ruptura = trauma.

Como na questão das mudanças climáticas, na qual queremos praticar ao mesmo tempo a adaptação e a atenuação, faz mais sentido pensar no acréscimo ao longo do tempo e na ruptura deliberada como formas de construção da *ville* que podem existir paralelamente. Na verdade, é preciso que assim seja: a construção de uma nova estação ferroviária para moradores da Cidade do México ou a substituição de fábricas funcionando a carvão por geradores de energia solar em Pequim não são projetos suscetíveis de amadurecer lentamente ao longo do tempo, mas as adaptações locais podem levar muito tempo para funcionar.

Battery Park City — Um bom lugar para avaliar o equilíbrio entre ruptura e acréscimo é Battery Park City, um novo bairro na extremidade sul de Manhattan que foi o mais atingido pelo furacão Sandy. Battery Park City foi construído basicamente nas décadas de 1980 e 1990, num aterro sanitário, para criar uma vizinhança mais mista que a das torres de escritórios de Wall Street a leste. A ideia era construir uma *ville* que se parecesse com o resto da área residencial de Manhattan, refletindo a grelha inicialmente traçada para a cidade em 1811. Stanton Eckstut, o principal planejador do bairro, expressou bem diretamente a filosofia do seu trabalho: "A maioria dos prédios terá de ser arquitetura de pano de fundo, embora alguns possam chegar ao 'estrelato'. Mas a maior prioridade é a rua bem traçada." Neste sentido, sua filosofia ia diretamente de encontro ao Plan Voisin de Le Corbusier. Seu impulso de imitar o padrão de ruas existente levou a outras iniciativas semelhantes de planejamento, como a recriação da muralha de prédios das ruas de Manhattan ou a imitação da variedade de fachadas de residências baixas das ruas do Upper East Side e do Upper West Side. O paisagismo de Battery Park City, a cargo do arquiteto paisagista M. Paul Friedberg, recria uma Nova York que muitos nova-iorquinos gostariam que de fato tivesse existido: um belo plantio de árvores não contaminado por décadas de urina de cães; canteiros de concretos cheios de lindas flores que ninguém roubou. O plano tem globalmente uma lista de cinco princípios: "1. Pensar pequeno; 2. Usar o que já existe; 3. Integrar; 4. Usar as ruas para abrir lugar; 5. Estabelecer linhas-mestras de traçado."

Os críticos dessas diretrizes dizem que Battery Park City parece uma simulação de um tempo embelezado, o passado idealizado, como Xintiandi em Xangai. Sua diversidade é uma diversidade instantânea, deliberadamente alcançada de uma só vez. As ruas imitadas em Rector Place, pelo contrário, alcançaram sua diversidade de fachadas porque foram sendo construídas lentamente, ao longo de várias gerações, cada geração acrescentando seus próprios gostos. Além disso, as variações nas formas internas de construção e a relação do centro baixo dos quarteirões com os limites altos e verticalizados surgiram em consequência da diversidade de padrões econômicos e do uso ao longo dessas gerações; as ruas parecem complexas porque refletem o acúmulo de diferenças nas maneiras como ali se vivia.

Qual a lógica temporal por trás dessa crítica? Os elementos de acréscimo constituem um tema com variações, uma forma-tipo, criada pela interseção do construir com o habitar. Veja-se, por exemplo, o mais trivial objeto urbano, a escada de entrada de um prédio. São degraus especificados pelo código de edificações de Nova York na década de 1890 para reformar a construção habitacional nas áreas pobres da cidade. Foram concebidos em dimensões amplas simplesmente para permitir a entrada e saída de prédios muito populosos; mas os moradores desses prédios aos poucos foram colonizando os degraus como espaço de socialização, especialmente no causticante verão da cidade, espalhando cobertores para sentar ou usando os degraus como mesas para comidas e bebidas. Não era um caso de desabilitar uma velha forma para um novo uso, mas de transformá-la numa forma mais complexa, não limitada a um único uso, e assim (em termos de sistemas), mais aberta.

O acréscimo em Battery Park City é um tipo peculiar de construção em forma-tipo. Os planejadores aplicaram por atacado a um novo lugar os resultados do desenvolvimento do tipo tema com variações; ou seja, não fizeram eles próprios o trabalho de variação, indo buscá-lo em outros lugares para se apropriar. Pode parecer uma forma de trapacear, mas essa comunidade instantânea construída sobre um aterro sanitário envelheceu bem. Battery Park City preservou basicamente seu caráter de classe média, ao passo que as áreas ao redor — Tribeca e Wall Street — caíram implacavelmente nas mãos dos ricos. Além disso, os moradores de fato habitam a vizinhança; há toda uma variedade de grupos comunitários organizados que fazem de tudo, da limpeza do lixo deixado pelos turistas à participação em eventos promovidos nas salas de reunião do piso térreo das torres da comunidade.

Ainda assim, existe um problema nessa apropriação, que fica evidente nos espaços de lazer das crianças. As crianças pequenas que brincam nas caixas de areia muito bem cuidadas ficam felizes, mas os campos de jogos da North End Avenue, entre as ruas Murray e Warren, muitas vezes ficam desertos. O motivo é mais profundo que a simples diminuição da população de adolescentes na cidade. Os lugares agradáveis ali criados para o convívio e o lazer contrastam com quadras de basquete como as da esquina da Sexta Avenida com a Rua 3, lugares a que as crianças têm acesso de metrô de todas as partes da cidade. Essas quadras de basquete têm cercas de malha de ferro, com apenas algumas poucas árvores. Os caminhões e táxis roncando e buzinando na Sexta Avenida geram um barulho ensurdecedor que se soma aos rádios portáteis sintonizando músicas latinas ou de rap. Tudo nesses locais de lazer superlotados é superfície dura. Mas os adolescentes, inclusive os de Battery Park City, são atraídos por eles, pois ali fizeram sua própria apropriação; ela não foi feita para eles.

Na comunidade de Eckstut há uma grande ruptura: uma gigantesca torre de escritórios chamada Brookfield Place, concebida pelo arquiteto César Pelli, com um jardim tropical interno na base e uma marina para iates do lado de fora. A torre rompe com o etos da vizinhança: as plantas tropicais morreriam se fossem expostas ao ar de Nova York, e os proprietários dos iates não são moradores locais. Por mais feio que seja o prédio, uma coisa boa na torre Pelli é o fato de não tentar esconder que representa uma ruptura no contexto local.

Desde o início do projeto, a ruptura foi preestabelecida, pois o financiamento estava a cargo de canadenses que no caso — bem à maneira dos investimentos manipulados por controladores — estavam comprando espaço, e não um lugar. Émile Durkheim disse certa vez, de modo memorável, que "o homem não se reconhece" quando mergulhado em novas formas de ação coletiva. Na geração anterior a Durkheim, a frase se aplicava dramaticamente aos soldados americanos que pela primeira vez fizeram guerra mecanizada contra civis, prática que surgiu na guerra civil americana; eles ficavam perplexos com seus próprios atos. Durkheim considerava que a perplexidade dos soldados se aplicava de maneira mais genérica: uma ruptura desorienta a consciência de si mesmo e dos outros. Para uma corrente de pensamento contrária, as rupturas são um chamado à ação. Os militantes sindicais radicais, por exemplo, tomaram a greve como um momento de despertar político, e não apenas como uma técnica de barganha; a paralisação esclarece o que está errado com o sistema.[18]

O pensamento em termos de sistemas abertos encara uma ruptura como algo capaz de alterar todo um sistema — ela por assim dizer desperta o sistema, criando pontos de virada. Uma pequena mudança suscita mudanças maiores, como no proverbial caso da borboleta e da tempestade. Num sistema fechado, pequenos eventos se acumulam e se agregam, mas não viram; pelo contrário, vão se somando passo a passo, de um jeito estável e linear. Se acontece algum crescimento, é simplesmente por haver maior quantidade de alguma coisa, e não pelo súbito desencadear de algum movimento que rompa o padrão existente.

Em Nova York, os planejadores esperavam que Battery Park City fosse um ponto de virada urbano, provocando mudanças muito maiores em Lower Manhattan, fazendo com que Wall Street deixasse de ser uma máquina financeira e se tornasse uma área misturando habitações, escolas, escritórios, galerias de arte e pequenas lojas. O lento crescimento cumulativo do tipo Jacobs, disseminando-se de Tribeca a Wall Street, aparentemente não desencadeou a mudança de escritórios para ambiente residencial pretendida pelos planejadores; era necessário um grande e dramático projeto — ainda que tentasse parecer ser exatamente o mesmo que o resto da cidade. Mas Battery Park City não "virou", por causa da autoestrada West Side, de oito pistas de rolamento, que fica num dos seus lados. Ela se revelou uma autêntica fronteira, e não uma barreira, impedindo o projeto de penetrar, poroso, nas cercanias.

A torre de escritórios de Pelli ao mesmo tempo cria uma ruptura com as imediações residenciais e de recreação e é um marco arbitrário de valor — exatamente como o banco de plástico, só que infinitamente mais oneroso. Ela declara: "Está aqui o que você quer, se estiver buscando um escritório com revestimento de madeira e vista para a Estátua da Liberdade, não importando qual seja o contexto mais próximo." Se "você" for um morador local, ou se você gosta de prédios de qualidade, a torre de Pelli é um marco negativo, pois Nova York está cheia de torres comerciais exatamente como ela, que fizeram o percurso diretamente de um fichário de arquiteto para o solo. Ainda assim, algo positivo pode ser dito sobre essa ruptura arbitrária do sonho de Battery Park.

Essa imposição arbitrária contrasta com projetos de orla como Heron Quays, nas Docklands de Londres, onde parecemos estar diante de uma parte da cidade de outra época. A simulação de uma estrutura muito grande, como se sempre estivesse estado ali, é uma forma de ocultar exatamente a escala da intrusão na malha urbana. Ao criar a ilusão de um prédio de época diferente, a própria presença da estrutura é legitimada. O julgamento é obnubilado pela impressão de um fato há muito consumado, a cujo respeito nada se pode fazer. Ao passo que aqui, em virtude do monstrengo urbano, não podemos deixar de ter consciência da imposição, da afirmação de um valor diferente. Como lamentavelmente vim a me dar conta, é esta exatamente a função que meus bancos de plástico tentam exercer na outra extremidade da escala econômica e social, declarando em frente a prédios deteriorados que existe algo de valor ali, algo que não está no contexto.

A este respeito, Le Corbusier legou a imagem errada de ruptura. Sua ideia de rompimento com o passado era apagá-lo, arrasá-lo e construir sobre ele, de tal maneira que o habitante urbano perdesse toda noção do que ali havia antes. Uma boa ruptura não é um apagamento, seja na arte ou na vida. O pintor moderno Cy Twombly cita o pintor setecentista Nicolas Poussin nos títulos de algumas de suas obras e em fragmentos de imagens, com o único objetivo de dar relevo a suas linhas gotejantes e respingadas. Da mesma forma, a boa ruptura poderia ser um prédio que gritantemente não se adequasse a uma vizinhança tradicional, ou um parque que, como os Quebra-mares Vivos, não tenha a aparência do jardim recreativo normal, ou um espaço público como o playground sobre a usina de tratamento de esgoto. É este o ponto de ruptura proposital: ele é capaz de criar consciência do lugar destacando o seu contexto.

O planejamento contextual é sedutor porque respeita o ambiente que se desenvolveu com o tempo, aquele entrecruzamento temporal do habitar e do fazer ignorado pelo arrasa e constrói corbusiano. Não altere aquele lintel georgiano, não derrube aquela árvore, seja discreto se acrescentar uma nova janela, certifique-se de que ela vai combinar com o resto: respeite. Como toda sedução, contudo, o planejamento "em contexto" pode decepcionar; não é disso que se trata no contexto moderno. A paisagem urbana comum a Chicago e Xangai consiste em McDonald's, Starbucks, Apple, o caixa eletrônico do HSBC; ou, num patamar mais caro, Gucci e o showroom da BMW. O contexto de uniformidade se estende à infraestrutura. Se as torres de Xangai e Chicago fossem completamente desnudadas, seus esqueletos de aço mostrariam uma estrutura praticamente idêntica (na verdade, as grandes firmas de engenharia de ambas as cidades provavelmente compraram o aço dos mesmos fabricantes, assim como quase todos os outros componentes da construção). A padronização sem caráter é o "contexto" da moderna *ville*.

Aqui será bom avaliar a relação da adoção e da ruptura numa crise climática com essa relação na construção comum. O equilíbrio ético é diferente. A adaptação às mudanças climáticas reconhece os limites do Homem para construir uma saída da crise. Em tipos comuns de construção, a adaptação pode ser uma submissão ao poder gerado pelo homem.

Pensar em contexto, praticar o planejamento adaptativo, significa que introduzimos mudanças lentamente, para que não perturbem a ordem das coisas, sendo gradualmente absorvidas e integradas ao que veio antes. Esse gradualismo é uma forma de privilegiar a mudança sem atrito. Suas alterações são de caráter conservador: não se pode construir algo que se destaque, o comportamento é prudente, para não causar problemas. As necessidades não são urgentes: a criança negra pretendendo ser matriculada numa escola de brancos terá de esperar. Não há nenhuma crise.

O passado não é melhor só porque já aconteceu. Da mesma forma, o novo não é melhor só porque é diferente do passado. Os arquitetos pretensiosos tendem a transformar a ruptura num fetiche, como cidadãos do mesmo mundo em que as galerias de arte enriquecem vendendo arte "transgressora", as start-ups de tecnologia prometem "revolucionar" a indústria, os bancos de investimento tentam ganhar dinheiro com instrumentos financeiros nos quais ninguém tinha pensado antes. Mas ainda assim, sem a ruptura de cada maneira de construir, tanto a *ville* quanto a *cité* definham.

Como vimos, no reino das mudanças climáticas, o tempo projeta a longo prazo um tipo diferente de sombra da que é projetada em seu irregular curto prazo, ainda em desdobramento. No reino corriqueiro da construção, o tempo existe em duas dimensões semelhantes: o longo prazo da forma acrescida e as formas que rompem as tipologias de malha ou construção no presente. Que diferença exatamente essas sombras fazem na questão da qualidade do ambiente construído?

Para responder, pode ser útil pensar no papel desempenhado pelo tempo na perícia artesanal. Essas habilidades se desenvolvem lentamente; vale dizer, elas se vão agregando. Os cálculos que fiz para *O artífice* levaram à hoje bem conhecida "regra das 10 mil horas": o período necessário para dominar as complexas habilidades de quem joga tênis profissionalmente, toca violoncelo ou se torna um bom cirurgião. Além disso, cada uma das habilidades que compõem uma prática artesanal é contextual; as técnicas de corte do bom cirurgião precisam estar relacionadas à cuidadosa liberação das carnes e aos muitos outros tipos de gestos especializados de que ele terá de se valer durante a operação.

Mas para que o artesão possa improvisar habilidades é preciso que ocorra uma ruptura, uma explosão de talento. Se algo estiver fora do lugar, se algo não puder ser assimilado no reino do já conhecido, a ruptura pode levar o carpinteiro ou cirurgião a repensar o que o profissional já sabe. No mundo da perícia artesanal, essas rupturas são pontos de virada de um tipo especial e valioso: as habilidades do artesão se aperfeiçoam por terem enfrentado o inesperado: velhas habilidades se expandem ou novas são acrescidas. Não estou descrevendo um estado ideal, e sim os meios graças aos quais a maioria dos artesãos que observei se torna melhor no seu trabalho: em momentos cruciais, eles precisam desfazer aquilo que até então tinham como líquido e certo. Da mesma forma, Festinger constatou que a ruptura numa rotina — gerando uma dissonância cognitiva — provocava e estimulava animais em seu laboratório; na outra extremidade do espectro, John Dewey sustentava que os artistas se desenvolvem enfrentando resistências.

No ambiente construído, a ruptura não melhora inevitavelmente a qualidade da construção. Ela pode provocar, pode despertar a consciência do ambiente, de ambientes contrastantes — como no caso da torre de Pelli —, mas a consequência não é intrinsecamente uma melhor construção. Em nenhuma das cidades que estudamos, de Xangai a Chicago, o fato de um prédio ou plano representar uma nova forma ou rasgar uma fenda numa malha existente melhorou por si mesmo a qualidade do ambiente construído. Um filósofo idealista como Benedetto Croce — o amistoso antagonista de Dewey — diria, naturalmente, que a qualidade de algo é independente do tempo em que existe. Mas a uma pessoa de espírito prático a afirmação pode parecer desconcertante. A construção não é uma arte? Por que, então, não deveria obedecer às regras da perícia, tornando-se melhor no jogo de acréscimo e ruptura ao longo do tempo?

Essas evasivas e comparações éticas se resumem numa questão clara: como no artesanato, um ambiente de boa qualidade é aquele que pode ser consertado.

III. Consertar — A busca da qualidade

Resgatando um clichê — As palavras "resiliência" e "sustentabilidade" são clichês que dominam o urbanismo hoje em dia. Todo mundo é a favor, o que quer que signifiquem: as Nações Unidas, a Fundação Rockefeller, os construtores de Masdar e na verdade a maioria deles, todo mundo faz o elogio da dupla para legitimar empreendimentos, sejam bons, ruins ou indiferentes. Os parceiros nesse casamento de clichês não são, no entanto, exatamente idênticos. Na música, uma nota sustentada tem a propriedade de suspender o tempo. Da mesma forma, na construção, "sustentável" pode significar resistente, permanente, durável. Ao passo que "resiliente" significa capacidade de recuperação de forças ou pressões que ocorrem no tempo. Um metal resiliente é capaz de absorver tensões, de modo a não se quebrar nem se deformar em caráter permanente; ele volta ao estado original. No artesanato, um objeto resiliente pode ser consertado; o mesmo quanto a um ambiente resiliente. Com o tempo, ele pode restabelecer sua condição original.

As cidades constantemente estão necessitadas de reparos — o que não é nenhuma novidade para qualquer urbanita passando por ruas esburacadas, sofrendo com panes elétricas ou viajando em transportes públicos antiquados. Em termos práticos, os consertos de construções defeituosas custam mais que fazer o trabalho direito desde o início. A manutenção feita com relaxamento ou contando tostões torna mais difíceis quaisquer reparos nos transportes, como no caso das linhas dos sistemas metroviários de Nova York e Londres. Da mesma forma, uma adequação mais livre entre forma e função teria evitado os enormes investimentos que Xangai precisa fazer agora para consertar suas estradas para lugar nenhum. Num sistema fechado, quando algo dá errado em determinado elemento, todo o sistema pode parar de funcionar ou entrar em colapso, como acontece na gestão de cima para baixo quando erros apresentados como ordens envenenam todo o organismo corporativo.

De modo geral, uma cidade aberta é mais suscetível de reparos que uma cidade fechada. Sua operação é mais solta, suas relações de poder, mais interativas que diretivas, e assim ela é capaz de se adaptar e reprogramar quando as coisas dão errado ou chegam ao fim de sua vida útil. Isto em princípio. Na prática, como uma cidade aberta deve proceder a reparos, como pode se tornar resiliente?

O urbanista tem certas coisas a aprender com o artesão em matéria de consertos. Ao cuidar de um vaso quebrado, o artesão pode adotar três estratégias diferentes: restauração, retificação ou reconfiguração. São as mesmas estratégias que uma cidade pode usar quando atacada por mudanças climáticas ou sofrendo uma ruptura interna.[19]

Formas de conserto — Ao restaurar um vaso, o artesão tenta fazer com que o objeto fique parecendo novo. Usa todos os pedaços possíveis da porcelana quebrada, completa com materiais fabricados segundo a fórmula original, usa cola transparente. Ao restaurar uma pintura, esse tipo de reparo é mais complicado, pois o restaurador precisa decidir, digamos, no caso de uma paisagem do início do Renascimento, que estado será restaurado — o momento inicial em que a obra foi completada ou uma época, talvez dois séculos mais tarde, em que a paisagem ficou famosa. Em ambos os casos, contudo, o trabalho do artesão deve ficar invisível, e o tempo, suspenso.

Alternativamente, um vaso poderia ser consertado por retificação. Nesse tipo de trabalho, o artesão usaria uma fórmula moderna de porcelana, em vez de imitar o original, e, para colar o objeto, um produto mais forte que o original, mas aparecendo na superfície do pote. O mesmo tipo de retificação acontece no conserto de um computador, com a substituição do chip de memória original por outro aperfeiçoado, de tal maneira que o aparelho funcione com mais rapidez. Ainda assim, na retificação, o objeto continua a fazer o que fazia originalmente: o vaso contém a mesma quantidade de água para flores; o computador roda os mesmos programas. A mão do artesão fica evidente no objeto retificado, e a retificação, sob certos aspectos, é melhor que o original.

Um terceiro tipo de reparo consiste na reconfiguração. Neste caso, o fato de algo ter-se quebrado serve de oportunidade para tornar o objeto diferente do que era, tanto na forma como na função. O artesão diante de um vaso quebrado decide usar os pedacinhos para fazer uma bandeja, e não mais um vaso, envolvendo-os numa cola cáustica para aparar as arestas: o objeto velho-novo pode assim conter frutos ou carne, sendo recomposto em função e forma. Até a época moderna, os ceramistas mais econômicos faziam isto o tempo todo, e assim poucos materiais valiosos eram descartados. A reconfiguração funciona do mesmo modo no uso econômico de máquinas: os vidros e o aço de um velho automóvel são derretidos e aproveitados nas janelas e vigas estruturais de um prédio. Na reconfiguração, o artesão se torna um inventor de formas, não sendo mais apenas o servidor de formas concebidas por outros. O objeto original serve de material para um trabalho que segue adiante no tempo, com materiais que se tornam lucrecianos, assim como as configurações materiais de Lucrécio não tinham forma nem destino predeterminado.

Essas três formas de reparo abarcam todo o leque de alternativas da forma fechada à aberta. A restauração é um tipo fechado de reparo: o modelo é que manda, nos materiais, na forma e na função; na retificação, os materiais são de livre uso, mas persiste um vínculo estreito entre forma e função; na reconfiguração, esse vínculo é afrouxado, embora os materiais continuem sendo os do original.

Os equivalentes urbanos da restauração, da retificação e da reconfiguração nos deixam mais perto de entender a resiliência. Em Xangai, as simulações para efeito de vendas de uma aldeia vitoriana ou de uma cidade ao estilo Bauhaus são restaurações em que a mão do criador moderno deve ficar invisível. Um trabalho de retificação como o da cidade-jardim de Mumford emprega uma série de materiais, velhos e novos, fazendas e fábricas, mas a união entre forma e função é estreita. A reconfiguração de uma cidade utiliza as formas abertas descritas no capítulo anterior: a forma-tipo possibilita o processo da variação, a *ville* se torna mais complexa pela criação de sincronicidades, menos determinadas graças à forma incompleta, mais interativa socialmente por causa dos limites porosos, pontuados pela vontade: o vínculo entre forma e função se afrouxa por todos esses motivos, e a cidade fica livre para evoluir. Ela se abre.

Entendido nesses termos, o reparo tem ressonâncias políticas. O equivalente social da restauração do estado original do vaso quebrado é a restauração das origens de uma cultura — ou, por outra, o desejo de voltar a uma época edênica em que se parecia viver de uma forma pura e autêntica. Os nacionalistas sérvios, por exemplo, consideravam que sua cultura existia num estado puro no século XIII; os modernos "restauradores" sérvios guerreiam contra seus vizinhos muçulmanos, com os quais tinham vivido durante sete séculos, para resgatar essa pureza. A restauração da pureza nacional é um tipo fechado de resiliência.

A retificação tem caráter mais centrista e misto, como na tradicional crença dos americanos no equilíbrio de poderes num governo; a máquina do Estado pode continuar funcionando, ainda que se alterem os materiais humanos de que é feita. Os fundadores da Constituição americana acreditavam que, desde que os três ramos do poder diferissem, cada um deles poderia remediar os defeitos dos dois outros; deste modo, o sistema preservaria seu equilíbrio. (Da mesma forma, eles consideravam que o fato de os três ramos estarem sob controle da mesma facção, como acontece no momento, era receita certa de ditadura.) De um ponto de vista analítico, "sustentável" e "resiliente" se apartam nesse tipo de retificação. Ninguém quer que um mesmo partido ou facção seja sustentável no sentido de resistente e perdurável no tempo; mas queremos que o sistema seja resiliente, recuperando-se de inadequações ou incapacidades em qualquer das suas partes.

Por fim, a revolução é uma versão política da reconfiguração: o vaso do Estado está quebrado, façamos, portanto, algo diferente. Na realidade, as mudanças políticas radicais utilizam os burocratas, os soldados e os recursos físicos existentes, reconfigurando-os num novo meio agregador, exatamente como os fragmentos de um vaso quebrado e reconfigurado. Como no caso da Revolução Russa: os velhos modos da instituição militar não mudaram com os bolcheviques, ainda havia hierarquias de comando — na verdade, elas se tornaram ainda mais rígidas, dispondo as tropas de menos autonomia em campo que na época imperial. De maneira mais aberta, uma reconfiguração política não é um apagamento do poder anteriormente existente; trata-se, na realidade, de repensar como seus elementos combinam ou não uns com os outros.

Tudo isto tem pertinência quando se trata de pensar como reparar uma cidade que sofre com as mudanças climáticas. A berma proposta por Bjarke Ingels promete sustentabilidade; vale dizer, mesmo com enchentes e tempestades de vento, ela se destina a durar. As bermas construídas nos Quebra--mares Vivos prometem resiliência recorrendo à reconfiguração como modo de reparo. Trabalham com a mudança, e não contra ela.

Hoje em dia Lucrécio seria um bom conselheiro no equacionamento das mudanças climáticas, em particular naquilo que afetam as cidades. Ele recomenda que não lutemos contra as turbulências do tempo, antes as aceitando, convivendo com elas e com elas trabalhando. O mesmo no que diz respeito aos conflitos entre ruptura e acréscimo de forma; essas "colisões e conjunções [põem] os materiais físicos num caminho imprevisível", gerando clinâmen. Lucrécio não é aquele tipo de estoico que diz: seja passivo, não faça nada, entregue-se ao desespero shelleyano — na verdade, poucos estoicos antigos de fato recomendavam uma submissão inerte ao destino. Em grego antigo, a palavra *krisis* significava uma decisão, necessária quando as coisas alcançam um ponto crítico e não podem mais ser evitadas. O latim de Lucrécio nuançava essa palavra grega dizendo que precisamos decidir calmamente o que fazer diante de uma crise; o estoico desdenhava da mentalidade de crise, movida pela histeria ou pelo terror. Esse espírito antigo é o que as técnicas de resiliência deveriam buscar para promover a recuperação na cidade. A mais valiosa delas é a arte da reconfiguração.

Conclusão: Um dentre muitos

Kantstrasse — A Kantstrasse, uma rua longa, larga e reta, começa na zona comercial da parte ocidental de Berlim, passa por uma área mais sofisticada em torno de Savignyplatz e se torna mais adiante um centro da comunidade asiática da cidade, por fim se transformando na rua principal de uma parte da velha classe operária de Berlim. Eu comecei a estudar a Kantstrasse por causa do meu derrame. A perda de energia física é uma consequência instantânea quando estoura um fusível no cérebro, e essa energia só pode ser recuperada com exercícios constantes. Pois eu fortalecia meu corpo percorrendo a Kantstrasse em longas caminhadas; nelas, a rua parecia condensar a ética da cidade.

Os prédios monumentais e os espaços públicos que marcavam a Berlim imperial, nazista e depois comunista não são vistos ali. Um teatro maravilhosamente pomposo construído antes da Primeira Guerra Mundial, o Theater des Westens, de fato ancora a rua no seu início comercial, e existe ali perto um "marco" arquitetônico desses que chamam a atenção deliberadamente — a Bolsa de Valores de Berlim, no Fasanenstrasse —, estranhamente semelhante a um logotipo do McDonald's ampliado em três dimensões. À parte isto, as residências, lojas e a paisagem das ruas de modo geral não são dignas de nota.

A Kantstrasse é mais ou menos ignorada pela imensa população de jovens na onda que demandam em massa o centro e a parte leste de Berlim. Mas a rua é animada, interessante e cheia de personalidade em quase toda a extensão. Um ou dois lugares da Kantstrasse têm uma intensa vida comunitária, como o Paris Bar, frequentado por boêmios burgueses de mais idade como eu, mas o Schwarzes Café ali perto é mais típico da rua, ficando aberto a noite inteira para sua clientela de jovens, poucos deles parecendo se conhecer. Como em outras cidades grandes, há muitas pessoas solitárias vivendo na Kantstrasse e suas imediações; uma das estimativas de referência sobre pessoas que vivem sozinhas em cidades com mais de 2 milhões de habitantes oscila na casa dos 25 a 30%. Isto ocorre em grande medida porque os adultos estão chegando a idades mais avançadas, e também por causa do gradual desaparecimento da antes urgente necessidade de casar e ter filhos assim que se chega à idade adulta. Não faltam na Kantstrasse pontos de atração para solitários: lojas de conveniência oferecendo minirrefeições para viagem para uma só pessoa e vendendo bananas e cebolas à unidade para os chefs solitários. Mas embora seja povoada por muitos solitários, a rua não dá uma impressão de desolação, pois os indivíduos estão em plena atividade comercialmente durante o dia, e mais socialmente à noite.[1]

Os moradores locais se comunicam com estranhos na rua, mas também mantêm distância. Nos três últimos anos, por exemplo, uma excelente loja de música deu lugar a um negócio mais sofisticado. Investigando, constatei que a gerente, fagotista amadora, observou que sua empresa tinha ficado fora do alcance econômico dos músicos — "o aluguel é um absurdo!" Mas "isto foi na época", declarou, afastando-se para atender a um cliente. Um verdureiro vietnamita, depois de comentar que anglo-saxões como eu hoje em dia são muito bem recebidos no seu país, achou graça ao me vender um tempero apimentado a que se referiu como "o horror dos boches". Minhas antenas sociológicas estremeceram: perguntei se ele considerava estar vivendo num lugar hostil. Ele pôs fim a minhas perguntas com um dar de ombros.

A falta de envolvimento na Kantstrasse tornou-se mais tangível depois do meu derrame. Um derrame costuma ter vertigens como uma das sequelas, especialmente depois de exercícios mais intensos. Nas minhas caminhadas pela Kantstrasse, muitas vezes eu precisava me apoiar com as costas nas paredes dos prédios ou nas vitrines das lojas. Isso atraía olhares de outros transeuntes, mas um olhar em geral bastava, e logo eu era deixado em paz. De certa maneira, isso me agradava; eu não queria virar motivo de transtorno, ser apontado como doente. Mas ainda assim, como um homem mais idoso se recostando numa parede não é uma cena cotidiana na Kantstrasse, eu me perguntava por que a reação não ia além de um olhar.

O motivo óbvio seria o fato de a Kantstrasse representar a condição urbana descrita por Simmel: mista na população e nas atividades, estimulante por causa da mistura, ainda assim ela não é uma comunidade acolhedora e receptiva. Na Kantstrasse, as pessoas usam a máscara de Simmel, não se envolva, mantenha distância emocional. Esta explicação poderia parecer fácil demais a Immanuel Kant, homenageado no nome da Kantstrasse. Para ele, esse reino de estranhos poderia parecer mais aberto, de um jeito cosmopolita.

Kant — Em seu ensaio de 1784, Kant afirmava que um cosmopolita não deve se identificar profundamente com nenhum lugar ou povo. Como vimos, no século XVI um cosmopolita assim era personificado pelo diplomata capaz de deslizar de um lugar a outro, de uma cultura a outra. Kant expandiu a figura do cosmopolita, que passou a representar o "cidadão universal", símbolo da humanidade transcendendo hábitos e tradições locais. Quatro anos depois da publicação do ensaio de Kant, seu acólito Christoph Martin Wieland explicou a afirmação do mestre nos seguintes termos: "Os cosmopolitas [...] encaram todos os povos do planeta como ramos de uma única família [...] [composta de] seres racionais." Mas o próprio Kant não considerava a condição cosmopolita assim tão doce.[2]

Kant imagina o cosmopolitismo como reação a uma tensão humana básica: "O homem tem uma inclinação a se associar aos outros", escreve, "[...] mas também uma forte propensão a se isolar dos outros [...]." Kant chama essa tensão de "sociabilidade associal", querendo dizer "a propensão a entrar na sociedade, [mas] unida a uma oposição mútua que constantemente ameaça romper a sociedade". É esta tensão que deixa a experiência humana torta; as pessoas ao mesmo tempo precisam se envolver e temem se envolver com outras. Para sobreviver à "sociabilidade associal" é necessário estabelecer distâncias mútuas, lidar desapaixonada e impessoalmente com os outros.[3]

O crítico social Ash Amin descreve o cosmopolita kantiano como uma pessoa que se tornou "indiferente à diferença", com a consequência prática de que é capaz de praticar a tolerância. Para Karl Popper, a tolerância era a virtude cardeal na definição das sociedades abertas, assim como para Isaiah

Berlin; a tolerância é necessária porque não existe uma única verdade, mas verdades conflitantes e igualmente válidas. A tolerância depende, poderíamos dizer, da indiferença à verdade — pelo menos a verdade como uma questão de vida e morte. Kant não é um cosmopolita desse tipo liberal. Diz ele: "O homem [...] precisa de um mestre, que contrarie a sua vontade e o obrigue a obedecer a uma vontade universalmente válida [...]." Ele não tem em mente uma pessoa, um Führer, que cuide disso, mas um conjunto de princípios que tire uma pessoa dos seus hábitos, obrigando-a a pensar em termos gerais, e não pessoais.[4, 5]

Se o caso de Kant parece extremo, devemos refletir que a figura do cosmopolita indiferente à diferença está no cerne do cristianismo. "A cidade de Deus não está preocupada com diferenças de costumes, leis ou instituições", escreveu Santo Agostinho. Esse cosmopolitismo sagrado transcende o local e o particular para abraçar uma verdade maior; os quatro Evangelhos se referem a Jesus como um peregrino, um homem que não pertencia a lugar nenhum, sendo a Sua verdade válida em toda parte.[6]

Em termos seculares, o cidadão cosmopolita kantiano tem um certo tipo de justiça ao seu lado. Como dizer a verdade ao poder? Não clamando "você me feriu", mas declarando "o que você faz está errado". Da mesma forma, num trecho famoso da *Fenomenologia do espírito*, Hegel defendia a mesma virada impessoal: um escravo se liberta mentalmente do jugo do senhor despersonalizando os termos do conflito, exigindo que o senhor justifique seu comportamento em princípio, racionalmente. Como se viu na Grenfell Tower, a impessoalidade pode desarmar a justiça, mas ainda assim o estranho representa a figura dominante da cidade, sendo a sua indiferença um fato comportamental.[7]

Uma cidade kantiana? — Kant estabelece os termos de um grande drama que se desenrola nas cidades. Sua imagem do cosmopolita distanciado poderia descrever os cidadãos globais e as forças globalizadas que hoje em dia transformam as cidades. Os investidores controladores do Capítulo 3, que dominam os modernos investimentos urbanos, facilmente figuram agora como sujeitos kantianos, movendo o capital pelo planeta independentemente de lugares, colocando-se acima de sentimentos ou apego em relação aos lugares onde investem. Mas da mesma forma os imigrantes mais pobres também são sujeitos kantianos, como a adaptável jovem bibliotecária de Medellín, sobrevivendo apenas por serem capazes de olhar além dos limites dos hábitos e tradições locais.

A indiferença do tipo tocquevilliano é um vício na *cité*, manifesto nos feudos raciais e de classe das comunidades fechadas; esse recolher-se sobre si mesmo pode se traduzir em formas construídas, como o Googleplex. As fórmulas superficiais de polidez praticadas por londrinos após os conflitos em Clerkenwell também afastavam os outros; a verdade sobre como judeus e muçulmanos se sentiam a respeito uns dos outros era ocultada.

Para Ferdinand Tönnies, a cordialidade da comunidade é um antídoto à indiferença. Na sua maneira de pensar, as pessoas demonstram maior calor humano à proporção que se tornam mais íntimas. Esta visão é falseada sempre que um casal decide se divorciar. Tampouco é adequada em termos de relações urbanas informais. A intimidade é um risco para pessoas como o Sr. Sudhir. Sua sobrevivência não depende de conhecer melhor os clientes ou vizinhos; na verdade, por estar passando adiante mercadoria roubada, quanto mais anônimo se mantiver, melhor. Em Nehru Place, o território informal é transitório: os vendedores aparecem e desaparecem; os escritórios de start-ups junto ao mercado aberto ficam vazios de meses em meses. Essas condições materiais afetam o desejo de intimidade do Sr. Sudhir: as revelações pessoais que fez a mim foram uma trégua — significativas para mim, mas casuais para ele. Desconfio que já tinha esquecido de mim uma hora depois de me servir chá.

Mas a indiferença pode assumir um outro aspecto, mais positivo. Na Kantstrasse, o fato de eu continuar de pé significava que as pessoas não precisavam se envolver, pois sua intervenção não era solicitada. Da mesma forma em Medellín, onde os safos de rua distinguiam as sensações físicas que exigiam ação das que não exigiam. No espaço sincrônico da antiga ágora, os frequentadores faziam uma edição das atividades que clamavam ao mesmo tempo pela sua atenção, focando nas que exigiam uma reação, como fazer determinado gesto para o santuário de um deus; e tratando outras demandas, como um pregão do tipo "Compre azeitonas", como ruído suscetível de ser filtrado. O olhar na Kantstrasse, como vim a me dar conta, refletia uma distinção entre fazer e ser.

Essa distinção contrasta o ativo com o passivo. No mundo da eletrônica, o programa fácil para o usuário não exige dele muito mais que seguir as regras, ao passo que um programa de código aberto muitas vezes o obriga a fazer o programa que vai usar. Enquanto a cidade inteligente prescritiva pouco exige dos habitantes, a cidade inteligente coordenativa exige muito. As relações sociais entre produtores de bens, como os padeiros de Boston, se revelaram sob muitos aspectos mais satisfatórias que a vida social com vizinhos, com os quais eles lidam de maneira contida. Da mesma forma, a "passivização" do público ocorre em "consultas" públicas, ao passo que as coproduções exigem que o público desempenhe um papel mais ativo. Todas as formas abertas discutidas neste livro convidam ao envolvimento ativo, pois nenhuma delas é estável ou autossuficiente.

Se a *cité* aberta é um lugar antes para fazer que para ser, o que ela não faz é despertar simpatia pelos outros. Em sua *Teoria dos sentimentos morais*, Adam Smith deu uma das primeiras explicações fisiológicas de como funciona a simpatia. Quando vemos um homem cair na rua, acorremos para ajudá-lo porque imaginamos a dor como se fosse nosso próprio joelho machucado. Na Kantstrasse, os transeuntes que seguissem Adam Smith se teriam imaginado recostados numa parede em aflição, e portanto me perguntariam se precisava de ajuda.[8]

A regra de ouro transforma essa reação fisiológica num comando ético. O Hádice islâmico, por exemplo, afirma que o profeta disse a um seguidor: "Assim como quer que lhe seja feito, faça também aos outros; e o que não quer que lhe seja feito, não faça aos outros." Tratar os outros como a si mesmo implica reciprocidade, como nos *Analectos* confucianos (um guia antes ético que teológico): Zi Gong (um discípulo de Confúcio) perguntou: "Existe uma palavra capaz de guiar uma pessoa na vida?" O mestre respondeu: "Que tal '*shu*' [reciprocidade]: *nunca impor aos outros o que você não desejaria para si mesmo?*"[9, 10]

Esses preceitos dependem da força da identificação com o outro. Um ex-presidente americano, ao declarar "Sinto a sua dor", se apresentou como totalmente aberto aos outros. Ouvir com simpatia cada eleitor, naturalmente, é necessário para conquistar votos, mas há algo profundamente errado nesta declaração. Primeiro que tudo, há uma espécie de imperialismo moral embutido no mantra do presidente; ser capaz de me identificar com alguém significa que nada que essa pessoa vivencie estará além do meu alcance, da minha capacidade de sentir, das minhas possibilidades. O corolário seria que, se não sou capaz de me identificar com a experiência de outro, vou deixar de me importar com ele. Sou indiferente ao estranho que permanece um estranho, que é essencial e insuperavelmente outro. Essa perversidade está embutida na regra de ouro.

Na Suécia, fiquei pensando de que maneira a identificação com o Outro baseada no desenraizamento poderia se aplicar aos refugiados. A tradição judaica enfatiza o elo comum da humanidade, como fez Wieland, o discípulo de Kant, mas por um motivo mais trágico — como no Levítico 19:34: "O estrangeiro que residir contigo será para ti como um dos teus cidadãos; vais amá-lo como a ti mesmo; pois éreis estranhos na terra do Egito." Na Suécia, era evidente, mesmo na primeira onda de otimismo depois de terminarem suas perambulações, que a identificação entre bósnios e suecos não seria fácil; os estrangeiros teriam de se esforçar muito para aprender sueco, por exemplo, e os suecos teriam de aceitar meninas com a cabeça coberta por um véu nas salas de aula. Tratando-se de uma sociedade esclarecida, os suecos não queriam rejeitar os estrangeiros, como ainda não querem, não obstante as idas e vindas do pêndulo nas três últimas décadas. Para eles, contudo, assim como para outros povos que se têm mostrado generosos em relação aos refugiados, a identificação com valores éticos estranhos não é uma questão de se mostrar totalmente aberto, no sentido de receptivo — exatamente como, para muitos refugiados, a total abertura em relação aos anfitriões não é possível. Nenhum dos dois é capaz de se identificar.

Um contraste com a regra de ouro aparece no ensaio de Georg Simmel que acompanha "A metrópole e a vida mental". Em "O estrangeiro", Simmel escreveu que os estranhos fazem as comunidades e os modos de vida estabelecidos se verem num espelho. Às vezes, como no caso dos manifestantes do PEGIDA, as imagens do estranho definem exatamente como um povo não quer ver a si mesmo, como num espelho semelhante ao de *O retrato de Dorian Gray*, de Oscar Wilde. Mas outras vezes, como na estação ferroviária de Munique, as pessoas se esquecem de si mesmas e reagem às necessidades do estranho: ele está com fome, e pronto. Não vamos sentir fome por causa dele.[11]

A lógica kantiana no caso de uma *cité* é que não deve ser governada pela identificação; na mesma medida, as pessoas devem tornar-se "indiferentes à diferença". Liberadas da antropologia, elas podem se abrir para os que são diferentes e vivem no mesmo lugar. Para Alexander Herzen e Teju Cole, a recomendação de Kant poderia ser: não se ressinta do seu desenraizamento. Faça as coisas agora, pelo que representam em si mesmas.

Dor cosmopolita — Pude sentir essa recomendação de perto na vida de Hannah Arendt, de quem fui aluno. Em seu livro *A condição humana*, concebido na década de 1950, ela imagina a esfera pública como um lugar onde se pode discutir e debater em condições de liberdade e igualdade porque cada um tem uma relação flexível com suas circunstâncias privadas, particulares. Em escritos posteriores, ela condenaria a política baseada nas identidades, especialmente de raça. Mas a sua versão do reino público, ao contrário da de Kant, depende do lugar: uma ágora na Atenas antiga, uma piazza na Siena medieval, um café no Upper West Side nova-iorquino — qualquer lugar onde diferentes grupos possam falar frente a frente.

Arendt teria sido uma boa teórica dos sistemas abertos. Para ela, os encontros no centro urbano denso não geram verdades estáveis ou arrebatadoras. O que chamava de "natalidade" era a tentativa de refazer a vida com outros, de renascimento, como um infindável processo de comunicação e interação. A "natalidade" cria bolsões de ordem no tempo, como pretendia o matemático Neil Johnson; ela requer trocas dialógicas, tal como descritas por Bakhtin; e ao aprender a colaborar, com o passar do tempo, a "natalidade" é algo em que as pessoas são capazes de se aperfeiçoar, tornando-se urbanitas competentes.

Ainda assim, como hoje me dou conta, toda essa teoria teve um enorme custo para ela. Isto se manifesta no contraste entre Arendt e Jane Jacobs, que viviam em Nova York na mesma época mas, até onde sei, nunca tiveram contato. Jacobs, tão empenhada na defesa da comunidade local em Nova York, ainda assim se dispôs a deixar a cidade durante a Guerra do Vietnã, indignada com a política nacional e também por causa da família. Tendo sido forçada a imigrar, sem possibilidade de escolha, Arendt enfrentava um dilema diferente: sob muitos aspectos, desprezava os Estados Unidos, mas estava decidida a aguentar firme; "não se pode andar para trás", disse-me certa vez, a propósito do Anjo de Klee. No entanto, enquanto Jacobs conseguiu construir uma nova vida no Canadá, localmente envolvida, como sempre, certos indícios de que estava ausente, talvez angustiada, às vezes escapavam a Arendt. Eles se manifestavam em momentos em que ela era repreendida ou contrariada, recolhendo-se ao silêncio depois de se refugiar na língua alemã.

Sua convicção de que a vida precisa constantemente ser refeita faz eco à figura bachelardiana de abandonar a segurança da cabana — cujo *Dasein* é como um berço de bebê — para mergulhar nas dificuldades da cidade. Assim também o trabalho de construir uma cidade acarreta rupturas e fraturas que não podem ser desfeitas.

Aberto — Como *ville*, a Kantstrasse tem forma aberta. Ela é usada de maneira sincrônica durante o dia, quando merceeiros, fornecedores de artigos de cozinha, clínicas médicas e restaurantes se misturam nos prédios ao longo da rua. Esses prédios são de forma incompleta, no sentido de que podem e constantemente são de fato reconfigurados no nível do solo. A adaptação também se manifesta no uso dos espaços por baixo das linhas ferroviárias na Savignyplatz; essas arcadas atualmente abrigam uma livraria, um restaurante OK e lojas de roupa barata. A porosidade aparece nas ruas laterais que dão na ferrovia elevada na direção sul, onde a Kantstrasse se estende por território mais habitado por classes trabalhadoras. Ali, as formas construídas são irregulares por trás da fachada; do primeiro andar para cima, habitações são compartilhadas por moradores asiáticos e alemães. A Kurfürstendamm, paralela à Kantstrasse e muito mais vistosa, com cinemas, lojas de luxo e hotéis famosos, atrai os turistas, embora esses encantos atualmente estejam meio desbotados. As nuances de variação de moradores e transeuntes na Kantstrasse são graduais e confusas, e não abruptas, ocorrendo nos próprios quarteirões, e não claramente nas esquinas.

Embora seja aberta na forma, a Kantstrasse não nasceu aberta, como uma coprodução entre urbanista e urbanita. Em certa medida, isto tem a ver com a Segunda Guerra Mundial. Os bombardeios aliados danificaram parte da malha urbana local, exigindo reparos rápidos ou imediata reconstrução; o lento processo deliberativo da coprodução não era viável. Nas décadas seguintes, quando Berlim era uma cidade dividida, as autoridades, ansiosas por ostentar sua parte livre, mantiveram estrito controle sobre o seu desenvolvimento. Por estes motivos históricos, a rua é um modelo imperfeito de *ville* aberta.

Entretanto, como a Paris de Haussmann, é um lugar que adquiriu vida própria, independente das intenções de seus criadores. Nenhum urbanista em Berlim na década de 1960, por exemplo, previu o advento de asiáticos na rua, e, no entanto o lugar se tem mostrado capaz de absorvê-los. Em termos abstratos, as próprias formas adquirem com o tempo uma ação própria; não se limitam às intenções dos criadores originais. Como a *cité*, as formas dessa *ville* são abertas no tempo.

As membranas porosas entre comunidades, as formas-tipo que variam de lugar a lugar, o planejamento de semeadura que as distribui: todas essas formas são mais que locais em sua aplicação, mas não têm um caráter assoberbante nem monumental. A *ville* aberta tem caráter e personalidade por causa das suas marcas, das suas irregularidades, das suas estruturas incompletas. Ruas como os bulevares de Haussmann adquiriram esse caráter "torto" kantiano, embora Haussmann pretendesse que fossem monumentais e imponentes. A guerra fez o mesmo na Kantstrasse. Essas ruas por assim dizer adquiriram um modesto *mein* em larga escala.

Não era inevitável que os bulevares de Haussmann se transformassem nos bulevares de hoje, nem que Delhi viesse a permitir a informalidade, nem que a Kantstrasse se tornasse tão acolhedora da diversidade. Mas os planejadores podem contribuir para esse processo: podemos propor formas e, se necessário, confrontar aqueles que não vivem de uma maneira aberta. Mas o problema do urbanismo tem sido antes uma ênfase autodestrutiva no controle e na ordem, como na Carta de Atenas do século passado, uma obstinação que se interpõe no caminho da evolução da própria forma. A ligação ética entre urbanista e urbanita está na prática de um certo tipo de humildade: viver como um em meio a muitos, mobilizado por um mundo que não nos espelha. Viver como um em meio a muitos permite, nas palavras de Robert Venturi, "riqueza de significado em vez de clareza de significado". É a ética de uma cidade aberta.

Notas

1. Introdução: Torta, aberta, modesta

1. Jacques Le Goff, *La Civilisation de L'occident médiéval* (Paris: Flammarion, 1997).
2. Immanuel Kant, *Idea for a Universal History from a Cosmopolitan Point of View* (1784). A melhor tradução inglesa ainda é de Lewis White Beck em *Kant: On History* (Nova York: Bobbs-Merrill, 1963). A expressão "madeiro torto" aparece na Tese 6.
3. Jerome Groopman, "Cancer: A Time for Skeptics", *The New York Review of Books*, 10 de março de 2016.
4. Francis Crick, *What Mad Pursuit: A Personal View of Scientific Discovery* (Londres: Penguin Books, 1990).
5. Melanie Mitchell, *Complexity: A Guided Tour* (Nova York: Oxford University Press, 2009), p. 13.
6. Steven Strogatz, *Sync* (Londres: Allen Lane, 2003), pp. 181-2.
7. Flo Conway e Jim Siegelman, *Dark Hero of the Information Age: In Search of Norbert Wiener, the Father of Cybernetics* (Nova York: Basic Books, 2005).
8. Robert Venturi, *Complexity and Contradiction in Architecture* (Nova York: Museum of Modern Art, 1966), p. 16.
9. William Mitchell, *City of Bits* (Cambridge, Mass.: MIT Press, 1996), p. 7.
10. Aristóteles, *The Politics*, tradução T. A. Sinclair (1962); tradução revista Trevor J. Saunders (1981) (Londres: Penguin Books, 1992).

11. William James, "Pragmatism, Action and Will", in *Pragmatism: The Classic Writings*, ed. H. S. Thayer (Cambridge, Mass.: Hackett, 1982), p. 181.
12. Yochai Benkler, "Degrees of Freedom, Dimensions of Power", *Daedalus* 145, nº 1 (2016): 20, 23. Ver também Shoshana Zuboff, "Big Other: Surveillance Capitalism and the Prospects of Information Civilization", *Journal of Information Technology* 30, nº 1 (2015): 75-89, e Tim Wu, *The Master Switch: The Rise and Fall of Information Empires* (Nova York: Knopf, 2010).
13. A expressão de Burckhardt consta em inglês em Ernst Cassirer, "Force and Freedom: Remarks on the English Edition of Jacob Burckhardt's 'Reflections on History'", *The American Scholar* 13, nº 4 (1944): 409-10.
14. Giovanni Pico della Mirandola, "Oration on the Dignity of Man'", em *The Renaissance Philosophy of Man*, ed. Ernst Cassirer, Paul Oskar Kristeller e John Herman Randall Jr., (Chicago: University of Chicago Press, 1948), p. 225.
15. Michel de Montaigne, "Same Design: Differing Outcomes", em *The Complete Essays*, trad. M. A. Screech (Londres: Penguin, 2003), pp. 140-9.
16. Bernard Rudofsky, *Architecture Without Architects: A Short Introduction to Non-Pedigreed Architecture* (Albuquerque: University of New Mexico Press, 1999). Ironicamente, o livro consistia originalmente no catálogo de uma exposição apresentada por Rudofsky em 1964 nesse bastião do estilo artístico, o Museu de Arte Moderna de Nova York.
17. Gordon Cullen, *Townscape* (Londres: The Architectural Press, 1961), pp. 175-81.
18. Richard Sennett, *The Craftsman* (New Haven: Yale University Press, 2008), pp. 197-9. (Edição brasileira: *O artífice*. Rio de Janeiro: Record, 2009.)
19. Richard Sennett, *Juntos: Os rituais, os prazeres e a política da cooperação* (Rio de Janeiro: Record, 2012).

2. Alicerces instáveis

1. Ildefons Cerdà, *Teoría de la construcción de las Ciudades* (1859) (Barcelona: Ajuntament de Barcelona, 1991).
2. É uma história que tentei contar em forma de ficção no meu romance *Palais-Royal* (Nova York: Knopf, 1986). Para o quadro mais geral, ver Roy Porter, *Disease, Medicine and Society in England, 1550-1860*, 2ª ed. (Cambridge: Cambridge University Press, 1995), pp. 17-26.
3. David L. Pike, *Subterranean Cities: The World beneath Paris and London, 1800-1945* (Ithaca: Cornell University Press, 2005), p. 234.

4. Friedrich Engels, *The Condition of the Working-Class in England in 1844*, trad. Florence Kelley Wischnewetzky (Londres: Allen & Unwin, 1892), p. viii.
5. Peter Hall, *Cities in Civilization* (Londres: Weidenfeld and Nicolson, 1998), pp. 691-3.
6. Karl Marx e Friedrich Engels, *The Communist Manifesto*, http:// www.gutenberg.org/ebooks/61.
7. Charles Baudelaire, "The Painter of Modern Life", in *Baudelaire: Selected Writings on Art and Artists*, trad. P. E. Charvet (Cambridge: Cambridge University Press, 1981), pp. 402-3.
8. Zygmunt Bauman, *Liquid Modernity* (Cambridge: Polity Press, 2000).
9. Cf. David H. Pinkney, *Napoleon III and the Rebuilding of Paris* (Princeton: Princeton University Press, 1972) e Charles E. Beveridge, Frederick Law Olmsted: *Designing the American Landscape* (Nova York: Rizzoli International Publications, 1995).
10. Antoine Paccoud, "A Politics of Regulation: Haussmann's Planning Practice and Badiou's Philosophy", tese de PhD, London School of Economics and Political Science (LSE), 2012.
11. Ver Richard Sennett, *O declínio do homem público* (1977) (Rio de Janeiro: Record, 2016).
12. K. C. Kurt Chris Dohse, "Effects of Field of View and Stereo Graphics on Memory in Immersive Command and Control", tese de mestrado, Iowa State University, 2007, Retrospective Theses and Dissertations 14673.
13. Degas citado in Roberto Calasso, *La Folie Baudelaire* (Londres: Allen Lane, 2012), p. 171.
14. Joan Busquets, *Barcelona: The Urban Evolution of a Compact City* (Rovereto: Nicolodi, 2005), p. 129.
15. Joseph Rykwert, *The Idea of a Town: The Anthropology of Urban Form in Rome, Italy and the Ancient World* (Cambridge, Mass.: MIT Press, 1988).
16. Ildefonso Cerdà, *Teoría general de la urbanización* (1867) (Barcelona: Instituto de Estudios Fiscales, 1968-71).
17. Lewis Mumford, *The City in History* (Nova York: Harcourt, Brace & World, 1961), p. 421. Ver também Peter Marcuse, "The Grid as City Plan: New York City and Laissez-Faire Planning in the Nineteenth Century", *Planning Perspectives* 2, nº 3 (1987): 287-310.
18. Eric Firley e Caroline Stahl, *The Urban Housing Handbook* (Londres: Wiley, 2009), p. 295.

19. Arturo Soria y Puig (ed.), *Cerdà: The Five Bases of the General Theory of Urbanization* (Madrid: Electa, 1999).
20. Anne Power, *Estates on the Edge: The Social Consequences of Mass Housing in Northern Europe* (Nova York: St Martin's Press, 1997).
21. Frederick Law Olmsted, "Public Parks and the Enlargement of Towns", in Frederick Law Olmste: *Essential Texts*, ed. Robert Twombly (Nova York: W. W. Norton, 2010), pp. 225ss.
22. Mapas em www.insecula.com/CentralPark.
23. Michael Pollak, "What is Jamaica, Queens, Named After?", *The New York Times*, 3 de julho de 2014.
24. Sobre a informalidade, ver Charles E. Beveridge e David Schuyler (eds.), *The Papers of Frederick Law Olmsted*, Vol. 3: *Creating Central Park, 1857–1861* (Baltimore: Johns Hopkins University Press, 1983).
25. Ver as fotografias coligidas por Marcia Reiss in *Central Park Then and Now* (San Diego, CA: Thunder Bay Press, 2010).
26. Olmsted, "A Consideration of the Justifying Value of a Public Park", in Frederick Law Olmsted: *Essential Texts*, ed. Robert Twombly (Nova York: W. W. Norton, 2010), pp. 283ss.
27. Piet Oudolf e Noel Kingsbury, *Planting Design: Gardens in Time and Space* (Portland, Oregon: Timber Press, 2005), pp. 36ss. Tipologia extraída de J. Philip Grime, *Plant Strategies, Vegetation Processes, and Ecosystem Properties* (Chichester: Wiley, 2001).
28. Gustave Le Bon, *The Crowd: A Study of the Popular Mind* (1895), trad. Jaap van Ginneken (Kitchener, Ontario: Batoche Books, 2001), pp. 14–7.
29. Sigmund Freud, *Group Psychology and the Analysis of the Ego* (1921) (Nova York: W. W. Norton, 1975).
30. Elias Canetti, *Crowds and Power* (Nova York: Viking Press, 1962).
31. José Ortega y Gasset, *The Revolt of the Masses* (1930) (Nova York: W. W. Norton, 1964).
32. Georg Simmel, "The Metropolis and Mental Life", in Georg Simmel, *On Individuality and Social Forms: Selected Writings*, ed. Donald N. Levine (Chicago: Chicago University Press, 1971), pp. 324–39.
33. Cito agora da minha própria tradução, in Georg Simmel, "The Metropolis and Mental Life", in *Classic Essays on the Culture of Cities*, ed. Richard Sennett (Nova York: Appleton-Century-Crofts, 1969), p. 48.
34. Ibid.

35. Ibid.
36. Ibid., p. 47.
37. Greg Castillo, "Gorki Street and the Design of the Stalin Revolution", in *Streets: Critical Perspectives on Public Space*, ed. Zeynep Çelik, Diane Favro e Richard Ingersoll (Berkeley: University of California Press, 1994), pp. 57–70.
38. James Winter, *London's Teeming Streets, 1830–1914* (Nova York: Routledge, 1993), p. 100.
39. Cf. o trabalho realizado pelo Space Syntax Laboratory na Bartlett School of Architecture, University College London. O trabalho do Lab sobre a densidade é explicado in Nick Stockton, "There's a Science to Foot Traffic, and It Can Help Us Design Better Cities", *Wired Magazine*, 27 de janeiro de 2014, www.wired.com/2014/01/space-syntax-china/.
40. Spiro Kostof, *The City Assembled: The Elements of Urban Form through History* (Boston: Little, Brown, 1992), p. 214.
41. William H. Whyte, *The Social Life of Small Urban Spaces*, DVD/video, Direct Cinema Ltd, Santa Monica, California, 1988.
42. Henry Shaftoe, *Convivial Urban Spaces: Creating Effective Public Spaces* (Londres: Routledge, 2008), pp. 88–91.
43. Marianne Weber, *Max Weber: A Biography*, trad. Harry Zohn (Nova York: John Wiley & Sons, Inc., 1975).
44. Jonathan Steinberg, *Bismarck: A Life* (Oxford: Oxford University Press, 2011), p. 86.
45. Stefan Zweig, *The World of Yesterday* (1942), trad. Anthea Bell (Londres: Pushkin Press, 2009), Capítulo VIII, "Brightness and Shadows over Europe".
46. A referência original é Max Weber, *Wirtschaft und Gesellschaft* (Tübingen: J. C. B. Mohr (P. Siebeck), 1922); o ensaio foi originalmente publicado em 1921, tendo sido escrito provavelmente em 1917. Tradução minha.
47. Max Weber, *Economy and Society: An Outline of Interpretive Sociology*, ed. Guenther Roth e Claus Wittich, Vol. 1 (Nova York: Bedminster Press, 1968), p. 4.

3. O divórcio entre *cité* e *ville*

1. William I. Thomas e Florian Znaniecki, *The Polish Peasant in Europe and America* (Nova York: Knopf, 1927).
2. Harvey W. Zorbaugh, *The Gold Coast and the Slum* (Chicago: University of Chicago Press, 1929).

3. Martin Bulmer, *The Chicago School of Sociology. Institutionalization, Diversity, and the Rise of Sociological Research* (Chicago: University of Chicago Press, 1986), pp. 59-60.
4. Ver Richard Sennett, *Families against the City* (Cambridge, Mass.: Harvard University Press, 1970).
5. Minha mãe realizou trabalho de campo sobre o tema para Charlotte Towle, *Common Human Needs* (Washington, DC: Federal Security Agency, 1945), *passim*.
6. Robert Park, "The City: Suggestions for the Investigation of Human Behavior in the Urban Environment", in *Classic Essays on the Culture of Cities*, ed. Richard Sennett (Nova York: Appleton-Century-Crofts, 1969), pp. 91-130, na p. 91.
7. Louis Wirth, "Urbanism as a Way of Life", *American Journal of Sociology* 44, nº 1 (1938): 20.
8. Michael Dennis, *Court & Garden: From the French Hôtel to the City of Modern Architecture* (Cambridge, Mass.: MIT Press, 1986), p. 213.
9. Le Corbusier, *When the Cathedrals Were White*, trad. Francis E. Hyslop Jr. (Nova York: Reynal & Hitchcock, 1947), p. 47.
10. Um bom apanhado geral é Eric Mumford, *The CIAM Discourse on Urbanism, 1928-1960* (Cambridge, Mass.: MIT Press, 2000).
11. Le Corbusier, *The Athens Charter*, trad. Anthony Eardley (Nova York: Grossman Publishers, 1973), p. 65 (habitar, nº 29), p. 70 (lazer, nº 37), p. 76 (trabalho, nº 46), pp. 84-5 (transporte, nºs. 62 e 64).
12. James Holston, *The Modernist City: An Anthropological Critique of Brasília* (Chicago: Chicago University Press, 1989), p. 77.
13. Le Corbusier, *The Athens Charter*, p. 88 (nº 70).
14. José Luis Sert, *Can Our Cities Survive?: An ABC of Urban Problems, Their Analysis, Their Solutions. Based on the Proposals Formulated by the C.I.A.M., International Congresses for Modern Architecture...* (Cambridge, Mass.: Harvard University Press, 1944).
15. Jonathan Barnett, "The Way We Were, the Way We Are: The Theory and Practice of Designing Cities since 1956", *Harvard Design Magazine*, nº 24, "The Origins and Evolution of 'Urban Design', 1956-2006", 2006.
16. Alex Krieger, "*HDM* Symposium: Can Design Improve Life in Cities? Closing Comments or Where and How Does Urban Design Happen?", in ibid.
17. Barnett, "The Way We Were, the Way We Are".

NOTAS 341

18. Aristóteles, *Politics*, Livro, Capítulos 11-12, http://www.gutenberg.org/files/6762/6762-h/6762-h.htm#link2HCH0090.
19. Richard Sennett, "An Urban Anarchist: Jane Jacobs", *The New York Review of Books*, 1º de janeiro de 1970.
20. Lewis Mumford, *Technics and Civilization* (Chicago: University of Chicago Press, 1934), pp. 344-58.
21. São os padrões da American Association of State Highway and Transportation Officials, adotados pelos engenheiros civis chineses. Ver http://www.aboutcivil.org/typical-cross-section-of-highways.html.

4. O anjo de Klee deixa a Europa

1. Rana Dasgupta, *Capital: The Eruption of Delhi* (Londres: Canongate Books, 2015), p. 362.
2. Helge Mooshammer, Peter Mörtenböck, Teddy Cruz e Fonna Forman (eds.), *Informal Market Worlds Reader: The Architecture of Economic Pressure* (Roterdã: Nai010 Publishers, 2015).
3. Eric Firley e Caroline Stahl, *The Urban Housing Handbook* (Londres: Wiley, 2009).
4. Teresa P. R. Caldeira, "Peripheral Urbanization: Autoconstruction, Transversal Logics, and Politics in Cities of the Global South", *Environment and Planning D: Society and Space*, 35, nº 1 (2017): 3-20.
5. D. Asher Ghertner, *Rule by Aesthetics: World-Class City Making in Delhi* (Nova York: Oxford University Press, 2015), p. 9.
6. Atualmente, o melhor guia geral dessas mudanças é a revisão, efetuada em 2014 pela ONU, do *World Urbanization Prospects*, encontrada em https://esa.un.org/unpd/wup/publications/files/wup2014-highlights.Pdf.
7. Saskia Sassen, *Expulsions* (Cambridge, Mass.: Harvard University Press, 2014).
8. Os dados sobre a densidade em Delhi são do Registrar General and Census Commissioner's Office: http://www.censusindia.gov.in/2011-Common/CensusData2011.html; para a França: https://www.insee.fr.
9. Jean Gottmann, *Megalopolis: The Urbanized Northeastern Seaboard of the United States* (Nova York: Twentieth Century Fund, 1961).
10. Cf. Steef Buijs, Wendy Tan e Devisari Tunas (eds.), *Megacities: Exploring a Sustainable Future* (Roterdã: Nai010 Publishers, 2010).
11. Cf. Saskia Sassen, *The Global City* (Princeton: Princeton University Press, 1998).

12. William H. Janeway, *Doing Capitalism in the Innovation Economy: Markets, Speculation and the State* (Cambridge: Cambridge University Press, 2017), Capítulo 4, *passim*.
13. Saskia Sassen, *Cities in a World Economy*, 4ª ed. (Los Angeles: Sage Publications, 2012).
14. Liu Thai Ker, "Urbanizing Singapore", in *Megacities*, ed. Buijs, Tan e Tunas, pp. 246-7. Cingapura é uma exceção à regra.
15. Ravi Teja Sharma, "Floor Area Ratio, Ground Coverage Increased in Delhi; Move to Benefit Buyers", *The Economic Times* (Índia), 27 de novembro de 2014.
16. Martín Rama, Tara Béteille, Yue Li, Pradeep K. Mitra e John Lincoln Newman, *Addressing Inequality in South Asia* (Washington, DC: World Bank Group, 2015).
17. Hai-Anh H. Dang e Peter F. Lanjouw, "Poverty Dynamics in India between 2004 and 2012: Insights from Longitudinal Analysis Using Synthetic Panel Data'", Policy Research Working Paper 7270, World Bank Group (2015).
18. Ver o debate público que se seguiu à projeção do filme na Haus der Kulturen der Welt em http://hkw.de/en/app/mediathek/video/26489.
19. Sobre o Bund e sua relação com o puramente chinês, ver Harriet Sergeant, *Shanghai* (Londres: Jonathan Cape, 1991).
20. Para um compêndio geral sobre a China urbana, ver Thomas J. Campanella, *The Concrete Dragon: China's Urban Revolution and What It Means for the World* (Nova York: Princeton Architectural Press, 2008).
21. Meus agradecimentos a Bob Liu Roberts por me alertar para Xu Mingqian, "Development of Old Neighborhoods in Central Shanghai", in *Shanghai Statistics Yearbook, 2004* (Xangai: Xuelin, 2004). Também, Xuefei Ren, "Forward to the Past: Historical Preservation in Globalizing Shanghai", in Breslauer Graduate Student Symposium, "The Right to the City and the Politics of Space", University of California, Berkeley, 14-15 de abril de 2006.
22. Estatísticas citadas na conferência "Shaping Cities", do Urban Age, para a Bienal de Veneza, 2016; https://urbanage.lsecities.net/conferences/ shaping-cities-venice-2016.
23. Cf. Philip P. Pan, *Out of Mao's Shadow: The Struggle for the Soul of a New China* (Nova York: Simon & Schuster, 2008).
24. Xuefei Ren, *Building Globalization: Transnational Architecture Production in Urban China* (Chicago: University of Chicago Press, 2011), pp. 50-8.
25. Joseph Alois Schumpeter, *Capitalism, Socialism and Democracy* (1942) (Londres: Routledge, 2010), pp. 73, 77-9.

26. Sobre Howard, ver Richard T. LeGates e Frederic Stout, *The City Reader* (Londres: Routledge, 1996), p. 345. Quanto a Le Corbusier, cada torre de vinte e oito andares podia conter novecentas pessoas; Le Corbusier achava no início que o plano consistiria em cinquenta torres.
27. Ver Florian Urban, *Tower and Slab* (Londres: Routledge, 2012), pp. 148-64.
28. Campanella, *The Concrete Dragon*, pp. 144-71, especialmente pp. 163ss.
29. Da mesma forma, Marc Fried constatou que um projeto de renovação urbana na base do arrasamento e reconstrução em Boston no meado do século XX causou profunda desorientação social; ver Marc Fried, "Grieving for a Lost Home: Psychological Costs of Relocation", in *Urban Renewal: The Record and the Controversy*, ed. James Q. Wilson (Cambridge, Mass.: MIT Press, 1966), pp. 359-79.
30. Herbert J. Gans, *The Urban Villagers: Group and Class in the Life of Italian-Americans* (Nova York: Free Press, 1982).
31. Sharon Zukin, *Loft Living: Culture and Capital in Urban Change* (Baltimore: Johns Hopkins University Press, 1982).
32. Richard Florida, *The Rise of the Creative Class: And How It's Transforming Work, Leisure, Community and Everyday Life* (Nova York: Basic Books, 2002).
33. Patti Waldmeir, "Shanghai Starts Search for Its Heritage", *Financial Times*, 22 de fevereiro de 2013, p. 8.
34. James Salter, *Light Years* (Nova York: Random House, 1975), p. 69.
35. Ver Marc Masurovsky, "Angelus Novus, Angel of History, by Paul Klee", *Plundered Art*, Holocaust Art Restitution Project (HARP), 26 de fevereiro de 2013, http://plundered-art.blogspot.co.uk/2013/02/angelus-novus-angel-of-history-by-paul.html.
36. Walter Benjamin, *On the Concept of History*, Gesammelte Schriften I:2 (Frankfurt am Main: Suhrkamp Verlag, 1974). Tradução minha.
37. Walter Benjamin, *Moscow Diary*, trad. Richard Sieburth (Cambridge, Mass.: Harvard University Press, 1986), p. 126.
38. Ibid., pp. 37, 61.

5. O peso dos outros

1. Os leitores estrangeiros encontrarão um excelente relato a respeito in "Germans Take to the Streets to Oppose Rise of Far-Right 'Pinstripe Nazi' Party", *The Guardian*, 5 de janeiro de 2015; https://www.theguardian.com/world/2015/jan/05/germans-march-oppose-pegida-far-right-racism-tolerance.

2. Ver Charles Westin, "Sweden: Restrictive Immigration Policy and Multiculturalism'", Migration Policy Institute Profile, 1º de junho de 2006, http://www.migrationpolicy.org/article/sweden-restrictive-immigration-policy-and-multiculturalism/.
3. Para um apanhado geral, cf. Michael R. Marrus, *The Unwanted: European Refugees in the Twentieth Century* (Oxford: Oxford University Press, 1985).
4. Uma ironia: uma das fontes de Wagner foi uma história contada por Heinrich Heine, na qual as viagens infindáveis marcavam a vida de judeus (com os quais notoriamente Wagner não simpatizava).
5. Dennis Hirota, "Okakura Tenshin's Conception of 'Being in the World'", *Ryūkoku Daigaku Ronshū*, nº 478 (2011): 10-32.
6. Adam Sharr, *Heidegger's Hut* (Cambridge, Mass.: MIT Press, 2006), p. 63.
7. Paul Celan, "Todtnauberg", in *Selected Poems* (Londres: Penguin, 1996).
8. Paul Celan, "Hut Window" ("Hüttenfenster"), in *Selected Poems*.
9. Elfriede Jelinek, *Totenauberg: Ein Stück* (Hamburg: Rowohlt, 2004).
10. Susan Buck-Morss, *The Dialectics of Seeing: Walter Benjamin and the Arcades Project* (Cambridge, Mass.: MIT Press, 1991), pp. 34ss.
11. Martin Heidegger, "Building Dwelling Thinking", trad. Albert Hofstadter, in *Poetry, Language, Thought* (Nova York: Harper and Row, 1971), p. 362.
12. Richard Sennett, *The Foreigner: Two Essays on Exile* (Londres: Notting Hill Editions, 2017), pp. 1-45.
13. Emmanuel Levinas, "Martin Buber and the Theory of Knowledge", in Maurice Friedman e Paul Arthur Schilpp (eds.), *The Philosophy of Martin Buber* (Londres: Cambridge University Press, 1967), pp. 133-50 (ensaio escrito em 1958; publicado originalmente em alemão em 1963).
14. Ver Richard Sennett, *A corrosão do caráter: consequências pessoais do trabalho no novo capitalismo* (Rio de Janeiro: Record, 1999).
15. Katherine S. Newman, *Falling from Grace: Downward Mobility in the Age of Affluence* (Berkeley e Los Angeles, Calif.: University of California Press, 1999).
16. E também, no meu caso, Richard Sennett e Jonathan Cobb, *The Hidden Injuries of Class* (Nova York: W. W. Norton, 1972); Sennett, *A corrosão do caráter*; Richard Sennett, *Respect: The Formation of Character in an Age of Inequality* (Nova York: W. W. Norton e Londres: Allen Lane, 2003); Richard Sennett, *The Culture of the New Capitalism* (New Haven: Yale University Press, 2006).

17. O estudo clássico sobre a gentrificação é Sharon Zukin, *Loft Living: Culture and Capital in Urban Change* (Baltimore: Johns Hopkins University Press, 1982). Os que se recusam a sair são descritos pela ShelterForce, uma organização comunitária. Ver shelterforce.org.
18. Ver Rachel Lichtenstein, *Diamond Street: The Hidden World of Hatton Garden* (Londres: Hamish Hamilton, 2012).
19. Robert D. Putnam, *Bowling Alone: The Collapse and Revival of American Community* (Nova York: Simon & Schuster, 2000).
20. Sobre Robert Frost, ver Thomas Oles, *Walls: Enclosure and Ethics in the Modern Landscape* (Chicago: University of Chicago Press, 2015), pp. 6-8.
21. Cf. John Demos, *A Little Commonwealth: Family Life in Plymouth Colony*, 2ª ed. (Oxford: Oxford University Press, 1999), pp. 148-9.
22. Ver Russell Hardin, *Trust* (Cambridge: Polity Press, 2006), pp. 26, 90-1, em especial a discussão sobre a "confiança fraca".

6. Tocqueville em Tecnópolis

1. Alexis de Tocqueville, *Democracy in America*, trad. Henry Reeve, vol. 2 (Nova York: The Modern Library, 1981).
2. Richard Sennett, *Together: The Rituals, Pleasures and Politics of Cooperation* (New Haven: Yale University Press/London: Allen Lane, 2012), pp. 24-9. (Edição brasileira: *Juntos: Os rituais, os prazeres e a política da cooperação*. Rio de Janeiro: Record, 2012.)
3. Nathan Heller, "California Screaming", *The New Yorker*, 7 de julho de 2014, pp. 46-53; o número é citado na p. 49.
4. Richard Sennett, *The Culture of the New Capitalism* (New Haven: Yale University Press, 2006), pp. 15-83. (Edição brasileira: *A cultura do novo capitalismo*. Rio de Janeiro: Record, 2006.) Pude realizar minha pesquisa no Vale do Silício graças ao Center for Advanced Study in the Behavioral Sciences, em Palo Alto, onde fui Fellow em 1996-7.
5. Frank Duffy, *Work and the City* (Londres: Black Dog Publishing, 2008).
6. Um excelente estudo geral do design de escritórios é Nikil Saval, *Cubed: A Secret History of the Workplace* (Nova York: Doubleday, 2014).
7. John Meachem, "Googleplex: A New Campus Community", 2004, http://www.clivewilkinson.com/case-studies-googleplex-a-new-campus-community/.
8. Radcliffe citado in Paul Goldberger, "Exclusive Preview: Google's New Built-from-Scratch Googleplex", *Vanity Fair*, 22 de fevereiro de 2013.

9. John Dewey, *Art as Experience* (Nova York: Perigee Books, 2005), p. 113.
10. Richard Sennett, *O artífice* (Rio de Janeiro: Record, 2009).
11. George Packer, *The Unwinding: An Inner History of the New America* (Nova York: Farrar, Straus and Giroux, 2013) e Bill Gates, *The Road Ahead* (Nova York: Viking Press, 1995), pp. 180-2.
12. Peter Merholz, "'Frictionless' as an Alternative to 'Simplicity' in Design", blog *Adaptive Path*, 22 de julho de 2010; http://adaptivepath.org/ideas/friction-as--an-alternative-to-simplicity-in-design/.
13. Evgeny Morozov, *To Save Everything, Click Here: Smart Machines, Dumb Humans, and the Myth of Technological Perfectionism* (Nova York: Perseus Books, 2013).
14. Nicholas Carr, *The Shallows: What the Internet Is Doing to Our Brains* (Nova York: W. W. Norton, 2011).
15. Sherry Turkle, *Alone Together: Why We Expect More from Technology and Less from Each Other* (Nova York: Basic Books, 2012).
16. Norman J. Slamecka e Peter Graf, "The Generation Effect: Delineation of a Phenomenon", *Journal of Experimental Psychology: Human Learning and Memory* 4, n° 6 (1978): 592-604.
17. Christof van Nimwegen, "The Paradox of the Guided User: Assistance Can Be Counter-Effective", SIKS Dissertation Series n° 2008-09, Universidade de Utrecht, 2008.
18. Sobre a relação de Peirce com a arquitetura, ver Alexander Timmer, "Abductive Architecture", MArch thesis, Harvard University Graduate School of Design, 2016.
19. Leon Festinger, *A Theory of Cognitive Dissonance* (Stanford: Stanford University Press, 1957), p. 3.
20. Leon Festinger e James M. Carlsmith, "Cognitive Consequences of Forced Compliance", *Journal of Abnormal and Social Psychology* 58, n° 2 (1959): 203-10.
21. Dois estudos técnicos, entre muitos: Jeffrey D. Holtzman, Harold A. Sedgwick e Leon Festinger, "Interaction of Perceptually Monitored and Unmonitored Efferent Commands for Smooth Pursuit Eye Movements", *Vision Research* 18, n° 11 (1978): 1545-55; Joel Miller e Leon Festinger, "Impact of Oculomotor Retraining on the Visual Perception of Curvature", *Journal of Experimental Psychology: Human Perception and Performance* 3, n° 2 (1977): 187-200.
22. Elijah Anderson, *Code of the Street: Decency, Violence, and the Moral Life of the Inner City* (Nova York: W. W. Norton, 2000).

23. Maarten Hajer e Ton Dassen, *Smart about Cities: Visualising the Challenge for 21st Century Urbanism* (Roterdã: Nai010 Publishers, 2014), p. 11.
24. Adam Greenfield, *Against the Smart City: A Pamphlet* (Nova York: Do Projects, 2013).
25. Dave Eggers, *The Circle* (Nova York: Vintage Books, 2014).
26. Anthony M. Townsend, *Smart Cities: Big Data, Civic Hackers, and the Quest for a New Utopia* (Nova York: W. W. Norton, 2013), pp. 93–115.
27. Ver Greenfield, *Against the Smart City*.
28. Ver http://www.masdar.ae/en/masdar-city/the-built-environment.
29. Sam Nader, "Paths to a Low-Carbon Economy – The Masdar Example", *Energy Procedia* 1, nº 1 (2009): 3591-58.
30. Suzanne Goldenberg, "Climate Experts Urge Leading Scientists' Association: Reject Exxon Sponsorship", *The Guardian*, 22 de fevereiro de 2016.
31. Norbert Wiener, *Cybernetics*, ed. revista (Cambridge, Mass: MIT Press, 1965), especialmente "Preface to the Second Edition", pp. vii–xiii.
32. Gianpaolo Baiocchi e Ernesto Ganuza, "Participatory Budgeting as if Emancipation Mattered", *Politics & Society* 42, nº 1 (2014): 29–50.
33. Carlo Ratti e Anthony Townsend, "Harnessing Residents' Electronic Devices Will Yield Truly Smart Cities", *Scientific American*, setembro de 2011.
34. Animesh Rathore, Deepti Bhatnagar, Magüi Moreno Torres e Parameeta Kanungo, "Participatory Budgeting in Brazil" (Washington, DC: Banco Mundial, 2003), http://siteresources.worldbank.org/INTEMPOWERMENT/Resources/14657_Partic-Budg-Brazil-web.pdf.
35. "Supporting decision making for long term planning", ForCity, http://www.forcity.com/en/.
36. Robert Musil, *The Man without Qualities*, Vol. 1: *A Sort of Introduction and Pseudoreality Prevails*, trad. Sophie Wilkins e Burton Pike (Londres: Picador, 1997), pp. 26, 27.

7. O urbanita competente

1. Ver Tom Feiling, *Short Walks from Bogotá: Journeys in the New Colombia* (Londres: Allen Lane, 2012).
2. William James, *The Principles of Psychology*, Vol. 1 (Nova York: Henry Holt, 1890), Capítulo 9.
3. Sara Fregonese, "Affective Atmospheres, Urban Geopolitics and Conflict (De) escalation in Beirut", *Political Geography* 61, (2017): 1–10.

4. James, *The Principles of Psychology*, Vol. 1, pp. 403-4.
5. Frank R. Wilson, *The Hand: How Its Use Shapes the Brain, Language, and Human Culture* (Nova York: Pantheon, 1998), p. 99.
6. Clifford Geertz, *Local Knowledge: Further Essays in Interpretive Anthropology* (Nova York: Basic Books, 1983), p. xi.
7. Ver Morris Bishop, *Petrarch and His World* (Bloomington: Indiana University Press, 1963), pp. 102-12.
8. Iain Sinclair, *London Orbital: A Walk around the M25* (Londres: Penguin Books, 2009).
9. Rebecca Solnit, *Wanderlust: A History of Walking* (Londres: Granta, 2014), pp. 173-80.
10. A obra de base no caso é David Marr, *Vision* (Cambridge, Mass.: MIT Press, 2010). Estou descrevendo a visão estereoscópica, em particular a percepção aprofundada em movimento.
11. Yi-Fu Tuan, *Space and Place: The Perspective of Experience* (Minneapolis: University of Minnesota Press, 2003), p. 71.
12. Michel Lussault, *L'Homme spatial* (Paris: Seuil, 2007), pp. 64ss.
13. Geoffrey Scott, *The Architecture of Humanism: A Study in the History of Taste* (1914) (Nova York: W. W. Norton, 1999), p. 159.
14. Allan B. Jacobs, *Great Streets* (Cambridge, Mass.: MIT Press, 1995), pp. 272-80.
15. Jan Gehl, *Cities for People* (Washington, DC: Island Press, 2010), pp. 34-5.
16. M. M. Bakhtin, *The Dialogic Imagination: Four Essays*, ed. Michael Holquist, trad. Caryl Emerson e Michael Holquist, University of Texas Press Slavic Series 1 (Austin: University of Texas Press, 1981), p. 291.
17. Ver Michael Holquist, *Dialogism: Bakhtin and His World* (Londres: Routledge, 1990).
18. Bakhtin, *The Dialogic Imagination*, p. 323.
19. Bernard Williams, *Truth and Truthfulness: An Essay in Genealogy* (Princeton: Princeton University Press, 2002), p. 107.
20. Ver, por exemplo, Horace R. Cayton e St Clair Drake, *Black Metropolis* (Londres: Jonathan Cape, 1946).
21. Holquist, *Dialogism*, p. iv.
22. Bakhtin, *The Dialogic Imagination*, pp. 262-3.
23. Teju Cole, *Open City: A Novel* (Nova York: Random House, 2011), p. 155. (Edição brasileira: *Cidade aberta*. São Paulo: Companhia das Letras, 2012.)
24. Richard Sennett, *The Foreigner: Two Essays on Exile* (Londres: Notting Hill Editions, 2017).

25. Gaston Bachelard, *The Poetics of Space*, trad. Maria Jolas (Boston: Beacon Press, 1969), pp. 27, 239. (Edição brasileira: *A poética do espaço*. Rio de Janeiro: Martins Fontes, 2008.)
26. Gaston Bachelard, *The New Scientific Spirit*, trad. Arthur Goldhammer (Boston: Beacon Press, 1985).
27. Louis Althusser, *Essays in Self-Criticism*, trad. Grahame Lock (Londres: New Left Books, 1976), pp. 107-17.

8. Cinco formas abertas

1. John M. Camp, *The Athenian Agora: Excavations in the Heart of Classical Athens* (Londres: Thames and Hudson, 1986), p. 72.
2. A melhor descrição desse planejamento ainda é Sigfried Giedion, "Sixtus V and the Planning of Baroque Rome", *Architectural Review* 111 (abril de 1952): 217-26.
3. Manuel de Solà-Morales, "Cities and Urban Corners", in exposição *Cities, Corners, The B.MM Monographs* 4 (2005), pp. 131-4, http:// www.publicacions.bcn.es/b_mm/abmm_forum/131-134ang.pdf.
4. Sunniva Harte, *Zen Gardening* (Nova York: Stewart, Tabori & Chang, 1999), p. 18.
5. Uma boa descrição sucinta do projeto de Nolli se encontra online em Allan Ceen, "The Nolli Map and Cartography", http://nolli.uoregon.edu/nuova Pianta.html.
6. Ver Spiro Kostof, *The City Assembled: The Elements of Urban Form through History* (Boston: Little, Brown, 1992), pp. 28-33.
7. R. Murray Schafer, *The Soundscape: Our Sonic Environment and the Tuning of the World* (Nova York: Knopf, 1994), p. 11.
8. Mensuração de pisadas por Richard Sennett.
9. Schafer, *The Soundscape*, pp. 77-9.
10. Alexander Cohen et al., "'Sociocusis' – Hearing Loss from Non-Occupational Noise Exposure", *Sound and Vibration* 4, nº 11 (1970), pp. 12-20.
11. Todd Longstaffe-Gowan, *The London Square: Gardens in the Midst of Town* (Londres e New Haven: Yale University Press, 2012), pp. 202-4, 209.
12. Estes cálculos foram extraídos da bíblia do arquiteto paisagista, Robert Holden e Jamie Liversedge, *Construction for Landscape Architecture* (Londres: Laurence King Publishing, 2011), pp. 114-7.
13. Gaston Bachelard, *The Poetics of Space*, trad. Maria Jolas (Boston: Beacon Press, 1969), p. xv. (Edição brasileira: *A poética do espaço*. Rio de Janeiro: Martins Fontes, 2008.)

14. Roland Barthes, *A Lover's Discourse: Fragments*, trad. Richard Howard (Nova York: Hill and Wang, 2010), p. 31. (Edição brasileira: *Fragmentos de um discurso amoroso*. Rio de Janeiro: Martins Fontes, 2003.)
15. Richard Sennett, *The Craftsman* (New Haven: Yale University Press, 2008), pp. 125-6. (Edição brasileira: *O artífice*. Rio de Janeiro: Record, 2009.)
16. Ver Marta Bausells, "Superblocks to the Rescue: Barcelona's Plan to Give Streets Back to Residents", *The Guardian*, 17 de maio de 2016.
17. Kevin Lynch, *The Image of the City* (Cambridge, Mass.: MIT Press, 1960), pp. 9-10.
18. Kevin Lynch, *Good City Form* (Cambridge, Mass.: MIT Press, 1981), pp. 37-50.
19. Ver Colin Rowe e Fred Koetter, *Collage City* (Cambridge, Mass.: MIT Press, 1979), pp. 168ss.
20. Edward R. Tufte, *The Visual Display of Quantitative Information*, 2ª ed. (Cheshire, Conn.: Graphics Press, 2001).
21. Larry A. Hickman (ed.), *The Correspondence of John Dewey, 1871-1952* (Carbondale: Southern Illinois University Press, 1999-2004), Vol. 3, 25 de setembro de 1949, Carta 11135, http://www.nlx.com/collections/132.
22. Ver Henri Focillon, *The Life of Forms in Art* (Nova York: Zone Books, 1992).

9. O vínculo pelo fazer

1. Michel Callon, Pierre Lascoumes e Yannick Barthe, *Acting in an Uncertain World: An Essay on Technical Democracy*, trad. Graham Burchell (Cambridge, Mass.: MIT Press, 2011).
2. Ver Richard Sennett, *The Craftsman* (New Haven: Yale University Press, 2008), pp. pp. 39-45. (Edição brasileira: *O artífice*. Rio de Janeiro: Record, 2009.)
3. Samir Khalaf e Philip S. Khoury (eds.), *Recovering Beirut: Urban Design and Post-War Reconstruction* (Leiden: E. J. Brill, 1993).
4. Sennett, *The Craftsman*, pp. 84-8.
5. Richard Sennett e Jonathan Cobb, *The Hidden Injuries of Class* (Nova York: W. W. Norton, 1972).
6. Richard Sennett, *A corrosão do caráter: consequências pessoais do trabalho no novo capitalismo* (Rio de Janeiro: Record, 1999).
7. Richard Sennett, *Together: The Rituals, Pleasures and Politics of Cooperation* (New Haven: Yale University Press/London: Allen Lane, 2012), pp. 38-40. (Edição brasileira: *Juntos: Os rituais, os prazeres e a política da cooperação*. Rio de Janeiro: Record, 2012.)
8. Ver a descrição do que se passou em http://en.wikipedia.org/wiki/Grenfell_Tower_fire, com a ressalva de que contribuí para este artigo da Wikipédia.

10. As sombras do tempo

1. Ver Stephen Greenblatt, *The Swerve: How the World Became Modern* (Nova York: W. W. Norton, 2012).
2. Tito Lucrécio Caro, *De rerum natura* (Da natureza das coisas) (Londres: Macmillan, 1893, e eds. seguintes), 2.216-224, 2.256-567.
3. Horace Walpole a Sir Horace Mann, 28 de janeiro de 1754, in *The Yale Edition of Horace Walpole's Correspondence*, ed. W. S. Lewis (New Haven: Yale University Press, 1937-83), vol. 20: *Horace Walpole's Correspondence with Sir Horace Mann IV* (1960), ed. W. S. Lewis, Warren Hunting Smith e George L. Lam, pp. 407-8.
4. Ver Sandra Banholzer, James Kossin e Simon Donner, "The Impact of Climate Change on Natural Disasters", University of British Columbia, Vancouver, Canadá; https://earthobservatory.nasa.gov/Features/RisingCost/rising_cost5.php.
5. Pei Li, Jinyuan Xin, Yuesi Wang, Guoxing Li, Xiaochuan Pan, Shigong Wang, Mengtian Cheng, Tianxue Wen, Guangcheng Wang e Zirui Liu, "Association between Particulate Matter and Its Chemical Constituents of Urban Air Pollution and Daily Mortality or Morbidity in Beijing City", *Environmental Science and Pollution Research* 22, n° 1 (2015): 358-68.
6. Um bom apanhado geral deste tema complexo é François Gemenne, "The Anthropocene and Its Victims", in Clive Hamilton, Christophe Bonneuil e François Gemenne (eds.), *The Anthropocene and the Global Environmental Crisis: Rethinking Modernity in a New Epoch* (Nova York: Routledge 2015).
7. Philipp Rode e Ricky Burdett, "Cities: Investing in Energy and Resource Efficiency", in *Towards a Green Economy: Pathways to Sustainable Development and Poverty Eradication* (United Nations Environment Programme, 2011), pp. 331-73.
8. Neil Johnson, *Simply Complexity: A Clear Guide to Complexity Theory* (Londres: Oneworld, 2009), pp. 39-40. Publicado originalmente como *Two's Company, Three is Complexity* em 2007.
9. Geert Mak, *Amsterdam: A Brief Life of the City*, trad. Philipp Blom (Nova York: Vintage, 1999), p. 5.
10. Citado in Richard Sennett, "The Public Realm", conferência na Quant Foundation, colóquio de julho, 2002.
11. Ver Michael Hough, *Cities and Natural Process: A Basis for Sustainability*, 2[a] ed (Londres: Routledge, 2004), p. 31.

12. Rebuild by Design é uma das centenas de iniciativas desse gênero no planeta, mas um modelo que vem guiando muitas delas. Seu trabalho pode ser encontrado online em "Rebuild by Design", http://www.rebuildbydesign.org/.
13. Para um relato equilibrado do projeto, ver Jessica Dailey, "See the 10-Mile 'Dryline' That Could Protect NYC's Waterfront", 10 de março de 2015, http://ny.curbed.com/2015/3/10/9982658/see-the-10-mile-dryline-that-could-protect-nycs-waterfront.
14. Marjorie Hope Nicolson, *Mountain Gloom and Mountain Glory: The Development of the Aesthetics of the Infinite* (1959) (Seattle: University of Washington Press, 1997), p. 16.
15. Lorde Byron, *Childe Harold's Pilgrimage* (1812–16), Canto III, estrofe LXII.
16. Marx traduzido e citado in William Leiss, *The Domination of Nature* (Montreal: McGill-Queen's University Press, 1994), p. 73.
17. Karl Marx, *Grundrisse der Kritik der politischen Ökonomie* (1857–8) (Moscou: Verlag für Fremdsprachige Literatur, 1939).
18. Émile Durkheim, *The Elementary Forms of Religious Life* (Oxford: Oxford University Press, 1912), p. 424.
19. Ver Richard Sennett, *Together: The Rituals, Pleasures and Politics of Cooperation* (New Haven: Yale University Press/London: Allen Lane, 2012), pp. 212-20. (Edição brasileira: *Juntos: Os rituais, os prazeres e a política da cooperação*. Rio de Janeiro: Record, 2012.)

Conclusão: Um dentre muitos

1. Eric Klinenberg, *Going Solo: The Extraordinary Rise and Surprising Appeal of Living Alone* (Nova York: Penguin Books, 2012).
2. Christoph Martin Wieland, "Das Geheimniss des Kosmopolitenordens" (1788), citação traduzida in Kwame Anthony Appiah, *Cosmopolitanism: Ethics in a World of Strangers*, Issues of Our Time (Nova York: W. W. Norton, 2006), p. xv.
3. Immanuel Kant, *Idea for a Universal History from a Cosmopolitan Point of View* (1784). Uso a tradução inglesa consagrada de Lewis White Beck, na qual o extenso título alemão é reduzido ao inglês *On History* (Nova York: Bobbs-Merrill, 1963). "Sociabilidade associal" aparece na Tese 4.
4. Cf. Ash Amin, *Land of Strangers* (Cambridge: Polity Press, 2012).
5. Kant, *On History*, Tese 6.
6. Agostinho de Hipona, *The City of God* (426), XIX, xvii.

7. G. W. F. Hegel, *Phenomenology of Spirit*, trad. A. V. Miller (Oxford: Oxford University Press, 1977), pp. 111ss.
8. Adam Smith, *The Theory of Moral Sentiments*, ed. D. D. Raphael e A. L. Macfie (Oxford: Oxford University Press (Glasgow Edition), 1976), Parte I, Seção I, Capítulos 1–2.
9. Muhammad ibn Ya'qūb al-Kulaynī, *Al-Kāfī*, Vol. 2, p. 146.
10. Confúcio, *The Analects*, trad. David Hinton (Washington, DC: Counterpoint, 1998), XV.24.
11. Georg Simmel, "Der Fremde" ["O Estrangeiro"], in *Soziologie* (Leipzig: Duncker and Humblot, 1908). Tradução minha.

Índice

A

Abu Dhabi, 185
Adorno, Theodor, 138, 169
África, 22, 25, 115, 120
    densidade populacional, 119
africanos, como imigrantes, 115
afro-americanos, 80, 221, 270, 290
    do sexo feminino, 84
ágora, 234-238, 240, 329, 332
água, 34, 37, 49, 64, 71, 74, 88, 104, 105,
    152, 153, 181, 182, 187, 190, 199, 247,
    262, 267, 276, 301, 303-311, 322
    estética da, 304
    força maligna, 303, 306, 310
Aix-en-Provence, 250
Alemanha, 70, 141, 142, 207, 228, 295, 296
    Floresta Negra, 144, 149
Alinsky, Saul, 281, 282
Althusser, Louis, 230, 349*n*
ambiente construído, 10-12, 24, 56, 86,
    99, 15, 03, 214, 245, 246, 254, 266,
    269, 300, 311, 319, 320

ambiguidade, 15, 17, 20, 38, 43, 126, 141,
    182, 217, 220, 224, 270, 271
    e complexidade, 22, 27, 38, 270
Amenia, Nova York, 97
Amin, Ash, 10, 291, 327
ampliação/diminuição, 92, 116, 226, 313
Amsterdã, 93, 253, 264, 303
Analectos, 330
Anderson, Elijah, 182, 346*n*
antropologia, 12, 80, 206, 332
antissemitismo, 70
Antuérpia, 57
apartamentos, prédios de, 12, 53, 61, 65,
    80, 92, 119, 132-134, 138, 163, 170,
    172, 173, 207, 256, 259, 263
apercepção, 204
Apple, 21, 173
aquecimento global, 301, 302, 305
Aravena, Alejandro, 258, 281
Arc-et-Senans, Salinas, 291
Arendt, Hannah, 332, 333
    A condição humana, 332

Aristóteles, 17, 18, 28, 99, 292
   Política, 17
arranha-céus, 52, 72, 80, 251, 255
artesania, 28
   detecção e solução de problemas, 188
   papel do tempo, 319, 320
   resiliência, 320
   restauração, 321
artifício, 61-64, 66, 149, 245, 246, 310
árvores, como equipamento urbano, 24, 98, 112, 245, 247
Atenas, 17, 75, 91, 93, 234, 235, 332
   Poikíle, 234
   refugiados, 17
atenção focal, 181, 182, 213, 219, 245
atenuação e adaptação, 306-308, 311, 313
Agostinho, Santo, 11, 145, 208, 328, 352*n*
Autenticidade, 136
automóveis, 48, 85, 88, 92, 103, 119, 179, 216, 253, 287, 322
   controlados por computador, 176
   sem motorista (autônomo), 187, 287
avaliação lateral, 211-213

B

Bachelard, Gaston, 229-231, 243, 262, 333, 349*n*
   A poética do espaço, 229, 347*n*
   A psicanálise do fogo, 229
Bacon, Edmund, 94, 95
Bakhtin, Mikhail, 217-221, 224, 236, 332, 348*n*
Balzac, Honoré de, 12, 39, 41, 42, 47, 62, 83, 182, 203, 225
   A comédia humana, 41
   Ilusões perdidas, 39
   O pai Goriot, 39
Bancos, 24, 73, 170, 212, 244, 253, 278, 308
   de plástico, 245, 247, 317
   de pedra, 235
Barcelona
   Catedral, 265
   Eixample, 52, 60, 265
   espaço verde, 264
   La Barceloneta, 54
   Las Ramblas, 73, 265
   Poluição, 264
   quarteirões perimetrais, 85
   ver também Cerdà, Ildefons
Barry, Charles, 242
Barthes, Roland, 262, 350*n*
Bataille, Georges, 138
Baudelaire, Charles, 182
   "O pintor da vida moderna", 42
Bauhaus, 91, 134, 323
Bauman, Zygmunt, 42, 337*n*
Bazalgette, Joseph, 36-38, 50, 71, 106, 311
Beaumont, Gustave de, 168
Bebel, August, 74
Beirute, 203, 282, 283, 284, 293
   Linha Verde, 283
Benjamin, Walter, 138-140, 148, 313, 343*n*
   "Teses sobre a filosofia da história", 138
Benkler, Yochai, 21, 336*n*
Bergson, Henri, 201, 202
Berlim,
   Bolsa de Valores, 325
   bulevares, 251
   divisão, 303, 304

Fasanenstrasse, 325
Heidegger e, 148
Kantstrasse, 325-327
Kurfürstendamm, 333
manifestações, 142
Neues Museum, 137
Paris Bar, 326
Robert E. Park, 80
Potsdamer Platz, 68, 69
saneamento, 74, 75
Savignyplatz, 325, 333
Schwarzes Café, 326
Simmel sobre, 68, 69
Theater des Westens, 325
Transformação, 75
transporte público, 75
Berlin, Isaiah, 327, 328
Bermas, 306, 308, 324
 de atenuação e adaptativa, 306
Bernini, Gian Lorenzo, 215
bibliotecas, 138, 148, 198, 199, 207, 267, 284
big data, 185, 188-190
Bingham-Hall, John, 10, 256
Biodiversidade, 55, 64
Bismarck, Otto von, 74
 atitude *blasé*, 69, 78
Bollywood, filmes, 112
bolsões de ordem, 20, 105, 182, 268, 303, 332
Booth, Charles, 85, 160
Bósnia, refugiados, 142, 207
Bossuet, Jacques-Bénigne, 163
Boston, Massachusetts, 13, 14, 22, 29, 94, 120, 134, 252, 269, 289, 290, 330
 Faneuil Hall, mercado, 134

integração racial nas escolas, 290
padaria, 289-292
bulevares, 35, 36, 44-49, 55, 73, 74, 76, 85, 90, 92, 124, 140, 251, 334
 ver também Paris, bulevares de Haussmann
Braque, Georges, 271
Brasil, 22, 92, 102, 118, 189, 190,
Brasília, 92
Brown, John Seely, 177
Buber, Martin, 145, 155, 344*n*
Bulgakov, Mikhail, *O mestre e Margarida*, 254
Burckhardt, Jacob, 22, 336*n*
Burgess, Ernest, 84, 270
Burnham, Daniel, 86, 304, 308
 Plano de Chicago, 86, 93
Burocracia, 18, 39, 76, 113
Busquets, Joan, 50, 337*n*
Byron, George Gordon, Lorde, 309, 352*n*

C

cabine de comando, 184, 185, 187
Cabrini-Green, conjunto habitacional em Chicago, 156, 282, 293
CAD, programa de design em computador, 177, 277
calçadas, 45, 68-74, 98, 115, 140, 209, 212, 216, 244, 245
Caldeira, Teresa, 116, 341*n*
Callon, Michel, *Acting in an Uncertain World*, 274, 350*n*
Calvino, Italo, 224
caminhar, 24, 48, 87, 208-214, 235, 251, 277, 286

campos de concentração, 24
Canadá, 333
Canetti, Elias, 68, 338*n*
capitalismo, 82, 129, 130, 157, 173, 344*n*, 345*n*, 350*n*
　industrial, 157
　monopolista, 173
Carr, Nicholas, 178
Carta de Atenas, 91-94, 100, 107, 123, 155, 192, 334
Celan, Paul, 148, 344*n*
　"Hüttenfenster", 148, 344*n*
　"Todtnauberg", 148, 344*n*
Cellini, Benvenuto, 19
Cerdà, Ildefons,
　mudança de escala, 243
　multidão sociável, 74
　quarteirões chanfrados, 276
　socialista, 106
　malha urbana (Barcelona), 43-44, 51, 56, 78, 99, 123, 151, 152, 190, 312, 317, 333
　"urbanismo" e "urbanista", 33
　ver também grelha cerdiana
Cervantes, Miguel de, *Dom Quixote*, 218, 222
Charles, príncipe de Gales, 134, 135
Chicago,
　Cabrini-Green, 156, 282, 293
　Grande Depressão, 82
　gueto polonês, 221
　Jane Jacobs, 105
　mapa Park-Burgess, 159
　margem do lago, 304
　mercado de *commodities*, 120
　mobiliário de rua

　Musil e Tocqueville, 192
　paisagem urbana, 318
　Plano, 86, 93
　projeto de escola primária, 277
　Robert Taylor Homes, 94
　terreno natural, 93
　Universidade de, 79, 221
　ver também Escola de Chicago; Park, Robert E.
cidade-polvo, 124, 249
China,
　arquitetura, 245
　arranha-céus, 251
　comércio com Veneza, 151
　espaço por pessoa, 125
　êxodo para as cidades, 125
　explosão urbana, 19, 22
　índices de poluição, 129, 302
　indústria de roupas, 121
　"missão", 135
　Revolução Cultural, 126, 127, 130, 132, 137
　ver também Xangai
Chipperfield, David, 137
CIAM (Congrès Internationaux d'Architecture Moderne), 91-93
cibernética, 104
cidadania, 12, 76, 103
cidade aberta, 19, 20, 29, 105, 141, 225, 257, 266, 321, 334, 348*n*
Cisco Systems, 173
cité,
　leitura difícil, 38-43
　heteroglossia, 217, 224, 236
cité e *ville*, 11-29
　Cerdà, 55

ÍNDICE

cité aberta, 330
complexidade ambígua, 38
Delhi (Nehru Place), 112
Divórcio, 79
Escola de Chicago, 84, 86
Haussmann, 50
Jacobs e Mumford, 96, 97, 101
Kant, 328
Ruptura, 318, 319
união, 197, 232, 260, 271, 272
ville aberta, 272, 286, 334
Weber, 76
cidade, cidades,
   cidade-polvo, 124, 249
   crescimento, 22
   efeito entorpecedor, 186, 187
   fechadas e abertas, 141, 225, 257, 266, 321, 334
   globais, 120, 121
   infraestrutura, 104, 105
   inteligente, coordenativa, 189, 190, 192, 286, 330
   inteligente, prescritiva, 167, 187, 188, 192, 286, 330
   modelo policêntrico, 124
   como termo, 11
Cidade do México, 52, 117, 120,
   densidade populacional, 119, 312
   transportes, 313
cidades-Estado, 75-79, 86, 103, 121, 153, 190, 250
cidades-jardim, 95, 97, 102-105, 123, 130, 258, 268, 323
Civilization of the City, The (Kluge), 127
classe, personalização, 156-160
clinâmen, 300, 305, 307, 324

Clos, Joan, 124, 126
Cobb, Henry, 237
Cobb, Jonathan, 158, 219
   e Sennett, Richard, *The Hidden Injuries of Class*, 219, 344*n*, 350*n*
cognição, fricção e, 178-180
Coignet, François, 88
Cole, Teju, 225, 227-229, 232, 332, 348*n*
Colômbia, 198, 200, 206
Comissão McMillan, 237, 238
comportamento tácito, 201-203
computadores, 170
   design pelo computador (CAD), 37, 177, 277, 286
   jogos de computador, 178, 179, 190
   programas, 264, 330
comum (*commons*), 285, 286
comunidade, conceito, 81-87
comunidades isoladas, 13, 28, 153, 174, 176, 249, 310
comunismo, 24, 42, 43, 84, 90, 131, 132, 135, 137, 140, 141, 222
comunidades (*barrios*), 52
conceito da cidade-constelação, 124
concreto, 26, 88, 89, 116, 127, 128, 199, 233, 256, 257, 259, 308, 314,
   pintado de branco, 89, 92
conhecimento corporificado, 200-202, 204
conhecimento local *ver* safos na rua
conserto, 112, 114, 321
   formas de, 321, 322
consulta, 274, 275, 296, 330
cooperação, 28, 170, 285, 288-290, 292-294
coprodução, 333

e consulta, 274-289, 296
  com uma máquina, 286-289
  riscos e dificuldades, 296
  técnicas, 276-278
Coreia do Sul, 184, 240
Cornell, Joseph, 271
Corner, James, 63
Cosmopolitismo, 163, 327, 328
Costa, Lúcio, 92, 93
crescimento de alta velocidade, 195
crescimento formal, 117, 124
  e desigualdade, 125
crescimento,
  de alta velocidade, 195
  lento, 97, 99, 117, 130, 311
crianças,
  acessibilidade, 71, 72
  comportamento, 81
  drogas, 56
  escola, 13, 98, 253
  espaços de lazer, 64, 307, 315
  Medellín, 206, 267
  pontes, 60
  refugiadas, 143, 165
criatividade, 133, 134, 172, 173, 175, 176, 217
Crick, Francis, 15, 335*n*
criminalidade,
  Nova York, 65, 101
  nas ruas, 101
  Xangai, 132
cristianismo,
  cosmopolitismo, 328
  crenças sobre os judeus, 205
  Espanha, 150
  Líbano, 283

mosteiros, 145
Okakura, 145, 146
primitivo, 11, 53
significado de "cidade", 11
Veneza, 151-153
Croce, Benedetto, 271, 272, 320
Cruzamentismo, 243
Cubitt, Thomas, 259
Cullen, Gordon, 25, 28, 264, 336*n*

D

das-in-der-Welt-sein, 145
Dasein ("habitar", ou "estar ali"), 144, 145, 229, 333
Degas, Edgar, 49, 337*n*
Delhi,
  caminhar, 214
  "cidade-polvo", empreendimento, 124, 246
  coeficiente de ocupação, 274
  condomínios cercados, 156
  Jogos da Comunidade Britânica (2010), 117
  mercados a céu aberto, 161
  Nehru Place, 111-117, 124, 130, 134, 140, 172, 210, 233, 234, 236, 256, 257, 272, 309
  poluição, 264
  população, 117, 118
  ser safo na rua, 207
  vida das ruas, 182
  e Xangai, 138, 140
democracia, 76, 92, 99, 129, 168, 169, 186, 235, 294
  direta, 99

Deng Xiaoping, 127, 132
densidade, de passos e séssil, 70-72, 190, 243
Descartes, René, 201
desconexão social, 86, 132
"desvios" (clinâmen), 300, 305
Dewey, John, 20, 83, 175, 271, 319, 320, 346n
  Arte como experiência, 175
Distanciamento, 38, 164, 167, 189
Dickens, Charles, A casa soturna, 161
Diderot, Denis, Enciclopédia, 23, 157
digital commons, 286
Diller, Elizabeth, 63
dissonância cognitiva, 180, 181, 219, 319
distância, "morte" da, 160
DOS, programas, 180
Dostoievski, Fiódor, 42
Downing, Andrew Jackson, 58, 237
Dreiser, Theodore, 73
Dresden, 68, 141, 142, 150
drogas,
  crianças, 56
  experimentais, 15
  guerras das, 198, 200, 207
dualismo entre mente e corpo, 201
Duffy, Frank, 173, 174, 243, 345n
durée (Bergson), 202
Durkheim, Émile, 285, 316, 352n
Dutra, Olívio, 189

E

Eckstut, Stanton, 313, 315
efeito holofote, 203, 204
Eggers, Dave, O círculo, 183, 347n

enchente, 25, 300, 301, 324
  risco, 304, 304
energia solar, 313
Engels, Friedrich, 36, 38, 39, 42, 43, 49, 58, 61, 77, 80-82, 337n
  A situação da classe trabalhadora na Inglaterra em, 1844, 38
  e Karl Marx, Manifesto comunista, 42, 43
engenheiros civis, 34-37, 66, 104, 117, 341n
engenheiros urbanistas, 33-39
Epstein, Jason, 96
Erlebnis e Erfahrung, 231, 232
Estados Unidos da América,
  Congresso, 239
  Constituição, 323
  democratização, 164
  desenvolvimento urbano do litoral, 134
  Escritório de Estatísticas do Trabalho, 171
  imigração, 143
  megalópoles, 120
  mobilidade ascendente, 125
  mudanças climáticas, 298, 299
  Tocqueville, 56, 57, 168
ética, filosofia da, 145
European Magazine, 304
Escola de Chicago, 80-87, 96, 97, 99, 105, 209, 218, 219, 221, 254, 282
escultura, 215, 242, 261
esgotos, 36, 38, 54, 64, 74, 106, 305, 311, 317
Esopo, "A raposa e as uvas", 180, 182, 183
espaço diacrônico, 240

espaço verde, 128, 264
espaço sincrônico, 233-239, 329
Espanha, 138, 150, 198
   expulsão de judeus e muçulmanos, 150, 151
estranhos,
   encontros com, 11, 40, 41, 55, 59, 73, 97, 114, 145, 164, 169, 208, 217, 221-225, 231, 233, 235, 288, 326-331
   exclusão, 155
   integração, 142
   leitura, 40, 41, 182
   proteger-se dos, 46
   vizinhos, 145, 146
estudos da consciência, 201
exclusão, 146, 149, 150, 153, 165, 238, 304
Existenz, filosofia da, 144
experiência,
   conhecimento baseado na, 83
   como *Erlebnis* ou *Erfahrung*, 231, 232
   experiência (*Verstehen*), 77
   física, 160, 214
   pessoal, 23, 83, 221, 222
Exposição Mundial (Xangai, 2010), 128

F

facilidade para o usuário, 21, 170, 176-178, 180, 183, 186, 187, 191, 192, 286, 288, 294, 308, 330
Fajardo, Sergio, 198, 284
Feedback, 16, 183, 189-191
Feiling, Tom, 200, 347*n*
Fernando II, rei de Aragão, e Isabel I, rainha de Castela, 150

Fernandez-Kelly, Patrícia, 207
Festinger, Leon, 180-183, 202, 213, 245, 319, 346*n*
Firley, Eric, e Stahl, Caroline, 53, 337*n*, 341*n*
flâneur, 49, 80, 209-211, 213, 214, 221, 225, 231, 268
Flaubert, Gustave, 39, 225
   A educação sentimental, 158, 231
Florida, Richard, 133, 134, 171, 343*n*
Ford, Henry, 85
forma e função, 85, 129, 186, 263, 277, 321-323
forma concha, 134, 257-260, 263, 266
forma ortogonal, 51, 52, 85, 269
formas abertas, 233-272
   incompletas, 257-259, 323, 333
   múltiplas, 234, 266-272
   pontuadas, 240-247, 323
   porosas, 247-257
   sincrônicas, 234-240
formas-tipo, 257, 261-267, 272, 276, 227, 314, 315, 323, 334
Foster, Norman, 185, 187
Fourier, Charles, 291
França, 11, 38, 45, 47, 87, 136, 141, 157, 163, 164, 190, 208, 250, 291
   Maciço Central, 87
   Revolução Francesa, 33, 67, 68, 168
Franklin, Benjamin, 164
Frederico o Grande, rei da Prússia, 61
Fregonese, Sara, 203, 347*n*
Freiburg, 146, 149
   Universidade de, 147, 148
Freud, Sigmund, 67, 100, 230, 338*n*
Friedberg, M. Paul, 314

Friedrich, Caspar David, 309, 310
Frost, Robert, "Mending Wall", 162, 345*n*
Frug, Gerald, 268
Fukuoka, Cúpula de, Japão, 260
Fuller, Richard Buckminster, 260
Funcionalismo, 95
Furacão Sandy, 301, 306, 307, 313

G

Gates, Bill, 176
Geddes, Patrick, 101-103
Geertz, Clifford, 205, 348*n*
Gehl, Jan, 216, 251, 348*n*
Gehry, Frank, 20
Gemeinschaft (comunidade) e *Gesellschaft* (sociedade), 81, 82
gênero, 82, 83, 240, 352*n*
geração, efeitos de, 178-180, 186
genius loci, 269
Gensler (empresa de design), 251
gentrificação, 115, 130, 133, 134, 160, 161, 291, 345*n*
George, Henry, *Progresso e pobreza*, 102
Giedion, Sigfried, 90, 91, 94, 349*n*
Gilbert, Cass, 89
Globalização, 121, 123, 328
Goethe, Johann Wolfgang von, 231
Goldenberg, Suzanne, 187, 347*n*
Google
    Google Maps, 185, 208, 268, 287
    Googleplex, 170-176, 183, 199, 217, 243, 277, 292, 293, 307, 329, 345*n*
Gottmann, Jean, 120, 341*n*
Gould, Stephen Jay, 249
Grande Exposição, Palácio de Cristal, Londres (1851), 54

Grande Geração, 78, 79, 106
Grécia Antiga, 22, 23
Greenbelt, Maryland, 102
Greenblatt, Stephen, *The Swerve*, 299, 351*n*
Greenfield, Adam, 183, 184, 347*n*
grelhas,
    cerdiana (constitutiva), 51, 55, 56, 85, 87, 265
    de Le Corbusier, 87
    ortogonal (divisível), 51, 52, 85, 269
Groopman, Jerome, 15, 37, 335*n*
Gropius, Walter, 91
Gruen, Victor, 94, 95
guerra civil (EUA), 58, 237, 316
guetos, 150-156, 159, 160, 165, 206, 221, 250
Guia Baedeker, 212
Guilherme, Kaiser, 70

H

habitação,
    Berlim, 74
    cidades chinesas, 52
    crise, 13
    densidades, 270
    conjuntos habitacionais, 56, 88, 132, 233
    prédios de poucos andares, 101
    de massa, 27, 88, 132
    mista, modelo holandês, 53
    projetos, 53, 94, 129, 156
    abrigos, 279
    social, 56, 258
    ver também shikumen

ha-ha, 63
Hajer, Maarten, e Dassen, Ton, 183, 347*n*
Hamilton, Sir William, 238
Händel, Georg Friedrich, 261
 Variações de "Ferreiro harmonioso", 261
Harbison, Robert, 62
Hardin, Russell, 164, 345*n*
Harte, Sunniva, 246, 349*n*
Hartley, L. P., 202
Harvey, William, 35, 209
 De motu cordis, 35
Haussmann, barão Georges-Eugène, bulevares, 43-50, 55, 58, 60, 66, 69, 71, 74, 78, 90, 98, 106, 123, 124, 140, 159, 212, 268, 311, 334, 337*n*
 análise urbana, 57
 um burguês, 168
 construções, 54, 259
 fachadas, 86
 grande planejador, 268
 incisões de rede, 66
 Olmsted, 58, 69
 pátios, 159
 reacionário, 106
 tráfego, 60
Heatherwick, Thomas, 171
Hegel, Georg Wilhelm Friedrich, 294-296, 328, 353*n*
 Fenomenologia do espírito, 328
Heidegger, Elfride, 148
Heidegger, Martin, 144-150, 155, 165, 227, 229, 230, 310, 344*n*
 "Construir habitar pensar", 149
Heller, Nathan, 172, 345*n*
Herzen, Alexander, 227-229, 332

Heteroglossia, 217, 224, 236
Hitler, Adolf, 82
Hobbes, Thomas, 81
Holanda, 47, 281, 303, 307, 312
 gestão das águas, 303
Holquist, Michael, 221, 348*n*
Homo faber, 23, 24, 26-28, 150, 155, 171, 264, 309, 310
Hornak, Angelo, 115
Howard, Ebenezer, 101-103, 130
Hugo, Victor, *Os miseráveis*, 36
Husserl, Edmund, 144, 148
Huxley, Aldous, *Admirável mundo novo*, 104

I

Iluminismo, 35, 50, 300, 309
imigração, 33, 141-143, 207, 208
 africanos, 115
 asiáticos, 312, 325, 326, 334
 judeus, 151
 mexicanos, 207, 208
 poloneses, 80, 143, 270
 ver também migrantes, migração
improvisar e descobrir, 100
Índia,
 cidades inteligentes, 187
 colonialismo e progresso, 117
 desenvolvimento econômico, 113, 125, 126
 espaço vital por pessoa, 125
 explosão urbana, 22
 mobilidade ascendente, 125
 Partição, 118
 ver também Delhi

indianos em Londres, 161, 163
indiferença, 39, 57, 73, 86, 87, 146, 328, 329
indígenas norte-americanos, 57
individualismo, 168-170, 294
informalidade, 112, 132, 174, 222, 223, 334
   de empresários, 113
infraestrutura
   aquática, 54
   na construção, 104, 189
   drenagem, 59
   invisibilidade, 37
   mudanças, 12
   paredes internas, 259
   portos, 120, 121
   sobrecarregada, 263
   uniformidade, 318
Ingels, Bjarke, 171, 307, 324
Investimento, 61, 98, 121-123, 259, 302, 312, 316, 318, 321, 328
investimento no básico, 129, 131
iPhones, 114, 115, 224, 257
Iquique, Chile, 258, 259, 281
   Quinta Monroy, 258
islã *ver* muçulmanos

J

Jacob, Klaus, 307
Jacobs, Allan, 215
Jacobs, Jane, 95-100, 106, 107
   ambiguidade, 182
   assumir riscos, 28
   Barcelona, 265
   cortesia, 163

crescimento lento, 130, 311, 316
crescimento, 190, 212, 258
deixa Nova York, 332
economia das cidades, A, 99
Escola de Chicago, 99, 105
Greenwich Village, 170
Lewis Mumford e, 96, 97, 101
Morte e vida de grandes cidades, 95, 100, 130
"O que você faria, então?", 107, 197, 273
ordem e desordem, 99
Robert Moses, 26-27, 95, 97, 121
rupturas, 313
som, 254
James, William, 20, 80, 179, 201-204, 336*n*, 347*n*
princípios da psicologia, Os, 203
Janeway, William, 122, 342*n*
Japão, 245, 246, 260
jardins, criadores de, 63
   de pedra, 245, 246
   terraço ajardinado, 171
Jelinek, Elfriede, *Totenauberg,* 148, 344*n*
Jennings, George, 54
Jevons, William, 238, 239
Jogos da Comunidade Britânica (2010), 117
Johnson, Neil, 302, 332, 351*n*
Jonas, Hans, 148
Joyce, James, 180, 271
judeus, judaísmo,
   asquenazes, 154, 155
   boatos, 205
   chineses, 154
   elo comum da humanidade, 331

Estados Unidos, 118
guetos, 150-155, 165
Heidegger, 144, 145, 147-150
levantinos, 154
Levinas, 145, 146
Londres, 161-162
e os muçulmanos, 329
Paris, 87, 88
poloneses, 143
Renascimento, 208, 299
sefarditas, 151, 154, 155
Simmel, 70

K

Kant, Immanuel, 13, 14, 24, 149, 163, 189, 217, 327, 328, 331, 332, 333n, 352n
Kierkegaard, Søren, 144
Klee, Paul, *Angelus Novus*, 111, 138-141, 333
Klinenberg, Eric, 10, 307, 352n
Kluge, Alexander, 127
Koetter, Fred, e Rowe, Colin, *Collage City*, 270, 271, 279, 350n
Koolhaas, Rem, 280
Krieger, Alex, 95, 340n
Kuala Lumpur, 122, 123
Kyoto, Templo de Ryōan-ji, 246

L

Laclos, Pierre Choderlos de, *As ligações perigosas*, 42
Lamennais, Hugues-Félicité, abade de, 285, 286
Lawrence, David L., 94, 95

Le Bon, Gustave, 67, 68, 168, 236, 289, 293, 338n
Le Corbusier (Charles-Édouard Jeanneret), 87-94, 98, 107, 130, 156, 186, 214, 240, 276, 311, 313, 317, 340n
    cidade radiante, A, 91
    Homem Modular, 214
    Plan Voisin, 87-90, 92-94, 128, 130, 131, 156, 184, 186, 240, 248, 276, 311, 313
    ruptura, 317
    Quando as catedrais eram brancas, 90
Le Nôtre, André, 103
Le-Pré-Saint-Gervais, França, 119
Ledoux, Claude-Nicolas, 291
Leibniz, Gottfried Wilhelm, 204
lençóis aquíferos, 58, 304, 305
L'Enfant, Pierre Charles, 237
Leonardo da Vinci, 214
Letchworth, cidade-jardim, 102, 103
Lévi-Strauss, Claude, 83
Levinas, Emmanuel, 144-146, 148, 155, 344n
Líbano,
    guerra civil, 203, 282, 283
liberdade, na cidade, 17, 18, 22, 50, 67, 74, 76, 98, 103, 206, 209, 221, 332
limites, 53, 59, 62, 72, 86, 89, 104, 158, 205, 210, 217, 252, 253, 257, 270, 271, 303, 314
limites e fronteiras, 249, 250
Lincoln, Abraham, 241
linguagem,
    limites, 218, 219
    tradução, 145
Liu Thai Ker, 124, 342n

Locke, John, 289, 292
lojas de departamentos, 47, 48, 68, 73
Londres,
  Berkeley Square, 259
  Bloomsbury, 34, 258
  Bourne Estate, 161
  Canary Wharf, 56, 122, 304
  chegada a, 57
  classe trabalhadora, 158
  Clerkenwell, 204, 252, 290, 329
  Coluna de Nelson, 242
  Cúpula do Milênio, 260
  desemprego, 33
  Docklands, 317
  esgotos, 36, 106, 311
  espaço verde, 264
  gentrificação, 161, 162
  Grenfell Tower, incêndio, 295, 296, 328
  Hatton Garden, 161, 162
  Heron Quays, 317
  Herzen, 227
  imigração, 33
  indianos, 163
  índices de poluição, 302
  judeus, 161, 162
  Leather Lane, 161,162
  Lei da Polícia Metropolitana (1864), 257
  mapeamento, 85
  Mayfair, 252
  à noite, 210
  pavimentação, 34
  Piccadilly, 71
  população, 117
  pregões de rua, 257
  Ranelagh Garden, 62
  rituais de cortesia, 163, 164, 252
  Saffron Hill, 161
  serviços jurídicos, 120
  sistema metroviário, 321
  South Bank, 312
  Spitalfields, 160
  terraços, 258-260, 312
  Trafalgar Square, 66, 242, 247
  Vauxhall Garden, 62
  vias aquáticas, 303, 304
  Docas da Índia Ocidental, 304
  Woburn Walk, 259
Lucrécio, 297, 300, 322, 324, 351*n*
  Da natureza das coisas, 299
lugar e espaço, 48-50
Lussault, Michel, 213-216, 348*n*
Lynch, Kevin, 269, 270, 272, 350*n*
  The Image of the City, 269
Lyon, 39, 190, 286
  projeto ForCity, 190, 347*n*

M

malha celular, 52, 131
malha urbana, 51, 56, 78, 99, 123, 151, 152, 190, 312, 315, 333
  formas de, 51, 52
Mann, Horace, 300, 351*n*
Mann, Thomas, *Os Buddenbrook*, 231
Mao Tsé-Tung, 127
Maquetes, 91, 274-278, 286
Márquez, Gabriel García, 206
Marx, Karl, 38, 42, 43, 47, 77, 285, 310, 337*n*, 352*n*
  Grundrisse der Kritik der politischen Ökonomie, 352

Manifesto comunista (com Friedrich Engels), 42, 43
máscara de civilidade, 161, 164
Masdar, Abu Dhabi, 185, 187, 311, 320
materiais de construção, e mudanças climáticas, 245
materialismo dialético, 218
Mauss, Marcel, 285
May, Theresa (primeira-ministra britânica), 296
Mazzanti, Giancarlo, 198, 207, 267
Meachem, John, 174, 345*n*
Medellín, Santo Domingo, 198, 200, 202-207, 210, 222, 228, 236, 244, 267, 281, 284, 329
  bibliotecas, 267
  jardineiras, 244
  Parque Biblioteca Espanha, 198
  refugiados, 198
  sons de advertência, 200, 255
  teleférico, 198, 200, 206
membranas, 131, 247, 249-253, 257, 279
mercados,
  de rua, 266, 267, 329
  ver também Delhi: Nehru Place
Merholz, Peter, 176, 178, 192, 217, 346*n*
metrópoles, fuga das, 147-150
mexicanos, como imigrantes, 13, 207
México, 22
Mies van der Rohe, Ludwig, 73
migrantes, migração, 13, 33, 52, 59, 80, 115, 118, 141-143, 151, 189, 200, 207, 221, 225, 227-230, 232, 233, 256-258, 270, 289, 290, 312, 329
  ver também imigração
Milton, John, *Il Penseroso*, 257

Missionários e canibais (videogame), 179
MIT (Massachusetts Institute of Technology), 14-16, 19, 170, 175, 269, 283
  Electronic Systems Laboratory, 16
  Media Lab, 14-17, 20, 21, 36, 100, 167, 175, 179, 180, 230, 263, 269
Mitchell, Melanie, 16, 335*n*
Mitchell, William, 17, 20, 21, 29, 37, 38, 167, 216, 263, 287
  City of Bits, 17, 20, 167 335*n*
mobiliário de rua, 73, 244
mobilidade, 44, 49, 50, 82, 125, 159, 202
modernidade líquida, 42, 68, 89, 97
Monier, Joseph, 89
Monoculturas, 17, 55, 56, 66, 106
Montaigne, Michel de, 23, 336*n*
moradores de rua, 112, 113, 304
Moscou, 42, 56, 71, 138-140, 218, 227
  Rua Gorki, 71, 339*n*
Moses, Robert, 27, 50, 95, 96, 98, 101, 121, 268, 274, 313
Muçulmanos, 13, 141, 142, 149-151, 156, 162, 165, 182, 204, 205, 230, 283, 323, 329
mudanças climáticas, 103, 300-308, 311, 313, 318, 319, 321, 324
mulheres,
  afro-americanas, 84
  casamento, 222
  trabalho, 82, 140, 160
multidões, 46, 47, 60, 66-68, 70, 71, 73, 78, 112, 142, 161, 168, 182, 233, 236, 237, 289
Mumford, Lewis, 53, 95-97, 100, 101, 103-105, 107, 130, 186, 190, 258, 268, 269, 323, 337*n*, 341*n*

"Os remédios caseiros de mamãe Jacobs", 97
Técnica e civilização, 186
Mundo, O (filme), 134
Munique, 138, 142, 145, 146, 171, 331
muralhas, de uma cidade, 44, 45, 52, 75-77, 151-153, 156, 245, 249-251, 306, 309, 314
Murger, Henri, *La Bohème*, 45
música e formas-tipo, 264, 266
Musil, Robert, *O homem sem qualidades*, 192, 193, 347n

N

Nações Unidas, 117, 302, 320
   ONU-Habitat, 27, 124, 275, 302
   Programa de Desenvolvimento (UNDP), 27, 111, 275
   Unesco, 27, 111, 277
   UNIFIL, 283
Nash, John, 242
nazismo, 24, 68, 145, 156
Negroponte, Nicholas, 14
Nelson, Horatio Lorde, 242
Newton, Isaac, 104
Nicolson, Marjorie Hope, 309, 352n
Nietzsche, Friedrich, 77, 91
Nimwegen, Christof van, 179, 346n
Nolli, Giovanni Battista, mapa de Roma, 247, 248, 250, 255, 280, 349n
Norte Global, 28
Nova York,
   Administração Portuária, 170
   Aeroporto Internacional John F. Kennedy, 115

autoestrada West Side, 316
bancos de rua, 73
Battery Park City, 313-320
beira d'água, projetos, 304
Brookfield Place, 315
caminhar, 214
Central Park, 43, 44, 59-65, 237, 245, 304
Chanin Building, 255
comunidade local, 332
Dirty Dick's Foc'sle Bar, 98
docas, 121
East River, 301, 306
escadas de entrada nos prédios, 314
Googleplex, 170-173, 175
Greenwich Village, 53, 96, 170, 175
grelha constitutiva, 53, 57, 90
Harlem, 64
High Line, 63, 64, 122, 307
índices de poluição, 302
Linha Seca (Dryline), berma, 307
lofts, 161, 260
Lower East Side, 279
Manhattan, 57, 58, 63, 64, 72, 172, 226, 251, 252, 301, 307, 313, 314, 316
La Marqueta, 252
New York Times, torre do, 251
North End Avenue, 315
Oitava Avenida, 170, 172, 173
operações financeiras, 121
passagem de imigrantes, 33
população, 118
Prédio Woolworth, 89
projetos para as mudanças climáticas, 301-303
Quebra-Mar Vivo, 308, 317, 324

Queens, 102
Quinta Avenida, 60, 95
Rector Place, 314
risco de enchentes, 304
Rua 14, 115, 301
Rua 96, 252
Seagram Building, 72
Sexta Avenida, 72, 315
sistema metroviário, 321
Spanish Harlem, 252, 280
Staten Island, Tottenville, 308
Sunnyside, 102
Times Square, 65, 69
Tocqueville na cidade, 56, 57
tráfego, 11
Tribeca, 315, 316
Union Square, 125
Upper East Side, 252, 314
Upper West Side, 314, 332
usina de energia elétrica, 104, 129, 301, 302, 306, 307
viagem, 206
vias aquáticas, 303
vida na cidade, 207, 226, 227
Wall Street, 123, 263, 313, 315, 316
Washington Square, 95, 313
West Village, 98, 100, 101, 112, 170
White Horse Tavern, Greenwich Village, 96, 98
Zoológico, 59

O

o fazer e os que fazem, 22-28
Obama, Barack, 222
Okakura, Kakuzo, 144-146, 227
  O livro do chá, 145

Oles, Thomas, 163
Olmsted, Frederick Law, 43, 44, 58-64, 66, 69, 74, 78, 81, 86, 90, 103, 106, 131, 136, 237, 239, 253, 304, 311, 338*n*
Olsen, Donald, 36
Organização para a Libertação da Palestina, 283
orientação, 15, 86, 213, 227, 241, 242, 275, 279
verbal, 217
Ortega y Gasset, José, 68, 338*n*
Osborn, Frederic, 102
Outro, o
  Buber, 155
  definições, 143
  estereótipos, 182
  estranho ou fraterno, 142
  exclusão, 152
  fugir do, 146- 149
  Googleplex, 170
  isolar-se do, 164, 165
  rejeitar, 149-156
  e o Vizinho, 146
Oudolf, Piet, 63, 338*n*
Ovink, Henk, 10, 307

P

Paccoud, Antoine, 278, 337*n*
painéis de conexão eletrônica (automóveis), 187, 255
paisagem urbana, 312, 318
palestinos, 153
Palladio, Andrea, 37
pântanos, 60, 134

Paris,
   Bachelard, 229-231
   Balzac, 12, 39, 182
   Biblioteca Nacional, 138
   Bulevar St-Germain, 85
   bulevares de Haussmann, 43-50, 55, 58, 60, 66, 69, 71, 74, 78, 90, 98, 106, 123, 124, 140, 159, 212, 268, 311, 334, 337*n*
   Café de la Paix, 46
   cais, 25
   Carta de Atenas, 93-94, 100
   Champs-Élysées, 215
   classe trabalhadora, 159
   Comuna, 68
   Herzen, 227
   Hôtel de Ville, 68
   Hôtel Salé, 87
   Jane Jacobs, 98
   lojas de departamentos, 47, 48, 113
   Louvre, 68
   La Madeleine, igreja, 242
   Marais, bairro, 87, 88, 240, 248
   modernidade, 117
   Montmartre, 45
   à noite, 209
   Palais-Royal, 34
   pátios, 159
   Périphérique, 156, 256
   Place Louis XV (Place de la Concorde), 61
   Plan Voisin, 87-90, 92-94, 128, 130, 131, 156, 184, 186, 240, 248, 276, 311, 313
   Proust, 12, 201
   saúde pública, 33
   sétimo *arrondissement*, 87, 252
   Stendhal, 39, 40
   Torre Eiffel, 12, 46
   tráfego, 36, 85, 90, 212
   ver também Le Corbusier, Plan Voisin
Park, Robert E., 80, 82, 84, 86, 87, 182, 219, 340*n*
Parker, Barry, 102
parques, 22, 45, 51, 58-64, 73-76, 78, 81, 90, 93, 128, 134, 136, 184, 198, 211, 239, 253, 272, 277, 278, 304, 307, 308, 311, 317
pátios, 45, 51-54, 56, 68, 88, 99, 131, 134, 159
Patte, Christian, 35
Paulo IV, papa, 152
PEGIDA (Europeus Patrióticos contra a Islamização do Ocidente), 141, 142, 146, 205, 228, 331
Peirce, Charles Sanders, 20, 179, 346*n*
Pelli, César, 315, 317, 320
pensar em sistema aberto, 16, 191, 197, 224, 240
Pepys, Samuel, 157
Pequim, 22, 50, 52, 93, 120, 140, 250, 264, 302, 313
   Nanluoguxiang, 52
   Poluição, 264
   projeto de energia solar, 313
perfuração de paredes, 251, 257
perguntas "e se?", 179, 180, 187, 191, 205, 276
peste, 33, 34, 50, 87, 106, 156
Petrarca (Francesco Petrarca), 208, 209
Piano, Renzo, 251
Picard, Max, 229

Picasso, Pablo, 271
Pico della Mirandola, Giovanni, 23, 58, 125, 209, 336n
 Discurso sobre a dignidade do homem, 23
Piketty, Thomas, 125
Piranesi, Giovanni Battista, 247
planejamento, práticas, 274-296
 formato da consulta, 274, 275
 formato da coprodução, 275, 276
 planejamento adaptativo, 318
 planejamento contextual, 318
 planejamento de semeadura, 266-270, 272, 334
plano-mestre para cidades, 102, 267, 268
Platão, 236
pnix, 234-236
pobreza, 85, 92, 102, 125, 126, 131, 137, 161, 258
pogroms, 118, 162
poloneses, 143, 270
 como imigrantes, 80
Polônia, 162
Poluição, 129, 264, 302
pontes, 17, 59, 60, 63, 118, 152, 153, 165, 207, 229, 245, 250
Popper, Karl, 18, 21, 22, 327
 A sociedade aberta e seus inimigos, 18
população,
 crescimento, 117
 densidade, 117-119
porosidade, 233, 239, 247, 248, 250, 253-257, 260, 270, 285, 333
 e resistência, 250
Port Sunlight, Merseyside, 171
Poundbury, Dorset, 134, 135

Poussin, Nicolas, 317
Power, Anne, 56
práticas dialógicas, 217, 221, 225
Primeira Guerra Mundial, 84, 119, 159, 259, 325
Proust, Marcel, 12, 201
psicanálise, 100, 226, 229, 230
Pullman, Illinois, 171
pureza racial (como conceito), 142
Pushkin, Alexander, 42
Putnam, Robert, 162, 345n
Puzo, Mario, *O poderoso chefão*, 116

Q

Q, Madame, 126, 127, 129, 130, 132, 133, 135, 136, 240, 277, 278, 321
quarteirão perimetral, 54, 55, 88
quarteirões, 39–42, 234
 chanfrados, 55, 276
 constitutivos, 85
 perimetrais, 54-56, 85, 88
 de prédios de apartamentos, 65, 92
 superquarteirões, 265
Quebra-Mar Vivo, berma, 308, 317, 324

R

Rabelais, François, 222
Radcliffe, David, 174, 345n
Rebuild by Design, 307, 308, 352n
reconfiguração, 321-324
redes, fechadas e abertas, 189
refugiados, 17, 136, 142
 Alemanha, 142
 Atenas, 17

Integração, 142, 143
Medellín, 198
muçulmanos, 165
Suécia, 143, 331
Xangai, 137
relação senhor-escravo, 294-296, 328
replicadores, 287, 288, 290
resiliência, 306, 320, 322-324
retificação, 321-323
Restif de la Bretonne, Nicolas-Edmé, *Les Nuits de Paris*, 209
Revolução Francesa, 33, 67, 68, 168
Reynobond PE, revestimento, 295, 296
Rikyū, Sen no, 145
Rilke, Rainer Maria, 147, 261
rituais de cortesia, 163, 252, 284
 ver também máscara de civilidade
Robazza, Guido, 278
robôs, 287, 288
Rodin, Auguste, 261
Rogers, Richard, 260
Roma,
 Agostinho, 11
 Antiga, 51, 52
 fuga de Virgílio, 310
 gueto, 151-153
 Herzen, 227
 mapa de Nolli, 247, 248, 250, 255, 280
 Panteão, 248, 255
 Piazza Barberini, 248
 Piazza di Spagna, 262
 romanos antigos, construtores, 88
 Santa Maria sopra Minerva, 248
 Sisto V e, 152, 241
 Via Larga (Via Cavour), 72
 Via Sistina, 248

Romantismo, 147, 309, 310
Rota da Seda, 151
Rouart, Henri, 49
Rousseau, Jean-Jacques, 147, 209, 310
 Os devaneios do caminhante solitário, 209
Rovira i Trias, Antoni, 53
Rowe, Colin, e Koetter, Fred, 270, 271, 279, 350*n*
 Collage City, 270, 279, 350*n*
Rudofsky, Bernard, 24, 25, 61, 336*n*
 Architecture Without Architects, 24, 336*n*
ruptura e acréscimo, 311-320, 324, 333

S

safos na rua, 203, 206, 236, 329
 limites, 205-208
São Trófimo, igreja, Arles, 136
Salinger, J. D., *O apanhador no campo de centeio*, 231
Salter, James, *Light Years*, 136, 343*n*
San Francisco, 172, 215
Saneamento, 36, 50, 54, 129, 187, 190
 ver também esgotos
saúde pública, 33-36, 87
 ver também saneamento; esgotos
Say, Jean-Baptiste, *loi des debouches*, 119
Scamozzi, Vincenzo, 45
Schafer, R. Murray, 254, 349*n*
Scholem, Gershom, 138, 139
Schumpeter, Joseph, 129, 130, 342*n*
 Capitalismo, socialismo e democracia, 129
Scott, Geoffrey, 215, 348*n*

Scott, James, 295
Segunda Guerra Mundial, 77, 78, 82, 120, 137, 138, 145, 148, 206, 215, 253, 259, 333
   bombardeios, 333
Senancour, Étienne Pivert de, 147, 309
sequestro, 179, 186, 190, 205
Sert, Josep Lluís, 93, 94, 340*n*
   Can Our Cities Survive?, 93
Shelley, Percy Bysshe, 299, 302
   "Ozimândias", 299
shikumen, 131-134, 260
Shukhov, Vladimir, 260
Siena, 24, 75-77, 103, 332
Simmel, Georg, 68-71, 73, 74, 77, 80, 81, 90, 106, 141, 149, 163, 239, 289, 293, 327, 331, 338*n*
   "O estrangeiro", 331, 353*n*
   "Die Großstädte und das Geistesleben", 68
   "A metrópole e a vida mental", 331
Sinclair, Iain, 210, 348*n*
Síria, 142, 283
sistemas abertos e fechados, 16, 21, 56, 105, 122, 182, 191, 197, 223, 224, 240, 267, 268, 292, 316, 321, 332
Sisto V, papa, 152, 241
Slamecka, Norman, 178, 180, 346*n*
Smith, Adam,
   A riqueza das nações, A, 119
   Teoria dos sentimentos morais, A, 330, 353*n*
sobrecarga sensorial, 68, 69, 106
sociabilidade, 54, 55, 62, 63, 65, 66, 74, 81, 136, 264, 289, 292-294, 327
socialismo, 96, 129
   cooperativo, 50
   não marxiano, 102
socialismo fabiano, 96, 101, 268
Solà-Morales, Manuel de, 243, 349*n*
Solnit, Rebecca, 210, 348
som,
   de advertência, 202, 255
   ambiente, 255, 256
   intensidade e inteligibilidade, 255
   plano, 255
   poroso, 254-257
   tempo de reverberação, 256
Songdo, Coreia do Sul, 183-187, 191, 192, 311
Soros, George, 18
Speer, Albert, 268
Stadtluft macht frei (ditado medieval), 18-20, 23, 39, 74, 76, 98, 158, 159
Stalin, Joseph, 91, 135, 140, 218
start-ups, 112, 113, 171-173, 175, 318, 329
Stein, Gertrude, 271
Stendhal (Marie-Henri Beyle), 39, 40, 225
   O vermelho e o negro, 39
Stradivarius (Antonio Stradivari), 177, 264
Strogatz, Steven, 16, 18, 292, 335*n*
sublimidade, 309
Sudhir, Sr.,
   ameaçado, 121, 125
   em casa, 257, 258
   cidade aberta, 266, 272
   conversa com o autor, 117, 222
   população marginalizada, 140
   imaginado como designer urbano, 233, 236, 248

intimidade, 329
"olhos na rua", 182
vendedor de produtos de procedência dúbia, 114, 207, 224
Suécia, 141-143, 207, 228, 229, 331
Sul Global, 22, 27, 28, 52, 126
Sullivan, Louis, 86
sustentabilidade, 103, 320, 324
  da segurança, 307
Swift, Jonathan, *As viagens de Gulliver*, 215

T

Tailândia, indústria de roupas, 121
tecnologia, 14, 104, 105, 169
  efeitos, 198
  livre de fricção ou fácil para o usuário, 21, 170, 176-183, 185, 186, 187, 192, 286, 288, 294, 308, 330
  inteligente, 286-289
  start-ups, 112, 113, 171-173, 175, 318, 329
  sustentável, 185
tempestades, 139, 140, 147, 301-306, 313, 316, 324
teoria das zonas concêntricas, 85
Terry, Quinlan, 137
Tessen Soki, 246
Timbu, Butão, 102
Thomas, W. I., 80-82, 221, 339
Thompson, E. P., 38
Thoreau, Henry David, 147
Tocqueville, Alexis de,
  chegada a Nova York, 56
  democracia, 168, 169, 294

Estados Unidos, 168
Googleplex, 170
igualdade de condições, 169, 170, 176
indiferença, 329
individualismo, 168-170, 294
Musil, 192, 193
Democracia na América, A, 168
Todtnauberg, 146-148, 344*n*
Tönnies, Ferdinand, 81-83, 98, 99, 329
Tóquio, 118, 120, 145
torto, caráter, 13, 20, 24
totalitarismo, 18
trabalho,
  greves, 316
  desemprego, 33, 83, 158, 199
  trabalho doméstico, 159
tráfego, 36, 37, 44, 49, 55, 60, 68, 85, 90, 92, 104, 105, 184, 191, 209, 243, 245, 247, 249, 253, 254, 257, 265, 268, 278
tráfego motorizado, 49
turismo, 65, 66, 237, 238, 265
Towle, Charlotte, 83, 84, 219, 222
Townsend, Anthony, 184, 347*n*
Tuan, Yi-Fu, 213, 348*n*
Tufte, Edward, 270, 350*n*
turbas, 67, 73, 74, 168, 236, 294
Turkle, Sherry, 178, 346*n*
Twombly, Cy, 317

U

União Europeia, 143
Unwin, Raymond, 102
urbanismo, urbanistas,
  como problema, 13, 14
  críticas, 78

Cullen, 25, 28
divórcio entre *cité* e *ville*, 79
engenheiros como, 33- 38
formas de conserto, 321
fraturado, 106
ligações éticas, 334
mediação, 95
monumental, 242
"morte da distância", 160
porosidade, 250, 251
proativo, 27
Rudofsky, 24, 25
selvagem, 101
soviético, 71
termos cunhados por Cerdà, 33
tipos de malha urbana, 85
vernacular, 128, 137
ver também Cerdà, Ildefons; CIAM; Haussmann, barão Georges-Eugène; Jacobs, Jane; Le Corbusier, Mumford, Lewis; Olmsted, Frederick Law

V

Vale do Silício, 111, 112, 171, 172
van Eyck, Aldo, 93, 253
Vaux, Calvert, 59-63, 253
Veneza, 76, 150, 151, 265
 Bienal, 280
 cristãos, 156
 gueto, 150-154, 165
 Praça São Marcos, 37
 Rialto, 152
 San Giorgio, 37
Venturi, Robert, 16, 27, 270, 334, 335*n*
Versalhes, 61, 68, 103

ville ver cité e *ville*
Virgílio, 61, 147, 310
Vitrúvio, 214
vizinhança, 19, 55, 59, 81, 83, 96, 98, 99, 103, 130, 132, 146, 155, 159, 161, 165, 291, 313, 315, 317
vizinho (como conceito) 144-146
 assembleias de bairro, 189
Voisin, André, 88
voz declarativa e subjuntiva, 220, 221, 225, 276

W

Wagner, Richard, *O navio fantasma, 144*
Walpole, Horace, 300, 310, 351*n*
Washington, DC, 120, 237, 238, 241
 Capitólio, 237, 241
 National Mall, 237
 Washington Memorial, obelisco, 241
Weber, Max, 70, 74-77, 79, 86, 103, 106, 190, 250, 339*n*
 Economia e sociedade, 74, 77
Whyte, William H., 72, 339*n*
Wieland, Christoph Martin, 327, 331, 352*n*
Wiener, Norbert, 16, 104, 188, 347*n*
Williams, Bernard, 220, 348*n*
Willis, Paul, 158
Wilson, Frank, 205, 348*n*
Winnicott, D. W., 253
Wirth, Louis, 84, 86, 87, 340*n*
 "Urbanism as a Way of Life", 86
Wittgenstein, Ludwig, 147
Wotton, Sir Henry, 163
Wright, Frank Lloyd, 86

ÍNDICE

X

Xangai, 126-138
  Bund, 127, 135, 136, 137, 263
  crescimento de alta velocidade, 117, 197
  delinquência, 132
  entreposto de comércio com o Ocidente, 127
  enxurrada humana, 117
  estradas dando em lugar nenhum, 129, 187, 312, 321
  explosão urbana, 19
  Exposição Mundial (2010), 128
  grelha celular, 53
  paisagem urbana, 312, 318
  Partido Comunista, 127, 128, 130, 133
  Plan Voisin, 128, 130
  poluição, 129
  projeto de parques, 277, 178
  projetos paisagísticos, 130
  Pudong, bairro, 128, 251
  restauração, 135, 322
  Torre de Xangai, 251
  torres, 94, 128, 129, 131-133, 184, 215, 240, 251, 318
  tráfego, 104
  transformação, 140
  velocidade do desenvolvimento, 184
  vias, 128, 129, 187, 312, 321
  vias aquáticas, 303
  vida coletiva, 132
  Xintiandi, 133, 134, 136, 137, 260, 281, 314
  Yanlord Garden, 128
  ver também shikumen
Xerox PARC, centro de pesquisas, 177

Z

Zenão, 235
Znaniecki, Florian, 80, 84, 219, 339*n*
Zorbaugh, Harvey Warren, 80, 85, 182, 339*n*
  The Gold Coast and the Slum, 80
Zuckerberg, Mark, 177
Zweig, Stefan, 75, 339*n*

Este livro foi composto na tipografia Minion
Pro, em corpo 11/15, e impresso em
papel off-white na Gráfica Santuário.